VERS UNE ECONOMIE DU BONHEUR

André CLUZELAUD

VERS UNE ECONOMIE DU BONHEUR

Influence de l'utilitarisme anglo-saxon de Francis BACON à John-Stuart MILL

L'Harmattan

5-7, rue de l'École-Polytechnique ; 75005 Paris
http://www.harmattan.fr
diffusion.harmattan@wanadoo.fr
harmattan1@wanadoo.fr
ISBN : 978-2-343-04700-3
EAN : 9782343047003

INTRODUCTION

Selon Aristote, les hommes tendent vers ce souverain bien qu'est le bonheur mais, hésitant et se divisant sur sa véritable nature, ils le confondent avec des biens de qualité diverse comme la vertu, la santé, l'honneur ou la richesse qui ne sont en réalité que des moyens en vue du bonheur qui seul ne saurait être recherché que pour lui-même[1]. L'on peut contester cette analyse. C'est en tout état de cause sur le rôle de l'économie pourvoyeuse de richesse dans la recherche du bonheur, dont la civilisation d'aujourd'hui nous offre le spectacle, que nous nous proposons d'attirer l'attention ou, plus exactement, sur la philosophie morale et politique qui sous-tend l'évolution qui l'a portée au premier plan.

Cette dernière n'a pu se faire que dans le cadre d'une société organisée. Si, aux origines, l'impératif des hommes était de survivre en utilisant des moyens rudimentaires pour se procurer de quoi se nourrir, le mot économie, qui est né dans l'Antiquité grecque (chez Xénophon) et concerne les affaires de la maison, suppose déjà un certain degré d'organisation. De la même manière, dans la mesure où la sécurité des biens est liée à la sécurité des personnes, l'on peut soutenir que c'est pour des raisons économiques que les hommes, poursuivant dans la même voie, ont créé la société civile dotée d'une justice et d'un gouvernement.

L'on peut remarquer que l'économie a été longtemps maintenue dans un périmètre étroit par des institutions dont les représentants s'appuyaient sur la morale religieuse ou populaire en vue d'assurer sa bonne marche comme d'assurer leur propre autorité. Néanmoins, l'activité économique s'est développée au fil des siècles selon un processus qui s'est accéléré en Europe à partir de la Renaissance pour donner naissance à l'économie politique moderne[2]. En même temps,

---

[1] *Ethique de Nicomaque*, trad. J. Voilquin, Paris : Garnier-Flammarion, l. II, chap. V, pp. 23-24, chap. VII, p. 28, chap. VIII, pp. 32-33.

[2] Le terme est apparu pour la première fois dans le *Traité d'économie politique* (1615) de Monchrétien qui élargissait la sphère de la maison, à laquelle se circonscrivait l'économie, aux dimensions de l'Etat. C'est également de cette manière que l'entend J. Bodin dans *Les six livres de la république* (1608). Au siècle suivant, l'économie politique se constitue comme science avec les Physiocrates, bien que ceux-ci, en attribuant à l'agriculture la première place dans la production de la richesse, continuent de faire apparaître le souverain et les propriétaires terriens comme les pères nourriciers de la nation dans la plus pure tradition domestique. En Angleterre, John Locke pense encore en 1691 qu'« un Royaume s'enrichit et s'appauvrit de la même manière qu'un fermier, et

cette dernière a affirmé dès le XVIIe siècle son rôle dans la recherche du bonheur et ne cessera de le proclamer avec les développements scientifiques et techniques des siècles suivants.

Elle a fait cela en s'alliant, du moins en Angleterre, à un système moral, l'utilitarisme qui, dès cette époque, a instauré une forme de continuité dans la pensée de ce pays. L'utilitarisme est un développement de la notion d'utilité, qui se rapporte au bien que l'on peut tirer de la mise en œuvre de certaines capacités ou de certains moyens et a, dès le départ, un côté pratique, voire terre-à-terre, mais vital et peut servir de base à un système qui en dégage et en magnifie tous les caractères. Ainsi, l'utilitarisme, qui s'appuie sur la recherche du plaisir et la fuite de la douleur, est un hédonisme, puisqu'il fait du plaisir le fondement du bien, et un eudémonisme, puisqu'il considère le bonheur comme fin portant le bien à sa perfection. Mais comme son nom l'indique, il met l'accent sur les moyens à mettre en œuvre en vue d'un bonheur qui ne saurait être que général, moyens juridiques, politiques et fondamentalement économiques, et développe à cette fin la notion d'intérêt.

Or, ayant mis cette notion en avant comme ce qu'il convient de suivre pour favoriser les demandes de la nature humaine, les utilitaristes auraient pu en rester là, mais ils ont accordé une valeur morale à leur démarche. Certes, le principe d'utilité sur lequel elle est fondée reste pour ses auteurs un principe qui commande la recherche de ce qui apparaît comme les conditions essentielles du bonheur, la survie et le bien-être. Mais la morale utilitariste consiste à approuver et par là à développer l'usage de ces moyens y compris dans ce qu'ils ont d'artificiel. Pour ses tenants, ce principe est en marche dès les origines, bien que l'état de leurs connaissances et la force aveugle de leurs passions ne permettent pas aux hommes d'en tirer le meilleur parti dans leurs relations avec leurs semblables (selon Hobbes, même la guerre peut être utile). L'utilité deviendra utilitarisme lorsque le sens de leurs intérêts amènera les individus à s'intégrer de façon plus étroite dans la société ; elle concernera alors « le plus grand bonheur du plus grand nombre » (selon la formule classique de Bentham). Mais avant d'en arriver à ce stade ultime, il aura fallu que l'utilité s'incarne dans des moyens politiques et

---

pas autrement » (*Some Considerations of the Consequences of the Lowering of Interest and the Raising of the Value of Money*, *Works*, Londres, 1823 réimp. Scientia Verlag, Aalen, 1963, vol. V, p. 19). Il s'oppose toutefois au système patriarcal, soutenu en Angleterre par Robert Filmer et, prônant la propriété individuelle et la liberté contractuelle, pose les bases d'un système économique qui suppose une réforme de l'Etat à laquelle s'était déjà intéressé Hobbes comme le feront tous les philosophes qui traiteront ultérieurement d'économie politique.

économiques toujours plus élaborés et en premier lieu dans les avancées scientifiques et techniques desquels ceux-ci dépendent.

Telle est, de ce point de vue, la démarche qu'adopte Bacon au début du XVIIe siècle et qui est aux origines du mouvement utilitariste : grâce aux connaissances et à la maîtrise des phénomènes permises par les méthodes de la science expérimentale préconisées par l'auteur élisabéthain, l'économie qui s'apprête à être conduite sur ces bases permettra aux hommes, dans le domaine de la production et de l'échange des biens, de réaliser une partie vitale de leurs objectifs.

Hobbes, un temps secrétaire de Bacon, va pour sa part se lancer à la recherche de la puissance politique capable de se mettre au service de l'homme et de son bonheur grâce à la connaissance empirique de ses passions et l'édification sur ce fondement de la société civile la plus rationnelle possible. A cette fin, l'auteur du *Léviathan* présente l'homme comme un être naturellement égoïste dont l'arme est une raison calculatrice qui le pousse à neutraliser les excès de ses passions par la crainte d'un souverain absolu qui lui laisse néanmoins toute liberté de faire ce que la loi ne lui interdit pas, notamment dans le domaine économique. La notion qui se dégage de ce processus est la notion d'intérêt : intérêt du sujet lié à sa sécurité, intérêt du souverain dans l'utilisation rationnelle du pouvoir. L'œuvre de Hobbes est forte et originale : ses successeurs chercheront à l'édulcorer ou prétendront l'ignorer tout en s'en inspirant, car elle propose un cadre politique, tout sommaire et brutal soit-il, à la recherche du bonheur.

Parmi ceux-ci, Locke refuse de faire de l'homme un portrait qui en appelle à des solutions politiques radicales dans la mesure où, pour lui, l'homme est un être dont les passions dangereuses peuvent être tenues en laisse avant toute intervention politique par sa raison assistée par des penchants sociaux. L'auteur de l'*Essai concernant l'entendement humain* admet, selon l'enseignement de saint Thomas d'Aquin (repris par Hooker), l'influence de la divinité sur la raison avant de se tourner vers une conception empirique de sa formation pour en dégager les lignes d'action qui permettent à l'homme de s'éloigner de la misère et de goûter une forme de bonheur ou, du moins, de tranquillité. Locke hésite sur la vraie nature du bonheur, bonheur temporel ou bonheur dans l'au-delà, car le sentiment dominant qui anime l'homme est l'inquiétude qui peut être levée par l'espérance du salut comme par l'attente des biens de ce monde. Cette dernière voie n'est pas incompatible avec la voie religieuse en tant que la conservation et le bonheur de la créature font partie du plan de Dieu. Les droits naturels sont nécessaires à l'exécution du devoir moral de conserver sa vie ; mais ils vont surtout résulter de la prise en compte des nécessités biologiques de sa conservation et de son amélioration (Locke était théologien mais aussi médecin) dans la société politique dont la création s'avère nécessaire en face des risques toujours possibles de violence En effet, la préservation de ces droits, au premier rang desquels le droit de propriété consacre l'orientation économique de sa pensée, est à l'origine de la mise en place par contrat d'un gouvernement sur la nature duquel Locke hésite entre une conception domestique et mercantiliste héritée de la pensée ancienne et une conception libérale qui fera école.

Un demi-siècle plus tard, la notion d'utilité fait un pas décisif sur le plan politico-économique : aux yeux de Hume, la promesse présente dans le pacte social ne contient d'autre obligation que celle qui dépend uniquement de l'intérêt de chaque contractant, et en aucun cas ne le précède arbitrairement. La raison joue un rôle spécifique qui consiste à mettre au point les moyens susceptibles de favoriser la gratification des désirs et besoins des hommes en s'appuyant sur l'expérience et sur les associations en forme de lois ou d'accoutumance que celle-ci leur découvre. Parmi ces moyens, la justice occupe un rang prééminent puisqu'elle vise à assurer la sécurité des biens extérieurs et a aussi, de ce point de vue, une fonction économique, de même que le gouvernement qui en assure l'exécution et la société civile dans son ensemble. Au sens de l'intérêt, s'ajoute la sympathie qui unit les hommes et les pousse à approuver tout ce qui contribue à leur intérêt commun et à désapprouver tout ce qui leur est préjudiciable, ce qui constitue le volet proprement moral de l'utilité. A vrai dire, il suffit que les hommes écoutent leur nature : ainsi lois et coutumes se mettent en place librement. Le danger reste une passion partisane qui s'empare surtout des hommes en groupe et qui pousse Hume à réclamer que soit mis un frein aux excès de la liberté et à lui opposer un conservatisme fondé sur sa crainte des innovations violentes et de l'instabilité qu'elles peuvent déclencher.

Quelques années plus tard, Jeremy Bentham, outré par les excès du pouvoir royal, n'aura pas cette crainte. Son radicalisme le conduira à se rapprocher des révolutionnaires français (qui d'ailleurs le feront citoyen français). En réalité, Bentham se contente de reprendre et de concrétiser les recommandations du principe d'utilité en envisageant la recherche du plaisir et la fuite de la douleur sur le plan quantitatif dans une « arithmétique des plaisirs et des peines » qui favorise tout naturellement le plaisir lié à l'activité économique productrice de biens matériels et l'étend au maximum de personnes. A vrai dire, chaque individu recherche son propre bonheur en fonction de mobiles égoïstes, mais l'interdépendance des intérêts fait qu'aucun de ces intérêts ne porte préjudice aux autres et même contribue au bonheur général. A ce sujet, suivant la même démarche que Hobbes, Locke et Hume, Bentham considère la justice et le gouvernement comme des instruments permettant de développer ou au moins de ne pas freiner l'aptitude à goûter le bonheur qu'apporte en premier lieu le progrès économique. Le problème est que l'intérêt des gouvernants, qui devrait théoriquement rejoindre l'intérêt des gouvernés, s'en écarte à cause des abus de pouvoir auxquels ils se livrent et de l'immunité dont ils disposent dans un régime toujours monarchique, ce qui crée des tensions et incitera Bentham à militer pour un gouvernement démocratique - dans lequel, en tout état de cause, la bourgeoisie se taillera la meilleure part.

Il sera suivi sur ce point par John-Stuart Mill, dernière figure marquante de l'utilitarisme qu'il essaiera ennoblir sans pour autant remettre en question son orientation sociale et économique. En effet, si, comme Bentham, J.-S Mill affirme que la doctrine utilitariste se propose comme fin « le plus grand bonheur du plus grand nombre » et ajoute que, dans l'évaluation de celui-ci, personne ne doit être mieux traité que les autres, exalte même la valeur du sacrifice, le bonheur, quels que soient ses ingrédients, ne peut que dépendre d'une organisation sociale de type démocratique. Le problème est que la prospérité économique, qui en est l'élément indispensable, ne peut être atteinte que dans un régime libéral capitaliste. C'est pourquoi J.-S. Mill, en apôtre de la liberté, hésite devant les risques du socialisme et notamment du communisme. Par ailleurs, la bienveillance universelle qu'il appelle de ses vœux ne peut masquer les inégalités du système. Dans ces conditions, le rêve d'une communauté intellectuelle et culturelle qui lui est cher semble difficile à réaliser et ne saurait concerner, en définitive, que le petit nombre.

Nous allons maintenant analyser, en donnant la parole aux auteurs eux-mêmes chaque fois que ce sera possible, et ce tout en serrant de près leur argumentation, les aspects philosophiques du développement qui les a conduits à placer l'économie au cœur de la recherche du bonheur en commençant par celui qui en a fixé le cadre scientifique, Francis Bacon.

CHAPITRE PREMIER

LA MONTEE DE L'IDEE D'UTILITE : BACON, HOBBES, LOCKE.

I. BACON

Il est bien évident que notre intention n'est pas de faire une analyse de la pensée de Bacon qui a déjà été faite mais de situer cet auteur par rapport à la pensée anglaise que nous allons étudier, c'est-à-dire une pensée utilitaire et même utilitariste et, à vrai dire, de le situer aux origines de cette pensée.

Au premier rang de celle-ci, nous trouvons en effet la méthode expérimentale dont Bacon est l'initiateur dans les sciences. Il ne s'agit pas seulement d'une méthode livrant une connaissance qui répond à la curiosité du chercheur et s'oppose à des systèmes inappropriés, bien que cet motif revienne en force dans ses travaux, mais une connaissance dont l'application va être le fondement d'un pouvoir qui servira à améliorer la condition humaine grâce à des lois qui, tout d'abord dans le domaine physique à partir du XVIe siècle puis dans le domaine moral à partir du XVIIe, autoriseront une action efficace et constitueront l'ossature des moyens d'où surgira la notion d'utilité sur laquelle se construira le futur système utilitariste axé sur la recherche du bonheur.

Le mouvement a été entamé lors de la Renaissance, époque à laquelle, sous l'influence d'esprits rationnels qui en appellent à l'expérience, une nouvelle méthode d'appréhension du monde fait son apparition en Europe[3] et se développe en Angleterre.

Le problème est entre autres de vaincre la tradition scolastique et d'ouvrir une nouvelle voie aux sciences sans passer par les autorités établies, les académies, les collèges, les ordres religieux, voire les gouvernements et leurs appareils encombrants, en somme, de se dégager des anciens savoirs et de faire place nette pour de nouveaux : de ce point de vue, la pensée de Bacon, comme en témoigne son œuvre majeure, le *Novum Organum*, est tout d'abord critique et destructrice. Mais cette étape est nécessaire à la formation d'un savoir fondé sur « la lumière de la nature »[4], moins spectaculaire, plus laborieux, qui sera engrangé avec le temps. La science de soi-même est valorisée au même titre que la science

---

[3] Comenius, Copernic, Galilée, Gassendi en sont d'autres figures marquantes.

[4] *Novum Organum*, trad. M. Malherbe & J.-M. Pousseur, Paris : P. U. F., [1620-] 1986, p. 176.

de la nature avec laquelle elle entretient un rapport étroit. Elle a pour but de rapprocher l'esprit du réel duquel l'éloignent des principes affirmés sans preuves. C'est à ce même problème scientifique de la preuve qu'après lui, tous les penseurs de tendance utilitariste, de Hobbes à J.-S. Mill, seront confrontés.

Bacon commence par se désolidariser de certains aspects de la pensée médiévale. Ce qu'il condamne est la logique scolastique qui prétend mener à la vérité mais conforte l'autorité de principes qui reposent sur des notions «[qui] sont confuses et sont abstraites des choses de manière hasardeuse »[5] et entraînent des disputes formelles stériles faute d'être vérifiées par l'expérience.

Arrivé à un tournant-clé de son argumentation, Bacon dénonce les habitudes de l'entendement humain qui aboutissent à la formation d'« idoles » à partir desquelles sont produits les objets d'un pseudo-savoir. Bâties sans référence à la nature, ces « idoles » prennent plusieurs formes. Il y a celles que représentent les mots ou « idoles de la place publique »[6], lieu où elles se forment et s'échangent pour assiéger l'esprit de façon pernicieuse. Les mots ont une puissance singulière : « les hommes croient que leur raison commande aux mots. Mais il se fait aussi que les mots réfléchissent et retournent leur puissance contre l'entendement. »[7] Celui-ci, en effet, est perverti par les passions - « ce que l'homme désire être vrai, il le croit de préférence »[8] - comme par son goût pour l'abstraction : ces conceptions erronées sont les « idoles de la race », qui cohabitent avec les « idoles de la caverne » qui sont celles de l'homme prisonnier des apparences et rappellent le mythe platonicien. Enfin il y a les « idoles du théâtre » [qui] « plient l'expérience à leurs dogmes et la tiennent captive »[9] et s'expriment dans les philosophies anciennes ou actuelles. Ce n'est pas pour autant que le « genre empirique », dans son opposition au « genre sophistique ou rationnel », trouve grâce inconditionnellement aux yeux de Bacon dans la mesure où des expériences trop peu nombreuses et conduites d'une façon hâtive et précipitée ne permettent pas de produire des conclusions générales. Il faudra que se réalise une alliance entre une faculté rationnelle et une faculté expérimentale convenablement entendues pour que soit envisagé un accroissement des sciences.

---

5 *Ibid.*, p. 104.
6 *Ibid.*, p. 112.
7 *Ibid.*, p. 119.
8 *Ibid.*, p. 115.
9 *Ibid.*, p. 124.

La voie à suivre, à partir de l'enregistrement, à l'aide des instruments appropriés, des données de l'expérience sous forme de tables permettant, selon la présence, l'absence ou le degré de leurs effets, de juger de la nature des choses, sera celle d'une induction qui élèvera progressivement le raisonnement des axiomes mineurs aux axiomes moyens, pierre de touche de toute véritable connaissance, et éventuellement de ceux-ci aux axiomes supérieurs ou généraux. En même temps, l'utilisation de ces instruments (allant de la règle et du compas jusqu'au microscope et au télescope) et des machines ouvrira de nouvelles pistes à la recherche. Un autre mal touche les philosophies : le mélange des choses divines et des choses humaines, et à ce propos, il convient de conserver à la foi son domaine propre.

Le savoir acquis est pouvoir. L'interprétation correcte de la nature débouche sur des inventions qui changent la face des choses et la condition des hommes : Bacon, comparant la vie des hommes dans les pays les plus civilisés de l'Europe et dans les territoires les plus sauvages et barbares des Nouvelles Indes, met en relief les bienfaits qu'apportent les arts. Mais ce qu'il faut considérer, au-delà des choses qu'ils permettent de créer, est la vérité des connaissances qu'ils ne font qu'appliquer : « Prises dans leur être même, les choses sont vérité et utilité »[10], ce qui veut dire qu'une connaissance vraie ne peut être d'elle-même sans pouvoir, en d'autres termes, que seule la vérité a un pouvoir. Le plus important n'est pas de procéder systématiquement à la recherche ou à l'élaboration de nouvelles œuvres ou, du moins, de s'en tenir là, mais de « bâtir dans l'entendement humain le modèle vrai du monde »[11]. Ce modèle ne pourra que se concrétiser. Pour Bacon, « il faut faire plus de crédit aux œuvres d'apporter les gages de la vérité que de servir les avantages de la vie »[12], et les œuvres n'auraient pas été utiles, n'auraient même pas existé si elles n'avaient procédé de vrais principes. De ce point de vue, Bacon souligne l'importance de la « philosophie naturelle » pour toutes les sciences : « Que personne n'attende de grands progrès dans les sciences (surtout dans leur partie opérative) tant que la philosophie naturelle ne se sera pas étendue jusqu'aux sciences particulières et, inversement, tant que les sciences particulières n'auront pas été ramenées à la philosophie naturelle. De là vient que l'optique, la musique et la plupart des arts mécaniques, et ce dont on s'étonnera davantage, la philosophie morale et civile, les sciences logiques, n'ont presque point de profondeur, mais glissent seulement sur la surface et la variété des

---

[10] *Ibid.*, p. 178.
[11] *Ibid.*, p. 177.
[12] *Ibid.*, p. 178.

choses ; car ces sciences particulières, après s'être séparées et établies, ne tirent plus leur nourriture de la philosophie naturelle, laquelle seule, puisant aux sources et forte de l'examen véritable des mouvements, des rayons, des sons, de la texture et du schématisme des corps, des passions et des perceptions intellectuelles, eût pu leur communiquer de nouvelles forces et de nouveaux développements. »[13] En fait, l'action et la connaissance sont fondées dans un même rapport à l'ordre de la nature qui ne saurait se révéler que par l'expérience. A l'inverse, l'incapacité d'inventer et de produire est la marque la plus visible des sciences reçues dans la mesure où celles-ci, pour permettre à leurs auteurs d'en tirer plus rapidement autorité et gloire, négligent l'expérience ou n'observent pas la progression indispensable de son interprétation.

A travers celle-ci, l'esprit doit montrer patience et humilité : « On ne triomphe de la nature qu'en lui obéissant »[14], observe Bacon. Pour cela, il convient, non seulement d'utiliser les forces de la nature mais également les passions que la recherche d'une amélioration de la condition de l'homme met en jeu. Au moins faut-il les prendre en compte, ce qui n'a pas toujours été fait par les moralistes du passé qui se sont contentés de « donner des copies et des exemples du bien, de la vertu, du devoir et de la félicité »[15] sans atteindre leur but. Le travail consiste à bien diriger des passions qui peuvent causer des troubles et provoquer des souffrances, quitte à les opposer l'une à l'autre, leçon que retiendront Hobbes et Hume ; pour Bacon, il convient de « dépeindre comment elles s'allument et s'incitent et comment elles se pacifient et se réfrènent [...], comment elles se découvrent elles-mêmes, comment elles opèrent, comment elles s'assemblent et se fortifient, comment elles sont enveloppées les unes dans les autres, et comment elles se combattent, et autres semblables particularités, parmi lesquelles cette dernière est d'un usage particulier dans les affaires morales et civiles : à savoir, comment, dis-je, il faut mettre affection contre affection, et maîtriser l'une par l'autre »[16]. Cela fait, l'esprit de l'homme glisse insensiblement aux avantages qu'il retire de son application correcte aux choses. L'interprétation de la nature débouche sur le « règne de l'homme »[17] dans une perspective d'utilité. Mais la tentation de détourner l'usage des sciences et des arts « sur lesquels repose tout entier l'empire de l'homme »[18] à des fins pernicieuses

---

13 *Ibid.*, pp. 140-41.

14 *Ibid.*, p. 101.

15 *The Advancement of Learning*, Oxford : Clarendon, [1605-] 1974, p. 146.

16 *Ibid.*, p. 164.

17 *Ibid.*

18 *Ibid.*, p. 182.

existe toujours, comme elle existe par rapport aux autres biens de ce monde, talent, courage, force, beauté ou richesse. C'est pourquoi Bacon condamne tout usage exclusif de la puissance à des fins individuelles ou nationales et assigne à celle-ci une vocation universelle : l'ambition consistant « à restaurer et à accroître la puissance et l'empire du genre humain lui-même sur le monde est plus sage et plus noble [que celle] des hommes qui sont avides d'accroître leur propre puissance au sein de leur propre pays [ou que celle] de ceux qui s'efforcent d'accroître la puissance et l'empire de leur patrie au sein du genre humain »[19].

La voie est ainsi ouverte. Bacon met l'accent sur la condition primordiale à remplir pour que soit réalisée une action utile à l'homme : la création de la puissance nécessaire par l'utilisation des forces de la nature comme des moyens humains succédant à leur connaissance, et ce en vue de les appliquer à « l'amélioration du sort de l'homme »[20] sans aucune prévention. Cette direction fondamentale qu'il imprimera à la connaissance est illustrée par un passage caractéristique et souvent cité de son œuvre : « Notre Fondation », déclare le chef d'une communauté imaginaire conçue selon les principes chers à Bacon, « a pour fin de connaître les causes, et les mouvements secrets des choses ; et de reculer les bornes de l'Empire Humain en vue de réaliser toutes les choses possibles. »[21] A l'époque de Bacon, l'urgence est de dégager l'action de l'homme des filets dans lesquels elle a été longtemps emprisonnée grâce à un raisonnement tiré de l'examen des phénomènes naturels et prêt à être utilisé dans le domaine moral, politique et économique.

II. HOBBES

La notion fondamentale de puissance à laquelle Bacon en appelle est également celle à laquelle Hobbes va consacrer toute son attention en la transposant du domaine physique au domaine moral et politique. De cette notion ne seront pas écartées les considérations théologiques avant

---

19 *Ibid.*

20 *Ibid.*, p. 128. Dans la préface du *Novum Organum*, Bacon affirme qu'il « bâtit les fondements de l'utilité et de la grandeur humaine » (p. 73). Plus loin, l'auteur met l'accent sur « les fruits et les œuvres inventées, qui servent de garant à la vérité des philosophies » et déplore, contrairement à celle qu'il propose, que « des philosophies grecques et de leurs ramifications dans les sciences particulières, à peine peut-on mettre en avant une seule expérience qui ait en vue l'allègement et l'amélioration de la condition des hommes » (p. 134).

21 *La Nouvelle Atlantide,* trad. M. Le Doeff & M. Llasera, Paris : GF-Flammarion, [1627-]1995, p. 119.

que celles-ci ne cèdent la place aux calculs entrepris par la raison à partir de l'expérience de la nature humaine considérée comme sujet et comme objet. De ce point de vue, Hobbes, un temps secrétaire de Bacon, va réaliser à sa manière l'accord entre la raison et l'expérience prôné par ce dernier pour conférer à la science sa nouvelle portée épistémologique.

1. La méthode de la science

Le but que poursuit Hobbes est « le bien de l'humanité »[22]. Pour y parvenir, un raisonnement scientifique est indispensable. La prudence commune aux hommes et aux animaux ne suffit pas. C'est pourquoi Hobbes va produire une théorie de la science qui cherche à définir les principes premiers de la connaissance et qui, à cet égard, se distingue de la conception classique d'Aristote en faveur à son époque en contestant leur innéité et en donnant, comme Bacon, toute son importance à une expérience que la raison retrouve et exprime grâce au langage.

L'origine de la connaissance est empirique. Mais une fois les informations des sens enregistrées et traduites sous forme de représentations séparées des choses (ce qui condamne le projet d'une connaissance de leurs essences réelles), la raison est, selon Hobbes, l'instrument de la seule véritable connaissance, la connaissance scientifique qui permet aux hommes de modifier le réel et de l'utiliser conformément aux fins qu'ils poursuivent. Pour ce faire, la raison procède selon une méthode consistant à analyser le donné et remonter à ses causes ou principes ultimes qui sont des mouvements dont la composition permet d'engendrer des objets géométriques, mécaniques ou physiques. L'on peut finalement envisager de construire sur ces mouvements que sont les passions des objets artificiels comme la république. Car Hobbes fait appel à l'expérience des passions pour construire l'Etat en se fondant sur une analyse des événements de son époque qui reflète ce que la nature humaine a de permanent, s'agissant essentiellement selon lui du désir de domination ou de la crainte dans leurs différentes manifestations, bien qu'au fond, ce que traduisent les passions soit un désir de vivre inscrit depuis les origines dans la nature de l'homme.

A vrai dire, ce qui commande le travail de la raison est l'anxiété que ressent l'homme par rapport à l'avenir et qui, en d'autres occasions, le pousse à se tourner vers la religion. Le résultat est une connaissance de lui-même qui le présente comme un être en proie à des passions qui

---

22 *Léviathan*, trad. F. Tricaud, Paris : Sirey, [1651-] 1971, p. 44.

peuvent produire plaisir ou douleur et qu'il n'a d'autre possibilité que d'utiliser et de dominer.

2. De l'état de nature à l'état civil

Le fond de la philosophie politique de Hobbes est ainsi le retour à un naturalisme qui montre que l'homme est un être que le désir de conserver et de défendre sa vie peut rendre égoïste et dangereux pour ses semblables dans la mesure où il est prêt à utiliser tous les moyens pour y parvenir. Il convient donc d'opposer des limites aux manifestations indiscriminées de pouvoir ou de ruse par lesquelles certains cherchent à s'assurer un avantage sur les autres et de combattre la crainte qu'engendre cette situation en inspirant la crainte encore plus grande d'un « pouvoir commun qui tienne tous les hommes en respect »[23].

En réalité, la plupart des hommes ne sont pas méchants par nature, mais sont tentés, pour assurer leur conservation, de procéder à une violence préventive chaque fois qu'ils sont ou s'estiment menacés, ce qui peut être le cas pour des raisons matérielles, des raisons de prestige ou simplement pour des divergences d'opinion[24]. L'état de nature qui serait à l'origine de ces manifestations serait un état de guerre qui n'a en fait jamais réellement existé, ou tout au moins un état d'insécurité qui illustre certaines tendances agressives propres à l'homme dont on trouve l'écho de façon récurrente dans la société civile de Hobbes où la protection même assurée par les tribunaux et la police ne suffit pas et où « un homme, quand il part en voyage, s'arme et cherche à être bien accompagné, quand il va se coucher, verrouille ses portes et dans sa maison même, ferme ses coffres à clef »[25].

Néanmoins, les hommes n'ont pas de meilleure solution, pour répondre à la crainte liée à leurs passions agressives, que de consulter leur raison et d'élaborer un plan qui porte au pouvoir l'un d'entre eux en vue de passer de l'état de « multitude » [26] inorganisée à celui d'individus conscients de leurs droits et de leurs devoirs dans la communauté civile, en accord avec elle dans la mesure où elle seule peut leur permettre de disposer de tout ce qui contribue à l'intégrité de leur personne et de leurs

---

23 *Ibid.*, p. 124.

24 Il peut y avoir une « escalade » dans la recherche du pouvoir dans la mesure où celui-ci, selon Hobbes, « n'est rien de plus que l'excédent de pouvoir d'un homme sur celui de l'autre » (*Eléments du droit naturel et politique*, trad. de l'anglais [*Elements of Law,,Natural and Politic*, 1650] par L. Roux, Lyon : L'Hermès, 1977, p. 163).

25 *De Cive*, Paris : Sirey, [1642-] 1981, « Préface », pp. 64-65.

26 *Eléments du droit*, p. 240.

biens, mais éventuellement contre elle si des limites excessives sont mises à leurs libertés et aux droits qu'ils ont conservés ou acquis.

Ces derniers sont précisément fixés par le contrat que chaque individu passe avec ses semblables et qui interdit à tous de recourir à la violence, dont l'usage légitime est réservé au souverain qu'ils ont choisi ou accepté, mais leur laisse toute liberté dans les domaines où la sécurité n'est pas menacée. La notion de contrat est la conclusion la plus significative des calculs effectués par la raison à laquelle les hommes en appellent pour assurer la paix et s'applique dans toutes sortes de situations, y compris familiale entre parents et enfants, professionnelle entre employeur et employé, mais surtout en politique où le contrat prend ce sens particulier, du moins dans les « républiques d'institution »[27], d'être passé entre les futurs membres de la société civile de façon à désigner un souverain qui n'y a pas part. Le souverain sera cependant tenu par la loi naturelle que lui découvre sa raison en l'associant à son intérêt d'assurer le salut du peuple, qui est la loi suprême. A cette fin, il disposera d'un pouvoir absolu qu'il devra utiliser sans faiblesse mais sans injustice au risque de se mettre en péril. Toute contestation, toute différence d'opinion porte les germes de son affaiblissement et d'une dissolution de l'Etat. De ce point de vue, la pratique de la censure s'avère nécessaire : « C'est un droit attaché à la souveraineté que d'être juge des opinions et des doctrines qui sont nuisibles ou favorables à la paix, et en conséquence de décider ce qu'on peut permettre (et en quels cas et dans quelles limites) lorsqu'il s'agit de prendre la parole devant les foules, et qui devra examiner la doctrine de tous les livres avant qu'ils soient publiés. »[28] Dans le même souci d'efficacité- nous pourrions dire d'utilité dans la mesure où le pouvoir a pour objet le bien de l'Etat - il ne peut y avoir aucune autorité qui puisse prévaloir sur celle du souverain. Hobbes ne cesse d'affirmer que celui-ci, bien qu'il soit assujetti à la loi de nature, ne l'est pas à la loi qu'il édicte et lui demeure supérieur : « Aux lois qu'il fait lui-même, autrement dit aux lois de la République, le souverain n'est pas assujetti [...] Mettant la loi au-dessus du souverain, cette erreur place aussi au-dessus de lui un juge et un pouvoir capables de le châtier : ce qui revient à faire un nouveau souverain ; et ainsi de suite, sans fin, jusqu'à la désorganisation et à la dissolution de la République. »[29] Pour les mêmes raisons, Hobbes fait du souverain le chef de l'Eglise.

---

[27] *Léviathan*, p. 192. Dans les « républiques d'acquisition » où le souverain s'est emparé du pouvoir par la force, le contrat n'est pas l'acte fondateur de la république mais se superpose à une situation de fait.

[28] *Ibid.*, p. 184.

[29] *Ibid.*, p. 346.

Malgré le pouvoir théoriquement absolu que les hommes lui reconnaissent au terme du contrat qu'ils ont passé entre eux et l'intérêt qu'il a, conjointement avec celui de ses sujets, à l'exercer rationnellement, il se peut que le souverain continue de craindre que son pouvoir soit contesté, et pour cette raison, soit tenté de l'exercer de façon tyrannique. Il se peut aussi que les raisons qui ont conduit à sa mise en place ne soient plus reconnues par un peuple devenu plus exigeant et plus ambitieux. Les deux types de raisons semblent se mêler dans la révolte qui a abouti à la destitution du roi Charles Ier. De toute façon, un contrat est nécessaire dans n'importe quel type de régime : Hobbes récusait l'idée d'un pouvoir de droit divin auquel répondraient une obéissance inconditionnelle et la théorie patriarcale de Filmer qui en dérivait[30]. Le schéma politique qu'il proposait revenait à faire dépendre la légitimité du pouvoir, fût-il monarchique, d'une décision du peuple. Et bien que cela ne plût pas à Charles II, dont il était l'un des interlocuteurs, Hobbes écrivait dans l'espoir qu'un jour, un souverain suivrait ses recommandations[31].

Ce qui, fondamentalement, confère son autorité au système politique que Hobbes établit est que celui-ci est conforme aux lois naturelles par lesquelles les hommes doivent entendre les conclusions ou les théorèmes que la raison leur découvre concernant ce qui favorise leur conservation et leur défense communes, et pour commencer à la plus importante d'entre elles qui leur commande de rechercher la paix. En l'absence d'une volonté de paix suffisamment avérée, la raison admet que la guerre puisse être le seul moyen d'exercer le droit de se préserver, tout imparfait soit-il : « Tout homme doit s'efforcer à la paix, aussi longtemps qu'il a un espoir de l'obtenir ; et quand il ne peut pas l'obtenir, il lui est loisible de rechercher et d'utiliser tous les secours et les avantages de la guerre. »[32]

La raison, qui est l'apanage de l'homme, met en rapport certaines causes et certains effets : elle n'est pas par elle-même puissance d'obliger ; elle est simplement convoquée par les passions pour les aider

[30] *Cf. Patriarcha or the Natural Power of Kings* (1680). L'adversaire le plus résolu de Filmer sera Locke qui consacrera le *Premier Traité du gouvernement civil* à réfuter sa théorie.

[31] « Quand je considère que ni Platon, ni, jusqu'ici, aucun philosophe, n'ont mis en ordre, et prouvé d'une façon adéquate ou seulement probable tous les théorèmes de morale propres à apprendre aux hommes à gouverner et à obéir ; je me remets à espérer quelque peu qu'à un moment où à un autre mon présent travail pourrait tomber entre les mains d'un souverain qui en prendra connaissance par lui-même, sans l'aide d'un interprète intéressé ou envieux, et qui, par l'exercice de sa pleine souveraineté, en donnant sa pleine protection à l'enseignement officiel de mon ouvrage, convertira cette vérité spéculative en utilité pratique » (*Léviathan*, p. 392).

[32] *Ibid.*, p. 129.

à se réaliser dans les meilleures conditions et donne un éclairage sur les conséquences de l'action. Tout dépend des fins que poursuivent les hommes ; la raison a un statut utilitaire : elle est un pouvoir de calculer qui les met sur le chemin d'une science morale et politique qui livre de bons ou de mauvais résultats selon qu'elle est bien ou mal conduite : « Par la droite raison, en l'état naturel des hommes, je n'entends pas comme beaucoup d'autres une faculté infaillible, mais l'acte propre et véritable du calcul rationnel, que chacun applique à ses actions, d'où il peut rejaillir quelque dommage ou quelque utilité aux autres hommes. »[33] L'utilité reste prédominante et les calculs de la raison révèlent ce qui va dans le sens des intérêts des hommes, en premier lieu la paix, base de leur futur bonheur. C'est la raison qui assure la transition entre l'état de nature qui est un état de guerre et l'état civil qui est un état de paix, en lui faisant préférer ce dernier. En somme, cette perspective historique qui permet aux moralistes politiques et économiques de franchir des siècles est liée à une analyse de l'évolution des esprits, du développement de leurs facultés et c'est pourquoi ils sont aussi philosophes.

Le contrat que les hommes passent les uns avec les autres de façon à éviter d'empiéter sur leurs droits respectifs est ainsi l'élément majeur du processus aboutissant à la paix. Hobbes dépasse toutefois cet objectif : les lois naturelles, d'où est issu ce contrat comme tout ce qui va dans le sens de leurs intérêts, élargissent leur empire jusqu'à englober l'activité économique et même la morale en ce qui concerne le respect des promesses et d'autres qualités comme la gratitude et la complaisance.

A vrai dire, si l'homme installe des points de repère pour guider sa marche, ce n'est pas pour en limiter les objectifs. La philosophie de Hobbes est une philosophie de mouvement dont le but est un bonheur qui se trouve dans « un horizon toujours plus lointain »[34], celui-là même que laissent entrevoir des désirs qui se renouvellent constamment : « Celui dont les désirs ont atteint leur terme ne peut pas davantage vivre que celui chez qui les sensations et les imaginations sont arrêtées. La félicité est une continuelle marche en avant du désir, d'un objet à l'autre, la saisie du premier n'étant encore que la route qui mène au second. »[35] A vrai dire, le progrès coexiste nécessairement avec un état de manque (d'inquiétude, dira Locke) : à aucun moment l'homme n'est satisfait, puisqu'il se fixe toujours de nouveaux objectifs et doit assurer sa marche par des « succès continuels dans les choses dont le désir reparaît sans

---

33 *De Cive*, note, p. 91.

34 *Traité de l'homme*, trad. P.-M. Maurin, Paris : Blanchard, 1974, p. 159.

35 *Léviathan*, p. 95. Voir aussi p. 58.

cesse, autrement dit en prospérant continuellement »[36]. Cette marche qui livre progressivement ses bienfaits s'accorde avec les exigences de la raison qui fait apparaître que, pour obtenir ou envisager ces succès, l'homme a intérêt à vivre dans une société régie par des lois garanties par un pouvoir souverain et non à l'état de nature, seul contre tous.

3. La morale

C'est dans une société où se trouvent satisfaits d'une façon conforme à leurs intérêts les désirs et les besoins des hommes tenant à la conservation et à l'amélioration de leur vie qu'ils vont attacher une valeur morale à la décision (issue du contrat qu'ils passent entre eux) de se placer sous l'autorité du souverain et aux actions entreprises sous cette autorité. Le mouvement, qui est le principe fondamental de la philosophie matérialiste de Hobbes, se prolonge à partir des passions, qui sont elles-mêmes une conséquence du mouvement des corps, sur le plan politique et sur le plan moral qui est associé à ce dernier. A l'origine, les impressions produites par les objets extérieurs ou leur conception se projettent sur le registre du plaisir et de la douleur en favorisant en ou contrariant le « mouvement vital »[37], à la suite de quoi l'homme est animé d'un « mouvement animal »[38] de désir ou d'aversion pour les objets susceptibles de produire ces impressions, qui sont alors qualifiés de bons ou de mauvais : « L'objet, quel qu'il soit du désir ou de l'appétit d'un homme, est ce que pour sa part celui-ci appelle *bon* ; et il appelle *mauvais* l'objet de sa haine et de son aversion. »[39] Ainsi, tout au long du processus qui le voit passer de l'état de nature à l'état civil, l'homme est habité par la recherche du plaisir et la fuite de la douleur auxquels Hobbes donne une coloration morale subjective. Il y a cependant diverses espèces d'objets bons ou mauvais : « Le bon est donc de trois espèces : ce qui est bon au stade de la promesse, le *pulchrum* (nous rendons *pulchrum*, dans certains cas, par *fair* ; dans d'autres cas, par *beautiful* ou *handsome* ; ou encore par *gallant*, *honourable*, *comely* ou *amiable*) ; le bon effectif, bon en tant que fin désirée : on l'appelle *jucundum*, l'*agréable* ; et enfin, ce qui est bon en tant que moyen, l'*avantageux* (en latin, *utile*). »[40] Hobbes mettra

---

36 *Ibid.*, p. 58. Nous verrons que pour Hume, il suffit que quelques succès en traduisant l'utilité ponctuent les poursuites de l'homme vers les fins dont la réalisation est supposée le rendre heureux.

37 *Eléments du droit*, p. 157.

38 *Ibid.*

39 *Léviathan*, p. 148. Voir également *Eléments du droit*, p. 158.

40 *Ibid.*, p. 49.

précisément l'accent sur les biens utiles dans la perspective de la conservation de la vie.

En effet, tout en étant guidés par des sentiments qui les opposent souvent les uns aux autres, les hommes ne désirent pas, en général, des choses différentes : ils fuient la mort surtout violente et recherchent « une vie de contentement »[41] faite en grande partie de satisfactions matérielles. C'est d'ailleurs sur ce point qu'il peut y avoir conflit : au niveau de choses que, par désir de puissance, ils veulent être seuls à posséder ou dont la quantité est limitée, comme au niveau des moyens de les conserver ou de les acquérir. C'est ainsi que pour leur éviter d'agir chacun de son côté de façon sauvage, des règles communes sont fixées au terme d'un pacte ou d'une convention et de la mise en place d'un souverain qui décide de ce qu'il faut considérer comme bien et mal en l'inscrivant dans le cadre de la loi et en déterminant dans ce cadre ce qui est juste et qui ne l'est pas. Et cette morale qui se confond avec la justice est finalement acceptée par les hommes dans la mesure où elle s'accorde comme elle avec leur intérêt.

4. Loi et droit

La loi telle que Hobbes l'entend a pour modalité essentielle de commander mais surtout d'interdire, et telle peut être envisagée à première vue l'utilisation qu'en fait le souverain qui la promulgue. Cependant, l'interdiction ne porte pas sur le droit qu'a chaque homme de défendre sa vie en toutes circonstances y compris en face de l'autorité souveraine. Ce droit peut être transféré mais ne peut se retourner contre son détenteur. Quant au droit de propriété, s'il est en principe cédé aux sujets par le souverain supposé par contrat premier propriétaire de la terre (pour relativiser ou supprimer toute dispute sur ce point), il ne fait que rejoindre le droit naturel de propriété jugé nécessaire au maintien de la vie. Ce droit, qui se confondait aux origines avec le pouvoir et comme lui aboutissait à la guerre, fait partie du « paquet » contractuel, même s'il retrouve l'idée émise par les scolastiques d'un droit naturel hérité d'une tradition religieuse dont Hobbes s'est séparé. D'une façon générale, les lois, chez Hobbes, interdisent en tant qu'elles sont relayées par les châtiments : ce qui est permis ou laissé à l'initiative des sujets l'est dans les domaines où elles se taisent.

La contrepartie du pouvoir confié au souverain pour assurer la paix est que le droit naturel des hommes devenus ses sujets à préserver leur

---

[41] *Ibid.*, p. 173.

vie se trouve malgré tout remis en question par l'exercice des punitions qui les accompagnent. Sur ce point, au nom du bien-être du peuple, l'auteur des *Eléments du droit* et du *De Cive* fait exister de façon conflictuelle droit de résistance et droit pénal. En effet, il lui est difficile d'établir les limites de la non-résistance au pouvoir du souverain auquel aboutit le transfert de droits que recommande le pacte social, étant donné que « transférer son droit à un autre, c'est montrer, par des signes suffisants, à celui qui l'accepte qu'on ne veut point lui résister »[42]. En fait, « personne dans quelque république que ce soit n'a le droit de résister à celui ou à ceux à qui ils ont conféré ce pouvoir de contrainte ou, comme on a coutume de l'appeler, l'épée de justice ; à supposer que la non-résistance soit possible. Car les pactes ne nous obligent qu'à faire tout notre possible »[43]. Cela laisse une marge de liberté aux citoyens. Par ailleurs, l'obligation impliquée par une « union qui inclut et comprend les volontés de plusieurs dans la volonté d'un seul homme ou d'un CONSEIL »[44] peut aller plus loin que la non-résistance : « Cette soumission de la volonté de tous les particuliers à celle d'un homme seul, ou d'une assemblée, arrive lorsque chacun témoigne qu'il s'oblige à ne pas résister à la volonté de cet homme, ou de cette cour, à laquelle il s'est soumis ; et cela en promettant qu'il ne lui refusera point son secours, ni l'usage de ses moyens contre quelqu'autre que ce soit. »[45]. En définitive, une distinction est établie dans le *De Cive* entre les ordres dont l'application nous est préjudiciable et que l'on n'est pas obligé d'exécuter, et ceux qui s'appliquent à autrui et auxquels on est obligé de prêter sa force et ses moyens.

Le *Léviathan* cherche à évacuer le problème en faisant appel à la théorie de la représentation qui, elle-même fondée sur la théorie de l'autorisation, se présente comme la suite politique logique du contrat social. Les sujets autorisent le souverain à agir en leur nom et se reconnaissent dans les actions de ce dernier, ce qui, d'une part, leur permet de ne pas rester passifs et de participer aux affaires publiques mais, d'autre part, les oblige à accepter ses décisions, même quand elles vont à l'encontre de l'intérêt de certains d'entre eux et limite considérablement le droit de résistance. Car une fois le souverain intronisé, les sujets, d'« auteurs », deviennent « acteurs » exécutant ses ordres. Mais finalement, dans le *Léviathan*, Hobbes fait du droit de punir une question de pouvoir : les citoyens, tout en se dépossédant de la

---

42 *Eléments du droit*, p. 206.

43 *Ibid.*, p. 242.

44 *Ibid.*, p. 234.

45 *De Cive*, p. 140.

liberté de l'exercer à leur gré, ont accordé, ou plus exactement laissé au souverain le pouvoir dont il disposait dans l'état de nature et qu'il peut dorénavant utiliser pour les punir. Le dilemme entre droit du souverain et le droit des sujets est tranché par la force, la différence avec l'état de nature étant que l'interprétation du contrat qui autorise la force la rend légitime.

Cette légitimité de base ne laisse de soumettre les châtiments à toutes les conditions d'un usage rationnel, à savoir qu'ils doivent être appliqués avec discernement, être parfaitement proportionnés et avoir pour fin le bien du peuple.

5. L'activité économique

On a pu penser que le système politique de Hobbes faisait la part belle au pouvoir du souverain. On lui a même reproché d'instaurer un régime totalitaire[46]. Il est certain que Hobbes craignait par-dessus tout les troubles civils d'origine politique ou religieuse : nous avons vu, sur ce dernier point, que l'auteur du *Léviathan*, plutôt que de régler le problème par la tolérance, le règle par le pouvoir. Le souverain est le chef de l'Eglise comme de l'Etat et veille au respect des devoirs religieux comme civiques. D'une façon générale, le pouvoir répressif qu'il peut exercer si son autorité est mise à mal se justifie en fonction de la paix qui est son objectif majeur. Car les activités que les hommes peuvent mener sans mettre celle-ci en danger ne sont visées par aucun interdit. Tel est principalement le cas de l'activité économique : « Dans tous les domaines d'activité que les lois ont passé sous silence, les sujets ont la liberté de faire ce que leur propre raison leur indique comme étant le plus profitable [...] par exemple, la liberté d'acheter, de vendre, et de conclure d'autres contrats les uns avec les autres ; de choisir leur résidence, leur genre de nourriture, leur métier, et ainsi de suite »[47]. Il s'agit de rechercher les « choses nécessaires à une vie agréable »[48], conformément au principe d'utilité, à condition de le faire dans la paix et la légalité.

A cette fin, l'activité économique est non seulement acceptée et souhaitée mais elle est protégée. Le pouvoir du souverain s'exerce en partie pour assurer la paix nécessaire à une activité qui contribue à « l'alimentation et à la procréation de la république »[49], et de façon

46 *Cf.* J Vialatoux, *La cité totalitaire de Hobbes*, Lyon : Chronique sociale de France, [1935-] 1952.

47 .*Léviathan*, p. 224.

48 *Ibid.*, p. 127.

49 *Ibid.*, p. 261.

générale au bien-être de l'humanité »[50]. C'est cette activité qui est touchée en premier en cas de défection de sa part : « Dans l'état de nature [auquel on retourne dans ce cas], il n'y a pas place pour une activité industrieuse, parce que le fruit n'en est pas assuré ; et conséquemment, il ne s'y trouve ni agriculture, ni navigation, ni usage des richesses qui peuvent être importées par mer, pas de constructions commodes. »[51] Il est donc important que le souverain dispose d'une force suffisante pour s'opposer à la montée des passions et ouvrir la voie à l'activité économique en protégeant et la vie et la propriété de ses sujets.

Le système politique de Hobbes ne saurait s'entendre sans son versant économique. A vrai dire, il représente une première version de l'« économie politique » qui va se mettre en place sous l'effet des thèses de Boisguilbert (auteur de l'expression en 1615) et des mercantilistes. Il s'agit d'établir le rôle de l'Etat dans l'économie de la nation mais, en fonction d'un arrière-plan philosophique toujours présent chez un auteur qui n'est pas le promoteur d'une paix immobile ni l'avocat d'un bonheur tranquille, de fixer des limites à l'intervention de l'Etat et de ne point contrarier le mouvement de la vie des sujets là où il est possible étant donné qu'« il n'existe pas de tranquillité perpétuelle de l'esprit tant qu'on vit ici-bas. La vie elle-même, en effet, n'est que mouvement »[52]. L'activité économique entre dans ce schéma et l'un des objectifs, sinon l'objectif majeur du raisonnement politique de Hobbes est de la faciliter, ce qui ne saurait se faire à la fois sans lois et sans liberté.

Certes, Hobbes, homme de son temps, partage certains des préjugés mercantilistes favorables à l'intervention économique de l'Etat qu'il charge de déterminer les endroits où, à l'étranger, les sujets pourront commercer ainsi que les biens sur lequel portera ce commerce, et autorise à mener des guerres coloniales pour s'agrandir. Dans la mesure où le devoir (comme l'intérêt) de l'Etat est d'assurer le salut du peuple, il doit veiller à ce que chaque citoyen dispose de terres ou de biens sur lesquels exercer son industrie et bénéficie des fruits de cette dernière.

Par ailleurs, des limitations morales sont fixées à l'appât du gain : Hobbes pense qu'il est « prudent pour les hommes privés de s'enrichir à bon droit et avec modération »[53] et s'en prend aux « marchands dont la seule gloire est de devenir considérablement riches en achetant et vendant avec sagesse »[54]. Ces recommandations sont celles d'un auteur

---

[50] *Ibid.*, p. 44.
[51] *Ibid.*, p. 124.
[52] *Ibid.*, p. 58
[53] *Behemoth*, trad. L. Borot, [1668-] 1990, p. 83.
[54] *Ibid.*, p. 167.

qui souhaite que la conduite des acteurs économiques soit empreinte de civisme et non d'une avidité démesurée qui les pousse à s'opposer aux taxes et favorise la rébellion, comme à Londres pendant la guerre civile.

Cependant, Hobbes semble accepter l'évolution de la société vers une pratique plus libre de l'industrie et du commerce ; un critique d'inspiration marxiste comme C. B. Macpherson estime que celui-ci, rompant avec les pratiques du passé, écrivait dans et pour la société de l'« individualisme possessif » en formation[55]. Moins engagé que ce dernier politiquement, L. Strauss est cependant d'avis que Hobbes a préparé l'avènement de la société bourgeoise[56].

En effet, certaines de ses déclarations annoncent le futur libéralisme et suggèrent que l'économie libérée de ses pesanteurs morales et politiques peut fonctionner selon ses lois propres, en particulier celle qui, dépassant la notion médiévale de « juste prix », fait de la valeur le résultat de l'offre et de la demande : « La valeur de toutes les choses qui font l'objet d'un contrat est mesurée par l'appétit des contractants »[57], déclare l'auteur du *Léviathan*. D'une manière générale, le monde de Hobbes est un monde dans lequel le substrat des relations humaines est d'ordre économique. Ainsi, « la valeur ou l'importance d'un homme, c'est, comme pour tout autre objet, son prix, c'est-à-dire, ce qu'on donnerait pour disposer de son pouvoir »[58], ce qui se conçoit d'autant mieux que ce pouvoir réside en premier lieu dans la richesse. A cet égard, le travail est globalement considéré comme le moyen d'acquérir cette dernière par l'échange dans un monde où les tâches sont diversifiées : « Le travail humain est lui aussi un bien susceptible d'être échangé en vue d'un avantage, comme n'importe quoi d'autre. »[59] Si l'on s'en tient à ce point de vue économique - le point de vue moral concernant le prix à payer en termes de sacrifices et de renoncement à des plaisirs immédiats - il apparaît que le travail a le statut d'une marchandise, ce que relèvera Marx en citant Hobbes lorsqu'il évoquera les débuts de l'économie capitaliste[60]. En réalité, l'auteur anglais souligne l'importance du travail pour des hommes désireux d'assurer la subsistance et l'abondance nécessaires à leur conservation dans une optique divine mais surtout utilitaire :

[55] *Cf. La théorie politique de l'individualisme possessif*, trad. M. Fuchs, Paris :Gallimard, [1962-] 2004.

[56] *Cf.The Political Philosophy of Hobbes*, Oxford : Clarendon Press, 1936.

[57] *Léviathan*, p. 150.

[58] *Ibid.*, p. 83.

[59] *Ibid.*, p. 262.

[60] *Théories sur la plus-value*, Paris : Editions sociales, (1905-1910-) 1974, I, pp. 411-12, p.426.

« L'abondance a pour seule condition (après la grâce de Dieu) le travail et l'industrie des hommes. »[61]

6. Une première forme d'utilitarisme : l'harmonie des intérêts

En se servant des passions comme principes premiers de la vie, la science de Hobbes vise à les reconstruire rationnellement pour concevoir leur satisfaction en termes d'intérêt puis à harmoniser les divers intérêts en jeu à l'intérieur de la communauté. Nous avons vu que ce processus, qui concerne les relations entre les citoyens et entre ceux-ci et le souverain, est en germe dans le contrat qu'ils passent entre eux. L'on peut même affirmer que, chez Hobbes, anticipant Hume, les raisons d'intérêt sont à la base du rassemblement à l'issue duquel ils concluent un pacte social, mettent en place un souverain et se plient aux lois qu'il édicte et fait appliquer. Les hommes ont à la fois intérêt à s'entendre entre eux et à s'entendre avec le souverain de façon à ne pas affaiblir son autorité, ce dont ils subiraient les effets négatifs. Ils ont intérêt à accepter cette autorité fût-elle mal employée, ce risque n'étant pas plus grand que les menaces qui pèsent sur eux lorsqu'ils sont en guerre les uns contre les autres.

Dans ces conditions, le souverain, plutôt que de s'autoriser un pouvoir qui lui permettrait de satisfaire le moindre de ses caprices, a lui-même intérêt, pour en tirer avantage, à l'exercer de manière ferme de façon à tenir en échec la violence des hommes qui le lui ont confié, mais aussi à leur permettre en même temps de pratiquer l'activité conforme à leurs besoins.

En fin de compte, la notion d'intérêt, qui est permanente dans les rapports aboutissant à la bonne marche de l'Etat, dépasse la notion de contrat dont l'existence n'a jamais été prouvée. En revanche, un raisonnement fondé sur l'intérêt peut justifier toute politique qui tend à l'unité et au bien de l'Etat et trouve sa confirmation dans le principe utilitariste selon lequel il existe une concordance entre les intérêts de l'Etat et ceux des citoyens. D'une part, cette concordance, qui dépend de leur équilibre, est déterminée par une loi naturelle fixée par la raison et obéit à un calcul qui a pour fin la santé de toutes les parties de la république et leur bon fonctionnement conjugué en matière politique et économique : « Le profit du souverain et celui du sujet vont toujours ensemble »[62], écrit Hobbes. D'autre part, si la violence de la société de

[61] *Léviathan*, p. 261.
[62] *Eléments du droit*, p. 266. Voir également *Léviathan*, p. 370.

l'époque et les besoins d'unité exigent l'obéissance au souverain, il est urgent de rappeler à ce dernier que sa puissance, de même que sa gloire, dépendent de la santé de ses sujets qu'il n'a en aucune manière intérêt à opprimer en abusant de son pouvoir. Il ne doit notamment leur imposer de taxes qu'en échange de la paix et de la liberté qu'il assure à leur activité comme des nécessités de la défense nationale. Inversement, ses sujets ont intérêt à accepter les efforts qui leur sont demandés bien qu'ils aient du mal à le faire : « Les gens ne tiennent pas compte de ce que, lorsque ceux qui les gouvernent leur imposent les fardeaux les plus lourds, cela ne procède pas de l'attente d'un plaisir ou d'un avantage quelconque que pourrait leur valoir le préjudice ou l'affaiblissement de leurs sujets, dont la vigueur est le fondement de leur force et de leur gloire. »[63] Hobbes précise que l'imposition doit être axée sur la consommation, car on ne peut taxer également celui qui épargne et celui qui dépense, fussent leur revenus égaux.

Il est donc de l'intérêt du souverain d'assurer le bien du peuple comme de l'intérêt du peuple d'accepter son autorité, ce qui s'obtient plus facilement dans une monarchie : « C'est là où l'intérêt public et l'intérêt privé sont le plus étroitement unis que l'intérêt public est le plus avantagé. Or, dans une monarchie, l'intérêt privé est le même que l'intérêt public : la richesse, le pouvoir, l'honneur d'un monarque ne reposent que sur la force, la richesse et la réputation de ses sujets. »[64] Des difficultés que nous allons évoquer apparaîtront dans ce type de régime. De toute façon, l'identité d'intérêts qui peut se créer entre les individus et entre les individus et l'Etat repose en grande partie sur des bases économiques. Tel est le propos auquel en vient finalement Hobbes et que développera après lui l'école utilitariste.

7. Conclusion.

La science de Hobbes s'appuie sur la mise en évidence d'un déterminisme qui s'exprime aussi bien dans les mouvements de la matière que ceux de l'esprit. Cette nécessité n'exclut pas la liberté, qui est vue comme l'absence d'obstacles à un mouvement dicté par sa nécessité[65]. Le raisonnement dont la fin est de permettre la préservation

---

[63] *Léviathan*, p. 191.

[64] *Ibid.*, p. 195.

[65] Un exemple est celui de l'eau « qui n'éprouve pas seulement la *liberté*, mais aussi la *nécessité*, de couler avec la pente le long du fleuve » ou, « lorsqu'elle n'est pas contenue par des rives ou un récipient, peut se répandre dans un espace plus grand » en fonction des propres lois de son mouvement (*Léviathan*, p. 223).

et l'amélioration de la vie est lui-même nécessaire et il est mené selon ses lois propres dans la plus entière liberté, en opposition à toute ingérence extérieure, religieuse ou autre. Si les hommes sont tenus de se soumettre à ses conclusions, c'est-à-dire aux lois civiles qui font suite aux lois naturelles et au souverain qui en est l'ordonnateur, un retour à la liberté, en matière économique notamment, est possible : « Le rôle des lois n'est pas d'entraver toute action volontaire, mais seulement de diriger et contenir le mouvement des gens, de manière à éviter qu'emportés par l'impétuosité de leurs désirs, leur précipitation ou leur manque de discernement, ils ne se fassent du mal : ce sont comme des haies disposées pour les maintenir sur le chemin. »[66] En somme, si elles respectent toutes les exigences d'un calcul rationnel, les lois ont pour fin de permettre à l'homme de s'exprimer conformément à sa meilleure nature et de le guider vers le bonheur en lui apportant, grâce à la paix, l'équilibre nécessaire à sa vie dans ses relations avec autrui et avec le souverain.

Les lois civiles fixent la liberté dont les citoyens disposent d'une façon conforme au principe d'utilité qui gouverne la conduite des hommes quel que soit leur état. Dans l'état de nature, où il est réduit à sa plus simple expression, un homme a la liberté d'assurer sa préservation par la force quand il n'a pas d'autre choix : « Dans l'état de nature, l'utilité est la règle du droit »[67], affirme l'auteur du *De Cive*, en entendant par droit le pouvoir dont il dispose. Dans l'état civil, l'utilité est la règle d'un droit qui vise à assurer aux hommes le pouvoir de vivre de façon plus sûre et plus heureuse en étant limité par des lois placées sous l'autorité d'un souverain disposant d'une force supérieure à la leur.

Cette nécessité constitue précisément le fond du problème inhérent au système politique de Hobbes - et à tous les systèmes politiques - et que nous ne pouvons manquer de rappeler avant de clore son examen. De façon générale, il ne peut y avoir de société civile sans qu'à la recherche du pouvoir dont les hommes font preuve sans discernement dans leur état naturel s'oppose la crainte d'un pouvoir commun capable de les punir pour les en dissuader. Dans le cas du souverain de Hobbes, qui dispose du pouvoir absolu, la question est de savoir si ce pouvoir ne deviendra pas arbitraire et sera utilisé dans l'intérêt général. Le calcul qui lui montre les avantages d'un exercice rationnel du pouvoir ne peut-il céder à une passion ou à un intérêt personnel qui dépasse le cadre qui lui a été prescrit ? Telle est la tendance qu'illustre l'histoire et que Hobbes

---

66 *Ibid.*, p. 370. *Cf.* la version latine : « La fin des lois, en effet, n'est pas de priver les gens d'une liberté inoffensive » (note).
67 *De Cive*, p. 85.

semble exclure complètement. Et pourtant l'auteur du *Léviathan* a montré comment l'orgueil lié à la possession du pouvoir est la passion première chez le souverain. Cet orgueil peut naître de la grandeur de l'Etat et celui-ci être symbolisé par le faste de la Cour ou le trésor de la Couronne, et entrer à ce titre dans un plan rationnel, mais aussi résulter d'une fortune personnelle tirée du prélèvement abusif d'une partie de la richesse nationale. Il peut résulter également de l'ivresse liée à l'exercice d'un pouvoir violent et tyrannique. Cela risque d'autant plus se produire qu'à ses sujets ne restent en fin de compte que des possibilités de résistance limitées par la nature d'un contrat qui, en tout état de cause, a été passé entre eux seuls et non entre eux et un souverain qui n'a ainsi d'autre obligation envers eux que morale, et peut très bien s'y soustraire. Dans le cas où l'on considère que sa nomination fait de lui leur représentant, ils sont censés en lui confiant leur pouvoir être les véritables auteurs de ses actes et ne sauraient en aucune occasion s'en plaindre, logique un peu spécieuse qui est battue en brèche par les dérapages de la part d'un souverain mal intentionné et dont les sujets peuvent souffrir ; même la crainte de l'anarchie qui résulte de l'absence d'un pouvoir coercitif, argument décisif invoqué par Hobbes, ne peut justifier le pouvoir qui s'autorise toutes formes d'excès.

Hobbes a montré la voie qui consiste à fonder les droits et les devoirs des hommes sur leurs intérêts, en commençant par la paix. Nonobstant, les passions restent difficiles à gérer, tant chez le souverain que parmi le peuple, et la raison, dans le cadre théorique voire mathématique qui lui est fixé, n'y arrive qu'imparfaitement. C'est pour écarter le risque d'une dérive dans la gestion d'intérêts notamment économiques que Locke sera amené à préconiser un contrôle plus étroit du peuple sur le pouvoir politique grâce à une revalorisation du rôle du Parlement et que, beaucoup plus tard, les utilitaristes du XIXe siècle défendront le principe d'une représentation démocratique. Il reste que le mérite de Hobbes a été de formuler, à l'occasion des événements violents de son époque, un raisonnement livrant une science capable, du moins théoriquement, d'indiquer par quelles méthodes assurer la paix et la prospérité intérieures en vue de cet objectif lointain qu'était pour lui le bonheur.

III. LOCKE

A peine un demi-siècle après Hobbes, Locke, sans pour autant discréditer les enseignements de la religion chrétienne, centre comme l'auteur du *De Homine* son étude sur les hommes et leur nature, d'une part, leurs désirs et leur inquiétude, d'autre part, leur raison pour dégager sinon une science, du moins des principes pratiques leur permettant d'accéder à une forme de bonheur ou tout au moins d'atténuer leur misère. Il est question, bien sûr, de sécurité, mais aussi de liberté au sens économique du terme, et toujours d'utilité.

1. Un Dieu moral

Locke se présente au premier abord comme un théologien préoccupé de bonheur éternel mais conscient que celui-ci passe par des règles dont l'observation contribue en même temps à la production d'un bonheur temporel de nature matérielle et morale et, de ce point de vue, se révèle utile et avantageuse à la vie dans ce monde. Mais le même raisonnement qui conclut à la nécessité de règles destinées à conduire l'homme au bonheur permet, en s'interrogeant sur leurs causes, de poser l'existence d'un Dieu moral. En fait, Dieu nous a donné les facultés qui nous permettent de remonter jusqu'à lui et d'adopter le genre de conduite conforme à sa volonté. Ainsi, Dieu se trouve à une extrémité de la chaîne et l'homme à l'autre. L'auteur de l'*Essai concernant la nature de l'entendement* déclare : « L'idée d'un Etre suprême, infini en puissance, en bonté et en sagesse, qui nous a faits, et de qui nous dépendons ; et l'idée de nous-mêmes comme de créatures intelligentes et raisonnables, ces deux idées, dis-je, étant une fois clairement dans notre esprit, en sorte que nous les considérions comme il faut pour en déduire les conséquences qui en découlent naturellement, nous fourniraient, à mon avis, de tels fondements de nos devoirs et de telle règles de conduite, que nous pourrions par leur moyen élever la morale au rang des sciences capables de démonstration. »[68]

Cependant Locke, en accord avec le mouvement d'un siècle tourné vers les sciences, ne peut, comme Hobbes et, plus tard, Hume, éviter de fonder la morale commune sur la connaissance que procure l'observation de la vie et de la nature humaines et d'en infléchir le sens du côté de devoirs consistant en premier lieu à satisfaire les besoins vitaux. La nature de l'homme lui en fournit les moyens de la façon qui lui est propre, c'est-à-dire, en produisant, à partir de la sensation, des idées qui se prolongeront par l'invention, entre autres, de moyens mécaniques, mais aussi économiques et politiques. L'auteur de l'*Essai concernant la nature de l'entendement* est ainsi amené à développer une conception empiriste de la formation de la connaissance dont la première phase est

[68] *Essai concernant la nature de l'entendement*, trad. P.Coste, Paris : Vrin, [1690-] 1983, p. 454.

la sensation, la seconde la réflexion ou perception des opérations de notre esprit sur les idées reçues des sens ; l'entendement s'empare de ces idées, qui ne sont encore que des idées simples enregistrées passivement, pour les interpréter, les joindre et former des idées complexes, en suivant la nature pour ce qui est des substances, ou en inventant ce que Locke entend par « modes », c'est-à-dire ce qui affecte les substances ou leur est rattaché par l'esprit et comprend entre autres les notions morales.

Ces notions, contrairement aux notions de substances, sont des créations de l'esprit formées par combinaison de différentes idées simples et signifiées par des noms[69]. Elles peuvent être associées de façon à former des relations elles aussi exprimées par des noms. Le processus présente un risque car les idées morales peuvent être formées et associées de façon artificielle, ce que montre leur diversité d'un pays à l'autre et d'une époque à l'autre. Mais c'est précisément à ce stade que reparaît la possibilité d'utiliser son intelligence et sa raison pour corriger les informations provenant des sens et les plier aux règles issues de la volonté de Dieu.

2. La loi de nature

Ces règles se rassemblent dans la loi de nature que Dieu a prescrite aux hommes et que sa raison peut découvrir à l'homme : « Il est certain qu'il existe une telle loi, c'est un fait intelligible et évident pour une créature douée de raison »[70], affirme Locke. Cependant, en fonction de son imperfection radicale, les notions morales que la raison peut établir sont souvent fautives. Seuls les hommes les plus raisonnables sont capables de percevoir la loi de nature qui exprime ce que Dieu commande aux hommes en vue de leur bonheur et qui est le fondement de toutes les lois tant civiles que morales. En ce qui concerne la majorité d'entre eux, la révélation vient au secours de la raison : « Du moins est-il certain qu'à l'égard du simple peuple et de la plus grande partie des hommes, il serait plus simple et plus court qu'une personne envoyée de la part de Dieu et qui eût des preuves sensibles de la vérité de sa mission vînt à eux en qualité de roi et de législateur pour les instruire de leurs

---

[69] Locke précise que les « essences réelles » des substances sont inconnues ; seules leurs « qualités secondes » sont connues à partir d'une expérience par ailleurs incomplète et sujette à changement. En revanche, les « essences réelles » des objets moraux sont leurs « essences nominales » et sont contenues dans leur définition (*ibid.*, p. 85, p. 460, p. 485).

[70] *Second traité du gouvernement*, trad. J.-F. Spitz, Paris : P.U.F, [1689-] 1994, , p. 10.

devoirs et leur recommander de les remplir. »[71] A vrai dire, pour le croyant qu'est Locke, l'existence même de la révélation montre la faiblesse de la raison et l'imperfection des notions morales qu'elle établit. Seul le sacrifice du Christ peut donner un sens aux devoirs de l'homme comme à la raison qui lui permet d'en tracer l'esquisse dans la perspective de son bonheur et qui se trouve à la fois stimulée et justifiée dans sa tâche : le nier serait une preuve d'orgueil.

Cela étant, il reste que la raison, en tant qu'instrument de connaissance morale, propose aux hommes une ligne de conduite à laquelle la foi ne saurait s'opposer : « Partout où nous avons une décision claire et évidente de la raison, nous ne pouvons être obligés d'y renoncer pour adopter l'opinion contraire, sous prétexte que c'est une matière de foi ; car la foi ne peut avoir aucune autorité contre des décisions claires de la raison. »[72] Sur ce point, Locke a retenu de sa formation religieuse les vues exprimées par Hooker dans la tradition thomiste sur la liaison de la raison et de la foi. C'est à l'homme d'authentifier ses devoirs grâce à sa raison et de suivre les règles qu'elle lui découvre dans leur relation à la volonté divine.

Certes, l'on peut penser que les règles que la raison met en évidence à l'aide de mots dont il est facile d'abuser courent le risque d'être des règles abstraites, purement formelles, ce qui est le cas de tous les raisonnements moraux de type déductif qui font appel au langage et tout particulièrement des raisonnements de l'Ecole ; en somme, qu'un nominalisme enferme le discours dans une cohérence artificielle et le prive de sa substance ontologique. C'est pourquoi, à côté d'un raisonnement difficile à appliquer, le moraliste va proposer un type de conduite fondée sur la prise en compte des besoins propres à l'homme en voyant dans leur satisfaction raisonnable le résultat d'une discipline agréable à Dieu.

3. Une raison pratique

La conduite à tenir en vue du bonheur doit s'aider d'une réflexion qui a une valeur pratique. Elle doit procéder de la « retenue, de la prudence, de la circonspection et de l'intelligence »[73] nécessaires pour nous

---

[71] *La raisonnabilité du christianisme*, trad. P. Coste, Amsterdam : H. Wettstein, [1695-] 1698, p. 307. Le chapitre XIV d'où est extrait ce passage est reproduit en partie dans E. Naert, *Locke ou* la *raisonnabilité*, Paris : Seghers, 1972, ainsi que dans *Morale et loi naturelle, textes sur la loi naturelle, la morale et la religion*, présentation de J.-F. Spitz, Paris : Vrin, 1990.
[72] *Essai*, p. 580.
[73] *Ibid.*, p. 207.

permettre, avant que quelque désir nous pousse à agir par précipitation, inadvertance ou ignorance, à nous soumettre à la mode et à la coutume ou à la parole d'autrui et à choisir un faux bien, d'en suspendre l'exécution pour laisser place à un jugement éclairé. Cette possibilité est l'expression même de notre liberté puisqu'elle seule nous permet de reconnaître notre devoir et de l'accepter contrairement à des inclinations aux effets néfastes. L'on parle ici d'un devoir auquel le sujet pourrait échapper sans y trouver son compte et du mérite qu'il a à adopter, parfois avec difficulté, la conduite qui contribue à son vrai bien et à laquelle la liberté confère sa pleine valeur : « Lorsque nous avons jugé après un légitime examen, nous avons fait tout ce que nous pouvons et devons faire en vue de notre bonheur : après quoi, ce n'est plus notre faute de désirer, de vouloir et d'agir conformément au dernier résultat d'un sincère examen : c'est plutôt une perfection de notre nature. »[74] Il est certain que la liberté s'arrête avec la décision d'agir dans le sens que nous recommande finalement la loi de nature. Plus exactement, elle s'accomplit dans et par l'observation de cette loi car le vrai bonheur est celui vers lequel nous porte la loi de nature imposée aux hommes par Dieu et découverte par leur raison.

Locke est un théologien, disions-nous, mais c'est aussi un empiriste. A ce sujet, il faut revenir à la conception que l'auteur de l'*Essai* se fait de la raison. Si celle-ci est une faculté d'ordre qui, dans son expression la plus haute, contribue à la connaissance en guidant les relations d'idées, la raison se forme progressivement à partir de l'expérience. En fait, ce que dit Locke est que la raison n'est pas une faculté prête à être employée sans aucune forme de préparation mais connaît le même processus de maturation que d'autres fonctions. A l'origine, l'esprit est une « table rase »[75] qui recueille les données de l'expérience un peu à la façon dont un disque vierge enregistre les sons. Néanmoins, il faut bien supposer que les données de l'expérience ne sont pas enregistrées n'importe comment mais organisées et interprétées par la raison qui apparaît dans son essence comme une faculté d'ordre. Locke n'est pas allé jusqu'à dire, comme Kant, que cet ordre existe préalablement dans l'esprit qui ne fait que l'imposer aux choses qu'il rencontre. L'on en reste avec l'auteur anglais à la capacité qu'a l'esprit de se développer de façon inégale chez les hommes dans les domaines religieux, moral, politique et économique en fonction de leur application et de leur disponibilité et aussi de la liberté dont ils disposent.

---

74 *Ibid.*, p. 204.
75 *Ibid.*, p. 61.

Finalement, c'est dans le domaine pratique que la raison est le plus utile à l'homme en mettant à contribution les enseignements de l'expérience. Or il semble y avoir un hiatus entre cette fonction de la raison et cette autre qui consiste à traiter des idées abstraites et mener des démonstrations de type mathématique comme celle, majeure, qui permettrait de poser avec certitude les principes du bonheur. Le défi serait de découvrir le lien qui existe entre les différentes formes de la connaissance et de montrer à quel point ces idées comme les démonstrations dont elles sont l'objet s'enracinent dans la réalité sensible : cela a effectivement été tenté avec plus ou moins de bonheur par Locke avec le désir de faire en sorte que la connaissance obtenue de cette façon emporte une obligation d'agir tout en retrouvant les autres instances qui gouvernent la vie de l'homme comme la conscience (que nous allons examiner plus loin).

En réalité, la base rationnelle qui sert de référence morale à la recherche du bonheur risque elle-même de s'effondrer. Supplantée par la Révélation, la lumière que la raison apporte aux hommes ne leur permet pas toujours de choisir ce qui contribue à leur bonheur au terme d'une démonstration certaine. Locke a lui-même reconnu la difficulté de l'entreprise : « Quoique j'aie pensé que la moralité pouvait être établie par voie de démonstration, toute autre est la question de savoir si je peux y arriver de cette manière. »[76] Ce qui, en revanche, est possible est la formation de jugements adaptés aux situations dans lesquelles se trouvent les hommes au cours des différentes étapes de leur vie et susceptibles de leur indiquer la conduite à suivre en vue d'un bonheur limité dans le temps plus que du bonheur éternel, dont Locke ira jusqu'à dire qu'il est « incompréhensible »[77]. Ce bonheur tout temporel est fait d'un contentement sans trouble, d'une suite de plaisirs sans insatisfaction, car la misère est toujours possible et le bonheur n'en est le plus souvent qu'une délivrance provisoire.

Dans ces conditions, quelle peut-être la signification de la vocation de l'homme au bonheur éternel pour le chrétien par rapport à la recherche du bonheur temporel ? Tout en admettant qu'en certaines occasions, la vertu puisse conduire l'homme à la misère et aux épreuves[78], l'auteur de l'*Essai* suggère que les règles qui mènent au bonheur temporel sont les

---

[76] « Lettre à Molyneux », 20 sept. 1692, *Works*, réimp. Darmstadt : Scientia Verlag Aalen, 1963, vol. 9, p. 285.

[77] « Thus I think », *in* : P. King, *The Life of John Locke*, Oxford, 1829, t. II, p. 120. Ce passage est traduit par J.-F. Spitz dans *John Locke : morale et loi naturelle*, Paris : Vrin, p. 90.

[78] *Essays on the Law of Nature*, Oxford : Clarendon Press, [1676-] 1954, p. 207, p. 209.

mêmes que celles qui mènent au bonheur éternel ; à vrai dire, la loi divine nous commande d'écarter les désirs qui peuvent porter préjudice à notre santé physique et morale, ce que nous faisons par un effort de réflexion. D'une certaine manière, le bonheur qui en résulte peut être l'annonce du bonheur éternel. Sur ce point, Locke est en phase avec le latitudinarisme de Hooker. Mais l'on peut aussi déceler chez lui les effets de l'enseignement puritain que lui a prodigué son père et selon lequel le succès dans l'accomplissement des devoirs quotidiens, notamment professionnels, est la marque de l'élection divine et l'assurance du salut.

4. L'utilité

Sans rejeter l'influence religieuse, Locke se concentre sur le parti que l'on peut tirer d'une raison pratique faite de prudence et de croyances issues d'expériences et d'observations en partie actuelles, en partie historiques. Il s'agit de jugements qui aboutissent à la formulation de principes adaptés aux besoins des hommes et à leurs facultés, et à cet égard, il leur est difficile, pour dégager une règle de vie, de ne pas tenir compte de leur mémoire personnelle ou collective. Cependant, s'ils veulent tenir compte des faits passés, ils ne parviennent le plus souvent qu'à des résultats qui n'ont un caractère de probabilité, bien que la probabilité, en ce qui concerne les choses dont il est possible de témoigner, ait souvent valeur de certitude[79] sans pour autant se confondre avec la seule véritable certitude qui appartient au raisonnement mathématique. Aussi les hommes peuvent-ils se contenter d'une lumière incertaine, d'un « simple crépuscule de probabilité »[80] suffisant pour leur permettre de « démêler ce qu'il leur importe absolument de savoir »[81]. Dans cette mesure, Locke ne peut manquer d'évaluer ce savoir en fonction de son utilité et d'affirmer que « jamais nous n'aurons sujet de nous plaindre du peu d'étendue de nos connaissances si nous appliquons uniquement notre esprit à ce qui peut nous être utile »[82], en d'autres termes, si « ce degré de connaissance suffit pour régler tous nos intérêts dans ce monde »[83]. Cette recherche ne

---

79 *Essai*, pp. 551-52. Locke fait également état de témoignages contradictoires, incertains ou partisans et note un aspect curieux du phénomène : soit, par une sorte de surcompensation à la distance qui nous sépare des faits, notre assentiment acquiert d'autant plus de force que l'on est éloigné de leur source, soit leur vérité se dissipe avec le temps (*ibid.*, p. 554).

80 *Ibid.*, p. 544.

81 *Ibid.*

82 « Avant-propos », *ibid.*, p. 4.

83 *Ibid.*

saurait néanmoins porter ses fruits qu'en accord avec la loi de nature à laquelle les hommes doivent continuer de se référer, si ce n'est sur un plan démonstratif, du moins en cherchant sur quels points leurs jugements particuliers s'accordent avec elle pour les trouver dans les bénéfices qui résultent de son observation et tout particulièrement dans la satisfaction de leurs intérêts.

La notion d'intérêt fait son apparition dans l'œuvre de Locke et acquiert droit de cité dans la mesure où elle procède, non comme Carnéade l'aurait affirmé dans l'Antiquité, d'« impulsions innées »[84] qui pousseraient les hommes à rechercher un intérêt variable selon les circonstances, mais d'une reconnaissance commune de la loi de nature : « Quand nous disons que l'intérêt personnel de chacun n'est pas la base de la loi naturelle, nous ne souhaitons pas qu'il soit entendu par là que les règles communes de l'équité entre les hommes et l'intérêt privé de chacun s'opposent car la protection la plus efficace de chacun est la loi de nature. »[85] C'est au titre des bienfaits que nous vaut leur observation que nous donnons notre approbation à la loi de nature et à toutes les règles morales et civiles qui s'en inspirent comme à la vertu qu'il y a à les respecter. Ceux-ci consistent dans tout ce qu'un homme peut sans crainte de pécher ambitionner dans le domaine privé ou public et se ramènent, après calcul, à ce que la promotion de son intérêt lui recommande. Locke va ainsi évoquer l'intérêt qu'a un homme, parmi d'autres avantages, à sa sécurité : « Dieu ayant mis une liaison inséparable entre la Vertu et la Félicité publique, et ayant rendu la pratique de la Vertu nécessaire pour la conservation de la Société Humaine, et visiblement avantageuse à tous ceux avec qui les Gens-de-bien ont à faire, il ne faut pas s'étonner que chacun veuille non seulement approuver ces Règles, mais aussi les recommander aux autres, puisqu'il est persuadé que s'ils les observent, il lui en reviendra à lui-même de grands avantages. Il peut, dis-je, être porté par intérêt, aussi bien que par conviction, à faire regarder ces règles comme sacrées, parce que si elles viennent à être profanées et foulées aux pieds, il n'est plus en sûreté lui-même. »[86]

Ce raisonnement s'accorde avec l'idée que Locke se fait d'un Dieu qui veut le bien des créatures. Mais dans cette approche, il ne doit point y avoir confusion : si l'observation des règles tirées de la loi de nature s'avère utile, l'auteur tout pénétré de morale chrétienne des *Essais sur la loi de nature* tient à préciser que la loi de nature, d'où sont tirées toutes les

[84] *Essays on the Law of Nature*, p. 205.
[85] *Ibid.*, p. 217.
[86] *Ibid.*, p. 28.

autres lois, est avant tout une loi morale indiquant à l'homme quel est son devoir : « La rectitude de l'action de l'homme ne dépend pas de son utilité, au contraire, son utilité dépend de sa rectitude. »[87] L'utilité est en quelque sorte le sous-produit de la vertu. Cependant, le fait qu'elle puisse être évaluée concrètement et plus facilement que la vertu dont elle est le signe va lui permettre, malgré son origine indirecte, de gagner en importance jusqu'à devenir aux yeux des non-croyants comme des croyants le critère le plus significatif d'une bonne conduite et le sujet principal de la raison. Ce que perdent les leçons de la raison en certitude théorique, elles le gagnent en utilité. Les nécessités de la vie pratique l'emportent sur la rigueur du raisonnement abstrait pour laisser place à un comportement plus utilitaire, et même plus terre-à-terre. La révélation mise à part, les hommes peuvent s'accorder sur une loi qui est avantageuse dans la conduite de leur vie : « La loi de nature est en même temps la règle de l'utilité. »[88] Finalement, l'empiriste qu'est Locke ouvre la voie à l'utilité en tant qu'associée à la vertu avant que la vertu elle-même change de sens et consiste pour les utilitaristes à s'inspirer du principe d'utilité et à se reconnaître à l'approbation qu'ils donnent à leur conduite.

Locke, au cours de son œuvre, sera ainsi amené à constater que l'observation bien comprise des règles morales, politiques et économiques permet à toute personne raisonnable d'obtenir les satisfactions auxquelles elle a droit, quitte à oublier leurs fondements théologiques : « L'on voit tous les jours, que l'intérêt particulier et la bienséance obligent plusieurs personnes à s'attacher extérieurement à ces règles, et à les approuver publiquement, quoique leurs actions laissent assez voir qu'elles ne songent pas beaucoup au Législateur qui les leur a prescrites. »[89] Cela nous montre que les raisons d'utilité ont tendance à prendre le dessus sur l'obligation morale que les règles comportent dans la mesure où, en définitive, leur observation a en vue l'accroissement des « commodités de la vie[90] » qui contribuent grandement au bonheur temporel. Malgré cela, il est souhaitable que la pensée de Dieu et du vrai bonheur[91] ne disparaisse pas sous peine de laisser place à un comportement anarchique et asocial et de conduire ses auteurs à la perdition. Plus l'on s'éloigne de Dieu, plus le risque que l'on court à cet égard est grand. Mais cela n'arrivera pas si, sous le couvert de

---

[87] *Ibid.*, p. 213.

[88] *La raisonnabilité du Christianisme*, p. 313.

[89] *Essai*, p. 28.

[90] Cette formule désuète revient souvent chez Locke (entre autres, *Essai*, p. 538, *Second Traité*, p. 27) comme, plus tard, chez Hume.

[91] *Essai*, pp. 203-04.

considérations liées à la physiologie et à la psychologie de la nature humaine (auxquelles Locke s'intéresse en tant que médecin), nous nous montrons soucieux de nos intérêts, non d'une façon égoïste caractérisée par la convoitise et l'avidité, mais avec tout l'élan qui peut résulter de la conscience que nous avons de nous arracher avec les autres hommes à la misère tout en faisant de cette manière œuvre pie.

5. Les sanctions de la conscience

L'observation ou l'inobservation des règles rattachées à la loi de nature engendre des sentiments qui nous convainquent à la fois de l'existence et des bienfaits de cette dernière. La loi de nature est aussi la loi de notre nature et plonge ses racines dans les sentiments et les impressions par lesquels elle s'exprime. Ainsi, à la raison comme pouvoir de calculer ce que nous dicte cette loi, s'ajoutent une satisfaction en cas d'obéissance et surtout un sentiment de culpabilité en cas de transgression qui ne proviennent pas seulement des sanctions extérieures qui accompagnent la loi de nature mais s'accordent avec elle : « Sans la loi de nature il n'y aurait ni vertu ni vice, ni récompense pour le bien, ni de punition pour le mal : il n'y a aucune faute, aucune culpabilité là où il n'y a pas de loi (*there is no fault, no guilt where there is no law*). »[92] Pour Locke, le mal et le sentiment de culpabilité qu'il produit s'expliqueraient par le péché originel conçu comme une violation de la parole de Dieu et par la Chute qui en serait la punition. Par la suite, la loi de nature intègrerait cette dimension. Le problème est que la manière dont l'autorité divine, et donc les notions de faute et de culpabilité sont conçues, dépendent de facteurs culturels variables selon les temps et les lieux dont Locke s'attachera par ailleurs à décrire la bizarrerie.

Ces notions, outre leur origine naturelle, dépendent pour une bonne part dans les sociétés civiles des châtiments légaux ou des sanctions de l'opinion. Pour Hobbes, le désaccord éventuel entre les diverses interprétations qui en sont faites devait être tranché par l'autorité du souverain qui voyait dans sa loi le moyen le plus rationnel de forcer les citoyens à vivre en paix et en harmonie les uns avec les autres. Pour Locke, la question ne se pose pas : la loi civile est l'émanation de la loi de nature qui, pour l'homme qui raisonne ou se contente de la Révélation, est l'expression de la volonté de Dieu, de sorte qu'il est juste que le pouvoir en punisse les violations. L'opinion publique peut également juger digne de louange ce que la raison fait apparaître comme conforme à

92 *Essays on the Law of Nature*, p. 119.

l'intérêt général et condamner ce qui le dessert pour prendre souvent la première place chez des hommes « qui ne se mettent pas beaucoup en peine des lois de Dieu ou du magistrat »[93]. Cependant, Locke n'abandonnera jamais la référence à l'autorité divine ou aux autorités civiles dont l'existence va dans le sens de cet intérêt et déclarera lui-même tout le respect et la vénération qu'il a généralement pour l'autorité. A vrai dire, ce genre d'opinion sur la conduite à tenir dans la société civile doit emporter la conscience de tout homme quel que soit le régime politique auquel il est soumis, avec cette réserve qu'il s'agit d'un régime auquel les hommes sont censés avoir donné leur consentement comme celui de l'Angleterre.

En définitive, il est bon que les obligations auxquelles un homme est soumis s'accordent avec sa conscience, bien que cela ne soit pas toujours possible dans la mesure où la conscience est quelque chose qui lui appartient en propre et précisément, dira-t-on, pour cette raison. Certes, il a fallu un certain degré de développement culturel pour que naisse chez les hommes une conscience capable de les sensibiliser aux aspects religieux, moraux et politiques de leur conduite et dont, dans leur état primitif, ils ne sont pas pourvus. Mais lorsque cette condition est réalisée, la conscience devient en quelque sorte le bastion de la liberté. Elle n'a jamais autant de force de persuasion et de conviction que lorsqu'elle est véritablement conscience de cette liberté qui permet aux hommes, face aux pressions extérieures entre autres religieuses auxquelles ils sont soumis dans la société de Locke où la tolérance laisse toujours à désirer, de juger sereinement de leur conduite.

Lorsqu'elle peut véritablement s'exercer, la conscience devenue morale permet au sujet d'avoir sa propre opinion sur ce qui est utile et bon pour lui. Mais elle ne peut faire cela qu'en se déterminant par rapport aux éléments les plus fondamentaux qui influent sur elle, le plaisir et la douleur, dont Locke va projeter les enseignements du plan psycho-physiologique au plan moral pour faire des passions qu'ils stimulent une fois convenablement orientées les moteurs de la conduite.

6. Désir et inquiétude

Locke, poursuivant dans la voie naturaliste, va donner un contenu sensible à la morale en montrant son lien avec les passions enracinées dans l'homme et leurs ressorts, plaisir et douleur, qui sont pour lui les manifestations concrètes du bien et du mal et vont même jusqu'à se

---

93 *Essai*, p. 283.

confondre avec ces idées. Reprenant le discours de Hobbes, le philosophe moral ramène les règles de la conduite à des considérations de nature hédoniste : « Nous nommons BIEN tout ce qui est *propre à produire et à augmenter le plaisir en nous ou à diminuer et abréger la douleur* ; ou bien, *à nous procurer ou conserver la possession de tout autre Bien, ou l'absence de tout autre Mal que ce soit.* Au contraire, nous appelons MAL ce qui *est propre à produire ou à augmenter en nous quelque douleur, ou à diminuer quelque plaisir que ce soit* ; ou bien, *à nous causer du mal, ou à nous priver de quelque bien que ce soit.* »[94] Le bonheur lui-même, « pris dans toute son étendue est le plus grand plaisir dont ils sont capables »[95] et la misère, « considérée dans la même étendue, est la plus grande douleur que nous puissions ressentir »[96]. Il est vrai que le bien et le mal dépendent de la conception que chacun se fait de son plaisir et de son bonheur, quoique les hommes soient tenus par leur nature ou leur culture, notamment religieuse, d'obéir à des impératifs similaires. A ce sujet, le théologien que reste Locke considère que c'est Dieu lui-même qui a attaché le plaisir et la douleur aux actions des hommes pour leur permettre, une fois ces notions correctement entendues, de trouver le chemin menant à un bonheur qui est, dans sa plus haute expression, celui du chrétien promis au salut éternel. Cependant, pour favoriser cette poursuite, il faut écarter les passions qui conduisent à des plaisirs de qualité inférieure. Car « le plaisir et la douleur, et ce qui les produit, savoir le bien et le mal, sont les pivots sur lesquels roulent toutes nos passions »[97]. Le problème est que ces passions peuvent porter les hommes à des plaisirs peu recommandables d'une façon qui leur est préjudiciable à moins que, sans verser dans le scepticisme, ils ne retiennent leurs désirs immédiats et n'utilisent leur liberté pour juger sereinement du bien et du mal qu'il y a dans ce qu'ils vont faire et choisir le plus grand bien.

Pour cela, il faut que les hommes dont la raison éclairée par Dieu les conduit à affirmer son existence et sa loi consacrent tous leurs efforts à maîtriser les passions qu'engendrent le plaisir et la douleur, à savoir, en premier lieu, le désir et l'inquiétude. A vrai dire, tout autant et même plus que le désir éclairé qui porte un homme vers le vrai bonheur, l'inquiétude, l'insatisfaction ou le malaise [anglais *uneasiness*] qui le saisit à la pensée du mal vers lequel il court peut l'aider à s'en détourner et à orienter son action dans la bonne direction.

---

94 *Ibid.*, p. 176.

95 *Ibid.*, p. 200.

96 *Ibid.*

97 *Ibid.*, p. 176.

Ce mal est de toute apparence une absence ou un manque auquel l'inquiétude répond en engageant l'action destinée à y remédier tout en coexistant avec le désir du bien dont elle est comme la face cachée : « L'inquiétude qu'un homme ressent en lui-même pour l'absence d'une chose qui lui donnerait du plaisir si elle était présente, c'est ce que l'on nomme désir, qui est plus ou moins grand selon que cette inquiétude est plus ou moins ardente. »[98] Mais le mal est aussi une source de douleur et de misère dont l'homme qui veut être heureux doit avant toute chose se libérer : « C'est en éloignant les maux que nous sentons et dont nous sommes actuellement tourmentés, que nous nous délivrons de la misère, et c'est là par conséquent la première chose qu'il faut faire pour parvenir au bonheur. »[99] Ces maux sont ceux de l'homme plongé dans la misère à la suite de l'inobservation de ses devoirs moraux et civiques mais aussi du chrétien qui, s'étant écarté de Dieu, les considère comme un châtiment et s'efforce de rentrer en grâce. A cet égard, Locke est particulièrement sensible à l'inquiétude nourrie par la conscience de la misère de la condition humaine et empreinte de culpabilité dans sa relation avec la Chute et le péché originel et à la nécessité de l'orienter dans une direction morale et religieuse (de la façon, pourrions-nous constater, largement suivie et recommandée par les pasteurs puritains).

C'est à vrai dire au mal en tant que désobéissance à la loi de nature découverte par la raison et en tant que source de culpabilité que l'inquiétude renvoie dans le combat qu'elle nous engage à mener contre lui comme dans les avancées qui en résultent et qui concernent de façon importante la vie matérielle. En somme, l'inquiétude, qu'il est difficile d'éviter à la pensée de maux toujours possibles, amène les hommes, dans le cadre de leur vie personnelle, familiale ou sociale, à suivre, en accord avec la volonté de Dieu et la promesse de récompenses dans l'au-delà, les règles qui leur indiquent ce qui est leur est utile, nécessaire et suffisant pour leur préservation et celle de la communauté à laquelle ils appartiennent.

Il est possible de répondre à l'inquiétude en goûtant au plaisir consistant à satisfaire des désirs et des besoins qui, sans s'inscrire expressément dans le cadre d'une vie religieuse, ne sauraient s'y opposer. Pour Locke, le plaisir est de nature variable, physique ou affective, et finalement morale, traduisant un accord avec la loi de nature et celles qui lui sont dérivées ; ce dernier type de plaisir va s'imposer aux autres ou plutôt les accompagner. Ainsi, à l'agrément d'une vie de contentement,

---

[98] *Ibid.* 177.

[99] *Ibid.*, p. 203.

sans problèmes physiques, sans secousses psychologiques, vont se superposer la tranquillité de l'âme et la satisfaction de ne pas avoir commis de faute qui l'emporte sur toutes les autres en éloignant la douleur morale qu'est la culpabilité. Le point de vue moral, qu'il soit dicté par des considérations religieuses ou par les leçons de l'expérience, l'emporte. Et si le plaisir, à titre de récompense, est le résultat de la bonne conduite, aucune douleur ne peut perturber autant la tranquillité du sujet que celle qui naît des conséquences fâcheuses d'un choix répréhensible dont elle est vue comme la punition, sinon de celles que l'homme peut craindre dans l'au-delà.

Nous avons vu à quel point la raison et la réflexion comptent dans le choix de la conduite à tenir. Pour Locke, les maux dont souffrent les hommes sont dus aux fautes qu'ils ont commises en faisant fi des mises en garde dues à la raison qui retrouve ici un rôle pratique faute de la certitude mathématique dont Locke voulait la parer : « Nous pouvons voir comment il arrive qu'un homme se rende justement digne de punition [...] ; par un choix précipité qu'il a fait lui-même, il s'est imposé de fausses mesures du bien et du mal, qui toutes fausses et trompeuses qu'elles sont, ont autant d'influence sur toute sa conduite à venir que si elles étaient justes et véritables. Il a corrompu son palais, et doit être tenu responsable lui-même de la maladie et de la mort qui s'en suit. »[100] L'on peut dire qu'il s'agit en l'occurrence d'une punition immanente à laquelle peut s'ajouter une condamnation morale de la part de l'entourage. Mais n'en sera-t-il pas de même, et plus encore, dans l'au-delà de la part du législateur divin ? C'est ce que Locke laisse entendre de façon à donner autorité à la loi naturelle voulue par Dieu et que le fautif a ignoré, bien que doté de toutes les facultés voulues pour la reconnaître, comme si le plus important était cela aux yeux du moraliste qui souligne que « la loi éternelle et la nature des choses ne doivent pas être altérées pour être adaptées à son choix mal réglé »[101].

Pour lever l'inquiétude relative au mal auquel l'homme est exposé sur terre ou au Ciel et l'inciter à adopter un comportement vertueux, le dernier recours, qui deviendra bientôt le premier, consiste à mettre en évidence l'utilité du comportement conforme à la loi de nature et aux lois civiles qui en sont dérivées. L'honnêteté paye. Il y aurait sans doute une vertu encore plus grande à accomplir les actions dictées par les commandements de Dieu, mais, bien que cela puisse effleurer la conscience du chrétien, l'on ne saurait parler avec certitude d'utilité à

---

100 *Ibid.*, p. 210.
101 *Ibid.*

propos de telles actions, ce qui restreint le champ d'application du principe d'utilité et de la morale utilitariste qui en est issue au monde présent.

Dans ces conditions, un nouvel appel est fait à l'expérience dans la mesure où celle-ci, à la suite d'un travail d'éducation fondé sur l'accoutumance, vient justifier le raisonnement qui conclut à l'utilité de certaines actions et permet de transporter le plaisir qu'elles procurent dans le domaine de la vertu : « C'est une erreur de penser que les hommes ne sauraient changer leurs inclinations jusqu'à trouver du plaisir dans les actions pour lesquelles ils ont du dégoût ou de l'indifférence. Quoi qu'on ait ouï dire que le pain et le tabac [!] sont utiles à la santé, on peut en négliger l'usage à cause du dégoût et de l'indifférence qu'on a pour ces deux choses ; mais la raison et la réflexion venant à nous les rendre recommandables, on commence à en faire l'épreuve et l'usage et la coutume nous les font trouver agréables. Il est certain qu'il en est de même à l'égard de la vertu. »[102] Le mépris d'une telle technique peut générer chez les hommes une inquiétude à l'égal de celle qui naît en général de leurs faux jugements et de leur négligence.

L'inquiétude, qui naît de la crainte du mal et de la misère, nous signale donc les obstacles qui se dressent sur le chemin du bonheur vers lequel nous guide une sage inclination et nous pousse à les éviter. La crainte, passion prédominante pour Hobbes, s'est muée en inquiétude chez Locke, bien que les actions que celle-ci commande, en plus de leur sens religieux, concernent pareillement la vie privée et la vie sociale des hommes dans ses dimensions économique et politique et à laquelle, comme Hobbes, Locke a été amené à attacher la plus grande importance à l'occasion des événements de son époque.

7. Le cadre politique du bonheur

Droit et loi

L'observation de la loi naturelle qui ordonne aux hommes, malgré les épreuves, de respecter la vie que Dieu leur a donnée, doit s'accompagner de la possession et de l'exercice de droits destinés à leur permettre de résoudre les problèmes que pose leur coexistence, et ce dès l'état de nature. En effet, l'interaction parfois violente de leurs désirs ou besoins ne peut être réglée par la seule force physique, surtout si celle-ci s'avère insuffisante, mais exige un droit qui, en son absence, lui oppose un

102 *Ibid.*, p. 217.

pouvoir d'une nature différente. Doivent être reconnus des droits naturels comme le droit à la vie chez les êtres les plus fragiles et, toujours dans la perspective de la conservation, le droit de propriété et aussi le droit de juger et de punir dans la mesure où celle-ci (et par la suite l'existence même) est menacée. Ces droits seront ensuite consacrés par la loi civile.

Pour Hobbes, droit et loi s'opposent : la loi est commandement, aussi bien la loi divine que la loi civile, bien que le droit soit à l'origine la liberté qu'a l'homme de faire, dans la limite de ses pouvoirs (incluant la ruse et la violence) tout ce qu'il juge bon et utile pour assurer ou agrémenter sa vie avant d'être précisément restreint par une loi qui s'assortit d'un pouvoir de contrainte qui finit par lui conférer un caractère essentiellement répressif. Au contraire, Locke subsume le droit sous la catégorie de loi qui remplit de cette manière une double fonction : obliger l'homme à veiller à sa conservation en choisissant les modes d'action les plus favorables à sa survie et à son bien-être tout en lui en accordant le droit : « L'homme est né avec la possibilité de bénéficier sans entraves de tous les droits et privilèges de la loi de nature »[103], écrit le moraliste politique. Pour rendre cette possibilité effective, la loi de nature emprunte les traits de la loi civile ; les difficultés rencontrées dans le respect de cette loi et des droits qu'elle accorde font que les hommes en confient la protection au gouvernement tout en veillant à ce que celui-ci s'acquitte convenablement d'une mission qui comporte aussi un volet restrictif consistant à limiter la liberté des citoyens en recourant s'il le faut à des punitions.

A vrai dire, les notions de loi et de droit sont toutes les deux l'œuvre de la raison qui assure de cette manière la transition entre les commandements de Dieu et les exigences de la nature humaine. Mais si le droit est accordé à l'homme en tant que créature libre et intelligente face aux difficultés qu'il rencontre, tout particulièrement dans ses relations avec ses semblables, et demande à être respecté, il n'en est pas moins vrai que ce qui est concrètement en jeu à travers son droit et qui est également posé par une raison calculatrice est son intérêt. Le droit est la condition essentielle requise pour accomplir le type d'actions que réclame la vie en société, mais n'en est pas la motivation. La loi ne se contente pas d'accorder des droits mais donne expression à des aspirations, des désirs, une inquiétude et finalement à des intérêts : « Dans son acception véritable, la *loi* ne consiste pas tant à limiter un *agent libre et intelligent* qu'à le guider vers ses propres intérêts, et elle ne

[103] *Second traité*, p. 62.

prescrit pas au-delà de ce qui conduit au bien général de ceux qui sont assujettis à cette loi. »[104] Ces intérêts seront centrés sur la sécurité des personnes et des biens avant de l'être sur l'accroissement de ces derniers : sur ce point, Locke infléchira sans doute plus que Hobbes les intérêts dans un sens économique en accentuant le côté utilitaire de l'institution de la justice et du gouvernement. Malgré cette évolution, les droits resteront la chose essentielle dans sa vision de la loi et la chose que les générations suivantes en retiendront.

Leur signification dans la pensée de Locke tient à la façon dont les droits viennent à la connaissance des hommes, à savoir s'inscrivent dans un mouvement orchestré par la raison et centré sur la satisfaction mutuelle de leurs besoins à un point tel, et ce dès les premiers stades de leur vie en communauté, que le droit selon Locke passera pour un droit inné et sera combattu comme tel par les philosophes empiristes de la seconde génération comme Hume. Cependant, l'idée de droit ne sera vraiment reconnue et ne s'exprimera sous sa forme définitive que dans la société civile au terme d'une longue réflexion à laquelle participera Locke et à l'issue de laquelle, concurrençant la notion arbitraire de privilège, elle prendra rang en liaison avec les autres idées qui accompagnent la montée de la civilisation comme les idées de liberté et d'égalité tout en maintenant une différence spécifique avec elles. En effet, malgré l'affirmation du droit, la liberté et l'égalité dans les affaires économiques, sociales et même politiques de l'Angleterre comme des autres pays européens se feront attendre, les difficultés tenant à la maturation de ces idées dans les esprits et dont Locke se fait l'écho. Il faudra aussi compter avec les barrières sociales, économiques et politiques traditionnelles qui s'opposeront à leur application et avec les problèmes plus récents que poseront cette application. Tous ces facteurs tendront à limiter les droits de ceux dont la situation laisse le plus à désirer socialement et économiquement et surtout à limiter les pouvoirs que ces droits peuvent leur accorder.

Aussi bien la question essentielle est-elle celle du pouvoir et, d'une certaine façon, de la liberté que la défense du droit n'est qu'un moyen de régler. A l'insécurité que crée le mouvement désordonné des passions, il a été opposé non sans mal, après des siècles d'errance, l'affirmation fondée en raison que l'action et la possession auxquelles elles portent l'homme, le pouvoir et la liberté qu'elles expriment doivent passer par le droit qui en autorise l'exercice comme il en interdit les abus. Mais cette question, dont la réponse dépend elle aussi des conditions historiques

---

[104] *Ibid.*, pp. 41-42.

dans lesquelles elle a été posée, tendra à rester irrésolue, du moins du temps de Locke. D'un côté, la définition philosophique du droit que ce dernier en donne en fait quelque chose de naturel perçu par l'homme au regard des nécessités de sa préservation, mais que celui-ci peut d'autant plus faire valoir que ses facultés et les conditions sociales le lui autorisent. En effet, la loi civile fixe et limite l'usage du droit à l'issue du transfert de cette partie du droit qui concerne la protection de la vie, des biens et de l'activité des citoyens au gouvernement dans la mesure où ils ne sont pas capables de l'assurer individuellement et séparément, mais reflète à la fois ce qu'ils ont de commun et de différent. Le résultat est qu'à l'intérieur des limites fixées par la loi, le bénéfice qui en sera tiré variera selon les hommes et les groupes sociaux en fonction de sa dépendance à l'égard des circonstances de sa formation. Il ne faut pas non plus oublier que les limites de l'autorité du gouvernement pourront être franchies par celui-ci et que les droits transférés pourront être repris et les intérêts du peuple négligés pour être réaffirmés par ce dernier, du moins par sa partie la plus influente, avec ou sans violence. Nous reverrons cela.

Evolution de la notion de droit

Pour Locke, le droit se justifie dans la mesure où les hommes, dans quelque situation que ce soit, en font bon usage. De ce point de vue, à la défense du droit se joint un vigoureux plaidoyer en faveur de la formation d'esprits libres et rationnels capables de le mettre à profit dans ce qui contribue au maintien de la vie, les activités productrices de biens et d'en justifier l'existence par la possession des qualités nécessaires à ces activités. Le moraliste influencé par l'éthique puritaine de la besogne se trouve de ce fait amené à accepter l'inégalité sociale qui résulte de leur activité, non seulement au regard de l'acquisition de leurs biens mais de l'exercice de leurs droits. Cette attitude semble faire du droit la récompense de l'esprit d'entreprise et de la richesse alors qu'il était censé être au départ l'héritage de tous. Le droit de Locke est pour une large part le droit du propriétaire : c'est dans cette optique que doivent être considérées sa défense et l'intervention des possédants dans la vie politique. Mais après tout, celle-ci n'est que la suite logique du projet original de Locke, pour qui la protection de la propriété est l'objet premier de la mise en place du gouvernement : « La *fin essentielle* pour laquelle des hommes s'unissent pour former une république, et qui se soumettent à un gouvernement, c'est *la préservation de leur propriété* »[105], la question de sa répartition venant en second lieu.

Le pouvoir

Pour Hobbes, seul un pouvoir inspirant la crainte était capable de faire régner la paix. Pour Locke, l'existence chez les hommes de principes sociaux fondés sur leur raison et leur inclination peut y contribuer dès l'état de nature, ce qui l'amène à se demander si cet état n'est pas préférable à un état politique dans lequel ils seraient soumis à un pouvoir tyrannique. Un pouvoir politique est cependant nécessaire car leur sociabilité naturelle, si elle peut leur faire accepter les différences qui résultent des leurs divers degrés d'industrie, ne va pas jusqu'à leur faire accepter la violence endémique qui met la société en péril. Il s'agit, en définitive, de fixer les règles et de définir la légitimité du pouvoir dont les hommes disposent, qu'ils soient citoyens ou chefs d'Etat, par une rupture avec l'état de nature, lieu d'une guerre inévitable pour Hobbes et toujours possible pour Locke.

Cette légitimité, les gouvernants en disposent aux termes du contrat qui est passé entre eux et le peuple et qui suppose qu'ils soient placés sous un contrôle plus étroit de sa part que dans le système politique de Hobbes établi par un pacte à l'établissement duquel ils ne participent pas. Or les souverains, selon Locke, sont des hommes qui ont leurs faiblesses et leurs tentations dont il convient d'éviter les effets comme il convient de vérifier que leurs intérêts ne s'éloignent pas de ceux du peuple. Locke, comme Hobbes, adhère à la formule « *Salus populi suprema lex* », mais, contrairement à ce dernier, n'envisage pas, pour réaliser cette fin, de confier au souverain (un mot qui n'apparaît pas chez lui) un pouvoir qui permettrait à celui-ci de se tenir au-dessus des lois et menacerait, du moins théoriquement, les droits et les libertés des citoyens. L'auteur soucieux du bien de l'ensemble s'élève contre le pouvoir absolu qui est celui du souverain de Hobbes et le place au-dessus de la loi d'autant qu'il ouvre le chemin, sous l'influence de ses passions, à l'arbitraire, même si ce risque est limité par l'intérêt commun qui l'unit au peuple. Néanmoins il existe et Locke ne veut pas le courir : « Aucun homme ni aucune société n'ont le droit d'abandonner le soin de leur propre *préservation* - ni

---

[105] *Ibid.*, p. 90. La propriété, selon Locke, pourra s'entendre dans un sens général et concerner la vie et la liberté comme les biens matériels (*ibid.*, 123), ce qui montre toute l'importance de cette notion, qui tendra cependant, conformément à l'usage courant et à celui que l'auteur en fait en dernier lieu, à se restreindre à ceux-ci et à prendre un sens économique (*ibid.*, pp. 101-02).

par conséquent les moyens de celle-ci - à la volonté absolue et au pouvoir arbitraire d'un autre [...] La *communauté* est *toujours le pouvoir suprême.* »[106] Sa vision est plus prudente, plus proche des intérêts d'un peuple dont il craint moins les débordements que Hobbes. Seule, la prérogative permettant de prendre et d'appliquer des décisions lorsque, dans des circonstances exceptionnelles, il y a absence ou confusion des lois, est accordée à l'exécutif à condition qu'elle soit utilisée dans le sens de l'intérêt général. En revanche, il sera logique d'associer le pouvoir fédératif, qui concerne les relations avec les autres nations, au pouvoir exécutif.

Le type de gouvernement préconisé par Locke semble recéler un ferment démocratique : les hommes accordent leur confiance [anglais *trust*] à leurs représentants et veillent à ce qu'ils n'en abusent pas. Le respect de la loi par les gouvernants est, pour Locke, plus sans doute que celui-de la séparation des pouvoirs (qu'il recommande aussi), le principe d'ordre indispensable à la paix et à la prospérité de la communauté, conformément aux enseignements de la raison et au passage de la théorie politique qui s'en inspire à la pratique. Tout en tenant compte de ces exigences, Locke défend le principe d'une monarchie constitutionnelle[107] dans laquelle le pouvoir exécutif ne doit être que l'auxiliaire du pouvoir législatif confié à une assemblée composée des représentants du peuple et dont les décisions sont prises à la majorité. En cela, il reconnaît à la manière de Hobbes que seule la force peut agir et que l'efficacité politique est à ce prix, mais s'entoure de toutes les garanties pour que la loi de nature, qui reste la référence fondamentale en matière civile et accorde le droit à la communauté de veiller à sa conservation, ne soit pas menacée par le pouvoir d'un seul.

Le danger peut être ailleurs : du temps de Locke, il est dans la possibilité que ce soit les membres les plus riches et les plus puissants de la communauté qui pèsent le plus sur le contrôle de l'action du

---

106 *Ibid.*, pp. 108-09.

107 Locke sera présenté comme l'un des artisans de la « révolution » de 1688 portant au pouvoir Guillaume d'Orange selon des principes établissant ou rétablissant le pouvoir du Parlement (que les partisans du nouveau roi prétendaient faire remonter aux origines de la constitution anglaise dont aurait dévié l'absolutisme des Stuarts). La destruction de certains des manuscrits des *Traités du gouvernement* pour des raisons de prudence dans l'Angleterre de Jacques II et sa fuite en Hollande semblent accréditer cette hypothèse. En fait, sans prendre part directement au mouvement tendant à exclure ce dernier de la succession au trône, contrairement à Sidney qui, par ses écrits et sa participation à un complot, le payera de sa vie en 1683, Locke produira contre R. Filmer et la théorie du pouvoir de droit divin favorable à la monarchie en place les arguments philosophiques qui fondent le choix et la nature du monarque sur le seul consentement du peuple.

gouvernement et disposent de la plus grande influence politique. La définition du « peuple » pour Locke est toute théorique et si, comme il le laisse entendre, le peuple dispose à l'origine d'un pouvoir souverain qu'il délègue à ses représentants et peut récupérer en cas de faillite de leur part, ce pouvoir est inégalement réparti et se concentre dans les classes les plus riches, ce qu'illustrera la révolution de 1688 portant au pouvoir une nouvelle frange de l'aristocratie associée à la bourgeoisie montante. Locke a peut-être contribué au développement du système représentatif en Angleterre mais n'a pas supprimé ses inégalités, bien au contraire, et les marxistes comme C. B. Macpherson auront beau jeu de dénoncer l'impulsion qu'il a donnée, à la suite de Hobbes, à l'« individualisme possessif »[108].

8. Le cadre économique

La propriété

Pour Locke, la propriété individuelle s'explique avant toute interprétation politique par un raisonnement qui met en avant les besoins de l'homme tout en se justifiant d'un point de vue moral et religieux, contrairement à la théorie de Hobbes pour qui elle n'existe qu'une fois autorisée par le souverain et à la théorie de R. Filmer, son adversaire contemporain, dont la conception patriarcale rattachant *dominium* ou maîtrise des choses à *imperium* ou autorité sur les hommes dans le pouvoir confié par Dieu à Adam puis aux souverains considérés comme ses descendants directs, fait de ceux-ci les maîtres non seulement des terres mais des hommes[109]. La distribution d'une propriété naturelle exclusive se serait ensuite effectuée par donation, héritage ou prise de possession quelconque sous l'autorité des souverains au profit des chefs de famille puis des fils aînés dans la plus pure tradition patriarcale. En Angleterre, Jacques Ier et ses successeurs accueilleront favorablement cette version circonstanciée de la théorie de droit divin dans la mesure où elle favorise les droits du monarque.

Pour Locke, Dieu comme Créateur est le propriétaire originel de toutes choses mais a transmis la propriété de la terre aux hommes en commun et pas seulement à Adam et aux monarques qui seraient ses seuls successeurs. Sur ce point, le philosophe anglais adhère à la conception traditionnelle chrétienne défendue au XIIIe siècle par saint

---

108 *Cf. supra.*

109 *Cf. Patriarcha*, Londres [1680-]1949, P. Laslett ed. , trad. F. Lessay *in* : *Le débat Locke-Filmer*, Paris : P.U.F., 1998, pp.147-257.

Thomas d'Aquin selon laquelle un homme ne saurait revendiquer la possession originelle d'aucune chose. Mais alors que le Docteur angélique, invoquant la nécessité pour des hommes doués de raison et de volonté de pourvoir aux besoins de leur vie corporelle, se contente de déclarer qu'ils peuvent exercer sur les choses un « dominium » en tant que droit d'usage, le mouvement des idées chez les jusnaturalistes du XVIIe siècle comme chez Locke ira dans le sens du passage de la propriété commune à la propriété privée. Il convient d'en dire un mot, ne serait-ce que pour faire ressortir l'originalité du philosophe anglais.

Le jésuite Suarez, tout en adoptant l'idée d'une communauté originelle des biens, illustre ce mouvement en établissant un lien entre le droit à quelque chose (« *jus ad rem* ») qui exprime une juste revendication sur ce qui appartient à une personne en tant que cela lui est dû, mais qu'elle n'a pas encore en sa possession, et droit sur cette chose (« *jus in re* ») dès qu'elle peut en disposer, comme le montre le salaire de l'ouvrier[110].

Le problème de la propriété s'est également posé à un juriste hollandais, Grotius, qui le résout en commençant par entendre la communauté originelle des biens dans un sens négatif. Le monde a pu être donné par Dieu aux hommes, rien n'appartient à personne en particulier. La propriété, en tant qu'elle se résume à un droit d'usage, n'en est pas véritablement une ; toutefois, elle implique ce droit, que Grotius revendique pour la Hollande en ce qui concerne la mer face à l'opposition de l'Angleterre et du Portugal[111]. La seule véritable propriété est la propriété privée, qui suppose la possession effective acquise par l'occupation aux temps primitifs ou, lorsque terres et biens sont venues à manquer, par une répartition effectuée d'un commun accord sous la forme d'un pacte ou d'une convention impliquant l'obligation pour autrui de s'abstenir de cette propriété même s'il n'en est point fait usage. Cette obligation renvoie à la loi de nature qui prescrit la conservation de l'espèce humaine[112].

Un contemporain de Locke, Pufendorf, traitera le problème de la propriété[113] en partant lui aussi de la notion de communauté de biens négative, la seule propriété étant la propriété privée excluant autrui de tout droit. La propriété d'un bien n'est possible qu'à cette condition, à la façon dont tout droit chez l'un suppose des devoirs et des obligations

110 *De Legibus ac Deo Legislatore*, [1612], I, 2, 5, *in* : *Opera omnia*, 28 vol., Paris : M. André, 1878.

111 Voir *Mare liberum / Of the Freedom of the Seas*, éd. latine et anglaise, Oxford University Press, [1609-] 1916.

112 Voir *Le droit de la guerre et de la paix*, Amsterdam, [1625-] 1727.

113 Voir *Le droit de la nature et des gens*, Bâle, [1672-] 1732.

chez les autres. L'adoption de cette disposition se fait au moyen d'une convention tacite dès l'état de nature, puis explicite dans l'état civil bien que son application, comme pour Grotius, soit conçue en dernier lieu comme l'actualisation de la loi naturelle.

Locke, pour sa part, rejette la notion de consentement préalable et maintient que, dans les temps primitifs, où l'urgence de la situation ne pouvait permettre à un homme d'attendre le consentement de ses semblables, celui-ci pouvait prendre possession des biens nécessaires à sa survie et en faire sa propriété : « Si un tel consentement avait été nécessaire, l'homme serait mort de faim en dépit de l'abondance dont Dieu l'avait pourvu. »[114] A vrai dire, il ne s'agissait pas de vol, puisque chaque homme était propriétaire indivis des biens de ce monde. Dans ces conditions, ce qui seul pouvait introduire une distinction entre les choses communes et la nourriture ou la terre qu'un homme s'appropriait était le travail qu'il ajoutait à ce que la nature avait fait[115]. Sur cette base, Locke allait établir le droit de propriété avant tout consentement et avant le contrat qui sera à l'origine du gouvernement chargé de la sanctionner et de la protéger dans une démonstration fondée sur la conception nouvelle - bien différente de celle qui régnait à l'époque féodale et faisait du serf et de ses biens la propriété de son maître en l'attachant à la terre - de la propriété par un homme de sa propre personne.

Fondamentalement, la vie de l'homme appartient à Dieu parce qu'il est sa création. Dans cette perspective, l'homme est censé accomplir la volonté de Dieu et contribuer à sa gloire par des œuvres qu'il peut néanmoins rattacher à soi-même par un lien de possession dans la mesure où il est reconnu par la puissance divine -et par la communauté - comme étant le maître de son jugement, de ses décisions, de ses actions et du corps par lesquelles il les accomplit : « Dieu a créé l'homme à sa propre image, d'après sa propre ressemblance ; il en a fait une créature douée d'intelligence et, par là-même, capable de possession [*dominion*]. »[116] Ces œuvres peuvent être d'autant plus dites siennes qu'elles reflètent la personnalité et les intentions de leur auteur. Mais l'élément concret qui intervient et relie la personne de chaque homme aux choses qu'il produit est le travail qui répond également à la volonté de Dieu. Le raisonnement de Locke est le suivant : « Un homme est *propriétaire* de sa propre *personne.*

---

114 *Second traité*, p. 23.

115 La théorie de Locke fondant le droit de propriété sur le travail se rencontre également à l'état d'ébauche chez Tyrrell (*Patriarcha non Monarcha*, 1681) et chez Baxter (*Holy Commonwealth*, 1680), la différence étant qu'ils n'en ont sans doute pas mesuré toute la portée.

116 *Premier traité*, trad. B. Gilson, Paris : Vrin, 1997, I, 30, p. 41.

Aucun autre que lui-même n'a de droit sur elle. Le *travail* de son corps et l'*ouvrage* de ses mains, pouvons-nous dire, lui appartiennent en propre. Il mêle son *travail* à tout ce qu'il fait sortir de l'état dans lequel la nature l'a fourni et laissé, et il y joint quelque chose qui est sien ; par là il en fait sa propriété. »[117]

La propriété fondée sur le travail s'est affirmée aux origines sans l'intervention d'aucune autorité tout en étant tenue de respecter deux principes fondamentaux conformes à la loi naturelle et à sa finalité, la préservation de chacun : que « ce qui est laissé en commun pour les autres soit en quantité suffisante et d'aussi bonne qualité »[118], et que « quelqu'un n'attache sa propriété à son travail aux choses données par Dieu que dans l'exacte mesure où il peut en faire usage avantageusement pour son existence avant qu'elles ne se gâtent. »[119] Ces principes moraux liés à des raisons d'utilité interdisant de faire de la propriété un droit absolu en la reliant à sa fonction sociale et économique se retrouveront dans la convention et le consentement qui établiront le droit de propriété sur une base légale[120].

Sur l'évolution générale qui a abouti à la reconnaissance politique du droit de propriété, l'on peut ainsi considérer que Locke a d'abord voulu, dans le chapitre V du *Second traité*, répondre à Filmer en montrant que la particularisation de la propriété n'était pas incompatible avec son origine commune, et à ceux des avocats de la propriété particulière qui, selon lui, rencontraient des difficultés pour le démontrer, que ce passage était possible par le travail, et en même temps, poser dans ce *Traité* les fondements d'une conception générale du droit de propriété tel qu'il dérivait de la loi de nature et devait nécessairement se reconnaître dans la loi civile.

De plus, il est apparu que le travail permet une juste répartition des richesses naturelles et que la protection de ses fruits, et donc l'affirmation du droit de propriété entrent dans une vision de la société fondée sur l'intérêt de ses membres. Finalement, Locke situera la notion de partage des biens issue de la propriété dans une perspective utilitariste en montrant que l'appropriation individuelle permise par le travail a des effets favorables sur le bien commun, à commencer par l'appropriation de la terre par la culture qui augmente la richesse du propriétaire mais

---

117 *Second traité*, p. 22.

118 *Ibid.*, p. 22.

119 *Ibid.*, p. 24.

120 Comme l'écrit J. Tully : « Locke distingue nettement la propriété naturelle dans l'état pré-politique de la propriété de convention dans la société politique » (*Locke, droit naturel et propriété*, trad. J. Hutner, Paris : P.U. F., 1992, p. 147).

aussi « les ressources communes du genre humain »[121]. Cette idée prendra toute sa signification lorsque l'« âge d'or » qui était celui de la simplicité et de l'abondance aura disparu, que toutes les terres auront été accaparées et que l'usage grandissant de la monnaie permettra de capitaliser les ressources du sol, d'accroître les différences de richesse mais aussi à celle-ci de se répandre dans toutes les couches de la société.

Dans ces conditions, l'acquisition des biens aura du mal à résister à une avidité, des jalousies et des rivalités croissantes qui, succédant à la modestie des appétits des époques primitives, rendront indispensable la mise en place du gouvernement et l'institution de lois positives.

L'accumulation

Locke accepte l'introduction de la monnaie dans la mesure où elle est l'effet d'une convention conforme à la loi naturelle, dont les exigences quittent peu à peu le domaine religieux et descendent dans le domaine de la vie pratique où l'emportent les considérations d'utilité. Cependant, un problème va se faire jour : avec l'introduction de la monnaie, l'une des limites précédemment mises à l'acquisition est transgressée ; la monnaie ne se gâte pas et, de ce point de vue, elle peut être accumulée indéfiniment en échange des biens produits en surplus et servir à se procurer d'autres biens contribuant à l'agrément de la vie dans les échanges intervenant à l'intérieur d'un même pays ou d'un pays à l'autre. Elle peut même permettre d'acheter le travail d'une population qui n'a rien d'autre à offrir et creuser les différences sociales.

A ce sujet, Locke continue de partager les préjugés mercantilistes sur l'importance des métaux précieux (« l'or et l'argent commandent toutes les commodités de la vie, par conséquent dans leur abondance réside la richesse »)[122] comme d'une population nombreuse capable de produire une grande quantité de biens pour les exporter, créer une balance commerciale favorable et faire venir suffisamment de métaux précieux pour contribuer à la puissance et à la gloire de l'Etat. Il adhère en effet à la tradition économique anglaise selon laquelle c'est par le commerce qu'une nation s'enrichit et devient plus puissante : « L'objet principal du commerce est la richesse et le pouvoir, qui s'engendrent l'un l'autre. La richesse consiste en une abondance de marchandises, qui rapportent un bénéfice en étant vendues à l'étranger et non consommées chez nous, mais spécialement en une abondance d'or et d'argent. Le pouvoir

---

121 *Second traité*, p.29.

122 *Some Considerations* [1692], *Works*, réimp. Darmstadt : Scientia Vaerlag Aalen, 1963, vol. V, p. 12.

consiste en un grand nombre d'hommes et dans la possibilité de les entretenir. Le commerce conduit à ces deux résultats et accroît les stocks et les gens qui le pratiquent les uns par rapport aux autres. »[123]

Bien évidemment, il faut d'abord produire les richesses destinées à être échangées. Sur ce point, la pensée de Locke est un réceptacle où plusieurs influences se déposent, se précisent et se marient : sa position sur l'accumulation de la richesse n'est pas incompatible avec le prix qu'il attache à certaines vertus morales et religieuses comme l'ascétisme et l'industrie par lesquelles se manifeste la rationalité de l'homme et à la forme de récompense qu'elles peuvent valoir. D'une part, la pratique de ces vertus est un devoir ; la religion protestante dont Locke est pénétré rejoint l'enseignement de la loi de nature inspirée par Dieu pour faire du travail un devoir moral (*cf.* all. « *beruf* » chez Luther dans sa traduction de la Bible, angl. « *calling* » chez Wyclif, Tyndale et Cranmer dans leur traduction) à exécuter en vue du salut. D'autre part, ces vertus dont l'exercice conduit naturellement (et même « involontairement » pour Max Weber)[124] à la richesse ont constitué le socle sur lequel s'est élevé le capitalisme qui les a ensuite rationalisées en montrant leur intérêt dans la réussite des affaires. Mais le travail entendu dans ce sens n'aurait pas produit ce résultat s'il n'avait été source de propriété, pas davantage que l'ascétisme si celui-ci n'avait garanti son intégrité. L'on peut voir ainsi, sans que Locke ait été l'un des défenseurs attitrés de ce régime, comment l'accumulation de monnaie à laquelle conduit l'exercice des vertus d'épargne et d'industrie, y compris dans sa justification religieuse, a pu être l'un des fondements du capitalisme moderne.

La valeur

Le travail qui justifie la propriété est pour Locke au cœur de sa théorie de la valeur, qu'il commence de façon significative par inscrire dans le cadre général de la théorie de l'utilité : la valeur est en premier lieu valeur d'usage « qui ne dépend que de l'utilité des choses pour la vie de l'homme »[125], « capacité à subvenir aux nécessités ou servir aux commodités de la vie humaine »[126]. Cette valeur est en premier lieu intrinsèque, mais l'utilité de la plupart des biens est principalement due au travail dont ils sont l'objet. Locke, plus proche d'une économie rurale que ne sera Adam Smith, prend pour exemple la terre qui est « la matière

[123] Bodleian Library, *MS*. Locke, c. 30, f. 18.
[124] *L'éthique puritaine et l'esprit du capitalisme*, Paris : Plon, [1905-] 1964, p. 105.
[125] *Second traité*, p. 28.
[126] *Some Considerations*, p. 42.

première de l'abondance »[127] mais dont l'essentiel de la valeur dépend du travail qui lui est consacré : selon l'auteur du *Second Traité*, la valeur d'une terre cultivée est « dix fois et même cent fois supérieure à la valeur d'une terre inculte »[128]; dans un autre passage, Locke note que les produits de la terre sont pour « les neuf dixièmes et même les quatre-vingt-dix-neuf centièmes »[129] les effets du travail. D'une façon générale, « c'est le travail qui constitue la plus grande part de la valeur des choses dont nous profitons en ce monde »[130].

Il s'agit en réalité d'une valeur d'usage à laquelle le travail contribue pour la plus grande part. Quant à la valeur marchande, cette dernière dépend, sans que l'on sache dans quelles proportions, non seulement du travail, mais aussi de l'offre et de la demande, notamment de l'offre en fonction de sa rareté[131].

Dans quelle mesure le travail intervient-il pour fixer la valeur d'échange ? La valeur d'usage n'est pas décisive sous ce rapport, puisque certains biens comme l'air et l'eau n'ont pas ou peu de valeur marchande. Pour le reste, elle est nécessaire, mais pas suffisante. La véritable utilité, qui consiste à mettre les produits à la disposition de l'utilisateur, nécessite le concours du travail à travers une multiplicité d'opérations, récolte ou extraction de la matière brute, fabrication, acheminement du produit fini. Il faut que s'ajoute un travail aux dons de la terre pour rendre utilisable la plupart des choses. Et il est certain que, pour cette raison, les produits qui demandent plus de travail doivent être vendus plus cher. Mais pour Locke, le prix marchand nous fait entrer dans une autre réalité qui comprend l'argent et le marché et pas seulement le travail. La monnaie utilisée pour les transactions n'a elle-même qu'une valeur marchande qui, tout en étant fixée par convention à partir de la possession de ses qualités originelles de dureté et incorruptibilité, n'en dépend pas moins des lois du marché[132] : Locke insiste sur la quantité, sur la rareté, la demande dans la détermination du prix marchand. En définitive, son raisonnement ne permet pas d'établir un rapport direct entre l'énergie dépensée et la valeur d'échange, comme Adam Smith le suggèrera, pas plus que d'affirmer clairement la théorie de la valeur-travail (par laquelle il faut

---

127 *Second.traité*, p. 31.

128 *Ibid*, p. 29.

129 *Ibid.*, p. 31.

130 *Ibid*, p. 32. Au sujet de la théorie de la valeur-travail que Locke introduit avant Adam Smith, voir l'article de K. Vaughn, « Locke and the Labour Theory of Value », *in* : *The Journal of Libertarian Studies*, Winter 1973.

131 « Le prix de toutes marchandises monte et descend selon qu'il y a plus d'acheteurs ou plus de vendeurs » (*Some Considerations*, p. 39).

132 *Ibid.*, p. 7.

entendre la fixation du prix à long terme en fonction du travail) qui sera adoptée par Ricardo et Marx.

Il reste que la connaissance de la valeur que crée le travail entre dans la conduite d'hommes soucieux de leur survie et de leur bien-être matériel ; en cela ils démontrent toutes les qualités que leur raison, affinée par l'expérience, met à leur service ; mais comme nous l'avons vu, ils n'oublient pas leur vocation de chrétiens. Pour un croyant, la valeur qui passe par le « travail de ses mains » est l'expression de son être tout entier, physique, moral et religieux. Elle est la valeur qu'il accorde à sa vie matérielle sans que soient oubliées les récompenses futures qui s'attacheront à son observation. Nous sommes toujours proches de la pensée puritaine qui voit dans les fruits du travail, eux-mêmes récompense d'une forme de vertu, une promesse de salut.

Malgré cet arrière-plan religieux, c'est une leçon toute temporelle qui va être tirée de la fonction que Locke attribue au travail. Bientôt, alors que la richesse sera de plus en plus recherchée en vue de ses effets bénéfiques sur le bien-être mais aussi comme un outil de pouvoir, se matérialiseront des perspectives de profit de plus en plus grandes grâce au travail que permettra de commander la formation et l'investissement de nouveaux capitaux dans un régime de liberté favorisant l'engagement des plus entreprenants et des plus habiles en affaires.

Individualisme, libéralisme, capitalisme

Nous avons vu qu'au fond du raisonnement économique de Locke, il y a une révolution morale, l'affirmation que chacun est propriétaire de sa personne, qui rompt avec la conception médiévale de la propriété attachée à la tenure de la terre mais n'en sera pas moins dénoncée beaucoup plus tard par les apôtres d'une autre révolution dans la mesure où, en favorisant l'effort personnel, la mobilité professionnelle, la liberté d'entreprise et la non-intervention de l'Etat dans l'activité économique, elle fournira une base commune à l'individualisme, au libéralisme et au capitalisme considérés comme autant de nouveaux facteurs d'injustice. Effectivement, s'il est possible, pour justifier cette avancée, de faire l'apologie des bienfaits qui en résultent à la fois pour l'individu et la communauté, il est tout aussi possible de mettre en évidence, parmi ses conséquences, la formation de grandes inégalités sociales et l'exploitation future par les capitalistes de ceux qui ne possèdent que leur travail. De fait, les employeurs, dès les débuts et pendant une longue période de l'histoire du capitalisme moderne, auront tendance à payer les ouvriers au plus bas, pratique approuvée par de nombreux auteurs comme W. Petty,

Pieter de la Court et, plus tard, Mandeville (seuls J. Child et Cary, un marchand anglais, font figure d'exception). Mais Locke, tout en admettant que les ouvriers sont réduits à vivre « au jour le jour » (« *from hand to mouth* »)[133], n'envisage pas les choses du seul point de vue matériel. Il constate que, dans l'ensemble, la théorie qui fait de l'individu le propriétaire de lui-même, puis de son travail et des biens qu'il rend utilisables par ce travail ne peut être mise en question d'un point de vue moral, de sorte que l'ascension parfois inégalitaire qui en résulte à son époque n'est pas illégitime, au contraire, permet de rétablir un certain équilibre par rapport à l'ordre ancien.

Locke semble avoir choisi son camp, celui des « hommes industrieux et rationnels »[134] et, dans ce camp, donné la priorité aux employeurs, considérant que ce sont eux qui, possédant terres et instruments, sont les propriétaires du produit, comme l'est le maître de la tourbe que son serviteur a coupée[135]. Le fait d'avoir travaillé ne conduit donc pas nécessairement à la propriété du produit, bien que le travail doive rester la mesure des bénéfices réalisés, ce que l'on constate par ailleurs lorsque beaucoup de gens coopèrent à la production, comme dans le cas de la fabrication du pain ; sur ce point, outre le profit du boulanger et le salaire de ses employés, Locke considère que les récompenses du travail vont à une pluralité d'agents, y compris aux auteurs du travail consacré à la formation des matériaux et de l'équipement nécessaire à la production. Allant plus loin encore, l'auteur des *Traités sur le gouvernement* écrit : « On ne doit pas seulement inclure, dans le pain que nous mangeons, les peines du laboureur, les fatigues du moissonneur et du batteur, la sueur du boulanger ; mais également le travail de ceux qui ont dressé les bœufs, extrait et travaillé le fer et les pierres, abattu et façonné le bois dont on se sert pour fabriquer les charrues, les moulins et les nombreux autres instruments qu'exige le blé depuis qu'il est semé jusqu'à sa transformation en pain ».[136] Ainsi la rétribution du travail passé est comprise dans le prix de vente et diminue d'autant la part du producteur et de ses employés.

De façon caractéristique, le travail qui, pour Locke, est constitutif de tout bien, est à l'origine de ce qui sera entendu par capital, à savoir la valeur en argent des biens engagés dans une entreprise et dont le propriétaire compte tirer un profit. Le travail qui a permis l'appropriation de la terre fait d'elle un capital. Le travail consacré à la production de

---

133 *Some Considerations*, p. 24.

134 *Second traité*, p. 26.

135 *Ibid.*, p. 23.

136 *Ibid.*, p. 33.

toutes sortes de biens fait de ceux qui ne sont pas consommés un capital prêt à être investi ; le commerce lui-même, qui, dans la même optique, est pour les mercantilistes le principal pourvoyeur d'argent, ne réalise pas ce résultat sans « adresse et industrie »[137]. Et il est logique que le capital, en tant que travail passé, soit rétribué. Mais d'autres opérations entrent dans ce système. Dans l'exemple du boulanger, il est normal qu'une rente soit exigée par le propriétaire de la terre où a été cultivé le blé ou le propriétaire de la meule et un intérêt par le possesseur de la somme prêtée au boulanger pour son installation. A Smith réaffirmera la part que prend ce débours que fabricant devra récupérer dans le prix de vente, vision qui s'appliquera spécifiquement au travail industriel dans lequel l'ouvrier, selon ces principes, ne pourra, encore moins que l'artisan, être déclaré le seul auteur et seul bénéficiaire du travail qui a abouti à la fabrication du produit et auquel, à un moment ou à un autre, ont pris part d'autres que lui, y compris l'employeur. De toute façon, le problème de la répartition des bénéfices se posera si, comme Ricardo le soutiendra, salaires et profit se déterminent de façon inversement proportionnelle.

Les conclusions de Locke semblent favorables au capitalisme, bien qu'elles reflètent l'esprit d'une époque où le travail artisanal et domestique l'emporte encore sur le travail industriel. En réalité, la rétribution des divers agents participant à la production sera l'effet de mécanismes de plus en plus complexes dans la société industrielle sous l'influence de la division du travail (dont Mandeville et non Locke donnera la première définition). Certes, Locke n'a pas plaidé ouvertement pour la venue de cette société. Pour lui, le maître-artisan est souverain sur son travail comme sur le produit de celui-ci qu'il vend lui-même. Mais il a à sa disposition un ou des employés dont le statut comporte déjà les avantages et les inconvénients propres à celui de l'ouvrier dans le futur système capitaliste.

Ces avantages et ces inconvénients sont ceux qui tiennent à la liberté, elle-même associée à l'utilité, des pratiques caractérisant ce système. L'employé est un homme libre qui peut proposer ses services à un autre maître s'il le désire[138]. Ce que Locke met en évidence est la liberté de contrat qui a gagné le monde du travail et différencie le travailleur du serf ou de l'esclave. Or, cette liberté va être l'une des bases du capitalisme moderne et profiter aux entrepreneurs plus qu'à des demandeurs d'emploi qui verront leur nombre s'accroître dans de larges proportions à

---

137 *Further Considerations Concerning the Raising of the Value of Money*, *Works*, vol. V, p. 148.
138 *Second traité*, p. 60.

la suite du progrès industriel et de ses effets, notamment en Angleterre, sur les ruraux chassés de leurs terres par la pratique des « enclosures » destinée à développer l'élevage des moutons favorable à l'industrie de la laine et qui, jetés sur le marché, seront livrés sans protection aux conditions de travail et de rémunération fixées par leurs employeurs. De façon générale, la montée de la liberté associée au progrès scientifique et technique aura des effets inégaux : elle se fera au détriment des liens traditionnels qui existaient entre les différents acteurs économiques mais aussi des limitations morales qui maintenaient la vie économique prisonnière.

Locke a aussi contribué à l'évolution vers le capitalisme en favorisant l'accumulation de la monnaie au nom du principe qui veut que celle-ci ne se gâte pas. Ce mouvement, lié à une rationalisation de l'activité économique, débouchera sur la constitution et l'investissement de nouveaux capitaux dans l'industrie ou le commerce. On y trouve une ambition non seulement alimentée, comme elle l'a été de tout temps, par l'appât du gain, mais froide et calculée et soucieuse de se réaliser dans le cadre de la loi (quitte à faire modifier celle-ci par l'Etat). Ainsi, au XVIIe siècle, un état d'esprit nouveau s'installe dans le monde du travail ; contrairement à ce l'on peut encore considérer comme des « opérations isolées »[139], le capitaliste, dans le droit fil des principes énoncés par Locke, travaille - ou fait travailler ses ouvriers- de façon rationnelle pour gagner de l'argent qu'il réinvestit pour en tirer un plus grand profit et une plus grande puissance avec la complicité bienveillante de l'Etat.

Le mouvement en direction du capitalisme moderne en Angleterre et dans les nations occidentales a en effet été favorisé, du moins à ses débuts, par l'intervention intéressée de l'Etat mercantile. A la recherche de la sécurité assurée à l'époque médiévale par une activité économique cantonnée dans un périmètre étroit, a succédé une politique soucieuse d'assurer sa puissance de l'Etat par la prospérité économique en distribuant des franchises aux entreprises ou aux compagnies dont les succès pouvaient servir ses projets et en assurant, tout particulièrement en Angleterre, une protection régulière au commerce extérieur. Locke admet parfaitement cette intervention ou ce contrôle qui vise à produire une balance commerciale favorable en s'inspirant du modèle domestique : « Un royaume », écrit-il, « s'enrichit et s'appauvrit de la même manière qu'un fermier et pas autrement »[140] ; de ce point de vue, la frugalité est préférable à la prodigalité, mais il faut aussi que les recettes

---

139 *Ibid.*, p. 17.

140 *Some Considerations*, p. 19.

dépassent les dépenses et, pour ce faire, exporter et produire le plus possible de choses et en acheter à l'extérieur à moindre frais, ce qui fait du commerce une entreprise de domination et de conquête visant à s'assurer des marchés coloniaux. L'entreprise risquait cependant à long terme de défaire le but poursuivi car elle pouvait se conjuguer avec leur limitation : le commerce avec les colonies fut maintenu au détriment du commerce avec les autres nations jusqu'au moment où l'on s'aperçut que la liberté des échanges devait accompagner la division du travail sur le plan international comme national pour bénéficier à tous les acteurs économiques d'autant que la production s'accroissait et permettait d'envisager des gains supérieurs.

Nous n'en sommes pas encore là à l'époque de Locke, où l'accent que celui-ci met sur l'aptitude de la monnaie métallique à résoudre le problème de la conservation et de l'échange des biens rejoint les préoccupations économiques et politiques de l'Etat mercantile : sur un sujet qui engage les intérêts nationaux de son pays, l'auteur du *Second Traité sur le gouvernement* reste, dans l'optique de la recherche d'une balance commerciale favorable, attaché à la possession par ce pays d'une quantité de monnaie proportionnellement plus grande qu'elle ne l'est chez les autres pays et lui permette d'acquérir une plus grande abondance de biens. A l'origine, il y a le travail et l'industrie dont Locke célèbre les vertus, mais c'est surtout grâce au commerce qu'il est possible d'écouler le surplus des productions et de faire venir la monnaie qui permet de s'en procurer d'autres. De façon caractéristique, la bonne santé du commerce extérieur est la source prédominante de richesse pour un pays comme l'Angleterre pauvre en mines de métaux précieux et entouré par la mer et dont il déclare que « c'est la seule façon qui nous reste d'accéder à la richesse ou à la subsistance »[141]. Certes, le contrôle du commerce extérieur comme de la production domestique ne pourra empêcher que les lois du marché, offre et demande et concurrence (dont Locke atteste le caractère naturel), ne s'imposent, pour commencer, à l'intérieur, puis sur le plan international en brisant les cadres économiques traditionnels et en provoquant un nouveau découpage de la richesse. De toute façon, l'action de l'homme ne peut se dérouler que selon certaines règles. Et en suivant celles que va se donner l'économie en matière de production et d'échange, les hommes vont se lancer sur le chemin qui mènera au capitalisme, y compris sous ses formes extrêmes.

C'est pourquoi l'on constate que Locke s'arrête avant d'envisager le moment où l'exploitation des lois économiques à des fins privées risque

141 *Ibid.*, p. 12.

d'entraîner les hommes trop loin sur le chemin de la richesse et du pouvoir car, finalement, il n'est de règles qui ne soient limitées par leur raison et par un sens pratique que recommande un auteur fondamentalement soucieux d'utilité et de mesure. L'un de ses contemporains, Melon, considérait que « la contrainte dans la société générale des hommes n'est jamais tyrannique lorsqu'elle a pour objet l'utilité bien entendue de chacun de ses membres »[142]. Pour Locke, aucune règle n'a de valeur absolue ; il y aurait quelque difficulté à admettre que ce caractère soit compatible avec son utilité. Toutes les règles sont surplombées par la loi de nature qui intègre des règles de contenu différent qui peuvent s'opposer les unes aux autres et se limiter réciproquement pour les raisons d'utilité mêmes dont cette loi témoigne en liaison avec son caractère moral et religieux[143]. Ainsi, nous avons vu que la règle fondant l'appropriation sur le travail pouvait être requalifiée par la règle consistant à faire en sorte que tout le monde ait sa part et la règle interdisant de laisser certains biens acquis se gâter et d'acquérir une trop grande quantité de ces biens. Le bien commun est en jeu, et la limitation du gain privé qui peut le menacer est, dans la pensée de Locke, l'expression de la loi de nature.

Malgré cela, l'on ne sait pas exactement où se situe la limite entre la défense morale de l'individu à laquelle Locke est attachée et les dérives possibles de l'acquisition de la richesse avec l'introduction de la monnaie qui en aggrave les disparités. D'une part, Locke, en bon moraliste, condamne « le caprice et l'avidité »[144] et, dans son traité d'éducation, met les enfants en garde contre « la convoitise, le désir de posséder, d'avoir en notre pouvoir plus de choses que n'en exigent nos besoins » [ce qui est] « le principe du mal »[145]. Mais cet avertissement s'adresse précisément à des enfants. En revanche, il n'apparaît pas contraire à la morale de laisser libre cours aux motivations des hommes dont l'activité, impliquant investissements et emprunts, leur permet de réunir des avantages matériels et financiers dont il est supposé, malgré les tentations et la frontière ténue qui les en retient et qui est souvent franchie, qu'ils n'en feront pas une mauvaise utilisation, bien au contraire, les diffuseront sur l'ensemble de la population.

Cette possibilité, qui est à certains égards un devoir, implique que toute liberté soit donnée aux hommes de se dégager des autorités

142 *Essai sur le commerce*, 1734, p. 760.

143 Pour les mêmes raisons, Locke est en faveur de l'équilibre des pouvoirs dans la nation.

144 *Second traité*, p. 26.

145 *Pensées sur l'éducation*, trad. G. Compayré, Paris : Hachette, [1693-] 1882, p. 164.

traditionnelles notamment en matière d'intérêt, comme Locke le suggère dans *Some Considérations of the Consequences of Lowering the Rate of Interest and Raising the Value of Money* (*Considérations sur les conséquences de l'abaissement de l'intérêt et de l'élévation de la valeur*). Nous ne sommes pas encore à l'époque du libéralisme triomphant ; simplement au moment où le mouvement individualiste se développe à l'intérieur en s'opposant aux réglementations étatiques et en revendiquant une plus grande autonomie de jugement et d'action. En cela, il s'appuie sur des exigences morales liées à la rationalité de l'homme et propres à favoriser son émancipation en prolongeant d'une certaine manière la protestation qu'avait amorcée, du moins en Angleterre, le mouvement religieux puritain. Et comme celui-ci, il comporte une dimension économique qui se traduira sur un plan politique, dès les débuts de la monarchie libérale, par une représentation plus large des membres de la communauté d'où la notion d'intérêt général sortira renforcée.

9. Conclusion

Locke se présente comme l'auteur d'un système politique et économique susceptible, à certaines conditions, d'apporter les moyens de vaincre la misère, sinon de se rapprocher du bonheur, à l'individu et à la communauté dans le droit fil des enseignements de la religion chrétienne. Selon ce raisonnement déjà empreint d'utilitarisme, il apparaît qu'une bonne vie n'est absolument pas incompatible avec l'espérance d'une éternelle félicité, donc que la vertu ne conduit pas nécessairement à l'austérité et que l'observation des règles morales et civiques est indispensable pour atteindre le bien-être ; en revanche une vie déréglée ne saurait conduire son auteur qu'à la misère (« les méchants sont, à mon avis, les plus mal partagés, même dans cette vie »)[146] et à la damnation éternelle.

L'arme dont dispose l'homme est une raison tout d'abord envisagée comme pouvoir abstrait capable de l'élever jusqu'à l'idée de Dieu, mais qui voit son champ limité puis orienté par les intérêts temporels, ce que Hobbes avait déjà pressenti et que Hume reprendra en faisant d'elle un simple instrument au service des passions. De toute façon, ce champ doit être cultivé et ce qui le permet est la liberté dont dispose l'homme s'il en prend conscience ou si cela lui est possible. De cette manière, la liberté peut s'avérer bénéfique dans les domaines moral et matériel. Ce qui conditionne son bon usage est la propriété, propriété de son corps mais

146 *Essai concernant l'entendement*, p. 219.

aussi de son esprit[147], et donc de sa raison et de son jugement (dont Locke fait le sujet de la première partie de l'*Essai* et de *La conduite de l'entendement*) puisqu'après tout, le contraire de la propriété, sur ce double plan, est l'aliénation. La propriété de soi-même justifie, par le travail, la propriété des biens matériels qui permettent à un homme d'assurer sa survie et son bien-être et contribuent à son bonheur temporel. Elle trouve ainsi une application économique et politique tout en étant, au niveau spirituel, nécessaire à un choix religieux qui n'est pas incompatible avec la possession et l'usage de ces biens. Bien au contraire, ces derniers offrent à ceux qui en disposent la possibilité de cultiver tout à loisir leur esprit et leur jugement et d'avoir une vie morale et religieuse accomplie. Cela veut dire qu'il convient dans tous les cas de s'assurer une marge de sécurité matérielle suffisante : à cet égard, les écrits de Locke traduisent l'importance croissante qu'il attribue à l'activité économique et au développement de la liberté qui en fait une activité rationnelle utilisant toutes les ressources de la science et de la technique pour produire tous ses effets y compris au niveau financier.

Dans le domaine socio-économique, l'on constate cependant que propriété et liberté, d'une part, et rationalité, d'autre part, ne sont pas l'apanage de tous. Les difficultés de la vie réduisent les possibilités de réflexion, d'action et d'acquisition dont disposent certaines catégories de la population, comme celle que forment les ouvriers en face des employeurs. Le contrat qu'ils passent avec ces derniers a tendance à être déséquilibré de sorte qu'il leur est difficile de se sortir de leur état, ce que Locke reconnaît ; tout ce qu'ils peuvent faire consiste à montrer assez de tempérance pour ne pas aggraver leur situation ou formuler un droit à l'aide publique qui ne la modifie en rien. Quant aux vagabonds et aux mendiants, ils s'excluent eux-mêmes de la communauté tout comme les individus « querelleurs et chicaniers »[148]. Ainsi se crée chez des hommes à l'origine libres et égaux une situation d'inégalité que la loi civile, qui émane aussi de la loi de nature, a du mal à corriger. Droits et pouvoirs seront de plus en plus liés à la richesse individuelle dans une société où, néanmoins, les classes attachées à des privilèges ancestraux ne verront pas toujours d'un bon œil les nouveaux arrivants sur la scène sociale et

---

147 Ce qui tend à montrer que la propriété précède la liberté dans l'ordre des valeurs est que Locke considère celle-ci, dans certains passages, comme l'un de ses attributs : « L'homme possède un pouvoir de préserver sa propriété, c'est-à-dire sa vie, sa liberté et ses biens » (*Second traité*, p. 62) ; « L'homme cherche à se joindre avec d'autres en société pour la préservation mutuelle de leur vie, de leur liberté et de leurs biens, ce que j'appelle du nom générique de *propriété* » (*ibid.*, 123, p. 90).

148 *Second traité*, p. 26.

politique avant d'être obligées, comme l'histoire nous l'apprend, de faire bon ménage avec eux.

Locke a beau être un théologien convaincu, la leçon qui se dégage de son enseignement est une leçon d'utilité qui, en prenant pour objet le mouvement historique qui voit se former de nouvelles forces sociales, économiques et politiques dans l'Angleterre de son époque, suggère à quelles conditions leur interaction peut être profitable. De ce point de vue, sa contribution économique et politique éclaire le sens qu'il convient de donner à la loi naturelle qui reste la clef de voûte de son argumentation. Cette loi qui, issue de la volonté de Dieu, oblige les hommes à faire les efforts et les sacrifices voulus dans leur vie personnelle comme collective pour assurer leur conservation et les mettre en même temps sur la voie d'un bonheur futur, a pris en l'occurrence une acception utilitaire, ce qui n'est pas étranger au fait qu'elle leur a été découverte par la raison et que celle-ci, peu à l'aise lorsqu'il s'agit d'abstractions, a fini par circonscrire leur horizon aux préoccupations qui leur sont le plus proches. Or, dans ce cas, s'agissant des rapports que les diverses composantes sociales, économiques et politiques entretiennent entre elles, la répartition de leurs efforts ne va pas se faire d'une façon harmonieuse. Les forces en jeu sont dynamiques, évoluent et leurs rapports aussi. Tandis qu'une ascension économique selon des principes capitalistes tributaires des principes moraux de liberté et de propriété paraît possible pour quelques-uns, la mesure dans laquelle le plus grand nombre peut gagner au succès d'un tel mouvement reste aléatoire. Ce problème, qui est celui-là même que la morale s'efforcera de résoudre, se poursuivra avec l'industrialisation, le durcissement des conditions du travail et la création d'un vaste prolétariat.

Dans ce qui est en réalité un affrontement, les forces traditionnelles vont décliner et les forces nouvelles s'affirmer. A cet égard, les vues économiques de Locke, tout en payant leur tribut au traditionalisme mercantile d'une époque passée, sont malgré tout porteuses de changement en vertu de leurs fondements philosophiques. A travers l'industrie, c'est la raison qui se développe. Elle accomplit cette fonction économique en parfaite conformité avec la loi de nature dont elle ne fait qu'actualiser les potentialités. Mais ce développement garde une dimension morale primordiale : la richesse et l'ascension sociale sont la récompense de l'homme « industrieux et rationnel ». Inversement, la misère est la punition de l'homme que sa précipitation et sa négligence ont jeté dans l'égarement. En définitive, c'est le plaisir et la douleur ressentis dans chacune de ces situations qui acquièrent une dimension morale et sont les guides qui lui permettent d'ajuster ses passions aux fins auxquelles le destine sa véritable nature et ce, faute d'une certitude absolue, de la manière la plus révélatrice qui est la plus utile pour lui et pour ses semblables. Mais avant que la morale dont ces vues témoignent se montre sous son véritable jour chez Bentham et J.-S. Mill, il nous faut en envisager l'évolution chez celui qui en a développé toutes les potentialités et confirmé l'orientation en l'associant au tournant de la pensée économique anglaise à l'aube de la période industrielle, à savoir David Hume.

CHAPITRE II

EMPIRISME ET UTILITARISME : DAVID HUME

La pensée économique moderne dont Hume est l'un des pionniers s'inscrit dans le processus de libération de l'homme entamé par Hobbes et Locke. Les seuls freins qui vont subsister sont ceux qui contribuent à la sécurité et s'avèrent indispensables à la liberté. Mais c'est la nature même de l'homme qui est porteuse de toutes ces exigences et la philosophie de David Hume se réclame, plus encore que la philosophie de Hobbes ou de Locke, de la science de l'homme, entendant par là de son esprit. Le *Traité de la nature humaine*, qui en expose les fondements et les applications, est, conformément à la terminologie de l'époque, une tentative pour « introduire la méthode expérimentale dans les sujets moraux »[1]. En fait, une fois les principes fondamentaux établis, ces sujets concerneront essentiellement les domaines politique et économique.

Hume reconnaît qu'il n'est pas le premier à s'être engagé dans cette voie et note que l'application récente de la philosophie expérimentale aux questions morales a eu lieu, comme dans l'Antiquité, environ un siècle après son application aux questions naturelles, « puisque, trouvons-nous en fait, il y eut environ le même intervalle entre les origines de ces sciences ; [et que] de Thalès à Socrate, on compte un laps de temps à peu près égal à celui qui sépare Lord Bacon de quelques philosophes récents d'Angleterre [Mr Locke, Lord Shaftesbury, Dr Mandeville, Dr. Butler, etc.] qui ont commencé à placer la science de l'homme sur une nouvelle base »[2].

Cette base n'offre à première vue à la connaissance que le caractère probable que présentent les leçons de l'expérience et que celle-ci peut, en principe, remettre en question à tout moment. Hobbes, et Locke dans la première phase de son raisonnement, s'étaient élevés contre une telle conception de la science qu'ils qualifiaient de « prudence », qualité commune aux hommes et aux animaux. Si Hume, comme ces philosophes, nie que l'on puisse parvenir à la connaissance de l'essence des choses, il refuse de s'engager, comme le premier nommé, sur le chemin d'une science purement nominale ou de se contenter, comme le second l'avait cru possible, de démonstrations morales purement

[1] *Traité de la nature humaine*, trad. A. Leroy, Paris : Aubier, [1734-] 1983, p. 5.
[2] « Introduction », i*bid.*, pp.59-60.

rationnelles. Hobbes, d'ailleurs, avait invité les hommes à se connaître[3], et Locke avait fini par remettre en honneur en morale la connaissance fondée sur l'expérience, à l'image de ce qu'avaient fait ses collègues de la Royal Society (Boyle, Newton, Huyghens) dans les sciences de la matière.

Hume estime pour sa part que la connaissance expérimentale de l'esprit est la seule base possible de toutes les sciences : « On ne peut dire quels changements ni quelles améliorations nous pourrions réaliser dans les sciences, si nous avions une parfaite connaissance de l'étendue et de la force de l'entendement humain et si nous pouvions expliquer la nature des idées que nous employons et des opérations que nous accomplissons quand nous raisonnons. »[4] Opérant une véritable révolution épistémologique concernant « les sciences mathématiques, la philosophie naturelle, la religion naturelle et les autres sciences »[5], Hume recommande de « foncer sur la capitale, sur le centre de ces sciences, sur la nature humaine elle-même ; une fois que nous en serons les maîtres, nous pouvons espérer obtenir facilement la victoire sur tout autre point. De cette position, nous pouvons étendre notre conquête à toutes les sciences qui regardent plus étroitement la vie humaine »[6]. En somme, il faut étudier le sujet connaissant pour se faire une idée de la valeur de la connaissance. Et il suffit de fonder cette étude sur l'expérience et l'observation des manifestations de ce qu'il y a de constant dans la nature humaine. Annonçant de cette manière le sens profond de son œuvre dans l'« Introduction » au *Traité*, Hume « espère établir sur les expériences glanées par une observation prudente de la vie humaine une science qui ne sera pas inférieure en certitude et qui, pour l'utilité, sera de beaucoup supérieure à toute autre de compréhension humaine »[7].

I. CONNAISSANCE ET CROYANCE

1. De Locke à Hume

Comme Locke, Hume distingue la connaissance rationnelle qui est l'effet d'une démonstration de la croyance qui résulte d'une opinion ou d'un jugement. Mais une différence l'en sépare : Hume n'exclut pas la

---

[3] En se référant à la maxime ancienne, « Lis-toi toi-même » (« Introduction », *Léviathan*, p. 5).

[4] « Introduction », *Traité*, p. 58.

[5] *Ibid.*, p. 59.

[6] *Ibid.*

[7] *Ibid.*, p. 62.

possible intervention de la croyance dans la connaissance qui résulte du raisonnement, y compris du raisonnement mathématique pour ce qui est de la géométrie où la vue peut confirmer ou non l'exactitude des figures mais aussi des opérations algébriques, où l'on n'est sûr de ce qu'on a trouvé qu'au bout d'un certain nombre de vérifications[8]. Le fait que les partisans d'une connaissance rationnelle n'évoquent pas dans ces sujets le phénomène de la croyance vient en toute bonne logique de ce que la question ne semble pas devoir se poser pour eux. Mais elle se pose pour Hume. Il ne suffit pas d'affirmer, en fonction d'un raisonnement démonstratif ou d'une intuition, quelque chose comme vrai, il faut que l'expérience vienne en corroborer les conclusions pour qu'on le considère comme tel. La croyance est ainsi ce qui permet de plier l'esprit à la réalité en ce qui concerne les faits observables dans le domaine matériel mais aussi « moral » incluant non seulement les mœurs mais l'économie et la politique. Dans ces domaines, encore plus qu'en mathématiques, l'histoire, les témoignages d'autrui, l'habitude peuvent contribuer à faire naître l'idée de croyance qui confère à la connaissance le plus haut degré possible de certitude.

2. Nature de la croyance

D'une façon générale, ce qui distingue les idées qui entrent en jeu dans le jugement ou l'opinion auxquels nous donnons notre assentiment pour en faire la base d'une croyance des fictions de l'imagination - des « vagues rêveries d'un bâtisseur de châteaux »[9] - est la plus grande clarté, la plus grande intensité et la plus grande fermeté avec lesquelles elles se présentent : « La croyance n'ajoute rien à l'idée, elle change seulement notre façon de la concevoir et la rend plus forte et plus vive »[10].

Cette clarté et cette force nous permettent de distinguer le vrai du faux dans une proposition, et lorsque cette proposition porte sur l'existence de quelque chose, de croire que cette chose existe ou non. Ainsi, l'idée que l'on se fait de l'existence d'une chose n'est pas différente de l'idée que l'on se fait de cette chose : elle a simplement acquis un degré de force et de vivacité supérieur. On est passé d'une conception à une croyance.

Il en est ainsi dans la relation de cause à effet concernant la chose qui n'existe pas encore mais dont l'existence est liée à une chose déjà existante et dont on peut se former l'idée avant qu'elle se produise. Nous

---

8 *Traité*, pp. 143-44 ; pp. 267-68.
9 *Ibid.*, p. 174.
10 *Ibid.*, p. 178.

verrons plus loin ce problème crucial dans la philosophie de la connaissance de Hume en liaison avec toutes ses conséquences pratiques.

La connaissance autre que celle qu'apportent les sens est, selon la définition que Locke a établie[11] et que Hume reprend à son compte[12], la perception de la liaison entre deux idées (dans l'intuition) ou plusieurs (dans la démonstration, ce qui est le cas des mathématiques et, pour Locke, de la moralité) ou de leur disconvenance qui peut prendre la forme d'une différence ou d'une opposition. Mais cette connaissance peut se situer à plusieurs niveaux. Pour Hobbes, dans les sciences de la matière comme dans les sciences de l'homme, tous les facteurs sont ramenés à des notions générales exprimées par des noms qui sont comme les unités d'un calcul rationnel. La connaissance peut alors être dite certaine bien qu'elle témoigne seulement d'une cohérence formelle dont il convient toujours de mesurer l'adéquation à la réalité. C'est pourquoi, pour ce qui est des choses à envisager dans notre conduite ou dans le cours de la nature, Hume préfère faire appel, malgré leurs imperfections, à l'expérience et l'observation passées et présentes. Nous avons également vu que, pour Locke, ce type de connaissance ne permet pas d'aboutir à des conclusions dotées d'un caractère de certitude véritablement scientifique, mais à des opinions et des croyances livrant des connaissances suffisantes pour les besoins de cette vie. Or, c'est précisément de la seule attitude fondée sur l'observation des phénomènes que Hume va faire une science et le seul chemin vers une connaissance certaine en physique et en morale, en montrant que la croyance produite par les impressions et les idées recueillies empiriquement par les hommes sert de support suffisant à la formation des rapports de cause à effet qui leur permettent de saisir la succession des phénomènes, donc de les prévoir et de les produire.

II. LA RELATION DE CAUSE A EFFET

1. L'association des idées

La relation de cause à effet entre selon Hume dans la catégorie plus vaste de l'association des idées, qui peut aussi naître de leur ressemblance, de leur contiguïté ou de leur contrariété[13], et parfois

[11] *Essai concernant l'entendement humain*, p. 427.
[12] *Traité*, pp. 141-42.
[13] *Ibid.*, p. 167.

s'effectuer sans règles apparentes. L'association des idées, qui elle-même est parfaitement « inintelligible et ne nous est connue que par l'expérience »[14], est fondamentale dans le fonctionnement de l'esprit humain. Elle n'est pourtant à l'origine qu'« une force calme, qui l'emporte couramment »[15] et qui guide l'imagination. L'on constate que certaines qualités « produisent une association entre des idées et qu'à l'apparition d'une idée, elles en introduisent naturellement une autre »[16]. Mais il y a une différence entre des associations d'idées accidentelles et celle qui relie dans le temps une cause et un effet en présentant un caractère de constance et de nécessité : « Aucune relation ne produit dans l'imagination de plus forte connexion et n'engendre un appel plus prompt d'une idée par une autre, que la relation de cause à effet entre les objets de ces idées »[17].

L'association des idées traduit tout simplement le mode de fonctionnement de l'esprit dans la faculté qu'il a de conduire ses opérations selon des lois générales qui sont à l'image de celles qu'a découvertes Newton en physique[18]. L'association des idées est « une espèce d'attraction qui, trouvera-t-on, a dans le monde de l'esprit d'aussi extraordinaires effets que dans le monde de la nature et qui se révèle sous autant de formes et aussi variées »[19]. Et, comme il a été indiqué, elle se révèle surtout intéressante au niveau des relations de cause à effet que pose l'esprit en ce qui concerne la compréhension des phénomènes extérieurs, leur prévision ou leur production.

Elle permet également, dans la mesure où elle participe des mêmes lois que celles des phénomènes extérieurs, de régler les problèmes auxquels Hobbes et Locke s'étaient heurtés et, dans son expression causale, de régler le problème de la correspondance entre le monde de l'esprit et le monde de la réalité. Hobbes avait invoqué entre l'ordre du discours rationnel qui exprime le mouvement de l'esprit et l'ordre des

---

14 *Ibid.*, p. 256.

15 *Ibid.*, p. 75.

16 *Ibid.*

17 *Ibid.*, p. 76.

18 E. Halévy en conclura que « ce qu'on appellera l'utilitarisme peut se définir tout entier un newtonianisme, ou, si l'on veut, un essai de newtonianisme appliqué aux choses de la politique et de la morale » (*La formation du radicalisme philosophique*, Paris : P. U. F. [1901-] 1995, I, p. 14). Les choses sont peut-être plus compliquées : R. P. Wolf fait remarquer que pour Newton, les corps s'attirent sans qu'intervienne un troisième élément, alors qu'une impression ou une idée n'est pas un corps et qu'il faut que l'esprit les associe en fonction de ses propres dispositions (« Hume's Theory of Mental Activity » *in* : *Philosophical Studies*, 1960, p. 9).

19 « Introduction », *Traité*, p. 77.

faits une coïncidence nécessaire. Cherchant à éviter le piège du formalisme, il avait souligné l'aspect volontariste de l'usage de la raison en tant que chasse aux causes ou aux effets dans un but déterminé et, en même temps, la nécessité pour le réel de s'accorder avec des calculs dont nous savons aujourd'hui qu'ils ne peuvent toujours pas résoudre les mystères de la matière ou les mystères de la vie mais sont la base de systèmes nécessaires dans lequel se fige la connaissance avant que de nouveaux progrès révèlent leurs insuffisances. L'auteur du *Léviathan* avait par ailleurs admis qu'à l'origine, nos pensées suivent le cours de nos sensations ou de notre imagination et « vagabondent »[20], tout en laissant apercevoir leur dépendance réciproque[21]. C'est tout simplement au phénomène de l'association des idées qu'il faisait allusion sans lui accorder de valeur scientifique avant de l'abandonner pour lui substituer le mécanisme réglé des calculs de la raison procédant par addition et soustraction et dont les notions d'effet et de cause étaient l'illustration. Locke avait consacré un chapitre entier de l'*Essai* à l'examen du principe de l'association des idées mais sans lui accorder autant d'importance que Hume : il admettait, selon ses propres termes, que la raison doit maintenir des liaisons entre les idées « cimentées par la nature »[22], c'est-à-dire par les « lois naturelles » centrées sur la conservation des hommes, mais condamnait les associations d'idées qui se forment sous l'effet d'une éducation et d'une coutume mal comprises ou du hasard, et entravent le raisonnement et l'action.

2. L'habitude et l'accoutumance

Hume constate que l'association des idées respecte un principe qui lui permet d'éviter ces diversions et de présenter tous les avantages d'une connaissance scientifique fondée sur la mise en lumière de l'idée de loi : ce principe est l'habitude. Le philosophe empiriste, évoquant les conditions de la connaissance posées par Hobbes, rappelle tout d'abord qu'« il y a deux caractères que nous devons considérer comme essentiels à la nécessité, l'union constante [des objets] et l'inférence de l'esprit »[23], et que la nécessité qui est dans les objets rencontre la nécessité qui est dans l'esprit : « Il y a une harmonie préétablie entre le cours de la nature et la succession de nos idées [et] nos pensées et nos conceptions ont toujours, à ce que nous voyons, marché du même train que les autres ouvrages de

---

20 *Léviathan*, p. 22.

21 *Ibid.*

22 *Essai concernant l'entendement humain*, p. 317.

23 *Traité*, p. 508.

la nature »[24]. Cela seul peut permettre à l'esprit d'avoir une action sur le monde ; à ce sujet, nous repensons à la déclaration de Bacon selon laquelle l'esprit ne commande à la matière qu'en lui obéissant, ce qui sous-entend que les mouvements de la matière exercent eux aussi une action sur ceux de l'esprit. Selon Hume, cette correspondance entre le cours de la nature et le cours de nos idées qui légitime chacun d'eux ne se manifeste pas automatiquement mais n'est rendue possible et effective que par l'habitude. Retournant aux sources empiriques de la connaissance, l'auteur des *Enquêtes* affirme : « L'habitude est le principe par où s'est effectuée cette correspondance. »[25] Nous retiendrons que l'habitude de voir se répéter les mêmes séquences d'événements révèle une disposition essentielle de l'esprit, celle-là même qui lui permet de se structurer à travers les associations d'idées constantes qu'il attribue au principe de causalité. L'association des idées, qui n'était à l'origine qu'une force vague, se trouve ainsi renforcée pour révéler toute sa valeur dans le domaine de la connaissance et de l'action.

Hume précise que pour se former une idée de la relation de cause à effet, l'esprit procède en deux temps : le premier est consacré à l'observation de séquences de faits qui se répètent régulièrement ou « conjonctions constantes »[26]. Mais l'opération de l'esprit va au-delà de la simple prise en compte de ces successions ou enchaînements de phénomènes et des impressions séparées qu'ils produisent en se répétant. Car on pourrait en rester là sans acquérir l'idée de nécessité si ces impressions, à la suite d'un véritable travail psychologique, ne donnaient pas lieu du fait de leur ressemblance à une nouvelle impression qui, elle, est à l'origine de cette idée[27].

Le raisonnement que Hume tient sur ce point est lié à l'explication générale qu'il donne de la formation des idées à partir des impressions et

---

24 *Enquête sur l'entendement humain*, p. 124. , Londres, 1748, trad. G. Tanesse & M. David rev. et corr. par D. Deleule, Paris : le Livre de poche, [1912-] 1999, p. 124.

25 *Ibid.*

26 *Ibid.*, pp. 180-81, p. 240, p. 252 ; *Enquête sur l'entendement humain*, pp. 108-10. Il est possible qu'une expérience cruciale suffise.

27 « On peut penser que ce que nous n'apprenons pas d'un seul objet, nous ne pouvons pas l'apprendre de cent. La simple répétition d'une impression passée, même à l'infini, n'engendrera jamais une nouvelle idée originale (*Traité*, pp. 162-63). « Un examen plus poussé me découvre que la répétition n'est pas identique en tout point, qu'elle produit une nouvelle impression et, par ce moyen, l'idée que j'examine à présent » (*ibid.*, p. 240). « Si la répétition ne découvrait ni ne produisait rien de nouveau, elle pourrait multiplier nos idées, mais elle ne les étendrait pas au-delà de ce qu'elles sont par l'observation d'un cas isolé » (*ibid.*, pp. 249-50). Voir également l'*Enquête sur l'entendement humain*, pp. 156-57.

dont il fait le fondement de sa philosophie expérimentale. Une idée, selon Hume, est l'image d'une impression et ne diffère d'elle que par son degré de vivacité[28]. C'est de l'impression produite par la répétition de cas semblables que naît la nouvelle impression qui consiste en une détermination de l'esprit à passer d'un objet à celui qui l'accompagne habituellement et à concevoir ce dernier dans une clarté si vive que nous nous attendons à ce qu'il survienne en rendant compte de ce phénomène par le principe de causalité capable d'associer les idées de ces objets dans l'esprit.

La causalité n'est qu'une explication commode mais limitée de l'ordre des phénomènes que la raison ne peut invoquer dans n'importe quelles circonstances[29]. De la même façon, Hume remet en question l'idée d'une puissance à laquelle la causalité serait couramment associée et que l'on situerait dans les objets, comme la puissance active dont Locke déduit l'existence dans le soleil à la façon dont il blanchit la cire ou la puissance passive dans la cire elle-même, en la reliant aux parties qui composent les objets et à leurs qualités sensibles, tout en confessant qu'il n'en a pas d'idée claire et distincte[30]. Est aussi en question la puissance qu'a la volonté de commander les mouvements de notre corps et les pensées et sentiments de notre esprit. Pour Hume, rien ne nous permet de conclure à première vue à l'existence d'une « efficacité » ou « force productive »[31] dans la matière ou dans l'esprit. Tout ce que l'on constate est une succession de faits. L'idée de causalité elle-même ne saurait surgir dans

---

28 *Traité*, p. 65.

29 « La raison ne peut jamais nous faire conclure qu'une cause ou une qualité productive est absolument requise pour tout commencement d'existence et engendrer l'idée d'efficacité » (*Traité*, p. 242), que ce soit en fonction d'une intuition ou d'une démonstration (*ibid.*, p. 151) car « nous concevrons aisément qu'un objet n'existe pas à un moment et existe au moment suivant sans y joindre l'idée d'une cause ou d'un principe producteur [et] l'imagination peut évidemment séparer l'idée de cause de l'idée de commencement d'existence » (*ibid.*). C'est ce que ne font pas ceux qui pensent qu'il est impossible qu'une chose n'ait pas de cause en laissant supposer que, si c'était le cas, elle devrait se produire elle-même et que la cause est l'objet lui-même, ce qui est évidemment absurde ; mais, en raisonnant de cette façon, ils prennent pour accordé ce qui est en question, à savoir qu'une chose ne peut jamais commencer d'exister sans cause (*ibid.*, p. 154). Il en va de même s'ils pensent montrer l'absurdité qu'il y a à dire, si elle n'a pas de cause, qu'une chose est produite par rien ; mais en supposant selon le même raisonnement que le néant puisse être une cause, ils considèrent comme acquise la nécessité de l'existence d'une cause, ce que Hume conteste en faisant dépendre cette nécessité de l'observation et de l'expérience (*ibid.*, p. 155).

30 *Ibid.*, p. 242. Hume se réfère à l'*Essai concernant l'entendement humain*, pp. 180-82.

31 *Traité*, p. 244. Hume réfute à ce propos les arguments de Locke comme ceux de Descartes (qui ne trouve lui non plus aucune énergie dans la matière mais affirme que la source de l'énergie qui lui communique son mouvement est en Dieu).

l'esprit à propos des phénomènes du monde extérieur ou de ses propres opérations qu'à partir de l'expérience de leur conjonction constante. Même dans l'opération de la volonté, rien ne permet de relier l'acte de la volition à des effets *a priori* non prévisibles. Les pouvoirs de la volonté sont imparfaits et il est impossible de fixer leur portée sans consulter l'expérience. Dans tous les cas, c'est la régularité des séquences observées qui produit l'impression qui donne lieu à l'idée de nécessité base de l'idée de causalité. Cependant, tout en se révélant dans l'expérience, qui est comme son champ d'application, Hume déclare que « la nécessité est quelque chose qui existe dans l'esprit »[32]. Mais ne pourrait-on voir alors dans la production de cette idée un travail qui refléterait les propres règles du fonctionnement de l'esprit, celles mêmes, dira Kant, qu'il impose au monde ? Hume semble anticiper Kant en dotant l'esprit d'une faculté d'organisation qui lui permet de différencier les phénomènes dus au hasard de ceux qui peuvent être reliés entre eux, ce que l'auteur de la *Critique de la raison pure* confirmera en révélant la part prise par l'œuvre de Hume dans sa théorie de la connaissance.

En réalité, ce dernier ne s'engage pas dans la voie qui mènerait à l'affirmation d'un apriorisme des idées. Le rôle de l'expérience est irremplaçable, même si elle ne fait que stimuler les propres mécanismes de l'esprit et notamment ceux qui l'amènent à poser la relation de causalité. Il est vrai que l'expérience se plie à l'ordre découvert ou imposé artificiellement par l'esprit en fonction de « l'harmonie préétablie »[33] qui existe entre ses mouvements et le cours de la nature et que tout ce que l'on peut affirmer est l'existence de cette harmonie.

Un raisonnement démonstratif est quelquefois nécessaire pour mettre en lumière l'enchaînement des phénomènes, « distinguer les circonstances de ce que nous avons observé et en poursuivre les conséquences »[34] dans les sujets moraux, politiques et économiques. Cependant, l'influence de la coutume sur la réflexion reste prépondérante et elle est telle que parfois, « [elle] agit avant que nous ayons le temps de la réflexion »[35]. En définitive, en tant qu'elle nous fait attendre, pour l'avenir, une suite d'événements semblables à ceux qui ont eu lieu dans le passé, il s'avère que « l'accoutumance est le grand guide de la vie humaine »[36].

---

32 *Ibid.*, p. 252.

33 *Enquête sur l'entendement humain*, p. 124.

34 *Ibid.*, note, p. 109.

35 *Traité*, p. 181.

36 *Enquête sur l'entendement humain*, p. 110.

Hume constate cependant qu'il y a divers degrés de probabilité quant aux chances qu'un événement se produise conformément à une attente fondée sur l'accoutumance. Mais quand l'expérience a montré que certaines causes sont toujours suivies des mêmes effets, la probabilité se mue en certitude par une « gradation insensible »[37]. Il y a ainsi des faits dont nous sommes certains. Les arguments tirés de l'expérience sur lesquels le raisonnement s'appuie sont des « preuves » qui ne laissent pas de place au doute ou à l'opposition[38]. Même la connaissance que procure le raisonnement mathématique déjà évoqué entre dans ce cadre général, et ne devient certaine qu'à la suite du témoignage de l'expérience. Il y a toutefois une différence entre ce domaine et celui des sciences expérimentales, surtout morales. Dans ce dernier domaine, où il se peut qu'une cause s'accompagne d'effets contraires, l'effet qui a été le plus courant est toujours estimé comme le plus probable, et lorsqu'il s'agit de déterminer notre action et de faire des choix en fonction de notre expérience passée, la notion d'utilité commande que nous faisions pencher sans hésiter la balance du côté de la plus grande probabilité. Bien mieux, l'utilité commande que nous considérions nos choix comme certains compte tenu de ce qu'une démarche hésitante n'a jamais donné de bons résultats. Ainsi, « une seule contrariété dans l'expérience ne détruit pas entièrement tout notre raisonnement. L'esprit met en balance les expériences contraires et, soustrayant du degré supérieur le degré inférieur, il va de l'avant avec le degré d'assurance ou d'évidence qui reste »[39]. En somme, il est toujours possible, au moyen de la seule expérience, de poser des lois générales avec une certitude suffisante. Et c'est pour des raisons d'utilité que l'on est tenté de passer outre aux incertitudes liées à l'expérience et au raisonnement que l'on en tire. Nous allons voir cela.

3. L'utilité

A l'époque de Hume, la notion de loi expérimentale, qui se heurte aux séductions du raisonnement abstrait auxquelles Locke a un instant succombé, a toujours du mal à être acceptée. Mais elle connaît ses propres difficultés qui tiennent aux limites de l'expérience d'où elle est tirée et dont Hume ne fixe pas le statut de façon précise, contrairement à ce que Bacon avait essayé de faire et que fera J.-S. Mill. Or, au moment où la perception des lois des phénomènes pourrait être mise en question,

---

[37] *Traité*, p. 214.

[38] *Ibid.*, p. 205 ; *Enquête sur l'entendement humain*, p. 127.

[39] *Traité*, p. 512.

se produit, dans une sorte de mouvement dialectique, un retournement favorable à un renforcement de l'idée de loi. En l'absence de toute possibilité de justification rationnelle de l'ordre et du sens des phénomènes, le scepticisme du philosophe est vaincu par un besoin contraire de foi qui semble l'entraîner, par surcompensation, à valoriser le travail d'interprétation entrepris par l'esprit et l'imagination en fonction de l'expérience et à donner - passant outre à leur apparente fragilité - aux relations qu'il établit entre eux le statut de lois certaines.

De plus, le scepticisme à l'égard de la raison s'appuie sur le fait que celle-ci, par un usage abusif, peut mettre en question ses propres arguments et aller jusqu'à les annuler[40]. Mais l'utilité survit au scepticisme qui touche la raison aussi bien que les sens : c'est le principe qui nous amène à vaincre nos doutes, éventuellement par « la négligence et l'inattention »[41]. Le terrain une fois déblayé de toute considération formelle, Hume fait place libre à la nature qui « maintiendra toujours ses droits, et prévaudra finalement sur tout raisonnement abstrait, quel qu'il soit »[42]. Au fond, c'est la nature qui place au premier plan l'utilité dont les leçons, englobant toute spéculation et toute action, nous amènent à croire à l'existence des choses et à y trouver cohérence, continuité et nécessité. L'utilité correspond effectivement aux exigences fondamentales du maintien de la vie. L'expérience est au centre de cette démarche, et dans l'expérience, l'accoutumance est le principe actif de la connaissance et de l'action : « Les inférences tirées de l'expérience sont les effets de l'accoutumance »[43], déclare Hume, qui ajoute d'une façon dépourvue de toute ambiguïté que « c'est ce principe seul qui rend notre expérience utile »[44]. Inversement, il est possible de dire que l'utilité qui en résulte revalorise et renforce les principes et les lois tirées du raisonnement fondé sur l'habitude et la coutume[45].

Ces principes et ces lois concernent non seulement la matière et les phénomènes physiques, mais aussi les valeurs qui guident l'action. Dans ces conditions, ils vont s'allier à une morale axée sur l'obtention de résultats concrets plutôt que sur une définition *a priori* à partir de considérations abstraites. Il suffira alors de prendre cette morale comme cadre de l'action sous ses diverses formes, juridique, politique et économique pour donner naissance à un vaste système : l'utilitarisme.

---

40 *Ibid.*, p. 269.

41 *Ibid.*, p. 308.

42 *Enquête sur l'entendement humain*, p. 105.

43 *Ibid.*, p. 108.

44 *Ibid.*

45 *Ibid.*, pp. 125-26.

Que l'utilitarisme soit fondé sur des principes empiriques ne nous surprend pas : d'une part, l'expérience permettait de découvrir des lois physiques et « morales » autorisant dans chacun de ces domaines une action concrète ; d'autre part, une partie de la croyance à ces lois et à l'efficacité de l'action qu'elles permettaient reposait sur leur utilité et le besoin que l'on en avait pour agir. Et il n'est pas étonnant que Hume, figure de proue de l'empirisme, passe légitimement pour être le fondateur[46] ou le précurseur[47] de l'utilitarisme.

III. UNE PHILOSOPHIE MORALE

Pour Hume, la morale est ce qui guide l'action[48] et détermine en grande partie l'uniformité des comportements, mais repose à vrai dire sur un jugement sur le plaisir que la propre nature de l'homme le porte à rechercher et sur la douleur qu'elle le porte à éviter. Ce jugement est lui-même influencé par le sentiment que produit le spectacle des actions d'autrui avant de déterminer les siennes. La différence d'avec Locke est ainsi le dépassement ou la mise entre parenthèse de la raison au profit du sentiment à la fois dans le jugement et dans l'action.

1. L'uniformité des comportements

Hume note qu'un certain ordre régit les mouvements de la matière comme les mouvements de l'esprit et en a déduit l'idée de nécessité. Mais il va montrer que si les chaînes causales qui relient les événements du monde extérieur entre eux apparaissent comme invariables, il en va de même des relations qui existent dans le monde moral, à savoir des principes et règles pratiques que suivent les hommes dans leurs actions. C'est ainsi que l'auteur du *Traité* note dans les décisions prises par les hommes, malgré la liberté de choix dont elles semblent pouvoir témoigner, une « uniformité »[49] qui l'autorise à faire état d'un déterminisme moral qui est l'équivalent du déterminisme physique si ce n'est que, tout en s'enracinant dans la nature, il se situe pour une part

---

46 Comme pour H. Laski (*English Political Thought, from* Locke *to Bentham*, Wesport, Conn. : Greenwood, [1920-] 1973, pp. 155-56) et J. Plamenatz (*The English Utilitarians*, Oxford : Blackwell, [1949-] 1966, p. 23).

47 Selon E. Halévy, *La formation du radicalisme philosophique*, vol. 1, p. 20.

48 « On admet que la morale influence nos passions et nos actions et qu'elle dépasse les jugements calmes et paisibles de l'entendement » (*Traité*, p. 572).

49 *Traité*, p. 511.

importante au niveau des relations artificielles que les hommes tissent entre eux dans l'ordre politique, économique et juridique. Or, ce qui est en jeu dans les décisions que prennent les hommes dans leur vie privée comme dans leur vie publique est leur volonté qui, tout en tirant sa substance de leurs passions, est influencée par la morale et obéit comme celle-ci à des considérations d'utilité. Nous allons examiner ces différents points.

2. Nécessité et liberté

L'action dépend en définitive de la volition, stade ultime de la prise de décision dont la définition n'a pas varié depuis Locke, à savoir « l'impression interne que nous ressentons et dont nous avons conscience, quand nous engendrons sciemment un nouveau mouvement de notre corps ou provoquons une nouvelle perception de notre esprit »[50]. La volonté s'appuie sur les passions directes, désir et aversion, mais quoi que les hommes désirent ou repoussent, c'est leur volonté qui décide en dernier ressort de ce qu'ils font, ce qui ne remet pas en question la nécessité que l'on peut observer dans leur comportement.

En effet, la liberté qui semble accompagner l'exercice de la volonté est trompeuse : cette dernière obéit, de même que les passions qu'elle met à contribution, à une nécessité que tout observateur peut reconnaître. Hobbes pensait que, dès les origines, les hommes ne se servaient de leur liberté naturelle que pour assurer leur conservation, même s'il fallait se battre pour cela et même si certains entre eux démontraient une volonté évidente de mal faire. Mais la raison l'a emporté et un cadre politique a restreint leur action alors que toute la liberté restante a été utilisée pour accroître leur bien-être. Pour Locke, la liberté permettait la réflexion d'où pouvait, d'où devait surgir le bien conforme à la loi de nature si elle était bien menée. Par ailleurs, malaise et inquiétude signalaient toute déviation. Hume se montre, semble-t-il, modérément optimiste : la liberté est possible dans les limites fixées par l'autorité de la nature ou du gouvernement : si les hommes en abusent, cela conduit à la dissolution de la société et à leur propre dépérissement. De manière générale, leurs dispositions naturelles, renforcées par le sens de leur intérêt, les en dissuadent. Finalement, vue d'une manière ou de l'autre, l'absence de nécessité reviendrait tout simplement à laisser le champ libre à l'incohérence et à la folie. Ce que Hume combat avant tout, comme

50 *Ibid.*, p. 507.

Hobbes et comme Locke, est une « liberté d'indifférence »[51] qui n'est qu'une pseudo-liberté. En revanche, les hommes peuvent éprouver une « liberté de spontanéité »[52] qui leur donne l'impression d'agir sans contrainte et sans pression, comme ils le veulent, bien qu'ils ne puissent jamais se délivrer des liens de la nécessité, comme cela apparaît à qui les observe : « Un spectateur peut communément conclure nos actions de nos motifs et de notre caractère ; même quand il ne le pourrait pas, il conclut en général qu'il le pourrait, s'il connaissait parfaitement toutes les circonstances de notre situation et de notre caractère et les ressorts les plus secrets de notre complexion et de notre disposition. »[53] Hume, à ce propos, semble faire allusion non seulement au conscient mais à l'inconscient en tant que celui-ci pourrait être gouverné par des lois, mais ne poussera pas plus loin des réflexions que reprendront deux siècles plus tard les inventeurs de la psychanalyse. Il en reste à la constatation que le désir et la volonté qui tranche entre les désirs empruntent des chemins prévisibles et fournissent dans leur opération un degré d'évidence analogue à celui que l'on relève dans les phénomènes physiques : « De même que l'*union* entre les motifs et les actions a la même constance que l'union entre les opérations de la nature, ainsi son influence sur l'entendement est également la même : elle nous *détermine* à conclure à l'existence des uns de l'existence des autres. »[54] Hume admet que l'attraction qui s'exerce dans le domaine « moral » peut être contrariée par certains obstacles : mais au-dessous de l'affirmation, il y a de nombreux degrés de probabilité, et, comme nous l'avons vu, une ou plusieurs contrariétés dans l'expérience ne détruisent pas entièrement un raisonnement qui pèche souvent par l'ignorance des causes cachées. En définitive, on peut agir en s'appuyant sur la notion d'« évidence morale »[55] comme sur un fondement raisonnable.

Hume applique cette notion à toutes sortes de situations : il prend les exemples du général qui compte sur un certain degré de courage chez les soldats qu'il commande, du maître qui s'attend à ce que ses serviteurs lui obéissent ou du souverain qui ne doute pas de la soumission de ses sujets[56]. Nous pouvons y ajouter, dans la société civile telle que Hume la conçoit, ceux du marchand qui a toutes les raisons de croire que la promesse de son débiteur sera honorée et des citoyens qui ont confiance

---

51 *Ibid.*, p. 516.
52 *Ibid.*
53 *Ibid.*, p. 517.
54 *Ibid.*, pp. 512-13.
55 *Ibid.*, p. 509.
56 *Ibid.*, p. 513.

dans le respect commun des lois. A vrai dire, « ce même genre de raisonnement court dans la politique, la guerre, le commerce, l'économie et, en vérité, il se mêle si entièrement à la vie humaine qu'il est impossible d'agir ou de subsister un moment sans y recourir »[57]. Ce dont il s'agit est en fin de compte la construction de la société nécessaire à la conservation de l'espèce dans son aspect économique et politique, et ce qui apparaît comme décisif à cet égard est le rôle des promesses et surtout de l'intérêt qui les fonde. En effet, dès le XVIIe siècle, s'impose l'idée que le monde est gouverné par l'intérêt et que le comportement des hommes est pour cette raison prévisible, ce dont ils peuvent tirer parti réciproquement, les hommes politiques pour gouverner, les citoyens pour rappeler à ces derniers que leur intérêt est de bien gouverner[58].

A vrai dire, que les comportements soient acquis ou naturels[59], leur régularité et leur constance lui permettent d'en faire une science dans la mesure où ils se conforment au principe d'utilité. En cela, l'utilité participe de la nécessité qui, tout en s'accommodant de la liberté laissée aux hommes de choisir leurs activités, en restreint le champ sous l'influence de ce principe à celles qui contribuent à leur bonheur en fonction des contraintes de leur existence.

3. Plaisir et douleur

Si nous revenons aux facteurs dont le concours permet à la volonté de s'exercer et de produire ses effets, nous rencontrons en premier lieu les passions. Or, celles-ci n'existent, pour Hume comme pour Hobbes et Locke, que par rapport à ces deux pôles, l'un positif, l'autre négatif, que sont le plaisir et la douleur et que les hommes, dans leurs décisions et leurs actions, s'emploient à rechercher ou à fuir : « Les principaux

---

57 *Ibid.*

58 En fait foi le passage suivant extrait d'un pamphlet de l'époque : « S'il est en votre pouvoir de comprendre en quoi consiste l'intérêt d'un homme dans telle ou telle partie où il est engagé, vous êtes assuré de savoir - à condition qu'il s'agisse d'un homme avisé - par où le tenir, c'est-à-dire comment apprécier ses desseins » (Marchamont Nedham, *Interest will not lie*, *in* : J. A W. Gunn, *Politics and the Public Interest in the seventeenth Century*, Londres : Routledge, 1969, p. 557).

59 Hume introduit à ce propos la notion de « causes morales » recouvrant « toutes les circonstances qui peuvent agir sur l'esprit comme autant de motifs et qui nous accoutument à certaines mœurs particulières ». (« Du caractère des nations », *Essais et traités*, p. 241). Il s'agit effectivement de causes qui contribuent à la formation du caractère national et que nous retrouverons dans ce que J.-S. Mill nommera l'« éthologie politique ».

ressorts ou principes actifs de l'esprit humain sont le plaisir et la peine : quand on enlève ces sensations à la fois de notre pensée et de notre conscience, nous sommes dans une grande mesure incapables de passion et d'action, de désir et de volition. »[60] Sur ce sujet, Hume ne se livre pas au travail d'investigation physiologique approfondi entrepris par Hobbes, il est vrai dans les termes qui lui étaient propres. Il observe simplement que les plaisirs et les douleurs éveillent de nombreuses « passions » directes comme le désir, l'aversion, le chagrin, la joie, la crainte et l'espérance ou indirectes comme l'orgueil et l'humilité lorsque le moi entre en jeu.

Ces passions, qui poussent les hommes à rechercher le plaisir et à fuir la douleur, les incitent en même temps à trouver, dans les multiples circonstances de leur vie et notamment dans leur vie sociale, les moyens d'arriver à leurs fins en sollicitant leur raison pour juger de leur pertinence. L'utilité procède tout d'abord de la mise en œuvre de ces moyens. Ensuite un sentiment d'approbation ou de désapprobation qui se reconnaît à un genre particulier de plaisir ou de douleur vient sanctionner la réussite ou l'échec de l'action entreprise. En somme, plaisir et douleur se projettent à la fois sur le plan matériel et sur le plan moral.

Le plaisir, suspect aux moralistes chrétiens, sert de référence à une morale qui, en donnant, selon la voie tracée par Hobbes et Locke, toute son importance à l'homme et à ses besoins, rejoint les morales hédonistes de l'Antiquité tout en cherchant à éviter les critiques dont celles-ci ont été l'objet. Il avait été reproché à Epicure de centrer son attention sur le bon usage des plaisirs du corps plus que sur la participation aux affaires de la cité. Les utilitaristes, quant à eux, mettront l'accent sur le plaisir tiré d'une action favorable en même temps à l'individu et à la société au nom du principe d'utilité, en développant à la suite de Hume la morale issue de l'approbation de cette action en fonction de principes trouvant leur fondement dans la nature humaine avant d'être cultivés par l'éducation.

Cette volonté de prendre en compte la sensibilité de l'homme dans les causes de l'action risquait malgré tout de reléguer la raison à un rang secondaire. Effectivement, celle-ci est présentée par Hume comme l'auxiliaire voire « l'esclave »[61] des passions. Cependant, si nous mettons de côté le caractère radical de cette déclaration, il va apparaître que la raison n'en continue pas moins d'exercer une fonction de guide. Elle

---

60 *Traité*, p. 699.

61 *Ibid.*, p. 524. Nous sommes loin de l'impératif catégorique qu'en tire Kant.

informe la passion, lui dit si le but que celle-ci poursuit peut être réalisé et par quels moyens. Simplement, la raison ne peut se permettre de décider à elle seule de l'action à entreprendre et se contente de fournir le socle sur lequel la décision peut être prise. Elle peut encore moins servir de référence morale. Examinons sur tous ces points l'argumentation de Hume.

Tout d'abord, la raison à elle seule ne peut jamais produire une action : elle est « inerte »[62]. Inversement, la passion peut s'aider de la raison : « La raison, au sens strict et philosophique du mot, peut influencer notre conduite de deux manières seulement : soit qu'elle éveille une passion, en nous informant de l'existence d'une chose qui est l'objet propre de cette passion : soit qu'elle nous découvre la connexion des causes et des effets de manière à nous apporter un moyen de satisfaire une passion. »[63] A vrai dire, ce « seulement » représente beaucoup de choses sur le plan matériel comme sur le plan moral, puisque l'œuvre de la raison concerne la mise en place et le respect de la justice et du gouvernement mais aussi les règles du comportement quotidien avec toutes les conséquences qui en résultent sur le cours des passions, leur modération et même leur existence. Ainsi, Hume note « qu'au moment même où nous percevons l'erreur d'une supposition ou l'insuffisance de certains moyens, nos passions cèdent à notre raison sans aucune opposition »[64]. Nous pourrions citer comme autres exemples le fait que les personnes qui n'ont pas les moyens de s'offrir certains biens n'en ont plus envie au bout d'un certain temps et qu'inversement, l'existence de moyens importants, financiers principalement, fait naître le désir de profiter des biens qu'ils mettent à notre portée.

Hume tire de la distinction qu'il opère entre passion et raison l'occasion de rectifier certaines formes de pensées courantes fondées sur une confusion des genres : ce n'est pas parce qu'une passion se sert d'un raisonnement pour parvenir à ses fins qu'elle peut être déclarée, selon que ce raisonnement est juste ou faux, conforme ou contraire à la raison, et que l'on peut évoquer dans ce dernier cas un « combat de la passion et de la raison »[65]. Seule une passion peut s'opposer à une autre passion. Cela ne met pas en question l'œuvre de la réflexion ; mais la réflexion ne fait que modifier la passion, qui reste l'élément moteur, et dont l'action, pour être mieux satisfaite, choisit de s'exercer de façon différente : la réflexion est venue à son secours, l'a empêchée de produire des effets qui

[62] *Ibid.*, p. 572.
[63] *Ibid.*, p. 574.
[64] *Ibid.*, p. 526.
[65] *Ibid.*, p. 524.

se seraient retournés contre elle, ou simplement de s'exercer dans le vide. Mais cela suppose que la passion est désormais orientée dans le sens de la conservation et de l'amélioration de la vie. C'est ce que permet selon Hume la mise sur pied d'institutions qui permettent au désir parfois excessif des biens extérieurs de se satisfaire et de contribuer utilement à la vie de l'individu et de la communauté en le modérant.

En définitive, la raison et la passion peuvent trouver un terrain d'entente : la raison s'accorde avec des passions, désirs, besoins, souhaits ou ambitions qui ne se manifesteraient pas d'aussi heureuse façon s'ils ne se soumettaient à son autorité et suivaient ses recommandations. Par ailleurs, même si les passions semblent dans certaines circonstances savoir par quelle voie s'exercer et comme posséder le secret de leur action, il est bien évident qu'entre elles et la raison correctement entendue, les rôles sont distincts. Lorsque Hume déclare qu'« il n'y a rien de plus vigilant et de plus inventif que nos passions »[66], il faut en déduire que c'est sous leur pression que les hommes peuvent parfois produire un raisonnement à court terme capable de les satisfaire sans préjuger de la suite, alors que l'œuvre d'une raison bien comprise consiste à montrer la voie qui conduit à des satisfactions durables et non passagères ou partielles.

En effet, les passions les plus communes sont celles qui sont centrées sur la vie et dont la gratification se conjugue parfaitement avec les attributions de la raison qui n'est jamais plus à l'aise que lorsque son champ est clairement circonscrit, c'est-à-dire concerne les actions réalisables. En revanche, les entreprises excessives s'inscrivent difficilement dans l'espace et dans le temps ; les passions violentes qui les ont engendrées doivent céder la place à des passions modérées qui seules peuvent conduire à des actes qui montrent toute leur utilité. Aussi, plutôt que d'opposer purement et simplement la raison aux passions, convient-il simplement d'opposer l'absence de réflexion qui en autorise les excès à l'attitude calme et mesurée qui leur permet de trouver les moyens de se satisfaire commodément. A cet égard, la raison présente dans une réflexion qui a pour but d'indiquer s'il est bon d'exécuter ou non tel ou tel type d'action et, de toute façon, d'en écarter la violence, a pu être assimilée par Hume à une « passion calme »[67].

En ce qui concerne l'histoire des idées, nous devons retenir que la philosophie de Hume a contribué à la promotion de la raison mais rendu celle-ci étroitement dépendante de l'expérience pour en faire un facteur

---

[66] *Ibid.*, p. 646.
[67] *Ibid.*, p. 527.

« pratique », utile à la production d'une vie sociale paisible et agréable tout en affirmant et maintenant intacte la liberté de jugement des individus face aux autorités extérieures, politiques ou religieuses. De ce point de vue, Hume s'oppose à la conception que Hobbes se faisait de la raison en l'incarnant dans le souverain et conteste la filiation divine que Locke lui prêtait avant que ce dernier montre le caractère empirique de sa formation et annonce Hume.

Pour celui-ci, la raison permet aux hommes de conduire ou de sanctionner des expériences concluantes, et le fait de s'accorder pour décider des moyens de se procurer la vie qui apportera le plus de plaisir et le moins de douleur possible en est une qui intéresse tous les hommes. En même temps, cette démarche est l'objet d'une approbation qui constitue le fond de la morale utilitariste. C'est dans ce sens que cette morale peut être dite hédoniste, c'est-à-dire dans le sens où le plaisir qui peut être considéré comme un bien est celui dont la production se double d'un plaisir d'approbation.

4. Un sens moral[68]

A partir de saint Thomas d'Aquin, la morale, en Europe, n'a pu se dissocier d'un contexte idéologique déterminé par une référence à la loi de nature où se mêlaient raison et religion dans des proportions qui n'ont dès lors cessé de varier. Ainsi, pour Hobbes, la morale est fixée par le souverain en fonction de l'intérêt de l'Etat qu'il gouverne conformément à la loi de nature dictée par sa raison. Pour Locke, cette loi, en tant que loi du bien et du mal, peut être soit le résultat d'un raisonnement abstrait remontant jusqu'à Dieu soit de la révélation avant de pénétrer la conscience de la majorité des hommes et de provoquer des réactions de culpabilité susceptibles de les détourner de la faute consistant à l'oublier ou à l'ignorer. Ce qui les conforte dans cette conduite est le fait qu'un plaisir est associé à la vertu, une douleur au vice, le bonheur étant le plus grand plaisir possible. La raison n'est pas pour autant absente de leurs choix. C'est elle qui, éclairée par la lumière divine, dirige le désir vers le vrai bien et fait naître une inquiétude à l'idée de se tromper de chemin.

La morale de Hume, quant à elle, renvoie au plaisir et à la douleur directement liés au regard porté sur l'action. Ce plaisir et cette douleur, qui sont d'origine psychologique, vont s'exprimer sur le plan moral: « Une action est vertueuse ou vicieuse ; pourquoi ? parce que sa vue

---

[68] « Les distinctions morales relèvent d'un sens moral » (*Traité*, p. 586).

cause un plaisir ou un malaise d'un genre particulier. »[69] A ce titre, la morale est celle du spectateur, de celui qui regarde les autres. En fait, le plaisir ou au malaise qu'il ressent se traduisent par une approbation ou une désapprobation qui sont pour Hume les véritables repères moraux. Ainsi, « avoir le sens de la vertu, ce n'est rien de plus que de *ressentir* une satisfaction d'un genre particulier. C'est ce sentiment lui-même qui constitue notre éloge ou notre admiration » [...] Notre approbation est contenue dans le plaisir immédiat que nos jugements nous apportent »[70]. Nous verrons cependant que l'approbation et la désapprobation peuvent se rapporter aux actes du sujet (mais, dans ce cas, n'est-il pas le spectateur de lui-même ?) et qu'il existe une différence entre approbation et désapprobation en ce qui concerne le passage à l'action.

Il en résulte que la morale de Hume, telle qu'elle s'exprime sous la forme de l'approbation et de la désapprobation, plonge ses racines dans la nature humaine, et au lieu de se soumettre à l'autorité de quelque école que ce soit comme le voulait la tradition, s'y soustrait et affirme ses bases subjectives, ce qui était absolument révolutionnaire à l'époque. En réalité, l'approbation et la désapprobation qualifient les actions qui tendent au bien ou au mal des hommes dans la société dont l'Angleterre fournit le modèle et ne peuvent être isolées de leur contexte socio-politique. Aussi peuvent-elles être parfois obtenues artificiellement ou faussées par une habile propagande ; mais elles procèdent toujours du plaisir ou du malaise éprouvés devant ces actions. Par ailleurs, Hume critique tous les moralistes qui tirent de l'existence de Dieu des conclusions qui placent hors de portée « ce qui doit ou ne doit pas » de « ce qui est »[71] au lieu de voir comment des hommes, face à leurs difficultés, arrivent à faire pour vivre moralement, c'est-à-dire en s'y prenant de la manière la plus utile pour eux. L'on a beaucoup débattu autour de cette question[72].

---

69 *Traité*, p. 587. Pour Plamenatz, « Hume réduit la morale à une branche de la psychologie » (*The English Utilitarians*), p. 37.

70 *Ibid.*

71 *Ibid.*, p. 585. Hume s'oppose résolument à Locke sur ce point. Rappelons cependant que l'auteur de l'*Essai concernant l'entendement humain* avait mesuré la difficulté d'établir la moralité par voie démonstrative.

72 Voir *in* : *Hume* , Londres : MacMillan, 1968, les articles de A. C. Mac Intyre ,« Hume on "Is"» and "Ought", p. 240 et de R. F. Atkinson, « Hume on "Is" and "Ought". A Reply to Mr Mac Intyre », p.265. Nous noterons en particulier l'interprétation de A. C. Mac Intyre qui considère que Hume n'oppose pas systématiquement dans la formulation d'une morale « doit » à « est » mais affirme dans quelles conditions la transition entre « doit » et « est » peut ou ne peut pas être faite. Effectivement, la morale, pour l'auteur du *Traité*, « influence nos passions et nos actions » [...] ce que confirme l'expérience courante, qui nous informe que les hommes sont souvent gouvernés par leurs devoirs, qu'ils sont détournés de certaines actions par l'opinion

Cependant, il nous semble que Hume ne se contente pas d'un point de vue naturaliste mais fait lui aussi œuvre de moraliste, et ce d'une double manière. Tout d'abord, dans la mesure où dire ce qui est, c'est-à-dire ce qui se fait, est une invitation à le faire. Dans la vie courante, l'expression : « C'est ce qui se fait », sonne comme un conseil qui sous-entend une certaine idée du bien. Effectivement, les gens font ce qui répond à leurs besoins et va dans le sens de leurs intérêts. Aussi bien la mise en évidence, à travers les comportements observés, d'un principe universel comme le principe d'utilité ne peut-elle qu'engager chacun d'entre eux à le suivre. Ensuite, de par une transition logique, les actions qui obéissent à ce principe seront naturellement approuvées et considérées comme vertueuses.

Hume considère également tout raisonnement d'apparence mathématique qui rattacherait les devoirs moraux à des principes supérieurs (comme Locke l'avait cru possible avant de se rétracter) comme inapproprié et dangereux. La raison permet simplement de déterminer la forme ou la structure de l'action et, compte tenu de cette information, d'en indiquer la possibilité ; encore ne fait-elle cela utilement qu'en fonction de l'expérience. Que l'action soit l'objet d'une évaluation morale d'origine religieuse ou non est autre chose. Pour prendre un exemple de relation de cause à effet, il n'y a à première vue pas de différence entre le fait qu'un arbrisseau pousse sous l'arbre qui lui a donné naissance et le tue et un parricide, si ce n'est que ce dernier acte éveille des sentiments différents[73]. En somme, « la morale est plus proprement sentie que jugée »[74].

Il est important de noter que l'opération du sens moral peut être spontanée mais aussi dépendre d'une réflexion dont l'existence, dans une certaine mesure, remet en selle la raison comme principe de calcul en morale : « Le bien moral et le mal moral sont certainement distingués par nos sentiments et peuvent naître, soit de la simple apparence et du simple aspect des caractères et des passions, soit de réflexions sur leur tendance à produire le bonheur de l'humanité et des personnes particulières [mais] les réflexions sur les tendances des actions ont de beaucoup la plus grande influence et déterminent toutes les grandes lignes de notre devoir »[75]. Ici, le sujet devient acteur et l'accent est mis sur les conséquences de son jugement et sur l'action qui en dérive en

qu'elles sont injustes, et qu'ils sont poussés à d'autres actions par l'opinion qu'elles sont obligatoires » (p. 572).

73 *Ibid.*, p. 583.

74 *Ibid.*, p. 586.

75 *Ibid.*, p. 716.

même temps qu'entrent en jeu des considérations qui tiennent à ses résultats. Nous retrouvons le raisonnement de Locke qui liait la vertu de l'action à une réflexion qui mettait en évidence les avantages que le sujet en tirait, notamment dans le domaine de la « sûreté », et regroupait ces avantages sous le nom d'intérêt. En somme, chez l'un comme chez l'autre philosophe, le raisonnement moral se trouve gagné par des considérations utilitaires. L'on pourrait toutefois penser que le spectateur de Hume guidé par ses sentiments n'est pas le même que l'acteur guidé par sa réflexion, et que dans son jugement, n'intervient en aucune façon le sens de son intérêt personnel. Or, il apparaît difficile, en fonction même de leur origine subjective, de trancher entre le sentiment de plaisir ou de déplaisir particulier qui donne lieu à une approbation ou à une désapprobation apparemment désintéressées et le sentiment de plaisir ou de déplaisir éprouvé à la suite d'un avantage ou d'un désavantage personnel dû à l'action d'autrui ou à la sienne propre. En fait, le problème sera de faire coïncider ces deux genres de réactions.

De toute manière, la notion d'intérêt ne disparaît pas, prévaut même dans le jugement moral tel que Hume le considère : ce qui disparaît est un intérêt particulier conçu à l'exclusion de l'intérêt d'autrui, comme le laisse entendre cette déclaration de l'auteur de l'*Enquête sur les principes de la morale* : « C'est seulement quand un caractère est considéré en général, sans référence à notre intérêt particulier, qu'il produit cette conscience et ce sentiment qui le font appeler moralement bon ou mauvais. »[76]. Par la suite, Hume attire l'attention sur la notion d'intérêt public, dont la promotion par les soins de la justice et du gouvernement chargé de l'appliquer recueille l'assentiment général. Il convient cependant de ne pas oublier qu'à l'origine, les hommes qui mettent sur pied la justice et le gouvernement et, à travers ces institutions, fondent la société civile, sont animés par le sens de leur intérêt personnel qui, d'une façon ou de l'autre, ne s'efface pas dans la société. Et c'est finalement de l'accord entre les intérêts particuliers des individus qui la composent et de la nécessité de les préserver que le sentiment moral tire sa plus grande force : « Partout où ces intérêts distincts se rejoignaient de manière appréciable, nous avons toujours constaté un accroissement notable du sentiment, une affection plus chaleureuse pour la vertu, ainsi qu'un plus violent rejet du vice. »[77], conclut Hume en faisant ainsi la part de l'intérêt particulier dans l'intérêt général conformément à la position de la majorité des utilitaristes.

---

[76] *Ibid.*, p. 588.

[77] *Enquête sur les principes de la morale*, trad. Ph. Baranger & Ph. Saltel, Paris : Flammarion, [1751-].1991, p.128.

En outre, ce qui peut contribuer à la promotion de l'intérêt par le biais d'une approbation morale est, chez Hume qui sera repris en cela par J.-S. Mill, la sympathie qui unit les hommes dans les sociétés constituées et largement peuplées. A cela, l'auteur qui s'attache à monter comment ces sociétés sont nées et se sont développées ajoute les sentiments que favorisent, en s'appuyant sur leurs réactions morales naturelles, les politiciens et les éducateurs. Mais tout d'abord, de façon structurelle, le sentiment moral, chez Hume, est lié à l'intérêt personnel qui préside à la mise en place de la justice et le gouvernement comme des relations économiques qu'assurent ces institutions, et traduit le souci qu'ont les hommes d'assurer leur vie et leur bien-être comme le maintien du corps social dont ils font partie. Nous allons donc voir tout d'abord comment l'auteur du *Traité* rend compte du rôle de l'intérêt dans la construction de la société civile et de ses institutions fondamentales avant de réexaminer son lien avec une morale forcément utilitaire voire utilitariste.

IV. UTILITE ET INTERÊT. LA JUSTICE ET LE GOUVERNEMENT

1. Utilité et intérêt

A l'origine de la construction de la société civile, se trouve l'intérêt qui émerge du principe d'utilité et qui réunit passion et raison dans leurs effets sur la production du bonheur en accord avec une morale qui sera, après Hume, qualifiée d'utilitariste par Bentham, James et J.-S. Mill.

Le bonheur est en effet le terme ultime de cette morale malgré les difficultés que ne manqueront pas d'évoquer ses défenseurs. Nous aimerions rappeler à ce propos les doutes entretenus, dès les débuts de la formation des sociétés politiques, par Socrate qui, dans *Euthydème*, s'interroge sur l'utilité de la science considérée comme la plus haute, la science politique, dont il déclare « qu'elle nous permettra de rendre bons d'autres hommes [...] Mais en quoi seront-ils bons, et à quoi utiles ? Dirons-nous encore : ils rendront tels d'autres hommes ? Mais à quoi seront-ils bons, c'est ce que nous ne voyons nulle part. Nous voici dépourvus pour ce qui est de savoir quelle peut bien être la connaissance qui nous rendra heureux ! »[78]. Selon cette mise en question, la recherche de l'utile, toujours recommencée, ne saurait aboutir, ce qui semble compromettre la possibilité du bonheur qui pourrait en résulter. Malgré

---

[78] Platon, *Œuvres complètes*, Paris : Gallimard (coll. « La Pléiade »), 1950, vol. I, p. 590.

cela, à l'instar de Socrate qui en fera lui-même la base de tout progrès, les utilitaristes partiront de la connaissance de la nature humaine de façon à en tirer les moyens de parvenir au bonheur avec un degré d'assurance inconnu du philosophe grec. Il est vrai que la difficulté de dire en quoi le bonheur consiste vraiment, à laquelle Hobbes et Locke s'étaient déjà heurtés et à laquelle J.-S. Mill se heurtera plus tard malgré les affirmations catégoriques de Bentham, renvoie à des réponses concrètes et revalorise ce qui est le fondement de la doctrine, la production du plaisir en tant que bien et l'éloignement de la douleur en tant que mal. C'est ainsi que Hume procède lorsqu'il examine l'action qualifiée d'utile, qui peut apporter un plaisir dans le temps où elle est effectuée (il s'agit du plaisir de l'activité auquel il a déjà été fait allusion) et en même temps aboutir à un résultat concret qui est source de plaisir. Les exemples donnés rejoignent les préoccupations courantes : un homme fait de l'exercice parce qu'il désire conserver sa santé : « Si vous cherchez alors pourquoi il désire la santé, il répliquera aussitôt que c'est parce que la maladie est pénible. Si vous désirez une raison pour laquelle il déteste la douleur, il est impossible qu'il puisse jamais en donner une [...]. Il peut également répliquer que la santé est nécessaire à l'exercice de son métier. Si vous demandez pourquoi il est inquiet à ce sujet, il répondra que c'est parce qu'il désire gagner de l'argent. Si vous posez la question : pourquoi ? c'est le moyen du plaisir, dit-il. Et au-delà, c'est une absurdité de s'enquérir d'une raison. Quelque chose doit être désirable par soi-même. »[79]

Dans une autre partie de son raisonnement, Hume articule d'une façon décisive l'utilité à l'intérêt, c'est-à-dire à ce qui a de l'importance pour un homme et réclame son attention et ses calculs : « Utile à quoi ? », se demande Hume : « A l'intérêt de quelqu'un, sans doute »[80]. Mais une autre question se pose : « L'intérêt de qui, alors ? Pas seulement le nôtre... »[81]. Il est important que l'action qui nous est utile le soit également à autrui ou au moins ne lui soit pas préjudiciable. L'utilitarisme est une doctrine qui concerne le plus grand nombre : le débat qui s'engagera alors sera de savoir si l'intérêt d'autrui est poursuivi en tant que sa promotion est indispensable à la promotion de l'intérêt du sujet, auquel cas le motif en sera l'égoïsme, ou s'il est recherché de façon altruiste et même parfois aux dépens du sujet, et ce débat ne sera jamais tranché de façon définitive.

Il faut cependant rappeler que malgré les développements ultérieurs d'une morale qui fera place aux sentiments sociaux et à une remise en

---

79 *Enquête sur les principes de la morale*, pp. 214-15.
80 *Ibid.*, p. 125.
81 *Ibid.*

question des excès de l'« amour de soi »[82], l'utilitarisme s'établit sur un fondement individualiste, celui-là même que Hobbes avait fixé à la société, que Hume ne dément pas et que l'on reconnaîtra jusque dans la définition classique par Bentham du bonheur général considéré comme une addition de bonheurs individuels et par J.-S. Mill comme une conquête menacée par la tyrannie du groupe .Cette morale repose sur des fondements psychologiques et même biologiques. Aux sources de l'action, il y a les passions ; or, parmi les plus actives, se trouve celle à laquelle conduit l'attention que l'homme se porte à lui-même en fonction des nécessités de la conservation de la vie, c'est-à-dire « l'égoïsme »[83], à peine atténué par « la générosité limitée »[84]. Ces sentiments égocentriques naissent de sa propre nature : « Il apparaît que, d'après la structure primitive de notre esprit, notre plus forte attention se limite à nous-mêmes ; le degré suivant de notre attention s'étend à nos parents et connaissances ; et c'est seulement le plus faible degré qui atteint les étrangers et les personnes indifférentes »[85]. Par la suite, son égoïsme dirige l'attention d'un homme vers la recherche d'un nombre toujours plus grand d'avantages personnels bien que ce sentiment soit fréquemment contrebalancé par l'affection qu'il porte à son entourage ; mais l'on a alors affaire à un « égoïsme de groupe » qui touche sa famille, ses amis, voire les membres de son propre parti politique et peut s'avérer, sur ce plan, préjudiciable au lien social[86].

Or, l'homme s'aperçoit qu'il ne peut satisfaire cette passion égoïste sans la maîtriser grâce à sa raison aidée de son expérience, ce qui donne naissance à la notion d'intérêt. C'est l'intérêt conçu dans ce sens que les hommes cherchent à promouvoir avec un maximum de sécurité et d'efficacité en cessant de vivre à l'état isolé et en formant une société dotée des structures nécessaires à sa protection, justice et gouvernement.

Il y a certes d'autres sentiments naturels qui n'ont pas disparu parmi eux comme la bienveillance et l'humanité et qui, pour Hume, sont des « vertus sociales »[87] tendant à procurer des avantages à ceux qui les entourent selon qu'ils font partie de leur famille, de leurs amis ou de leur pays. Le moraliste juge bon, à ce propos, de souligner qu'on ne peut

---

82 *Ibid.*, p. 187, pp. 219-20.

83 *Traité*, p. 597, p. 612.

84 *Ibid.*

85 *Ibid.*, pp. 605-06.

86 « Quand les hommes sont engagés dans une faction, ils sont capables, sans honte et sans remords, de négliger tous les liens de l'honneur et de la moralité, afin de servir leur parti » (« Les premiers principes du gouvernement », *Essais et Traités sur plusieurs sujets*, trad. Malherbe, Paris : Vrin, 1999 p. 94).

87 *Enquête sur les principes de la morale*, p. 79.

considérer comme des vertus des sentiments comme la mortification, le renoncement ou l'humilité qui isolent le sujet de ses semblables et compromettent le bien qu'il peut leur faire[88]. En revanche, on loue une personne bienveillante et généreuse pour ce que son comportement a d'utile pour autrui. Le seul problème est que l'on ne peut faire une règle de l'existence de sentiments comme la bienveillance ou la générosité qui sont inégalement répartis et limités chez les hommes, contrairement à l'égoïsme dont ils ne peuvent combattre les excès qu'en faisant appel à la justice pour établir une règle universelle et à un gouvernement pour ordonner son application.

Il convient donc maintenant de situer les rapports de l'utilité et de l'intérêt dans le cadre de la création de la justice et du gouvernement avant d'examiner le fonctionnement de ces institutions sous son aspect moral.

2. La justice

Formation

La justice est le premier facteur constitutif de la société et répond à ce qui la menace le plus, l'avidité qu'ont les hommes d'acquérir des biens et des possessions pour eux-mêmes ou leurs amis en les obligeant à la réfréner. Ce faisant, ils suivent les recommandations de leur intérêt, notion qui provient de la modération de la passion par la réflexion et leur permet d'en envisager la satisfaction avec un plus grand degré de certitude. De ce point de vue, l'intérêt se présente sous un versant négatif : seule l'atteinte aux biens et aux personnes d'autrui tombe sous le coup de la justice, bien que l'intérêt réel des hommes qui vivent dans une société régie par des lois est la possibilité qui leur est offerte de produire et d'acquérir les biens nécessaires à leur subsistance et à leur bien-être en utilisant les moyens que la société met à leur disposition, et cet intérêt est économique. Hume évoque bien l'inclination qu'ont les hommes pour la société[89] mais n'en fait pas un principe majeur de sa construction. La société est essentiellement vue sous la forme des avantages qu'elle procure : « La société compense toutes nos infirmités [...] L'union des forces accroît notre pouvoir ; la division des tâches accroît notre capacité ; l'aide mutuelle fait que nous sommes moins exposés au sort et

88 *Ibid.*, p. 185.
89 *Traité*, p. 511.

aux accidents. C'est ce supplément de *force*, de *capacité* et de *sécurité* qui fait l'avantage de la société. »[90]

Pour que la société nous procure ces divers avantages, il faut qu'elle se dote des institutions nécessaires à son existence et à bon fonctionnement, et la justice est la première de ces institutions. Or, la justice consiste essentiellement à établir les règles qui, une fois appliquées par le gouvernement, permettront de définir et de protéger la propriété qui se trouve, pour Hume comme pour les moralistes politico-économiques anglais qui l'ont précédé, au centre du système social fondé sur l'intérêt.

Pour Hume, la justice est née de l'entente qui s'est faite très tôt chez les hommes en vue d'aplanir les différends qui surgissaient autour de la possession des biens. A vrai dire, compte tenu de la prévision qu'il est possible de faire ou l'expérience qu'il est possible d'avoir des troubles qui se produisent dans une situation où ne règnent que « solitude et abandon »[91] et de la possibilité d'en sortir d'une façon « simple et évidente »[92] en instaurant « une règle pour la stabilité de la possession »[93], il est difficile de penser que les hommes ont pu vivre longtemps sans s'accorder sur cette règle et instituer ainsi une première forme de société. Sa simplicité est telle qu'il « est absolument impossible que des hommes restent bien longtemps dans cet état inculte qui précède la société et [que] l'on peut justement considérer comme social son tout premier état et sa toute première condition »[94]. Voyons comment le processus a évolué.

A l'origine des atteintes à la possession des biens, il y a une dimension empirique fondamentale dont Hume fait état en observant que ces biens sont transférables, ce qui présente un danger pour leurs acquéreurs et explique la vigilance dont ils doivent être l'objet : « Il y a trois espèces différentes de biens que nous possédons ; la satisfaction intérieure de l'esprit ; les avantages extérieurs du corps ; et les biens acquis par notre travail et notre bonne fortune. Nous sommes parfaitement sûrs de profiter de la première. Les seconds peuvent nous être ravis ; mais ils ne peuvent d'aucun avantage à qui nous en prive. Les derniers seuls sont à la fois exposés à la violence d'autrui et peuvent se transférer sans souffrir de perte ni d'altération. »[95] Ce risque est accru par le fait qu'« il n'y en a

---

90 *Ibid.*, pp. 602-03.
91 *Ibid.*, p. 610.
92 *Ibid.*
93 *Ibid.*
94 *Ibid.*
95 *Ibid.*, p. 605.

pas une quantité suffisante pour répondre aux besoins et aux désirs de chacun »[96]. Pour toutes ces raisons, Hume, partageant le même souci que Locke, demande que les règles de la justice aient pour objet premier de garantir la propriété des biens extérieurs contre les atteintes d'autrui avant de s'appliquer à la protection de la personne. Mais, à la différence de Locke, il ne définit pas le droit de propriété comme un droit naturel. Le droit de propriété, comme le droit en général, accompagne l'institution de la justice qui elle-même fait suite à la constatation des dangers auxquels sont exposées les possessions de chacun et à l'intérêt qu'il y a à les protéger, et reste quelque chose d'artificiel : « Dès l'établissement de la convention sur l'abstention des biens d'autrui et la stabilisation de chacun dans ses biens naissent immédiatement les idées de justice et d'injustice ; également celles de propriété, de droit et d'obligation », affirme l'auteur du *Traité*[97].

Ces idées ne sont en aucun cas des créations abstraites mais sont destinées à parfaire et à institutionnaliser les leçons de l'expérience en ajoutant à leur utilité. Parmi elles, la notion de droit est primordiale, puisqu'elle concerne les conditions juridiques ou morales de l'exécution de l'action dans la société civile. A cet égard, elle peut être rattachée directement à la notion d'intérêt. Plus que Locke, Hume constate qu'un droit n'a pas vocation à rester lettre morte mais risque de le rester s'il n'est porté par les intérêts d'un individu ou d'un ensemble d'individus. Dans un pays où il y a des lois, donc des obligations réciproques des citoyens les uns par rapport aux autres, le droit est ce que chacun peut exiger des autres, à commencer par le droit d'acquérir biens et possessions pour soi-même sans nuire à autrui bien évidemment. De ce point de vue même, le droit peut apparaître comme ce pour quoi il a été pratiquement inventé, à savoir comme un moyen d'agir, et c'est à cette notion de moyen que la notion de droit va glisser insensiblement dans le contexte utilitariste dominé par l'intérêt. A vrai dire, c'est la justice en son entier et, plus tard, le gouvernement qui pourront être vus comme les moyens de servir l'intérêt de ceux qui les ont mis sur pied.

Ainsi, avec la justice et le cortège de droits et de devoirs qui l'accompagne, l'obstacle majeur qui s'opposait à l'équilibre et même à l'existence de la société est levé : « Une fois réalisé l'accord pour fixer et observer les règles de la justice, il reste peu, ou il ne reste rien, à faire pour établir une harmonie et une concorde parfaites. »[98] Le respect des règles de justice supposera néanmoins que soit mis en place un

---

96 *Ibid.*

97 *Ibid.*, p. 608.

98 *Ibid.*, p. 609.

gouvernement et qu'elles bénéficient, en partie sous son influence, d'une adhésion morale. Mais la justice provient avant tout d'un accord sur des règles que l'intérêt personnel de chaque individu l'engage à observer avant même qu'un gouvernement ou la morale ne les impose. Selon Hume, « *l'intérêt personnel est le motif originel de l'*institution *de la justice* »[99], et cette institution est elle-même l'acte fondateur de la société civile. Ce qui l'authentifie est qu'elle ne fait que modifier le désir de possession chez des êtres doués de raison : « Il n'y a pas de passion capable de contrôler cette disposition intéressée, sinon cette même disposition par un changement qui doit intervenir à la moindre réflexion. » [100] Il en surgit tout d'abord une convention, puis des lois. Il y a là un exemple particulièrement éloquent des moyens découverts par la raison aidée de l'expérience pour, sans s'y opposer, limiter et sécuriser la possession des biens par tous dans une perspective déjà utilitariste[101]. Dans ce processus, la raison confirme sa fonction instrumentale et, loin des déclamations qu'elle inspire aux « purs raisonneurs »[102], permet aux hommes de percevoir quels sont leurs véritables intérêts. Mais l'expérience reste fondamentale et diminue d'autant l'effort de réflexion : l'« invention »[103] de la justice se fait d'une manière empirique sous la forme initiale d'une convention semblable à celle qui intervient entre « deux hommes qui tirent sur les avirons d'un canot »[104]. De la même manière, les hommes s'efforcent d'établir puis de respecter les règles qui limitent les passions dans leurs mouvements partiaux et contradictoires, mais ils ne font cela que si l'expérience leur en montre l'avantage, c'est-à-dire si les autres le font : « J'observe qu'il sera de mon intérêt de laisser autrui en possession de ses biens, *pourvu* qu'autrui agisse de la même manière à mon égard »[105], écrit Hume. C'est « donnant-donnant ».

L'on peut mettre en doute la valeur morale de l'intérêt en tant que celui-ci naît de l'égoïsme ou de la générosité limitée de l'homme. Mais ce

---

[99] *Traité de la.nature humaine*, trad. Ph. Saltel, Paris : GF-Flammarion, 1993, III, *La morale*, p. 101. (Ce passage ne figure pas dans la traduction d'A. Leroy).

[100] *Traité,* Aubier, p. 619.

[101] C'est ce que certains critiques anglo-saxons entendent par « rule utilitarianism », théorie qui consiste à juger de l'utilité d'une action dans la mesure où elle obéit à une règle que tout le monde suit et qui s'oppose à ce qu'ils entendent par « act utilitarianism » et qui concerne les conséquences de l'action (*Cf.* J. Smart & B. Williams, *Utilitarianism : For and Against*, Cambridge University Press, 1973 ; D. Lyons, *The Forms and Limits of Utilitarianism*, Oxford University Press, 1965).

[102] *Lettre à un ami*, Paris : Belles-Lettres, [1745-] 1977, p. 19.

[103] *Traité*, p.608.

[104] *Ibid.*, p. 607.

[105] *Ibid.*

qui est important est que la recherche des meilleurs moyens de le promouvoir conduit à la construction d'une société qui présente tous ses avantages, ce qui permet à Hume de dépasser cette question : « Que la passion de l'intérêt personnel soit estimée vicieuse ou vertueuse, cela revient au même puisque c'est elle seule qui se réprime ; si bien que si elle est vertueuse, les hommes deviennent sociaux par leur vertu ; et si elle est vicieuse, c'est leur vice qui a ce même effet. »[106] Cette conception répond à celle de Mandeville pour qui, d'une façon dépourvue d'ambiguïté, ce sont les « vices », notamment ceux qui sont à la base de la consommation, qui sont à l'origine des avantages que les hommes retirent de la vie en société : « Vices privés, bénéfices publics » est le sous-titre de la *Fable des abeilles*[107], qui précède de peu le *Traité de la nature humaine* de Hume (à ce propos, l'on peut craindre que les bénéfices ne soient aussi privés que les vices, étant acquis selon l'auteur par l'exploitation du travail d'ouvriers payés au salaire minimum ou d'esclaves).

Un dernier argument invoqué par Hume pour montrer que le motif de l'invention des règles de justice est bien l'intérêt personnel fondé sur l'égoïsme ou l'« amour de soi » consiste à suggérer que si ce motif était le souci du bien public, il rendrait ces règles inutiles. C'est au fond la nature de l'homme, toute partiale soit-elle, et à qui il faut toujours laisser le pas, qui rend possible l'« identification artificielle »[108] des intérêts réalisée par la justice d'une façon compatible avec la satisfaction de l'intérêt particulier. Dans ces conditions, malgré les réserves exprimées ultérieurement sur la place excessive accordée à l'amour de soi au détriment d'une inclination plus sociale, l'auteur du *Traité* précise que le bien public ne peut être obtenu que d'une manière indirecte : « Comme l'amour de soi d'une personne est naturellement contraire à l'amour de soi d'une autre personne, ces différentes passions intéressées sont obligées de s'ajuster entre elles de manière à concourir en un système de conduites et d'actions. Ce système, qui comprend l'intérêt de chaque individu, est naturellement utile au public, bien que ses inventeurs n'aient pas visé cette fin. »[109]

Nous retrouverons d'une façon différente et non moins importante le caractère indirect d'un résultat obtenu grâce à une action qui ne le visait pas au départ dans l'activité économique d'individus animés par la recherche des biens matériels nécessaires à leur subsistance ou à leur

---

106 *Ibid.*, p. 610.

107 *The Fable of the Bees*, 1714, trad. L. Carrive, Paris : Vrin, 1990.

108 Selon l'expression d'Halévy (*La formation du radicalisme philosophique*, vol. 1, p. 27).

109 *Traité*, p. 649.

agrément et qui, tout en ne songeant qu'à leur propre intérêt dans le type d'opérations qu'ils lui consacrent (essentiellement production et échange), contribuent sans le vouloir, une fois les règles de justice observées, à promouvoir l'intérêt général : le résultat obtenu l'est alors en fonction d'une « identité naturelle » des intérêts[110], la différence entre cette identité naturelle et l'« identification artificielle » des intérêts réalisée par la justice et le gouvernement étant que cette dernière suppose la prise de conscience des intérêts d'autrui au sein de la communauté en matière de sécurité.

Hume, soucieux toutefois de ne pas dissocier les diverses instances que l'homme met en action pour réaliser les buts qu'il poursuit, s'efforce de ne pas distinguer entre ce qui est passion et ce qui est calcul ou réflexion au nom d'une certaine unité de la nature humaine. Ce que l'« invention » de la justice présente d'« artificiel » peut tout aussi bien être considéré comme « naturel » dans la mesure où il s'agit de quelque chose de commun parmi les hommes et où tout ce qui leur est commun est naturel[111]. En fin de compte, les règles de la justice, la convention qui les précède surgissent d'une nature dont les exigences se présentent sous la forme de passions, puis d'intérêts pour donner lieu à des droits et des devoirs au terme d'un processus qui crée les conditions fondamentales, internes et externes, de la conservation et de l'amélioration de la vie en société qui sont le véritable enjeu.

En fait, cet enjeu n'est pas seulement matériel : il est aussi psychologique. Pour Hume, ce qui importe est que les conditions soient réunies pour que chacun reste en possession de ce qu'il a acquis, sinon en augmente la quantité (et la qualité). A ce sujet, l'intérêt révèle son fondement économique puisqu'il porte sur les moyens de survivre, voire de vivre bien, et donc sur la sécurité à apporter à la propriété et à l'usage de ces moyens. Mais l'intérêt suppose une attente, et les raisons psychologiques liées au désir de voir cette attente satisfaite et à l'angoisse qui naît dans le cas contraire s'ajoutent aux raisons matérielles. Alors que l'attente relative à la succession des phénomènes naturels ne donne lieu à aucune angoisse particulière dans la mesure où leur ordre ne peut être modifié, il n'en est pas de même dans les relations de l'homme avec des biens extérieurs aisément transférables. C'est ainsi pour éviter ce type de désagrément qui pourrait même l'emporter sur celui relatif à la perte matérielle de ces biens qu'il est important d'assurer leur propriété : « En vertu des lois de la société », écrit Hume, « ce manteau, ce cheval est à

110 *Cf.* E. Halévy (*La formation du radicalisme philosophique*, vol. 1, p.25).
111 *Traité*, p.601.

moi et il doit demeurer perpétuellement en ma possession. Je compte en profiter sans incidents ; en m'en privant, vous décevez mon attente, vous me déplaisez doublement et vous offensez tous les témoins. »[112] Cette forme de plaisir ou de déplaisir montre à quel point l'utilité que présente la propriété pour les hommes vivant en société - en tant que fondée sur leurs intérêts réciproques - retentit sur le plan psychologique avant d'être l'objet d'une approbation morale.

Il n'en reste pas moins que la notion d'intérêt est capitale dans la morale utilitariste et qu'elle se présente en premier lieu sur le plan matériel. En ce qui concerne la sauvegarde des biens extérieurs, dont l'instabilité, sur ce plan, est source de dangers pour la paix de la société et les avantages qui en découlent, l'intérêt justifie l'existence de la propriété telle que la justice et le gouvernement la garantissent. Mais une incertitude demeure quant à l'appropriation de ces biens dans la mesure où, avant d'être définitivement fixée par des lois, celle-ci relève aussi des impératifs de l'imagination concernant les différentes manières de l'envisager et entre lesquels la justice a parfois du mal à trancher.

Les règles de la propriété

La justice, si elle veut répondre aux attentes de la communauté, se doit de s'exprimer par des lois générales et ne saurait entrer dans des considérations partisanes touchant les intérêts des uns et des autres, que ce soit ceux des plus faibles ou ceux des plus forts. Les questions de convenance personnelle n'ont pas cours dans ses décisions : « La justice, dans ses décisions, ne regarde jamais si des objets sont, ou non, adaptés à des personnes particulières ; mais elle se conduit par des vues plus étendues. »[113] Aucune considération liée à la pertinence de la possession de tel ou tel objet par telle ou telle personne ou à l'égalité des possessions n'entre en ligne de compte dans la détermination de la propriété, car cela entraînerait les hommes dans des controverses sans fin qui créeraient un état de trouble préjudiciable à la paix de la société, qui est la première forme d'utilité. Cela peut parfois créer des situations difficiles qu'il faut savoir accepter. Ainsi, il n'est pas injuste qu'« un homme de mérite et bienfaisant par inclination restitue une grande fortune à un avare ou à un bigot séditieux »[114] ; de la même façon, « qu'un homme soit généreux ou avare, il est également bien accueilli par la justice et obtient avec la même

---

112 *Ibid.*, p. 235.

113 *Ibid.*, pp. 620-21. Voir aussi p. 653.

114 *Ibid.*, p. 615.

facilité une décision en sa faveur, même pour ce qui lui est complètement inutile »[115].

Cependant, les raisons d'intérêt qui donnent lieu à ces développements, si elles sont reconnues, ne suffisent pas toujours pour entraîner un consensus sur la façon dont les biens extérieurs seront acquis et répartis : il faut que ces opérations se fassent en accord avec les règles que suggère l'imagination au niveau de leur première prise de possession comme de la loi qui en garantit définitivement la propriété : « Il y a sans, aucun doute, des motifs d'intérêt public pour la plupart des règles qui déterminent la propriété ; mais je soupçonne encore que ces règles sont principalement fixées par l'imagination »[116], déclare Hume en faisant rebondir le problème de la propriété. Il est vrai que les causes d'appropriation que produit l'imagination ne s'opposent pas nécessairement aux raisons d'utilité publique qui recommandent l'institution de la propriété dans l'intérêt général et vont plutôt dans ce sens, mais elles peuvent aussi engendrer des disputes entre les intérêts en présence.

Les principes qui interviennent en la circonstance, occupation, accession, prescription et succession, deviennent de véritables droits. Cela s'explique dans la mesure où, à la relation originale de possession qu'ils instituent entre une personne et un objet, s'ajoute, par un phénomène d'association des idées, une nouvelle relation d'ordre juridique : « Puisque la propriété n'est qu'une possession constante, garantie par les lois de la société, il est naturel de l'ajouter à la possession actuelle, relation qui lui est semblable. »[117] Cette nouvelle relation permet de faire des biens acquis une propriété légitime.

Aux origines, les hommes n'ont pas d'autre choix pour acquérir des biens que de s'en emparer et, en ce qui concerne les terres, de les occuper, à l'image de ce que feraient des hommes séparés de leurs sociétés et obligés d'en former une autre. L'imagination a alors pour effet d'attirer d'abord l'attention sur la première occupation ou possession. L'usage veut également que les hommes restent en possession de ce qu'ils ont acquis, principalement lorsqu'il s'agit d'une longue possession : dans ce cas, la prescription intervient et la sanctionne définitivement quelles qu'en soient les origines. L'accession est une autre voie vers la propriété que propose l'imagination lorsque de nouveaux objets sont liés

---

115 *Ibid.*, p. 621.

116 *Ibid.*, note, pp. 622.

117 *Ibid.*, p. 623.

à d'autres déjà acquis, le problème étant d'en déterminer les limites[118]. Enfin, le droit de succession résulte à la fois de l'intérêt qu'a un homme de travailler et d'économiser davantage s'il sait que ses biens passeront à ceux qui lui sont le plus chers, et de l'imagination qui nous conduit à considérer en premier lieu les enfants après la mort de leurs parents.

L'imagination permet ainsi de passer plus facilement de la pensée de l'objet à celle de son possesseur alors que l'intérêt reste présent au fond du processus d'appropriation. La loi valide les différentes manières d'acquérir des biens qu'elle suggère et en fait des propriétés, c'est-à-dire leur accorde la stabilité voulue en les soustrayant à la convoitise d'autrui. Il est pourtant impossible[119] ou difficile[120] de décider du parti à prendre dans les cas où l'imagination est diversement impressionnée par les relations d'idées invoquées pour justifier la possession d'un bien.

Hume reconnaît au travail la possibilité de légitimer une possession, mais pas de la même façon que Locke. Nous avons vu que, pour celui-ci, le travail était le moyen privilégié de résoudre le problème du passage de la communauté originelle des biens à la propriété privée (sans qu'il fût nécessaire de considérer cette communauté comme « négative », comme le faisaient Grotius et Pufendorf pour en conclure que la propriété privée était la seule forme de propriété). En réalité, la propriété se justifiait pour des raisons morales, l'homme étant reconnu comme seul propriétaire de

---

118 Les fruits de notre jardin sont notre propriété ; le travail d'un esclave est revendiqué par son maître comme étant sa propriété (*ibid.*, p. 628). L'imagination nous vient également en aide pour déterminer jusqu'où s'étend une propriété : ainsi, quelqu'un qui prend pied sur le rivage d'une petite île déserte peut en être estimé le possesseur car l'objet est limité et circonscrit dans l'imagination, ce qui n'est pas le cas d'une île plus grande (*ibid.*, p.627). L'on peut aussi admettre que les pays bordés par la mer ont un droit sur leurs eaux territoriales dans la mesure où la vue nous met en relation avec elles.

119 Hume prend l'exemple de deux colonies grecques qui voulaient augmenter leurs territoires en s'emparant d'une nouvelle cité. Leurs deux messagers s'élancèrent et le premier, voyant qu'il allait être battu à la course, lança son javelot sur les murs de la cité et l'y fixa avant que le second n'y arrive en en revendiquant la possession. Mais à qui la cité devait-elle appartenir ? La discussion, selon Hume, dure toujours parmi les philosophes (*Traité*, note, p. 626).

120 S'agissant de disputes relatives à la possession de certains territoires par les Etats, les frontières naturelles, fleuves ou montagnes, peuvent s'imposer au détriment d'autres considérations. Ainsi, le Rhin a pu servir de frontière naturelle entre l'Allemagne et la France et permettre à cette dernière de revendiquer la possession de l'Alsace. Les Pyrénées coupent en deux des communautés ethniques comme les Basques et les Catalans. Parfois, c'est la confusion relative à l'origine de la première prise de possession ou le caractère alternatif de celle-ci qui pose problème : nous en avons un exemple au Moyen Orient en ce qui concerne les territoires occupés à tour de rôle par les Israéliens et les Palestiniens.

lui-même, et physiques, le travail permettant une extension aux biens sur lesquels il s'appliquait de la propriété de soi-même. De plus, cette démarche individualiste n'était pas contraire à l'intérêt du public censé en récolter les bienfaits. Elle se justifiait enfin par l'usage qu'il était recommandé d'en faire conformément à la volonté de Dieu. Hume, pour sa part, avant de considérer ses avantages pour son auteur et pour la communauté, montre que le travail constitue un moyen d'acquérir des biens en tant qu'il est une forme d'accession : si nous revendiquons la propriété de quelque objet, ce n'est pas, comme le dit Locke, quelque chose que nous « ajoutons » (sinon au sens figuré) à cet objet et qui permet de le faire nôtre ; nous ne faisons qu'établir une relation entre lui et nous qui est à l'origine de son appropriation[121]. Cette relation va néanmoins dans le sens de l'intérêt, puisqu'elle permet d'encourager le travail qui profite à l'individu (avant de profiter indirectement à la communauté), et dans le sens de la morale pour ceux qui pensent que l'appropriation qui en résulte est parfaitement justifiée. A cela, l'auteur de *l'Enquête sur les principes de la morale* ajoute l'existence d'« un sentiment personnel d'humanité en faveur du possesseur [qui] concourt avec d'autres motifs et nous engage à lui laisser ce qu'il a acquis par sa sueur et son labeur »[122].

En définitive, Hume montre comment des hommes que guide le sens de leur intérêt font de l'existence juridique de la propriété la condition de la paix nécessaire à la société civile mais ne laissent d'être influencés par ce facteur naturel qu'est l'imagination, cherchent même à mettre à profit les associations d'idées que celle-ci leur propose pour résoudre quelques-uns des problèmes posés par la distribution de la propriété. A vrai dire, ces deux causes s'entremêlent dans la fixation des règles qui déterminent la propriété, bien que l'imagination ait un caractère « frivole »[123], quelquefois trompeur, alors que l'intérêt a selon lui l'avantage d'être constant et prévisible comme celui d'être largement répandu parmi les hommes et de fournir une explication universelle à leur action économique mais aussi juridique et politique.

121 *Traité*, note, p. 624. Le recours à cette relation permet de régler certaines difficultés : un homme qui a pourchassé un lièvre jusqu'au dernier degré de fatigue estimerait injuste qu'un autre s'en saisisse avant lui, mais le même homme qui s'avance pour cueillir une pomme ne saurait se plaindre si un autre le dépasse et s'en empare. En effet, l'immobilité du lièvre, qui résulte des efforts du chasseur, constitue une forte relation au chasseur qui fait défaut dans l'autre cas (*ibid.*, note, p.625).
122 *Enquête sur les principes de la morale*, note, p. 234.
123 *Ibid.*, note, p. 622.

Autres règles

Le transfert de la propriété par consentement

Les raisons d'utilité font que les hasards de l'appropriation des biens par l'occupation, la prescription, l'accession et la succession comme les disparités qui, dans leur production et leur distribution, résultent de la division du travail, doivent être corrigés pour que biens et personnes soient adaptés les uns aux autres. Il est bien établi que personne ne peut s'emparer par la violence de ce qu'il désire, ce qui serait contraire à toutes les fins de la justice et détruirait la société, et que la possession et la propriété doivent rester stables, *sauf* si le propriétaire de ces biens consent à les vendre ou à les échanger contre d'autres. Ces opérations obéissent alors à un principe de justice qui veille à satisfaire les intérêts en répartissant les propriétés d'une manière pacifique. Des méthodes inspirées par l'imagination interviennent également dans le transfert des biens comme lors de la remise symbolique des clés au nouveau propriétaire.

Le respect des promesses

Les promesses, en ce qui concerne la protection ou l'échange des biens, sont pour Hume l'un des éléments fondamentaux du maintien d'une société construite artificiellement et dont l'observation est l'un des soucis primordiaux de la justice. Elles seront également de mise, comme nous le verrons, chez les hommes qui se soumettent à l'autorité du gouvernement.

S'interrogeant pour savoir d'où procède leur obligation, l'auteur du *Traité* montre que les promesses ne valent pas par elles-mêmes, ce que l'on observe dans l'état de nature où violence et tromperie sont de mise, et n'obligent les hommes que de manière conventionnelle lorsqu'ils se sont aperçu que leurs affaires sont mieux conduites s'ils les observent : « L'obligation des promesses est purement une invention humaine, à l'avantage de la société ; mais on ne les expliquera jamais, si l'obligation est quelque chose de réel ou de naturel, né d'un acte de l'esprit ou du corps. »[124] La promesse n'a aucune vertu qui lui serait propre et ne constitue pas à elle seule une source d'obligation si on la détache de celle, représentée par le déplaisir et la désapprobation qui résulteraient de son non-accomplissement de façon contraire aux intérêts des personnes

[124] *Traité*, p. 644.

concernées. Car en définitive, ces intérêts, qui résultent de l'adaptation des hommes à la vie en société, se retrouvent au fond de leurs décisions. Ainsi, « les promesses sont des inventions humaines, fondées sur les nécessités et les intérêts de la société »[125]. Si un homme lèse ces intérêts, il risque d'être décrédibilisé et puni d'autant plus lourdement qu'il a promis de bien se conduire : toutes circonstances qui permettent de replacer la promesse dans un contexte utilitariste.

Telles sont les vues générales que Hume entretient sur les promesses. Mais pour mieux définir la place et la fonction qu'il leur assigne, il est important de revenir à la façon dont le philosophe de l'utilité explique la formation de la société : les hommes, en s'associant, n'ont véritablement rien promis : ils ont simplement passé entre eux une convention conforme à leurs intérêts : « Quand on exprime réciproquement ce sens commun de l'intérêt et qu'on le connaît de part et d'autre, il en naît une résolution et une conduite appropriées. C'est là ce qu'on peut avec assez de propriété appeler une convention ou un accord entre les hommes. »[126] Hume précise que cette convention « n'est pas de la nature d'une *promesse* »[127]. Mais dès qu'elle est établie, naît l'idée de justice, qui, elle, implique une promesse dictée par la raison et l'intérêt, celle de cesser à l'avenir de s'en prendre aux biens d'étrangers et de respecter sa parole en matière d'échange de biens ou de services avec eux. A ce sujet, l'exemple des rameurs qui tirent ensemble sur les avirons d'un canot ne peut s'étendre qu'à un groupe de personnes en contact les unes avec les autres. Mais le même type de convention est attendu chez des personnes qui ne se connaissent pas et, dans ce cas, exige de leur part une promesse. L'on peut aussi arguer que, dans ces circonstances, il ne saurait y avoir de convention ou de « contrat », comme le nomment Hobbes ou Locke et, plus tard, Rousseau, sans que son exécution n'implique une promesse.

Hume admet que l'expression orale ou écrite d'un contrat, tout particulièrement à l'aide de formules consacrées, puisse faire autorité et dispenser ses auteurs d'en chercher le véritable fondement : or, celui-ci ne saurait être que leur intérêt, de sorte que l'obligation qu'elles renferment tient uniquement à la satisfaction de cet intérêt, c'est-à-dire à l'idée, juste ou fausse, d'un avantage ; sinon, selon Hume, elle ne repose sur rien, et certainement pas sur l'emploi de ces formules par un homme qui n'aurait aucune intention sérieuse de se lier.

---

125 *Ibid.*, p. 642.
126 *Ibid.*, p. 607.
127 *Ibid.*

Inversement, les intérêts qui, dans une nation, sont l'objet de contrats et de promesses gagnent à être soutenus de cette façon, comme le sont tout particulièrement les intérêts commerciaux concernant le transfert de propriété qui exige l'usage de promesses lorsqu'il intervient à propos d'objets absents, biens matériels ou services. L'auteur du *Traité de la nature humaine* fait remarquer que le transfert de biens par consentement mutuel ne s'accompagne pas toujours de leur délivrance immédiate, mais que l'une des parties en présence doit souvent attendre que l'autre s'exécute, ce que celle-ci est tenue de promettre pour que la transaction ait lieu. Or, ce qui l'y incite est le sens de son intérêt, principalement au regard du fait qu'en manquant à sa parole, elle s'expose à cette punition que l'on ne se fie plus jamais à elle. Il y a à ce propos une différence radicale entre la mentalité des hommes civilisés et la mentalité primitive d'hommes qui n'ont pas le sens de l'intérêt relatif au respect de la parole donnée et sont dénués des sentiments qui pousseront leurs successeurs à satisfaire le type d'obligations engendrées par la vie civile. Hume prend un exemple : un homme, dans son état fruste et naturel, ne se sentira pas obligé de rembourser une somme d'argent qui lui a été prêtée. La seule raison de rembourser une telle argent ne peut se trouver que chez des hommes « façonnés par une certaine discipline et une certaine éducation »[128] et procéder des conventions qu'ils ont établies dans leur intérêt.

Cependant, fait remarquer Hume, il est possible que l'accord passé ainsi que la promesse qui lui est associée soient déjoués, raison pour laquelle les hommes, après avoir établi les règles de justice, promettent obéissance au gouvernement aux termes d'un nouvel accord qui constitue ce que les auteurs politiques entendent véritablement par pacte ou contrat social. La difficulté est que la place que certains de ces auteurs lui ont octroyée a pu laisser croire qu'il était l'élément majeur, voire unique, de l'entrée des hommes dans la société civile. Or, selon Hume, ce pacte ou ce « contrat de gouvernement », s'il existe, n'a pas d'autre fondement que l'intérêt qui était déjà le motif de l'institution de la justice. Voyons cela.

3. Le gouvernement

C'est une démarche fondée sur l'intérêt que l'on trouve de façon identique à l'origine de l'institution du gouvernement et de la justice : « Dans les deux cas, l'intérêt est exactement du même genre »[129]. Le

[128] *Ibid.*, p. 596.
[129] *Traité*, p. 666.

gouvernement est destiné à produire la force nécessaire pour faire exécuter les décisions de la justice et en consolider les acquis : « Il nous faut considérer tout le vaste appareil de notre gouvernement comme n'ayant ultimement d'autre objet ou raison que la distribution de la justice ou, pour le dire en ces termes, que le soutien des douze juges », affirme l'auteur des *Essais*[130]. Ce type d'intérêt constant et uniforme parmi les hommes remonte à des principes naturels : il répond à la nécessité qui les pousse à former une société puis à exiger du gouvernement qu'il assure la paix civile en protégeant en premier lieu la propriété. Car malgré la réflexion qui a abouti à l'édification des lois positives succédant à l'accord qu'ils ont spontanément passé entre eux, malgré la sympathie qu'ils ont développée envers l'intérêt public, ce que ce dernier leur préconise est souvent mis en défaut par une passion indocile. Pour lutter contre ses effets et faire respecter la justice, il est nécessaire que le gouvernement, dans le cadre de ses pouvoirs, prévoie d'infliger les châtiments capables de dissuader les éventuels contrevenants, bien que Hume reste discret sur leur usage. Mais au fond, c'est, comme Hobbes l'a montré, sous l'effet de la crainte de ces châtiments que les hommes arrivent à limiter leur avidité et à se plier aux règles de justice. A cet égard, il est souhaitable qu'ils soient infligés par des magistrats reconnus par l'ensemble de la communauté plus que par des hommes qui auraient subi des dommages et songeraient à les réparer en faisant preuve d'une violence et d'une partialité préjudiciables à l'ordre public. Ces hommes extérieurs aux litiges qu'ils sont appelés à régler sont en toute bonne logique les gouvernants dont l'intérêt à court et à long terme est de faire en sorte que la justice dont ils ont la charge soit administrée de manière équitable s'ils veulent conserver leur place.

Ce plan porte la marque de la raison et du calcul : l'intérêt des hommes né du souci naturel de leur conservation les porte à se prémunir contre la violence de leurs passions en faisant appel à l'intérêt d'autres hommes. Cependant, pour éviter que ces derniers abusent de leur pouvoir pour s'enrichir ou châtier durement ceux qui se mettent en travers de leur route, il y a aux mains du peuple, dans les cas les plus graves, un moyen de pression consistant à utiliser la force[131]. Car après tout le peuple forme la partie la plus nombreuse de la nation et il dépend, selon Hume, de son opinion que les gouvernants restent au pouvoir[132].

---

130 « Essai sur l'origine du gouvernement », *Essais et Traités*, p. 97.

131 *Traité*, p.675, p. 687.

132 « Quoi de plus surprenant que la facilité avec laquelle le grand nombre est gouverné par le petit, et que la parfaite soumission qui fait aux hommes sacrifier leurs sentiments et leurs penchants à ceux de leurs dirigeants ? Si on cherche la cause de ce prodige, on

Le problème est que l'opinion est façonnée dans une large mesure par le monarque et les classes qui le soutiennent : dans ces conditions, le sens des intérêts réels du peuple, qui doit précéder toute forme d'organisation d'une résistance ou d'une révolution, est quelque peu voilé. Il lui faut par ailleurs bien réfléchir avant de s'engager dans la voie d'une opposition au pouvoir : nous avons vu les limites du droit de résistance chez Hobbes et chez Locke. De toute façon, la théorie générale de Hume est que les « magistrats civils » (les gouvernants), « satisfaits de leur condition présente et de leur place dans la société »[133], n'ont aucun intérêt à se montrer partiaux et injustes et que c'est l'intérêt du peuple de les accepter comme tels. Ce qui peut malgré tout influencer les décisions qu'ils prennent est le fait qu'à son époque ils soient tirés des rangs de l'aristocratie, de préférence de la frange de celle-ci favorable au pouvoir royal. Il est certain que, face au pouvoir absolu des Stuarts, la révolution de 1688 a entraîné un changement de dynastie et de régime, mais sans pour autant que toutes les catégories sociales aient été consultées. Il faudra véritablement attendre que puisse s'exercer le droit législatif de révoquer le gouvernement en place dans un régime démocratique pour que l'intérêt de ses membres ne s'écarte pas de celui du peuple.

La nature de cet intérêt est toujours la même, qu'il soit à l'origine de la l'institution de la justice ou du gouvernement en vue d'apporter la paix et, grâce à la paix, de permettre aux hommes d'exercer une activité économique dont tous profitent, gouvernés et gouvernants. A cet égard, un progrès a été observé en Angleterre et d'autres pays occidentaux où les souverains de l'ère mercantile ont protégé l'activité économique, principalement commerciale, avant que celle-ci considère cette tutelle comme un frein à son développement. En effet, cette activité est fondamentale et lie véritablement les hommes à leur gouvernement qui bénéficie de ses retombées positives, stabilité ou gloire, même s'il se contente d'assurer l'ordre public, comme cela sera exigé de lui par les libéraux dont la doctrine sera favorablement accueillie par les utilitaristes - dans la mesure où il n'y a pas d'utilité sans liberté. Déjà la loi, selon Hobbes, ne devait pas entraver tout ce qui ne concernait pas la sécurité. Dans cette perspective, la fonction première du gouvernement est d'assurer la paix, mais les utilitaristes, s'ils sont prêts dans une certaine mesure à fermer les yeux sur les moyens par lesquels elle est obtenue, ne

---

trouvera que la FORCE étant toujours du côté des gouvernés, les gouvernants n'ont rien pour se soutenir que l'opinion. C'est donc sur l'opinion que le gouvernement est fondé » (« Les premiers principes du gouvernement », *Essais et Traités*, p. 93).

133 *Traité*, p. 658.

sauraient accepter que ces moyens mettent en péril le bénéfice que l'on peut en tirer.

En revanche, ils sont prêts à oublier les circonstances parfois violentes dans lesquelles un homme a conquis le pouvoir en soulignant que l'intérêt qui consiste à avoir un gouvernement et à lui obéir l'emporte sur ce que ces circonstances ont pu avoir de dramatique[134]. Evitant les controverses, ils laissent même entendre que tout s'est passé comme si les hommes, mus par le sens de leurs intérêts, avaient purement et simplement, à un moment ou l'autre, décidé de mettre en place un gouvernement et fixé les conditions de son exercice. Il est vrai qu'un gouvernement fonctionne d'autant mieux que les intérêts des hommes placés sous son autorité sont reconnus et satisfaits, comme cela semble être le cas à l'époque de Hume. Mais l'on ne sait pas si la décision de se placer sous l'autorité d'un gouvernement leur a appartenu ou s'ils n'ont pas été tout simplement placés devant le fait accompli. Certains utilitaristes ont critiqué les partisans du contrat social qui serait à l'origine du gouvernement en demandant quel jour et en quel lieu la décision de le passer avait été prise. Hume estime, d'une façon plus conforme à la vérité historique, que le gouvernement, plus d'ailleurs que d'une évolution naturelle du clan familial (comme cela a été suggéré par Locke) ou d'une transformation du pouvoir des prêtres, est né du pouvoir pris par un chef en temps de guerre et le plus souvent d'un coup de force[135]. Cela dit, il lui est possible de soutenir qu'avec le temps, les hommes, dans la majorité des cas, se sont montrés sensibles à ses avantages et que l'existence et le maintien du gouvernement sont fondés sur une reconnaissance de leur propre nature et d'un sens de leurs intérêts que l'on retrouve de façon significative dans leurs décisions les plus durables. A ce sujet, il est probable que la société que le philosophe avait sous les yeux lui a servi de modèle universel et fourni une image plus précise de ce qui peut être le fonds du comportement humain.

De toute façon, il n'y a pas eu, selon l'auteur des *Discours politiques*, de contrat originel conçu par ses défenseurs comme une obligation faite aux hommes d'obéir au gouvernement pour une période indéfinie et en toutes circonstances[136]. L'on peut seulement supposer qu'une promesse, issue des recommandations de la justice déjà en usage, a pu être faite par les hommes lors du rassemblement d'où est né le gouvernement, opérer sur les esprits et être vue par certains comme l'acte fondateur du

[134] « Du contrat originel », *Discours politiques*, trad. F. Granjean, Mauvezin : T.E.R. bilingue, 1993, p. 203.
[135] *Ibid.*, p. 191.
[136] *Traité*, p. 663.

gouvernement : « Comme, suppose-t-on, une promesse est un lien ou une obligation déjà en usage, et qui s'accompagne d'une obligation morale, il faut la considérer comme la sanction originelle du gouvernement et comme la source de la première obligation à l'obéissance. Ce raisonnement paraît si naturel qu'il est devenu la base de notre système de politique en vogue et qu'il est, en quelque manière, la croyance d'un parti de notre époque [le parti whig]. »[137] L'on observe malgré tout que déjà, ses premiers défenseurs anglais, Hobbes et Locke, n'ont pas tenu ce discours jusqu'au bout et en sont venus à donner toute son importance à ce qui constitue le fondement véritable de la société politique, la sécurité et ses avantages, en un mot, l'intérêt des hommes qui la composent.

Effectivement, pour Hume, ce même intérêt qui était à l'origine des règles de justice est à l'origine des devoirs politiques qui n'ont d'autre but que de contraindre les hommes à observer ces règles et à tenir les promesses dont cette observation est assortie : « La loi de nature, qui se rapporte à l'accomplissement des promesses, est seulement comprise avec les autres lois ; il faut considérer son observation rigoureuse comme un effet de l'institution du gouvernement et non pas l'institution du gouvernement comme un effet de l'obligation d'une promesse. »[138]. A cet égard, il est possible et même nécessaire que l'obligation d'obéissance se traduise par des promesses spécifiques qui ne font qu'apporter aux hommes une satisfaction et une sécurité plus complètes : « On veut souvent s'obliger par des promesses à accomplir ce que l'intérêt personnel aurait suggéré indépendamment de ces promesses ; c'est ainsi qu'on donne à autrui une plus complète sécurité en surajoutant une nouvelle obligation d'intérêt à celle à laquelle on était précédemment soumis »[139].

L'importance des promesses se manifeste par ailleurs dans le fait que des actes de désobéissance au gouvernement ou de rébellion constitueraient des précédents qui, selon Hume, seraient susceptibles d'inaugurer un cycle de violence ininterrompu[140], ce que cherchent précisément à éviter les tribunaux d'exception et le gouvernement chargé d'en appliquer les décisions.

[137] *Ibid.*
[138] *Ibid.*, p. 665.
[139] *Ibid.*, p. 666.
[140] « Du contrat originel », *Discours politiques*, p. 199.

V. L'INTERACTION ENTRE LA MORALE ET LA SOCIETE

Le sens de leurs intérêts amène les hommes à établir les règles de justice et à se soumettre au gouvernement qui les fait respecter en s'appuyant sur leur fonds moral. Effectivement, une corde sensible est touchée et, à l'obligation matérielle, se joint une obligation morale qui naît du déplaisir éprouvé par le sujet à l'idée de manquer à ses devoirs et à ses promesses. Cette double obligation donne tout son sens à la morale utilitariste, qui résulte chez Hume d'une interaction bénéfique entre les sentiments naturels et les exigences de la vie en société où le bien prend la forme de l'intérêt et où la morale est tirée dans le sens du respect des institutions nécessaires à sa promotion. En somme, chez Hume, la morale se greffe sur l'intérêt.

A ce propos, il nous faut remonter aux origines de la justice, qui est l'opération la plus significative de cette interaction et fait apparaître que pour se donner un contenu moral, l'intérêt considéré doit être l'intérêt public. Certes, pour Hume, « ce fut une préoccupation de notre intérêt personnel et de l'intérêt public qui nous a fait établir les lois de la justice »[141]. Nous avons vu en effet que l'intérêt personnel ne peut être satisfait isolément mais seulement dans le cadre de l'intérêt public. Dans cette optique, il s'avère nécessaire que les biens de chacun soient stabilisés et ensuite protégés pour des raisons de sécurité et aussi pour des raisons psychologiques, avant que s'imposent les raisons économiques, à la fois privées et publiques, qui leur servent de toile de fond et seront l'objet de toute notre attention. De plus, alors que l'intérêt de ses membres est le véritable motif de l'obligation consistant à s'accorder sur la mise en place de lois et d'un gouvernement commun, un sentiment moral, sous la forme d'une approbation des actes concernés mais surtout d'une désapprobation dans le cas contraire, concourt avec l'intérêt pour entraîner une nouvelle obligation d'ordre moral.

Sur les causes qui contribuent à la formation de cette approbation et de cette désapprobation, Hume a mis en relief l'existence d'un sens moral naturel chez l'homme. Cependant, dans une société élargie, où ces réactions peuvent perdre de leur vivacité, voire disparaître, un autre facteur va intervenir, la sympathie qui unit les hommes et colore les rapports qu'ils ont les uns vis-à-vis des autres. Cette communion de sentiments est le véritable facteur médiatique qui permet aux hommes d'approuver tout ce qui contribue à la paix et au bonheur de la

---

141 *Traité*, p. 614.

communauté et de condamner tous les actes d'injustice ou de rébellion commis par ceux qui, disait déjà Locke, refusent le lien social et selon Hume, font injure à l'intérêt qui le fonde. Ce faisant, la sympathie qui se porte sur un intérêt qui, de personnel, est devenu public, peut se heurter à une résurgence de l'intérêt personnel alimenté par l'égoïsme et l'orgueil. Nous allons examiner ce problème.

1. La sympathie

L'auteur de l'*Enquête sur les principes de la morale* commence par envisager le lien entre la sympathie et la générosité, la bienveillance et l'humanité dont certaines personnes font preuve et constate que ce qui en constitue le trait le plus évident et en entraîne l'approbation est l'utilité qui en résulte : « Nulle qualité ne mérite mieux l'approbation et la bonne volonté de tous que la bienfaisance et l'humanité, l'amitié et la gratitude, l'affection naturelle et l'esprit public, c'est-à-dire tout ce qui procède d'une tendre sympathie pour les autres [...] Nous pouvons en conclure que l'utilité, qui est l'effet des vertus sociales, constitue au moins une *part* de leur mérite et une des sources de cette approbation qui leur est si universellement accordée »[142].

L'approbation qui sert de fondement empirique à la morale de Hume va non seulement aux actions bienveillantes et généreuses effectuées en privé mais à celles qui sont accomplies dans le respect des règles de justice et manifestent leur utilité à un niveau supérieur, c'est-à-dire public. Car une bienveillance privée ne peut être que partiale et inégale ; par ailleurs, une bienveillance universelle est impossible[143]. Il faut qu'intervienne une justice dont l'action en partie négative, consistant à interdire et réprimer les atteintes aux biens et aux personnes, est entourée d'une sympathie sans doute plus distante mais plus répandue dans le corps social.

Pour Hume, la formation de la société comporte deux étapes : l'une, matérielle, fondée sur la rencontre des intérêts particuliers, l'autre, morale, fondée sur une sympathie avec l'intérêt public. Sur ce point, l'auteur de l'*Enquête sur les principes de la morale* cherche à adoucir les traits de la « thèse égoïste »[144] qui fait fi de la sympathie et s'écarte de Hobbes qui en est pour lui le défenseur attitré. Locke avait bien fait état de l'approbation qui allait à l'observation des « règles » nécessaires à la conservation de la société, à la fois pour sa vertu et pour les avantages

142 *Enquête sur les principes de la morale*, pp. 80-81.

143 *Traité*, p. 599 ; *Enquête sur les principes de la morale*, p. 90.

144 *Ibid.*, p. 221. Hume lui-même a mis en avant l'égoïsme de l'homme.

qui en résultaient, mais sans mettre en évidence l'existence d'un principe de sympathie parmi ses membres. Hume, quant à lui, ne fait pas dépendre l'intérêt devenu public de la pratique de la vertu mais au contraire s'appuie sur la sympathie qui entoure sa satisfaction et sur la contrariété dans le cas contraire pour en faire la base d'une morale. La sympathie existe effectivement dans un monde gouverné par l'intérêt dont elle prend le relais une fois que celui-ci est devenu public. Mais Hume semble aller plus loin. La sympathie suggère ou retrouve des sentiments de bienveillance et d'humanité profondément ancrés chez l'homme et peut s'accompagner d'altruisme. Au moins, « aucun homme n'est complètement indifférent à l'intérêt de ses congénères »[145], et il reste toujours en lui, aussi froid soit-il, « une étincelle d'amitié »[146] pour eux qui le pousse à approuver tout ce qui va dans le sens de leur intérêt. L'influence de la sympathie tend même à étendre les sentiments moraux jusqu'aux « intérêts de l'humanité »[147]. En définitive, la sympathie sur laquelle Hume met l'accent est celle qui, dans le pays qui s'en est doté, accompagne la justice et lui permet de dépasser l'intérêt personnel et de déboucher sur une morale : « *Une* sympathie *avec l'intérêt public est la source de l'*approbation morale *qui accompagne cette vertu* »[148]. En fait, comme nous allons le voir, la sympathie avec l'intérêt public est d'abord une source de désapprobation à l'égard de l'injustice et de la douleur qu'elle provoque avant de conduire à l'approbation de la justice et de ses bienfaits.

En fin de compte, la morale selon Hume suit la justice instituée par les hommes en fonction de considérations tenant essentiellement à la protection de leurs biens matériels et à la sécurité de leur existence, ce qui montre toute sa spécificité - et sa relativité. Ainsi, « Le sens du bien moral et du mal moral résulte de la justice et de l'injustice[149] ». En effet, cette morale, qui sera dite « utilitariste », consiste à adopter et à louer une conduite qui va dans le sens de l'intérêt de toute la communauté, et dont la sympathie est comme le vecteur qui permet d'en louer les artisans. La condition requise pour que règne une morale de cet ordre dans une société qui s'est agrandie comme la société de Hume est donc que l'intérêt public y supplante l'intérêt personnel. Toutefois, des difficultés subsistent. Il y a des situations dans lesquelles l'intérêt personnel du sujet s'oppose à l'intérêt public et où sa sympathie avec celui-ci est mise à l'épreuve. De plus, l'intérêt public, qui disperse l'attention du sujet, a des

[145] *Ibid.*, p. 135.
[146] *Ibid.*, p. 186.
[147] *Ibid.*, p. 140.
[148] *Traité*, trad. P. Saltel, p. 101 .
[149] *Ibid.*, trad. A Leroy, p. 618.

limites incertaines et ainsi en est-il de la sympathie. En réalité, les relations entre l'intérêt et la sympathie sont complexes. L'on peut contester la possibilité d'attribuer à la sympathie une fonction morale, car la sympathie est variable et la morale est faite de principes intangibles. Nous allons voir quelle est la version que Hume donne de leur formation et de leurs relations.

La première observation est que la sympathie en tant que fait social ne se manifeste que dans les sociétés développées. Si, lors de la formation de la société, l'intérêt consistant à suivre les mêmes règles est la source d'avantages réciproques ponctuels, il ne l'est plus dans une société évoluée aux rouages complexes où les effets des actions particulières peuvent passer inaperçus : «Une fois que les hommes ont trouvé par expérience que le libre exercice de leur égoïsme et de leur générosité limitée les rend totalement incapables de vivre en société, ils sont naturellement amenés à se soumettre à la contrainte de règles telles qu'elles puissent rendre leur commerce plus sûr et plus commode. Mais quand la société s'est accrue jusqu'à devenir une tribu ou une nation , cet intérêt est plus lointain : les hommes ne perçoivent pas aussi aisément que le désordre et la confusion résultent de chaque infraction à ces règles, que dans une société plus étroite et plus resserrée »[150].

Dans ces circonstances, où ils ne voient pas eux-mêmes l'intérêt qu'ils ont à observer les règles de justice, ils sont tentés de les négliger ou de s'en dispenser si ce n'est qu'ils continuent de subir, de la part de ceux qui ne les suivent pas, des désagréments qui sont comme une piqûre de rappel : « Bien que, dans nos propres actions, nous puissions fréquemment perdre de vue l'intérêt que nous avons à maintenir l'ordre et suivre un intérêt plus ou moins présent, nous nous ne manquons jamais de remarquer le préjudice que nous éprouvons soit directement, soit indirectement, de l'injustice d'autrui. »[151]

Ainsi, la sympathie part de la peine qu'un homme ressent lorsqu'il est victime d'une injustice pour s'étendre à tous ceux qui en sont victimes, qu'ils soient proches ou éloignés de lui : « Quand l'injustice se produit loin de nous, à une distance telle qu'elle ne peut en aucune manière toucher nos intérêts, elle nous est encore désagréable ; car nous la considérons comme préjudiciable à la société humaine et comme dangereuse pour tous ceux qui approchent la personne qui s'en est rendue coupable ; nous partageons leur contrariété par *sympathie.* »[152] Et en même temps que condamnons ceux dont la conduite est injuste, nous

150 *Ibid.*, p. 617.
151 *Ibid.*
152 *Ibid.*

préférons éviter de nous conduire de pareille façon : « Bien que le sens du bien et du mal, dans le cas présent, dérive uniquement de la contemplation des actes d'autrui, nous ne manquons pourtant pas à l'étendre même à nos propres actions. »[153] De même, les autres peuvent être gagnés par le même type de sentiments et nous-mêmes bénéficier de leur sympathie.

Ce mécanisme semble indiquer que c'est la conscience du mal qui est première, s'agissant de celui dont on souffre ou dont souffrent les autres et dont on peut imaginer les effets en se mettant à leur place. Il est vrai qu'il est difficile de ne pas songer en premier lieu à soi dans ce genre de circonstances, si bien qu'il a été possible à des disciples de Hobbes de soutenir que toute peine ou tout plaisir éprouvés par sympathie avec la peine ou le plaisir d'autrui, la sympathie elle-même sont un développement de l'égoïsme[154]. En revanche, pour Hume, la sympathie ne recèle aucun côté obscur, que ce soit dans sa genèse ou dans ses effets. Loin de procéder de l'égoïsme, elle s'accompagne, comme nous l'avons vu, d'une bienveillance et d'une humanité parfois désintéressées qui nous poussent à approuver tout ce qui va dans le sens des intérêts des personnes qui en sont l'objet et, en premier lieu, à ne porter tort à personne, en privé et en public, ce en quoi elle rejoint l'action des politiciens soucieux de faire régner la paix et la concorde dans leur pays.

Il est acquis, selon le schéma de la formation de la société civile établi par Hume, que les hommes politiques appuient leur action sur l'intérêt des hommes qu'ils gouvernent, et ensuite sur la morale qui gagne le public par sympathie avec cet intérêt. A travers ce processus, c'est la morale même qui prend une orientation utilitaire en induisant chez les membres de la communauté un comportement qui se veut aussi proche que possible de ce qu'exigent la justice par ses lois et le gouvernement par leur application. Cette morale peut compléter l'œuvre de ces deux institutions ou prendre leur place en cas de défaillance de leur part, ce dont les politiciens se sont aperçu en la renforçant artificiellement par une éducation qui stimule la probité et l'honnêteté et « fait naître de l'estime pour la justice et de l'aversion pour l'injustice »[155]. Au fond, l'efficacité de ces tentatives provient selon Hume de ce qu'elles s'accordent avec des tendances morales naturelles qu'elles amplifient ou cultivent. Car « il est impossible que les artifices des politiciens soient la seule cause de la distinction que nous faisons entre le vice et la vertu [...] Le plus qu'ils puissent accomplir, c'est d'étendre les sentiments naturels

153 *Ibid.*

154 *Enquête sur les principes de la morale*, pp. 218-19.

155 *Traité*, p. 618.

au-delà de leurs limites primitives. Mais il faut encore que la nature fournisse les matériaux et nous donne quelque connaissance des distinctions morales »[156].

L'action des politiciens souligne néanmoins les limites des sentiments moraux. Il est exact que la sympathie avec les intérêts d'autrui contribue à élargir le champ de ces sentiments, mais son influence est de plus en plus faible à mesure que ces intérêts sont distants. L'on observe des réactions à cette tendance : s'il est naturel que la sympathie soit plus forte à l'égard des personnes plus proches de nous, il n'est rien concernant le sort fait à certains hommes par d'autres hommes à quoi l'on ne réagisse pas, ne serait-ce que par un phénomène de surcompensation à la distance qui nous en sépare. Mais la réaction la plus probable, selon Hume, est de considérer que si la morale formée à partir de la sympathie doit être cohérente, il faut que s'établisse une norme et que les esprits s'accordent sur ce qui mérite la sympathie et sur ce qui ne la mérite pas. Le danger souligné par Hume est que, dans ces conditions, la sympathie finisse par perdre de sa force initiale et limiter son influence au discours en permettant simplement aux hommes de faire des distinctions qui « servent [leurs] projets en compagnie, en chaire, au théâtre et dans les écoles »[157].

D'autres cas de figure sont possibles. Notre sympathie peut, à l'aide d'une adroite argumentation ou d'une démonstration véhémente de leurs désirs ou de leurs besoins, être captée par les personnes proches de nous de sorte que leurs intérêts s'imposent aux nôtres : « Nous négligeons notre propre intérêt dans nos jugements généraux et nous ne blâmons pas l'homme qui s'oppose à nous sur l'une de nos prétentions quand son intérêt est particulièrement en jeu. »[158] A l'inverse, même s'il peut, par calcul ou par sympathie, céder du terrain dans certaines circonstances, l'intérêt personnel peut, dans d'autres, reprendre le dessus : « Ma sympathie avec un autre homme peut me donner un sentiment de peine et de désapprobation, quand se présente un objet qui a tendance à lui donner un malaise ; et pourtant, je peux ne pas sacrifier volontiers quoi

---

156 *Ibid.* Dans un autre passage, Hume suppose qu'un homme dans sa « condition fruste et naturelle » (*Traité*, p. 596) ne comprendrait pas la réaction d'un homme qui, dans son état civilisé, rembourse une somme d'argent qui lui a été prêtée ou même s'abstient de la propriété d'autrui et en conclut que « le sens de la justice et de l'injustice n'est pas dérivé de la nature, mais qu'il naît artificiellement, bien que nécessairement, de l'éducation et des conventions humaines » (*ibid.*, p. 600). Cela pose évidemment le problème de l'influence de la civilisation sur la psychologie humaine et spécialement de la civilisation industrielle dans laquelle se développe la notion de propriété.

157 *Enquête sur les principes de la morale*, p. 139.

158 *Traité*, p. 708. p. 43

que ce soit de mon intérêt personnel ou rayer l'une de mes passions pour satisfaire cet homme. »[159] Il arrive cependant que l'intérêt privé s'oppose à l'intérêt public sans altérer le sentiment moral qui accompagne ce dernier : « Nous avons trouvé des cas dans lesquels l'intérêt privé était séparé de l'intérêt public, dans lesquels même il lui était contraire, et cependant nous constatons que le sentiment moral persiste, malgré la séparation des intérêts. »[160]

Malgré la pression morale exercée par la sympathie, ce qui rassemble les hommes est avant tout le sens de leur intérêt personnel, qui les conduit à mettre en place les institutions artificielles que sont la justice et le gouvernement, ce à quoi la sympathie seule ne saurait parvenir. Elle peut seulement alimenter ce fonds moral qui vient en soutien de la justice lorsque le pays est parvenu à un degré de développement supérieur.

La défense de l'intérêt, à laquelle il faut toujours revenir, engendre chez les hommes une double obligation, une obligation légale, fixée par la justice et le gouvernement et matérialisée par les punitions, et une obligation morale entretenue par la sympathie, qui nous pousse à éviter les désagréments causés par la vue et la pratique de l'injustice. Cette dernière obligation ne peut se substituer à celle que créent les punitions, du moins quand ces dernières sont possibles. Mais ces deux obligations présentent un trait commun. L'homme qui enfreint les règles de la justice s'expose à une punition qui provoque, outre ses effets physiques, un sentiment de culpabilité que l'on retrouve chez celui qui est sujet à une condamnation morale. C'est le moment de nous pencher sur un sentiment qui semble être à la racine de l'obligation et faire partie du bagage passionnel de l'homme en tant que celui-ci est déterminé par le principe de plaisir et de douleur. Bien qu'il se mêle à d'autres sentiments au sein du malaise qui naît de l'injustice[161], son action n'en est pas moins effective dans l'œuvre morale de Hume et pourrait être rattachée aux « ressorts secrets de la nature humaine »[162] auxquels l'auteur du *Traité* fait allusion et de façon plus apparente à l'humilité dont ce dernier souligne l'existence en tant qu'opposée à l'orgueil. Car il s'avère que c'est la crainte de ce sentiment qui fait, autant que la peine physique, reculer les

159 *Ibid.*, p. 712.
160 *Enquête sur les principes de la morale*, p. 128.
161 Il s'agit de l'injustice dont le sujet fait preuve mais aussi de l'injustice dont il est témoin, comme si, sous l'action de la sympathie, il se sentait coupable des actes d'autrui (ce point n'est pas développé par Hume mais pourrait se dégager de son analyse).
162 *Traité.*, p. 642.

hommes tentés d'accomplir des actions injustes et les pousse à remplir leurs obligations.

2. L'obligation morale

Chez Hume comme chez Hobbes et Locke, la philosophie de la connaissance conduit à une philosophie morale et politique. L'utilitarisme qui se fait jour à travers cette évolution se concrétise par l'attention apportée à l'intérêt public et à tout ce qui permet de le promouvoir, tout d'abord une mise en veilleuse des passions égoïstes puis une approbation morale fondée sur une sympathie avec cet intérêt et enfin et surtout l'usage de punitions créant une forte obligation par la crainte qu'elles engendrent. Leur usage n'était pas nouveau mais il était inévitable que l'utilitarisme le mette en avant dans la mesure où il repose sur le parti que l'on peut tirer d'une réaction naturelle dont Hobbes avait déjà fait un élément majeur de la conduite. Il revenait à Hume de montrer que d'autres sentiments peuvent dissuader les hommes de se porter atteinte mutuellement comme la culpabilité qui entoure la punition ou se manifeste à la seule pensée de faire mal en liaison avec la morale établie.

Il est vrai qu'une punition n'est pas indispensable pour engendrer un sentiment de culpabilité : un homme, s'il a un sens moral aiguisé, peut de lui-même avoir conscience d'avoir commis une faute dans l'exécution de ses devoirs personnels, familiaux ou sociaux, puis désapprouver sa propre conduite et en éprouver un sentiment de culpabilité, qui peut être également stimulé par la désapprobation manifestée par son entourage. Nous sommes ainsi amené, à la suite de Hume, à envisager l'obligation morale qui en résulte en donnant toute sa place à la culture développée par une société qui, en fonction de la sympathie qui les unit, pèse de tout son poids sur la conduite des hommes civilisés et remue des sentiments qui ont pour effet, aux côtés ou non des punitions, de nous dissuader de contrevenir aux règles que fixent et la nature et l'Etat.

A la racine de l'obligation morale, nous retrouvons donc des réactions morales de désapprobation alimentées par l'influence de l'entourage mais aussi par la sympathie avec les victimes d'actions injustes de telle façon que nous nous refusons d'être nous-mêmes la cause d'actions du même genre. Cette désapprobation mêlée de culpabilité est plus active que l'approbation dans ses effets sur le comportement, mais leur différence, que l'on constate sur un plan personnel et familial comme social, ne remet pas en cause le fait que désapprobation et approbation vont fondamentalement dans le même sens. L'approbation implicite d'une conduite vertueuse est contenue dans la désapprobation d'une conduite fautive comme la désapprobation implicite d'une mauvaise conduite l'est dans l'approbation d'une bonne. De plus, ce sont en général les mêmes personnes qui approuvent et désapprouvent. Et c'est finalement le sujet lui-même lorsqu'il regarde ce qu'il fait sous l'influence des sentiments d'autrui ou sous l'effet de son sens moral personnel.

Cette différence tient également à ce que l'approbation vient le plus souvent conforter l'auteur d'une action vertueuse une fois celle-ci effectuée, ce qui ne veut pas dire qu'elle ne l'incite pas à la faire pour en tirer précisément une légitime satisfaction. Cependant, qu'il s'agisse des actions qui procèdent de ce que la nature de l'homme a de bon et de vertueux ou de celles qu'il doit accomplir - ou se défendre d'accomplir - dans le cadre de la justice, c'est surtout la désapprobation qui précède une éventuelle négligence de ses devoirs naturels ou artificiels qui l'incite à les remplir dans la mesure où elle se mêle de déplaisir, de malaise et, comme tout le laisse penser, de culpabilité. Dans chaque cas, la conclusion de Hume est la même : « Quand une action ou une qualité de l'esprit nous plaît *d'une certaine manière*, nous disons qu'elle est vertueuse ; quand nous éprouvons un déplaisir *d'une manière analogue* à la négliger ou à ne pas l'accomplir, nous disons que nous sommes dans l'obligation de l'accomplir. »[163] Nous ajouterons que cela concerne moins les actes dictés par nos sentiments naturels que ceux dus aux contraintes de la vie civile, auxquelles on est souvent tenté d'échapper.

Quoi qu'il en soit, la vertu morale de l'action ne procède pas nécessairement d'une attention exclusive à cette vertu. C'est le plaisir particulier en forme d'approbation que ressent son auteur lorsqu'il répond aux demandes de ses sentiments naturels ou de son intérêt qui contribue à lui donner l'impression qu'il accomplit une action vertueuse. Et c'est le déplaisir, le malaise ou la culpabilité mêlés de désapprobation qui le saisissent à l'idée de négliger ce genre d'action et le poussent à l'effectuer. Hume va préciser cela.

Il peut y avoir à la base d'une action des sentiments naturels comme l'amour pour les siens ou la bienveillance pour ses amis. Or, cette action

---

[163] *Ibid.*, p. 636. Ce que J. Plamenatz, distinguant ces deux genres de situation, commente en ces termes : « Le caractère obligatoire d'une action, selon Hume, ne tient à rien d'autre qu'au fait que l'idée de ne pas l'accomplir, quand nous en sommes capables, produit en nous un déplaisir en forme de désapprobation. Ainsi, obligatoriété et rectitude ne sont pas, pour Hume, la même chose. Quand j'approuve l'exécution d'une action, je déclare celle-ci juste ; quand je désapprouve sa non-exécution, je dis que son agent éventuel, moi-même ou quelqu'un d'autre, est dans l'obligation de l'exécuter. Et quand l'action est une de celles que je peux exécuter, le fait que je désapprouve sa non-exécution est un motif pour l'exécuter » (*The English Utilitarians*, p. 26).

apparaît comme vertueuse au regard que l'on porte sur elle et au plaisir qu'elle nous apporte, mais sans que ce genre de considération en soit la cause : « Le premier motif vertueux, qui confère un mérite à une action, ne peut jamais être que cette action a une vertu intrinsèque ; mais qu'il doit être quelque autre motif ou principe naturel. Admettre que le fait de considérer une action comme vertueuse puisse être le premier motif qui produise l'action et la rende vertueuse, c'est raisonner en cercle. »[164] Cependant, le refus de remplir ce qui peut être considéré comme une obligation naturelle peut être l'objet, sinon de sanctions légales, du moins d'une condamnation de l'entourage ou d'un sentiment de haine contre soi-même qui est comme une auto-condamnation et engendre une forme de culpabilité qui peut pousser un homme à s'y résoudre : « Quand un motif ou principe vertueux est courant dans la nature humaine, une personne qui sent son cœur dénué de ce motif, peut se haïr pour cette raison et peut accomplir l'action sans en avoir le motif, sous l'effet d'un certain sens du devoir, pour acquérir par la pratique ce principe vertueux, ou, du moins, pour s'en déguiser l'absence dans la mesure du possible »[165]. Il ne s'agit en aucun cas du type d'actions faites « par devoir » dans le sens où celui-ci, d'après Kant, exige une négation de tout motif d'ordre affectif[166] : Hume se refuse à éliminer les sources affectives et passionnelles, par ailleurs confortées par l'habitude, du comportement qui s'avère après coup conforme au devoir.

Les mêmes sentiments peuvent accompagner, chez les hommes désireux de former une société politique pour éviter les désordres de l'état de nature, l'exécution d'une autre forme de devoir issu du raisonnement dicté par leur intérêt et consistant à suivre les règles de justice et à se plier au gouvernement chargé de les faire respecter, démarche qui peut être dite artificielle bien qu'elle soit, pour Hume, naturelle dans la mesure où elle est commune parmi les hommes et exprime la nécessité de satisfaire en toute sécurité aux besoins matériels de la vie. L'accomplissement des actions concernées entraîne un plaisir d'approbation qui renforce le plaisir matériel dû à leur utilité concrète. En même temps, il faut tenir compte de l'existence, dans toute société civile, de châtiments physiques qui renforcent le déplaisir et la culpabilité de ceux qui sont tentés de transgresser les règles et les dissuadent effectivement de le faire.

Les devoirs qui résultent de toutes ces influences peuvent, dans une première approche, apparaître comme « négatifs ». Il ne faut pas

---

164 *Ibid.*, p. 594.

165 *Ibid.*, p. 595.

166 *Fondements de la métaphysique des mœurs*, Paris : Delagrave, [1785-] 1978, pp. 94-98.

transgresser les règles, il faut éviter de porter tort à autrui, s'abstenir de pratiquer quelque forme d'injustice que ce soit et empêcher les autres de le faire. Si nous ne le faisons pas, il s'ensuit une punition et une culpabilisation. Notre intérêt personnel nous a poussés à installer la justice et une sympathie avec l'intérêt public s'est développée qui nous porte à désapprouver et culpabiliser toute transgression avant d'adopter la conduite conforme aux règles qui recueillera après coup une approbation. En ce qui concerne l'enjeu dont il est question, la paix publique, le raisonnement de Hume est inchangé : ce n'est pas le plaisir de l'approbation qui est le véritable motif de la retenue qu'exige le respect des règles civiles mais le « déplaisir » ou désagrément, nous dirons le sentiment de culpabilité[167] alimenté en partie par le fonds moral du sujet, en partie par les punitions que celui-ci éprouve à l'idée de les transgresser.

En réalité, la désapprobation qui est à la base de l'obligation morale peut entraîner deux types de réactions : elle peut produire chez le sujet, ainsi qu'on vient de le voir, la résolution de s'abstenir de toute action répréhensible. Mais si celui-ci s'est abstenu ou a l'intention de s'abstenir d'une action juste, elle peut le pousser à l'accomplir dans la mesure où il en est capable. Dans tous les cas, la crainte de la douleur associée à une punition reste une cause majeure de l'action.

Cependant, lorsque la punition est matériellement impossible, la désapprobation et la culpabilisation qui l'accompagnent habituellement peuvent s'y substituer et opérer seules en témoignant d'une sorte de surcompensation (car c'est souvent ainsi que fonctionne la morale, à savoir quand une action physique est impossible). Il faut ranger dans cette catégorie les condamnations de l'opinion[168] : la culpabilisation qu'elles provoquent peut être une arme redoutable, plus redoutable même que la punition dans la formation du caractère individuel si l'on considère qu'elle la précède, l'accompagne et lui survit, et peut aller jusqu'à pousser le sujet à se punir lui-même.

Les gouvernants et les éducateurs, pour assurer l'ordre public, se fondent quant à eux sur la crainte qu'inspirent les punitions dans leur dimension physique et morale, en accord avec une opinion qu'ils ont façonnée dans une large mesure. En même temps que des appels sont faits à l'honnêteté et à l'intégrité, la culpabilité procédant de la non-observation des règles est imprimée sur les esprits par les autorités familiales, sociales et politiques auxquelles se joignent, dans certaines

---

[167] *Ibid.*, p. 587.

[168] L'effet de la réputation sur la conduite a déjà été souligné par Hobbes et par Locke.

conditions, les autorités religieuses pour montrer que les conséquences de leurs fautes peuvent valoir aux hommes un châtiment éternel : nous retrouvons les notions de bien et de mal qui, pour Locke, étaient définies par la loi de nature voulue par Dieu, puis par la loi civile et la loi de l'opinion qui s'en réclament. Pour Hume, la loi de nature reste également une référence incontournable, mais en tant que celle-ci est entendue sans sa filiation divine et dans le seul sens où elle concerne les règles inventées par les hommes pour vivre en paix en société et profiter de ses avantages : stabilité de la possession, transfert de la propriété par consentement et observation des promesses[169]. C'est la loi, en quelque sorte, de leur intérêt, naturelle parce que commune à l'espèce humaine et renforcée par la morale pour diriger désapprobation, déplaisir et finalement culpabilité sur les actions préjudiciables à la paix et au bonheur dans la société civile.

Il ne peut être contesté qu'un individu ait pour souci primordial de se maintenir en vie en mettant à l'abri des atteintes d'autrui sa personne et ses biens, et que ce souci se présente à certains égards comme un devoir. Il nous faut exécuter les actions que nous dictent les passions centrées sur notre conservation et notre bien-être modifiées dans le sens de nos intérêts. Cependant, une question se pose : les devoirs naturels que l'on a envers soi-même ne risquent-ils pas, dans certaines circonstances, de s'opposer aux devoirs civiques que l'on a envers la société ? Hume a observé qu'un homme accorde la plus grande attention à lui-même, à sa famille et à ses amis et la plus faible aux étrangers et que, s'il déroge à cette hiérarchie de sentiments et d'actions et ne remplit pas les devoirs qu'elle suppose, il éprouvera une forme de malaise proche de la culpabilité. Mais il éprouvera un malaise et une culpabilité d'un autre ordre s'il ne réagit pas contre les excès de cette partialité et n'observe pas les lois établies en vue du bien de la communauté civile à laquelle il appartient et dont le sien propre comme celui de ses proches procède, de sorte qu'il peut y avoir discordance entre les devoirs personnels et familiaux et ceux de la vie publique. Il peut même y avoir une culpabilité à préférer les premiers nommés.

Un autre problème que nous a découvert l'étude de la civilisation est que les barrières juridiques instituées par la société civile et renforcées par la morale peuvent perturber les sources d'action personnelles, provoquer des réactions psychologiques indésirables de passivité ou d'agressivité et dissuader, d'une façon ou de l'autre, les hommes

[169] *Ibid.*, p. 601, p. 639.

d'accomplir leurs devoirs civiques[170]. Mais Hume, comme Hobbes, comme Locke, est surtout sensible aux bienfaits de la formation de la société civilisée - à son utilité - et au plaisir que les hommes en retirent, véritable test de la morale utilitariste, tout au moins chez le plus grand nombre. Et en cela, la conduite d'un individu s'accorde à ce qu'en attendent les autres.

Il y a cependant un domaine où certaines aptitudes naturelles, utiles ou agréables à leur possesseur[171], lui font en quelque sorte obligation de les cultiver pour le plaisir personnel qu'elles lui apportent et que peuvent partager les membres de leur entourage tout en cherchant eux aussi à les développer. A l'inverse, s'il s'agit d'inaptitudes ou de défauts naturels, ces derniers, à la suite du malaise ou de la culpabilité qu'ils éprouvent à leur vue, sont tentés de les corriger et même de punir ceux qui en sont affligés. Il semblerait ici que la désapprobation morale déborde la règle de l'utilité qu'elle est censée renforcer et produise ses effets à la façon d'une réaction instinctive enracinée dans la nature de l'homme. De toute façon, il reste difficile, sinon vain, de vouloir modifier en profondeur qualités et défauts naturels.

Il n'en est pas de même pour les qualités et les défauts d'ordre moral, d'autant plus que ceux-ci produisent des actions qui ont un effet direct sur un environnement qui peut inclure toutes les personnes faisant partie de la même communauté nationale et retentissent favorablement ou défavorablement sur leurs intérêts. Dans ce cas, les responsables peuvent et même doivent, comme nous l'avons vu, intervenir pour modifier leurs répercussions : « On a observé que bien que les aptitudes naturelles et les qualités morales soient dans l'ensemble à égalité, il y a toutefois entre elles cette différence que les premières sont presque invariables par l'art et l'application ; mais que les secondes, ou du moins les actions qui en procèdent, peuvent être changées par les motifs de récompense et de punition, par la louange et par le blâme. »[172]

En fait, depuis que des sociétés politiques existent, ces instruments que sont récompenses et punitions sont aux mains des autorités politiques en place. Dans les sociétés civilisées, ces dernières sont censées en faire usage dans l'intérêt général. En même temps, une action destinée à inculquer les valeurs civiques et morales aux gouvernés est exercée. La

---

170 A l'époque de Hume, l'étude en profondeur de ces réactions est encore à venir (voir Freud, *Malaise dans la civilisation*, trad. C. & J. Odier, Paris : P.U.F., [1929-] 1971.).

171 *Traité*, pp. 734-742. Voir également les chapitres « Des qualités utiles à leur possesseur », *Enquête sur les principes de la morale*, pp.143-162 et « Des qualités agréables à leur possesseur », *ibid.*, pp.163-174.

172 *Traité*, p. 737.

morale utilitariste se fait l'avocate de ces méthodes en soulignant leur effet sur la paix et le bonheur de la société qui, dans son ensemble ou à travers sa fraction dominante s'en fait l'alliée et exerce à son tour sa propre influence. Finalement il se produit une sorte de conditionnement social qui, dans le cadre national, indique aux hommes quels sont leurs devoirs[173].

Nous avons mis en évidence un sentiment que provoquent désapprobation et punition et qui contribue à leur effet dissuasif ; ce sentiment, que l'on peut reconnaître à travers le déshonneur ou le blâme qui frappent les auteurs d'actes d'injustice et de désobéissance, est la culpabilité dont la présence, après avoir longtemps constitué le fond de la conscience religieuse du chrétien marqué par la Chute et de la conscience morale qui l'a accompagnée, nous a été rendue familière en tant que donnée psychologique par des recherches récentes. Outre sa répercussion dans sa théorie de la formation et de l'application des règles de justice, Hume fait généralement état de la culpabilité sous la forme de l'« humilité » opposée à l'orgueil, et considère que ces deux sentiments, qui sont une espèce de plaisir et de douleur, orientent dans nombre de ses aspects le comportement des hommes en société à tel point qu'il les a placés en tête de son analyse des passions dans le livre II du *Traité*. C'est le moment de nous pencher tout particulièrement sur ces sentiments et, compte tenu de leur effet sur le comportement, de voir avec Hume à quel choix de société ils peuvent conduire.

3. L'orgueil et l'humilité

Alors que le désir et l'aversion sont des passions « directes », l'orgueil et l'humilité sont des passions « indirectes », par lesquelles Hume entend des passions qui, tout en étant déclenchées par une diversité de causes, ont un même objet : « Cet objet c'est le moi. »[174] Mais s'ils sont centrés sur le moi en raison de la constitution première de l'esprit et reflètent l'idée plus ou moins avantageuse qu'un homme se fait de lui-même, ces deux sentiments ont tendance à se développer en la présence d'autres personnes et sont liés à l'idée qu'elles se font de lui et expriment par un jugement en forme d'approbation et de louange ou de désapprobation et de mépris. Ils sont finalement liés à sa réputation[175], comme Hobbes l'avait montré en ce qui concerne la fierté et la gloire. Ce qu'ajoute Hume

---

173 *Cf.* B. Wand, « Hume's Account of Obligation », *in* : *Hume*, Londres : Macmillan, 1968, p. 323.
174 *Traité*, p 376.
175 *Ibid.*, p. 619.

est que la sensibilité au regard et à l'opinion d'autrui suppose l'existence d'un cadre social en dehors duquel les sentiments ne pourraient se manifester comme ils le font, et cela est dû à l'influence de la sympathie entendue comme principe de relation intersubjective : « Nous ne pouvons former aucun désir qui ne se réfère pas à la société » [...]. Quelles que soient les autres passions qui nous animent, orgueil, ambition, avarice, curiosité, désir de vengeance, leur âme, le principe de toutes, c'est la sympathie. »[176]

Le point de vue de Hume sur la nature de l'orgueil et de l'humilité lui permet de rendre compte des comportements observés chez les hommes d'une manière neuve et originale et de renverser les appréciations morales d'origine religieuse ou populaire courantes dans la société de son temps et même encore aujourd'hui. Malgré quelques réserves, l'orgueil se présente comme un sentiment dont la présence provoque un plaisir de bon aloi et l'humilité comme un sentiment pénible et désagréable[177], proche de la honte et du remords[178] et, comme tout le laisse penser, de la culpabilité.

Hume s'aperçoit que ces sentiments peuvent avoir des sources à la fois matérielles et morales : « Sans doute il peut y avoir des gens qui, accoutumés au style des écoles et de la chaire, n'ont jamais considéré la nature humaine sous un autre jour que celui où *elles* la mettent ; ceux-là peuvent ici se trouver surpris de m'entendre parler de la vertu comme d'une source d'orgueil, qu'ils envisagent comme un vice ; et du vice comme d'une cause d'humilité, qu'on leur a appris à considérer comme une vertu. Mais, pour ne pas discuter sur les mots, je remarque que, par *orgueil*, j'entends cette impression agréable qui naît dans l'esprit quand la vue de notre vertu, de notre beauté, de nos richesses ou de notre pouvoir nous rend contents de nous-mêmes : et que, par *humilité*, je désigne l'impression contraire. »[179]

A vrai dire, l'humilité n'est pas tout à fait la culpabilité. Nous avons évoqué les circonstances dans lesquelles celle-ci est rattachée à la punition d'actes contrevenant aux règles dans ses effets matériels et moraux. Mais l'humilité elle-même est liée à ces mêmes effets, pauvreté, misère, sentiment de déchéance et finalement de culpabilité dans la

[176] *Ibid.*, p. 467.

[177] « L'orgueil est une sensation agréable, et l'humilité une sensation pénible » (*Traité*, p. 385) ; « La sensation d'orgueil est agréable, comme la sensation d'humilité est pénible » (*ibid.*, p. 388).

[178] *Traité*, pp.402-03.

[179] *Ibid.*, p. 397.

mesure où pauvreté et misère sont considérées comme la punition du vice.

La vertu dont la pratique est une source d'orgueil peut être aussi rattachée à ses effets matériels. Comme Locke l'avait admis, tout en se plaçant d'un point de vue religieux[180], la pratique de la vertu bien qu'elle ne soit pas exempte de sacrifices, peut conduire à un bonheur temporel fait en grande partie de sécurité. Ce qui était une possibilité pour lui devient une nécessité pour Hume. Il n'y a de vertu à suivre des règles que pour le bénéfice que l'on en tire et en premier lieu la paix dans la société civile, de sorte que l'orgueil qui accompagne cet exercice peut être vu comme « une passion sociale et un principe d'union entre les hommes »[181]. Ces règles sont également celles qui permettent aux hommes de se lancer sans crainte dans des poursuites économiques dont le succès retombe à la fois sur eux et sur toute la communauté. En fait, c'est la réussite matérielle accompagnée d'orgueil que les moralistes utilitaristes voudront voir comme la véritable récompense de la vertu et la misère accompagnée de culpabilité comme la punition d'un manquement aux règles dont l'intérêt ou l'humanité a fait obligation aux hommes et comme susceptible d'entraîner toute nouvelle punition.

Cette morale peut cependant être contournée à cause de la facilité avec laquelle les hommes se laissent impressionner par les apparences. Ainsi, il est supposé que la vertu consistant à respecter les règles est toujours récompensée alors que c'est souvent en tournant les règles que l'on peut obtenir plus de pouvoir ou plus de richesse tout en se donnant la réputation de les suivre, chose qui a été signalée par Hobbes mais pas par « le bon David » et tient précisément à l'importance des apparences dans le regard porté sur la conduite, qui pourtant a été signalé par ce dernier auteur comme étant à l'origine de la morale[182] alors que la réflexion qui en corrigerait les effets nécessite un recul dont le spectateur n'est pas toujours capable et qu'il faudra attendre des années après Hume pour que cette morale incarnée par les classes dominantes, puisque c'est d'elle qu'il s'agit, soit mise en question.

C'est ici qu'intervient le pouvoir qui consiste, en vue de se procurer quelque bien, à posséder les moyens d'exercer une diversité d'actions sur les choses ou sur les hommes et, inversement, de ne pas être atteint par celles qui pourraient s'avérer préjudiciables sur un plan physique ou moral. Ce pouvoir culmine dans la possibilité de faire la loi et de dicter la

180 *Cf. supra.*

181 *Traité*, p. 609.

182 Hume précise qu'un homme ne retire un véritable plaisir de sa réputation que si elle n'est pas usurpée (*Traité*, p. 422).

morale que l'on constate chez le souverain de Hobbes comme chez tous les hommes ou toutes les classes que la constitution d'un pays met dans une situation de pouvoir telle qu'elle les immunise contre les punitions et des condamnations qu'ils infligent aux autres.

Il est certain que le pouvoir est une source d'orgueil qui peut s'opposer à la vertu, si ce n'est que ceux qui en disposent semblent vouloir tout faire pour mettre la vertu de leur côté. Telle est la justification morale de l'absolutisme du souverain de Hobbes, dont la vertu affichée consiste à ne se plier à aucune loi autre que la loi de la raison - ou loi de nature - alors que la vérification de la ligne adoptée tarde à se faire sentir ou ne le fait jamais. Au contraire, la raison devenue raison d'Etat peut permettre au souverain de poursuivre tranquillement l'intérêt qu'il a à maintenir ou renforcer son pouvoir tout en étant peu regardant sur les moyens employés, à l'exemple du Prince de Machiavel. Hobbes se refuse à envisager cette éventualité mais seulement dans la mesure où le souverain, ayant écouté ses leçons, pourra faire entendre son message auprès de ses sujets qui, en réponse, lui témoigneront d'une obéissance absolue. Il sera néanmoins préférable d'en écarter le risque dans la monarchie constitutionnelle proposée par Locke et, à plus forte raison, dans la démocratie moderne où les gouvernants seront tenus de se soumettre aux mêmes règles que les gouvernés, bien qu'il leur soit possible, là encore, d'exercer leurs prérogatives ou, par une habile politique, de faire en sorte que les règles leur soient favorables comme à la majorité sur laquelle repose leur pouvoir, ce sur quoi J.-J. Rousseau en France pour des raisons d'égalité, Bentham et J.-S. Mill en Angleterre pour des raisons d'utilité mettront les citoyens en garde. Cependant l'on peut supposer que l'orgueil attaché à la possession du pouvoir incitera toujours les hommes à le rechercher, même avec excès, sans avoir à franchir les bornes de la légalité, qu'il s'agisse des gouvernants ou des gouvernés dès que ces derniers auront les moyens de faire la loi et d'en célébrer le bien-fondé.

La forme d'orgueil la plus importante selon Hume naît donc, sinon de la richesse que l'on possède (quelle que soit la façon dont elle a été acquise), mais de celle qui, dans les sociétés ayant atteint un certain degré de civilisation, est devenue propriété sanctionnée et garantie par la loi : « La relation qu'on estime la plus étroite et qui, de toutes les autres, produit le plus communément la passion de l'orgueil, c'est celle de *propriété*. »[183] A vrai dire, celle-ci permet d'étaler aux yeux du monde ce qui en constitue la matière, la richesse, que Hume considère comme

183 *Traité*, p. 410.

étant « le pouvoir d'acquérir la propriété de ce qui nous plaît »[184]. Selon cette formulation, il apparaît que la richesse, dont il n'est rien dit des origines, ne peut véritablement exercer ses effets que si elle se convertit en propriété, c'est-à-dire acquiert un statut légal. En même temps, l'on peut supposer que son pouvoir se prolonge de cette manière tout comme le sentiment d'orgueil qui l'accompagne.

De ce point de vue, il n'y a aucune gêne à être fier de ce que l'on possède. L'individu qui recherche la richesse le fait pour l'orgueil qu'elle lui vaut mais aussi pour la satisfaction sans doute plus importante d'écarter l'humilité ou la culpabilité qui naissent de la misère et se situent, à cet égard, dans une perspective économique, comme cela apparaît dans les divers exemples que l'auteur du *Traité* donne de chacune de ces situations[185].

L'inégalité de la propriété, que sanctionne aussi la loi, ne diminue en rien le sentiment d'orgueil que l'on en tire, bien au contraire. Mais au fond, cet orgueil n'est qu'un genre particulier du plaisir ou du bonheur que procure la possession d'une richesse supérieure à celle d'autrui, étant donné que ce qui compte le plus dans le plaisir ou la douleur qu'un homme tire de l'évaluation de sa situation matérielle est une comparaison avec la situation d'autrui : « Nous jugeons des objets plus par comparaison que d'après leur valeur réelle et intrinsèque »[186], observe Hume. Le fond de cette relation est une opposition ou une « contrariété »[187] qui est une source de connaissance. Ainsi « un riche sent mieux la félicité de sa condition s'il l'oppose à celle d'un mendiant »[188] ; dans le même temps, ce dernier a un sentiment plus vif de sa misère. Aussi voit-on les hommes, malgré l'intérêt qu'ils ont à vivre en paix et en harmonie, chercher à se distinguer les uns des autres et manifester, sur le plan social et économique dans la société civilisée régie par des lois censées contribuer à les unir, esprit de concurrence et de compétition, ambition et, dans des cas extrêmes, envie et méchanceté[189], bien que cette tendance soit limitée par le souci, dont la morale utilitariste se fait l'écho, de respecter des règles dont tous sont censés profiter.

---

184 *Ibid.*, p. 412.

185 *Ibid.*, p. 408, p. 416, p. 466.

186 *Ibid.*, p. 491.

187 *Ibid.*, p. 142.

188 *Ibid.*, p. 417.

189 L'envie naît d'une situation d'infériorité, la méchanceté du désir d'y mettre fin ou simplement de mettre la personne avec laquelle on se compare en état d'infériorité (*Traité*, p. 482).

Ce souci, nous l'avons vu, s'appuie finalement sur une sympathie avec l'intérêt public, alors que la comparaison avec autrui semble aller dans un sens contraire. Pour expliquer cette opposition, Hume examine les réactions éprouvées par les hommes devant le plaisir ou la douleur d'autrui. S'il est possible de partager le plaisir ou la douleur d'autrui, la comparaison, qui implique un retour sur soi-même, est propice à la naissance de sentiments directement contraires à ceux d'autrui. Hume explique ce mécanisme, qui se produit en deux temps, de la façon suivante : « Un objet nous fait toujours recevoir d'un autre, auquel nous le comparons, une sensation contraire à celle qui naît d'elle-même dans une vue directe et immédiate. La vue directe du plaisir d'autrui nous procure naturellement du plaisir ; par suite elle produit une douleur quand nous le comparons au nôtre. Sa douleur, considérée en elle-même, est pénible ; mais elle augmente l'idée de notre propre bonheur et nous procure un plaisir. »[190]

La comparaison tend ainsi à favoriser, dans les domaines du pouvoir et de la richesse où ils se manifestent électivement, des sentiments égocentriques qui peuvent dresser les hommes les uns contre les autres mais ne peuvent en aucun cas les pousser à franchir les limites que la loi a fixées à leur ambition ou à leur avidité en les obligeant à respecter leurs propriétés et en assurant de cette manière la paix civile : il reviendra aux moralistes et aux hommes d'Etat de maintenir leur opération dans ces limites tout en leur permettant, à travers la concurrence ou l'émulation, de jouer un rôle social positif dont la pensée libérale teintée d'utilitarisme présente chez Hume donnera le modèle.

L'intérêt qu'ont les hommes à se soumettre aux lois de la justice et à obéir au gouvernement, la morale qui accompagne l'action de ces institutions renvoient donc à ce qui semble être au cœur du processus de la civilisation, la propriété. A cet égard, à côté de la sécurité morale et physique que la propriété représente, de l'orgueil qu'elle fait naître, l'on doit aussi tenir compte de l'élan et de la motivation qu'elle communique aux hommes en vue de la production des biens matériels qui leur permettront d'accéder à une vie meilleure.

Une condition s'impose néanmoins : si l'on veut préserver l'existence de la propriété, l'observation des règles de justice qui en déterminent la répartition ne doit pas souffrir d'exception. Il est vrai que l'inégalité de la propriété, sanctionnée elle aussi par la loi, est une question cruciale sur le plan socio-économique qui est évoquée par Hume en des termes sur lesquels nous reviendrons, mais ne représente pas à ses yeux le fond du

[190] *Ibid.*, p. 720.

problème. Même les exemples particulièrement immoraux d'une mauvaise distribution de la propriété que cite l'auteur du *Traité* doivent être dépassés dans la mesure où les inconvénients qu'ils représentent sont moindres que les avantages généraux de l'application de la loi qui sont l'objectif recherché : « Les juges prennent au pauvre pour donne au riche ; ils attribuent au débauché le fruit du travail du laborieux ; ils mettent dans les mains des vicieux les moyens de nuire à eux-mêmes et aux autres. Pourtant tout le système des lois et de la justice est avantageux pour la société. »[191]

A côté des rapports pacifiés succédant aux désordres de l'état de nature, les avantages de la propriété régie par des lois se font précisément sentir dans le domaine économique. En effet, la certitude de pouvoir disposer en toute sécurité de ses biens présents et de ceux que l'on peut acquérir ne peut que stimuler l'activité de production de la richesse. Dans le cadre de la loi et sous l'autorité du gouvernement - et même de la morale -, la « passion de l'intérêt personnel » qui se développe au XVIIIe siècle peut s'exercer sans mettre la société en péril, tout au contraire, en lui bénéficiant. En même temps, l'orgueil que produisent les résultats ou simplement la poursuite d'une activité qui met en évidence toutes les capacités de son auteur peut contribuer à son succès et être valorisé dans une perspective utilitariste. Toutes ces circonstances nous amènent à examiner de plus près une activité qui retentit sur le bonheur général tout en procurant un plaisir particulier à ses auteurs lorsqu'elle est menée dans des conditions adéquates, et que, toujours en accord avec une perspective utilitariste tournée vers la certitude, ils peuvent être mesurés.

VI. LA PENSEE ECONOMIQUE DE HUME

1. Une anthropologie économique

Même si elle se contente de transparaître à travers l'analyse que fait Hume de la justice et du gouvernement, la question qui révélatrice du véritable sens de la morale utilitariste est celle de l'importance de l'activité économique et de son incidence sur le bonheur humain. Sur cette question, l'utilité n'est plus dans l'artifice bien que Hume ait montré que l'artifice, à travers l'institution de la justice, rejoint une préoccupation naturelle ; elle est dans une activité qu'il nous invite en premier lieu à situer dans une perspective anthropologique en tant qu'elle procède

---

191 *Ibid.*, p. 705.

d'une tendance générale de l'homme à l'activité qui, alternant avec des intervalles nécessaires de repos, prend plusieurs formes[192] mais se rapporte en dernier lieu à la survie de l'espèce et de l'individu. Cette activité d'ordre économique, faisant suite à celle des chercheurs et des inventeurs, s'est développée dans les régions occidentales de l'Europe et tout particulièrement en Angleterre sous l'effet de l'évolution sociale, de l'éducation et des mœurs. Elle s'est orientée, pour des raisons tenant aux perspectives de richesse qu'elle offrait aux individus et aux nations comme à l'orgueil lié à son succès et à la culpabilité attachée à la misère, vers la possession des moyens permettant d'en améliorer les fruits. Mais il convient tout d'abord de s'en tenir aux facteurs naturels de cette activité et, à cet égard, de prendre en considération le plaisir qui l'accompagne et qui est au fondement de toute activité, plaisir de la poursuite et plaisir de la récompense ainsi que la peine qui peut lui être attachée mais ne fait que donner du prix à ses résultats.

Toute activité, selon Hume, recèle en elle-même un plaisir qui éloigne l'homme de ce qui peut lui rappeler la mort, léthargie, mélancolie, repos absolu[193], bien que cette activité puisse être dépourvue de toute finalité utilitaire. Le plaisir se fortifie cependant de son utilité, comme on le voit dans la chasse et dans la recherche de la vérité, et plus communément dans la passion du gain dont son époque lui donne l'illustration. Le philosophe du XVIIIe siècle met en scène des hommes qui cherchent à meubler une forme d'ennui ou d'oisiveté par une activité qui prend diverses formes et finalement une forme économique. Ces hommes sont ceux de l'époque annoncée par Hobbes où le goût pour le commerce et, de manière générale, pour les affaires le dispute à celui des armes : « L'esprit humain ne connaît pas de soif, d'exigence plus constante ni plus insatiable que d'être exercé et employé ; et ce désir semble être le fondement de la plupart de nos passions et de nos entreprises. Privez un homme de toute affaire et de toute occupation sérieuse, il court sans repos d'un divertissement à l'autre ; et si grande est l'oppression que fait peser sur lui l'oisiveté, qu'il en oublie la ruine où l'entraînent nécessairement ses dépenses immodérées. Donnez-lui un moyen plus innocent d'employer son esprit ou son corps, il est satisfait et n'éprouve plus cette soif insatiable de plaisir. Mais si l'emploi que vous lui procurez est lucratif, et si surtout le profit suit chaque exercice particulier de l'activité, le gain se présente si souvent à ses yeux que, par degrés, il se

[192] Le jeu, la chasse, la recherche de la vérité en sont d'autres.
[193] « De la tragédie », *Essais et traités*, p. 257.

passionne pour lui et en vient à ne pas connaître de plus grand plaisir que de voir sa fortune augmenter chaque jour. »[194]

Il s'agit d'un genre de plaisir qui n'est pas celui de l'homme qui crée une œuvre et se reconnaît en elle : la mentalité d'accumulation s'inscrit dans une perspective ludique qui tend, semble-t-il, à la déculpabiliser et pourra être, mais pas nécessairement, à l'origine de grosses fortunes. Car selon Hume, il suffit, pour que l'activité économique soit menée avec plaisir, que des gains modérés alimentent et soutiennent l'attention, ce qui pourrait expliquer que l'économie soit restée longtemps artisanale et même n'ait pas cédé, dans les premières phases du capitalisme, à la tentation du profit à tout prix[195]. Dans le cas de cette activité, cependant, des excès sont possibles lorsque les moyens dont disposent ses auteurs, grâce aux progrès de la science et de la technique, leur permettent d'en multiplier les fruits au point de se prendre au jeu et de laisser libre cours à « l'avarice, qui est le désir du gain »[196]. A ce moment, cette passion n'est plus seulement inspirée par le désir de mettre fin à l'ennui mais par le pouvoir et l'orgueil que la richesse matérielle et l'argent qui en est l'expression dans la société monétarisée confèrent à son possesseur en liaison avec la peur culpabilisante de la pauvreté. S'il fallait de toute façon un prétexte pour innocenter l'accumulation de la monnaie, Locke l'a fourni en déclarant que, parmi toutes les marchandises, l'argent ne se gâte pas. Mais ce qui est véritablement en jeu dans la possession de l'argent est la passion du pouvoir, jusque chez l'avare qui en donne une image pervertie en se contentant de sa virtualité[197].

Certes, pour Hume, l'argent reste un instrument qui n'a qu'une valeur de représentation[198] et de signe : telle est son utilité, comme celle du langage. Mais cela ne l'empêche pas d'être recherché avec excès au titre des potentialités dont tout moyen est riche, en liaison dans le cas présent avec l'introduction du papier-monnaie. Si Hume admet que la monnaie métallique a des avantages tenant à ses qualités de dureté, d'inaltérabilité et de divisibilité, il n'est pas hostile à l'usage du papier-monnaie, loue même la facilité de sa circulation et ses plus grandes possibilités en matière de crédit[199] mais s'élève, en fonction du risque de voir sa quantité

---

194 « De l'intérêt », *Discours politiques*, p. 52.

195 Voir M. Weber, *L'éthique protestante et l'esprit du capitalisme*, pp. 68-70.

196 « De l'origine et du progrès des arts et des sciences », *Essais et Traités*, p. 168.

197 *Ibid.*, p. 415.

198 « Il est évident que la monnaie n'est rien d'autre que la représentation du travail et des marchandises et qu'elle sert seulement de moyen pour les tarifer ou les évaluer » (« De l'argent », *Discours politiques*, p. 37).

199 « De la balance du commerce », *Discours politiques*, p. 67.

augmenter de façon disproportionnée (illustré par l'échec de la tentative de Law), contre la facilité de son émission qui doit être réservée à la banque d'Angleterre.

Finalement, même s'il regrette que le papier-monnaie chasse les devises métalliques et prive l'Etat de l'avantage qu'elles présentaient dans les guerres et les négociations, Hume croit que son sage emploi peut favoriser l'accroissement de l'industrie. En fait, dans la société de son époque, le pouvoir de l'argent n'a cessé de grandir avec l'orientation capitaliste de l'industrie et du commerce et des opérations financières qu'elle commande. Cependant, Hume n'est pas pour autant un fervent défenseur de ce capitalisme rationnel à la recherche systématique du pouvoir de l'argent. Sans être l'ennemi du luxe[200], ce que l'auteur soucieux d'utilité assigne pour but à l'exercice de l'activité économique est le confort et le bien-être qui peut échoir aux classes moyennes avant de toucher le plus grand nombre. L'argent, dans cette perspective, a trait aux « plaisirs et commodités de la vie »[201] dont la poursuite et l'obtention traduisent, certes, un idéal bourgeois qui peut être l'objet de jugements divers mais, plus profondément, représentent l'aboutissement social et moralement satisfaisant d'efforts trop longtemps contrariés par des luttes qui avaient mis au premier plan l'honneur de la victoire ou par des jugements d'origine religieuse qui avaient tenu l'activité économique pour inférieure et dangereuse et obscurci ou retardé la prise de conscience des avantages concrets que les hommes pouvaient en tirer. Car ce bien-être matériel pouvait être l'occasion de nouvelle poursuites scientifiques et de nouvelles avancées culturelles.

Pour asseoir ce mouvement, il fallait néanmoins qu'une nouvelle morale soustraie la notion de plaisir aux condamnations dont elle était l'objet de la part de l'Eglise et puisse l'associer à la richesse en faisant de celle-ci le résultat légitime de l'activité économique. Ainsi ancrée dans la nature profonde de l'homme, l'activité économique, dans une société qui avançait sur la voie du progrès scientifique et technique, allait peu à peu gagner en autorité et en régularité et finir par conférer à cette société une cohérence et une rationalité déjà en marche dans l'image que Hobbes et Locke en donnaient.

De plus, aux côtés du plaisir tenant à la poursuite de quelque activité, Hume, dans son analyse anthropologique, n'oublie pas la peine qu'elle occasionne et affirme que le plaisir ne lui est pas incompatible, au

---

200 « Du raffinement dans les arts », *ibid.*, p. 25.

201 *Traité*, p. 412.

contraire, qu'il n'y a pas de plaisir sans peine[202], tout spécialement dans le cas de l'activité économique qui ne produit ses heureux résultats que de façon mécanique en fonction du travail fourni. Ce point de vue nous invite à replacer dans sa juste perspective la morale utilitariste dont le philosophe se fait l'un des porte-parole : tout en prenant le plaisir pour guide, cette morale part d'une vue réaliste des difficultés matérielles de l'existence pour conclure à la nécessité d'un effort qui doit être mené dans le cadre de lois qui en garantissent les fruits et ouvrent le chemin à une science économique et financière destinée à les améliorer.

Il est vrai que cette science s'est construite dans la pratique et que ses opérateurs, sinon ses théoriciens se sont tout d'abord rencontrés dans une catégorie sociale bien définie, la classe moyenne, qui concentre pour Hume, ainsi que nous le verrons, les vertus nécessaires à la promotion d'une activité économique de progrès. En effet, même si l'activité économique a toujours été, malgré ses aléas, indispensable à des hommes qui, depuis les débuts de leur rassemblement dans la famille et dans la société, ont cherché à se maintenir en vie à tel point que la fonction première de la société peut apparaître comme une fonction économique, en Angleterre, au XVIIIe siècle, le développement de la concurrence, la montée de la loi de l'offre et de la demande, les débuts du libre-échange sont les manifestations structurelles d'un progrès économique lié au progrès scientifique et technique dont les classes moyennes sont les initiatrices.

Il est évident qu'au fond de l'activité économique, il y a des raisons matérielles qui la poussent à s'exprimer sous quelque forme que ce soit. Cependant, cette activité, au cours des siècles, a eu tendance à briser le tissu serré des contraintes qui en limitaient l'extension et en fixaient la forme pour s'exprimer selon ses propres lois. Ces lois naturelles aussi certaines que les lois psychologiques et physiques d'où elles tirent leur origine, elle n'a pu les mettre en œuvre que dans un contexte de liberté sociale et politique, celui-là même qui s'est développé en Europe et tout particulièrement en Angleterre au XVIIIe siècle

Cela pourrait poser un problème de forme, heureusement apparent. La liberté n'est-elle pas libération par rapport à des règles comme elle le fut par rapport à celles d'origine morale et religieuse frappant la

202 Le travail apparaît même comme l'un des ingrédients du bonheur humain : « Nous pouvons porter en pleine certitude l'affirmation générale qu'une vie de plaisirs ne se soutient aussi longtemps qu'une vie de travail et qu'elle est bien plus sujette à la satiété et au dégoût » (Le sceptique », *Essais et traités*, p. 215). Notons aussi l'avertissement suivant : « Sachez que cet effort est le principal ingrédient de la félicité à laquelle vous aspirez » (« Le stoïcien », *Essais et Traités*, p. 199).

recherche de la richesse à l'intérieur ou par rapport au protectionnisme commercial extérieur inspiré par la soif de puissance des Etats et leur jalousie réciproque ? A vrai dire, il y a une autre définition de la liberté qui a été adoptée par Hume après Hobbes consistant à ne pas s'opposer à la nécessité et, en ce qui concerne la production et l'échange des biens, à laisser jouer les lois les plus propres à en assurer le bon déroulement. L'on constate alors que l'économie, tout en s'affranchissant des règles morales et politiques héritées d'une époque passée, est l'exemple de règles qui se forment d'elles-mêmes en fonction du libre jeu des intérêts individuels. Ces derniers traduisent en effet, plus que des passions à l'état pur, un désir éclairé par une réflexion au terme de laquelle se dégage la volonté de se plier à des lois artificielles dans le cas de la justice et naturelles en ce qui concerne l'économie nationale ou internationale. Il est certain que pour l'auteur des *Discours politiques* comme pour Montchrétien, fondateur de l'« économie politique », l'économie est une affaire qui regarde les politiques ; mais, à la différence de ce dernier, Hume, traçant la voie du libéralisme, estime que le moment est venu où l'économie a atteint une maturité suffisante pour se passer de l'aide de l'Etat et fonctionner selon ses lois propres ou tout au moins, selon les lois fixées par ceux qui en sont les principaux acteurs.

Cela suppose que tombent un certain nombre de barrières élevées par l'Etat et l'Eglise et que soient redéfinies des institutions avec lesquelles le philosophe eut d'ailleurs maille à partir. Mais la véritable raison de ce changement est que soit laissé libre cours au désir de richesse et aux relations psychologiques et sociales permettant aux hommes de le satisfaire dans les meilleures conditions et, de façon plus large, que toute leur place soit donnée aux relations économiques indispensables à l'unité et à la santé du corps social. Nous allons voir comment, dans de telles circonstances, l'utilitarisme peut rejoindre le libéralisme et même comment il peut être décelé (tout au moins le principe d'utilité qu'il systématise) dans le mouvement spontané qui conduit à la formation du corps social sur le modèle de la formation de tout corps organisé.

2. L'identité naturelle des intérêts

Il faut toujours revenir, quand on envisage l'histoire des rapports entre l'individu et la société, à l'importance capitale que Hume attribue à l'« intérêt personnel ». Sur ce plan, une approche dénuée de considérations religieuses montre que les individus qui se sont rassemblés en société l'ont fait pour assurer en premier lieu leur survie matérielle, conférant à la société une vocation économique qui depuis ne s'est jamais démentie. Ils ont ensuite songé à établir une justice et un gouvernement pour encadrer leur activité économique en sécurisant ses fruits et en veillant à l'honnêteté en affaires pour prévenir les désordres sociaux et se différencier définitivement des hommes primitifs.

Mais alors qu'un accord entre tous les membres de la société sur la base de leur intérêt commun a été conclu sur les plans juridique et politique, il a fallu, à cause des empiètements du gouvernement sur le domaine économique proprement dit, attendre le tournant libéral dans les pays européens et notamment en Angleterre pour que s'affirme, à partir des lois économiques, un ordre social fondé sur une « identité naturelle » d'intérêts. Ce processus traduit une convergence entre libéralisme et utilitarisme qui semble s'opérer en deux temps : l'exercice de la liberté économique est nécessaire et utile à l'individu dans la mesure où elle lui permet de développer ses facultés productrices ; la rencontre qu'elle provoque spontanément entre les poursuites économiques individuelles est favorable à l'intérêt général du groupe.

Il est possible de faire remonter les sources de cette rencontre aux principes fondateurs de tout corps vivant organisé. Les lois économiques concrétisent dans leur champ propre les lois de la nature humaine qui font dépendre la conduite d'un individu, dans son interaction avec les autres individus, du sens de son intérêt dicté par le souci de sa propre conservation. Or, ce qui se passe au niveau économique et contribue de manière vitale à la formation du corps social reflète les conditions dans lesquelles tout corps peut exister. Hume observe que la société est le lieu de mécanismes analogues à ceux de l'univers, où « chaque partie ou chaque membre, en accomplissant ses fonctions particulières, opère à la fois pour sa propre préservation et pour celle du tout »[203], et réfère la cause de ces mécanismes aux exigences de la vie. Pour expliquer cette fonction auto-poïétique, l'auteur des *Dialogues* fait allusion par la voix de Philon à une nécessité qui serait due à l'existence « dans l'esprit ou la matière, [d'] un principe d'ordre éternel, inhérent, encore qu'accompagné de révolutions et d'altérations grandes et continuelles »[204]. Le caractère

[203] *Dialogues sur la religion naturelle*, Paris : Vrin, [1779-] 1973, p. 59.

[204] *Ibid.*, p. 63. L'auteur des *Enquêtes sur l'entendement humain* évoque à ce sujet l'harmonie qui règne entre les opérations de l'esprit et le cours de la nature. En réalité, ce n'est qu'une fois que les opérations de la nature sont interprétées par l'esprit, avec toutes les prétentions à la certitude mais aussi tous les risques d'erreur que cela laisse supposer, que les opérations de la nature révèlent un ordre. Par ailleurs, Hume refuse de croire que la matière serait douée d'un principe opérant ou, en d'autres termes, d'une quelconque intelligence. D'un côté, il y a l'expérience de « conjonctions constantes », de l'autre, il y a les conclusions de l'esprit. Il semble qu'il faille s'en tenir à ce schéma, et que Hume n'envisage la possibilité d'un principe d'ordre dans la matière (flirtant avec

économique de cet ajustement se remarque dans le fait que la « génération » est privilégiée par rapport à la « raison » dans l'appréhension des causes qui président à l'existence de tout corps organisé : « A en juger par notre expérience limitée et imparfaite, la génération a quelques privilèges sur la raison ; car nous voyons chaque jour la seconde provenir de la première, jamais la première de la seconde »[205]. La raison n'est que l'instrument dont la vie se dote chez les êtres humains pour parvenir à ses fins, ce qui ne diminue en rien son importance dans la mesure où les forces que la vie met en action sont sujettes à des écarts et ont besoin d'être connues avant d'être libérées ou corrigées tant dans leur expression morale que physique[206].

L'organisation du corps social comme unité transcendant ses parties serait donc de prime abord dictée par des considérations anthropologiques. Il faut noter que les membres individuels qui le composent reçoivent leur identité de leur appartenance à ce corps et ne sont pas comme les atomes indépendants que l'on peut imaginer au commencement de l'univers, ni même comme les hommes vivant dans l'état de nature évoqué par Hobbes et incapables de s'entendre. Il y a, au-delà d'une concurrence maîtrisée entre individus, une harmonie entre eux comme il y a une harmonie entre eux et le corps social. Et comme celui-ci est un corps vivant, nécessitant production et alimentation, les mécanismes d'où dépende sa survie comme celle des éléments individuels qui le composent sont des mécanismes économiques, à savoir la division du travail, la concurrence et l'échange, avant de s'insérer dans des structures juridiques et politiques qui auront pour fonction d'en garantir le libre exercice.

Il est important d'affirmer que ces mécanismes répondent à des nécessités vitales et non à un plan transcendant l'expérience humaine. Hume n'est d'aucune manière partisan d'une théorie providentialiste selon laquelle l'harmonie sociale et économique serait l'effet d'un ordre naturel d'essence divine inscrit dans une structure téléologique, d'un « dessein » transcendant ayant pour fin le bien de l'humanité. Ce qui le contredit est la rareté des biens naturels comme l'instabilité des éléments naturels qui confèrent aux conditions de vie des hommes une fragilité accentuée par le caractère à peine suffisant de leurs forces et par le désordre de leurs passions. L'ordre n'est pas le produit d'un dessein et aucun raisonnement ne peut l'en déduire. Hume s'oppose aux

---

les théories athéistes de Straton de Lampsaque et d'Epicure (*cf. Lettre à un ami*, p. 27) que pour répondre à l'argument du dessein divin.

205 *Ibid.*, p. 70.

206 Ces écarts témoignent de l'existence du mal selon Hume (*cf.Dialogues*, pp. 100-06).

Physiocrates, auteurs d'un système qui fait de la circulation cyclique des richesses tirées de la terre l'expression d'un ordre naturel d'essence divine qui conduirait les hommes, selon le « tableau économique » de Quesnay, à un état de bonheur stationnaire indépassable. En fonction de cet ordre, qu'il s'agirait de laisser jouer librement, l'intérêt général résulterait naturellement de l'intérêt des propriétaires fonciers, ce qui nous rapprocherait de l'idée exprimée par Adam Smith selon laquelle les propriétaires fonciers seraient les grands gagnants d'une économie fondée sur la liberté. Mais avant toute chose, Adam Smith est partisan d'une liberté qui s'exprime dans le travail et, pour lui comme pour Locke qui en a posé les bases, la propriété n'est que la représentation du travail accumulé. Hume, pour sa part, souscrit à une théorie de l'identité naturelle des intérêts fondée sur la seule liberté qui émerge du jeu des passions, ce qui permet au libéralisme de rejoindre l'utilitarisme dans la mesure où, compte tenu des corrections indispensables, l'opération des lois économiques auxquelles la liberté donne naissance est utile et où cette utilité dépasse le simple intérêt individuel mais concourt à l'intérêt général.

Qu'il nous soit permis, en sautant quelques années, de tourner notre attention sur la façon dont la fortune de cette théorie a été assurée par un auteur qui peut être vu comme l'héritier de Hume dans le champ économique, Adam Smith, si ce n'est que ce dernier, à l'image des Physiocrates, suggère, pour en écarter la difficulté, que cette opération est guidée par la Providence.

Selon l'auteur de *La richesse des nations*, la concordance des intérêts individuels se rapporte à une « main invisible »[207] qui harmonise les comportements économiques, et c'est largement pour lui avoir associé cette image qu'Adam Smith passe pour être l'auteur historique de la théorie de l'identité naturelle des intérêts ; mais si on laisse de côté ce qui n'est qu'une autre façon de traduire l'opération des lois naturelles, l'on retrouve les mêmes présupposés et les mêmes conclusions que chez Hume, le point fondamental étant qu'Adam Smith, poursuivant et même radicalisant les enseignements de son prédécesseur, montre que l'identité naturelle des intérêts s'accorde avec la persistance de l'égoïsme chez l'homme dans la vie en société et principalement dans ses manifestations pécuniaires.

Examinons les étapes d'un raisonnement qui va faire du capitaliste le type de l'homme lancé à la recherche du profit tout en servant de

---

[207] *La richesse des nations*, trad. G. Garnier rev. par A. Blanqui, Paris [1776-] 1991, t. II, p. 43.

manière indirecte les intérêts de la société. L'égoïsme qui résulte du souci de notre propre sort se manifeste immédiatement sur le plan financier par le désir d'accumuler et l'accumulation, en tant que résultat du travail, prend le visage vertueux de l'épargne : « Le principe qui nous porte à épargner, c'est le désir d'améliorer notre sort ; désir qui est en général, à la vérité, calme et sans passion, mais qui naît avec nous et ne nous quitte qu'au tombeau. Dans tout l'intervalle qui sépare ces deux termes de la vie, il n'y a peut-être pas un seul instant, où un homme se trouve assez pleinement satisfait de son sort, pour n'y désirer aucun changement ou amélioration quelconque. Or une augmentation de fortune est le moyen par lequel la majeure partie des hommes se proposent d'améliorer leur sort. »[208] En somme, l'épargne traduit un souci d'utilité en montrant un double visage : elle incite à limiter les dépenses superflues et permet d'engager les sommes épargnées de manière productive pour un profit ultérieur. L'épargnant devient capitaliste : « La cause immédiate de l'augmentation du capital, c'est l'économie, et non l'industrie. A la vérité, l'industrie fournit la matière des épargnes que fait l'économie ; mais quelques gains que fasse l'industrie, sans l'économie qui les épargne et les amasse, le capital ne serait jamais plus grand. »[209]

Dans un processus conforme au principe d'utilité qui représente la base philosophique du système économique d'Adam Smith, l'épargne tire sa vertu d'une fin strictement économique consistant à augmenter la production et la richesse. Il est curieux de constater à cet égard qu'Adam Smith considère les ouvriers et les capitalistes comme des individus employés à un travail utile, alors que les magistrats, les gens de loi, les médecins et les hommes de lettres comme les artistes n'entrent apparemment pas dans cette catégorie. Parmi les individus productifs, la palme revient aux capitalistes chez qui l'épargne représente une qualité économique et aussi morale (dans laquelle on retrouve la trace de l'ascétisme puritain) qui peut servir de justification aux profits réalisés, alors que la misère des ouvriers a tendance à être attribuée à leur caractère dépensier. Il est vrai que les classes pauvres ont souvent témoigné d'une conduite irresponsable, comme si leur prodigalité rebondissait au moment où elle était le moins opportune. En réalité il y a plusieurs facteurs à cette différence de statut. Il y a la tendance, notée ultérieurement par Malthus, à consacrer leurs gains, si ceux-ci le permettent, à une famille plus nombreuse en se contentant du strict minimum, ce qui ne déplait pas à des employeurs qui y voient l'occasion

[208] *Ibid.*, t. I, p. 488.
[209] *Ibid.*, p. 425.

d'une main d'œuvre plus abondante, et contribuent par ailleurs à ce que le salaire soir réduit au strict minimum. Comment donc sortir de la pauvreté ? L'épargne ne le permet pas toujours. Si l'on se penche sur cette question, tout en mettant de côté celle de ses origines, qui montrent une grande diversité et remontent jusqu'à la première distribution de la propriété, l'on constate qu'il y a toujours eu devant les plus pauvres d'importantes barrières à franchir, matérielles et morales et même religieuses[210] face auxquelles ils ont longtemps renoncé; et que, de toute façon, l'évolution des mœurs sur ce chapitre sera très lente.

L'histoire témoigne pourtant de tournants économiques marquants comme le tournant libéral qui a fait suite à la montée de l'individualisme et dont les auteurs ont pensé qu'il pouvait provoquer les conditions favorables à une « identité naturelle des intérêts » favorable à tous les membres de la communauté. Ce qu'Adam Smith défend en premier lieu est l'avantage que représente, par rapport aux époques passées, la liberté d'entreprendre accordée à chaque individu maître de lui-même dans le secteur d'activité qu'il a choisi : ce régime de liberté l'incite à utiliser le capital épargné dans ce secteur d'une façon qui s'avère en même temps favorable à l'accroissement de la richesse nationale. D'une part, « le seul motif qui détermine le possesseur d'un capital à l'employer plutôt dans l'agriculture, ou dans les manufactures, ou dans quelque branche particulière de commerce en gros ou en détail, c'est la vue de son propre profit »[211]. Adam Smith lève toute ambiguïté sur ces motivations : « C'est son propre bénéfice que chaque individu a en vue, et non celui de la société. »[212] D'autre part, « les soins que cet individu se donne pour trouver son avantage personnel, le conduisent naturellement, ou plutôt nécessairement, à préférer, pour tout le capital dont il peut disposer, le genre d'emploi qui se trouve le plus avantageux à la société »[213]. C'est ainsi que le capitaliste se présente comme l'homme de base de la nouvelle économie et c'est en dirigeant son industrie de manière à la rendre la plus productive possible qu'il contribue au bonheur de ses semblables : « A la vérité, son intention n'est pas, en général, de servir l'intérêt public, et il ne sait même pas jusqu'à quel point il peut être utile à la société [...] Il ne pense qu'à son propre gain ; en cela, comme dans beaucoup d'autres cas, il est conduit par une main invisible à remplir une

210 Rappelons que pour les protestants luthériens, il convenait que chaque homme reste dans la condition où la Providence l'avait mis.

211 *Ibid.*, 365.

212 *Ibid.*, p. 40.

213 *Ibid.*

fin qui n'entre nullement dans ses intentions. »[214] En fait, l'explication par la « main invisible » ne fait que rendre compte de la difficulté d'exprimer de façon scientifique ce qui est en réalité une loi générale.

La société ne saurait se plaindre de cette situation, bien au contraire : « Ce n'est pas toujours ce qu'il y a de plus mal pour la société, que cette fin n'entre pour rien dans ses intentions. Tout en ne cherchant que son intérêt personnel, il travaille souvent d'une manière bien plus efficace pour l'intérêt de la société, que s'il avait réellement pour but d'y travailler. Je n'ai jamais vu que ceux qui aspiraient, dans leurs entreprises de commerce, à travailler pour le bien général, aient fait beaucoup de choses. »[215] Il convient cependant de noter, dans les conceptions d'Adam Smith, la prise en compte, sur fond d'égoïsme, d'une tendance à l'échange qui, jointe à la division du travail et à la concurrence, rend compte d'une manière plus concrète que par l'appel à la Providence ou à la « main invisible » des voies par lesquelles la recherche de son propre avantage par un individu peut être profitable à l'ensemble dans lequel il se situe.

Adam Smith laisse subsister quelques points d'interrogation : les différences socioprofessionnelles entre les individus concernés par la production font naître entre eux des divergences de nature à mettre en question la notion d'intérêt général. Les intérêts des employeurs s'opposent à ceux des ouvriers dans la mesure où salaires et profits apparaissent comme inversement proportionnels. De toute façon, le système capitaliste, né de la liberté d'accumuler de l'argent pour l'investir et faire travailler des ouvriers, a installé un ordre défavorable à ces derniers. Par ailleurs, les intérêts des propriétaires fonciers, dont la rente résulte d'un monopole, s'opposent à la fois à ceux des capitalistes et des travailleurs. Dans le système libéral, l'Etat lui-même apparaît comme un organisme privé qui, au moyen des impôts, prélève une part excessive de la richesse et compromet l'activité économique. En définitive, ce découpage des bénéfices risque de porter préjudice à l'ordonnance du système fondé sur la liberté et l'utilité que, cependant, pour des raisons

---

214 *La richesse des nations*, vol. II, pp.42-43.

215 *Ibid.*, p. 43. L'économiste E. Cannan met en relief sous une forme ironique l'inanité du principe selon lequel un ouvrier travaillerait pour le bien général et répondrait à une harangue du type de celle qu'il imagine : « Travaille dur, camarade. Comme tu es l'homme moyen, et comme il y a à peu près un milliard quatre cent millions d'ouvriers dans le monde, si tu arrives à augmenter ton rendement de vingt pour cent, le revenu par personne dans le monde sera accru d'un peu plus d'un dixième de milliardième ! » (*A Review of Economic Theory*, Londres : Cass, 1964, p. 105).

théoriques, Adam Smith se refusera à bousculer pour témoigner d'un attachement optimiste à la théorie de l'identité naturelle des intérêts.

Ni Hume ni Adam Smith n'étaient les premiers, en Angleterre, à avoir attiré l'attention sur l'existence d'un rapport économique naturel entre intérêt particulier et intérêt général. Cette interaction bénéfique, avons-nous vu, avait été attribuée par Locke à l'appropriation de la terre par le travail. On l'avait aussi trouvée dans le domaine commercial chez des auteurs qui passaient pour des mercantilistes, comme Dudley North qui déclarait en 1697 : « Partout où les commerçants prospèrent, le public, dont ils font partie, prospère aussi »[216]. Josiah Tucker, un peu avant Adam Smith, l'élargira à tous les secteurs économiques susceptibles de bénéficier à la collectivité dans une déclaration prophétique : « L'amour de soi et l'intérêt propre de chaque individu l'inciteront à chercher des voies de profit, des métiers et des occupations telles que, en le servant lui-même, elles promouvront en même temps le bien-être général. »[217] Il s'agit en fait de l'idée -maîtresse qui fera son chemin dans les sphères politico-économiques à l'aube de la révolution industrielle.

Mais revenons à Hume pour qui un double lien, d'une part juridique et politique, d'autre part économique se noue entre l'individu et le corps social tout en témoignant de deux attitudes apparemment différentes voire contraires. La justice, appuyée par le gouvernement, met en échec le côté dangereux du comportement d'un individu à l'égard de ses semblables selon un processus répressif. L'activité économique individuelle, en revanche, peut être profitable à toute la communauté et il convient de la stimuler. Ces deux attitudes peuvent néanmoins se rejoindre : Hume met en évidence la passion pour le gain dont l'activité économique témoigne et dont la liberté, sur le plan économique, peut donner naissance, malgré les dérives que la justice se doit de corriger, à un ordre parfaitement naturel capable de contribuer à la bonne santé du corps social.

A ce sujet, l'auteur du *Traité* ne nie pas les déficiences et imperfections de la nature humaine mais entreprend de leur porter remède autrement que par des contraintes violentes. Son libéralisme est fondé sur une nature qui trouve elle-même ses propres voies et ses propres lois à condition d'être aidée lorsqu'elle s'égare. On ne force pas les hommes à être libres, comme le proclamait Rousseau, on les y invite, ce que fait Hume.

---

216 *Discourses upon Trade*, John Hopkins, [1697-] 1907, p. 13.
217 *Instructions for Travellers*, *Collected Works*, [1755] 1993, vol. III, p. 48.

C'est le moment d'examiner sous une forme concrète le libéralisme de Hume qui oriente son approche économique et politique et trahit, comme son individualisme, une alliance foncière avec l'utilitarisme qui imprègne sa philosophie.

3. Le libéralisme de Hume

L'intérêt général était à l'horizon de l'activité économique professionnelle depuis pas mal de temps avant qu'il se renforce avec l'accent mis sur la liberté de cette activité par David Hume. Plus largement, celui-ci a contribué à l'alliance entre utilitarisme et libéralisme en montrant que la relation économique entre l'intérêt particulier et l'intérêt général ne peut s'opérer que dans un climat de liberté : « La plupart des arts et des professions dans un Etat sont de telle nature, qu'en servant à l'intérêt général de la société, ils sont en même temps utiles et agréables à quelques-uns des membres qui la composent. Dans ce cas, la règle constante des magistrats est d'abandonner la profession à elle-même et de se reposer du soin de l'encourager sur ceux qui en tirent leur profit. »[218]

A l'origine de cette rencontre entre l'intérêt général et l'intérêt particulier de « quelques-uns » des agents économiques, il y a les mécanismes spontanément adoptés par ces derniers et sur l'histoire desquels il est intéressant de se pencher.

La division du travail

La société occidentale n'a cessé d'évoluer jusqu'à la forme qu'elle a prise, notamment dans l'Angleterre de Hume, grâce au progrès scientifique et technique et au progrès culturel qui l'a accompagné. Il faut dire qu'à la veille de la révolution industrielle, les passions qui agitaient les hommes dans leur état primitif ne sont pas toutes apaisées. Hume constate l'existence d'un penchant pour la violence et la tricherie dans la société de son temps qui rappelle étrangement la description que fait Hobbes de l'état de nature. En réalité, un état social avancé ne met pas fin aux risques naturels et récurrents de désordre et de confusion chez les hommes : « L'homme est le plus grand ennemi de l'homme. Oppression, injustice, mépris, outrage, violence, sédition, guerre, calomnie, tricherie,

[218] *Histoire d'Angleterre*, trad. M. Campenon, Paris :[1760-] 1839, vol. IV, p. 212.

fraude : c'est par là que les hommes se tourmentent mutuellement. »[219] Il permet simplement de les limiter ou de les ajourner.

Malgré la persistance de tendances rien moins que pacifiques, les relations économiques qui ont pris place progressivement sont fondées sur une meilleure appréhension des exigences de la vie en société. La sécurité intérieure a rendu possible la production et l'utilisation des biens nécessaires à la vie et au bien-être : sous l'aile de la justice, la rivalité armée a cédé la place à la concurrence dans le processus de leur répartition. Certes, avant de les distribuer, il faut produire les biens, opération qui nécessite, en vue de meilleurs résultats, une répartition des tâches : la division du travail est née en même temps que la société de la volonté de satisfaire les besoins humains et d'assurer la survie de l'individu et de l'espèce avant de se diversifier et de satisfaire les besoins nouveaux que le développement des moyens de production a fait apparaître.

A cet égard, la prédilection de chacun pour un type de métier particulier, avec la dextérité individuelle qu'elle entraîne, puis l'usage de machines de plus en plus perfectionnées ont conduit à augmenter la quantité et améliorer la qualité des biens produits. Mais les circonstances ont introduit d'autres divisions : leur puissance a permis à certains hommes d'en faire travailler d'autres comme esclaves ou serfs ; Hume passe sur cette période à laquelle la montée de l'individualisme et de la liberté a mis fin. Dans le climat propre à son époque, l'esprit d'entreprise favorisé par quelques circonstances matérielles favorables et stimulé par le désir de richesse va contribuer à une distinction plus rationnelle entre employeur et employé et à la naissance du système capitaliste à l'intérieur duquel le problème de la distribution de la richesse industrielle va se poser, bien que de façon trop récente à Hume pour qu'il en pressente toutes les difficultés. De toute façon, ce système correspond naturellement à sa conception de la liberté d'entreprise et des opérations qui contribuent à la bonne marche du travail et qui, si elles peuvent être aménagées, ne sauraient exiger en son temps de modifications violentes.

La division du travail doit être accompagnée par la liberté des échanges. Son efficacité, relativement à la qualité comme à la quantité des biens produits, ne saurait en être que plus grande. Le commerce a toujours été vu par les économistes anglais comme le moteur de l'industrie, et la liberté commerciale comme un facteur d'augmentation de la production[220]. Le consommateur est lui aussi favorable à la liberté

---

219 *Dialogues sur la religion naturelle*, p. 88.

220 Ce point différencie ces derniers des Physiocrates pour qui seule la nature est pourvoyeuse de richesses et le commerce incapable d'en créer.

du commerce qui permet d'acquérir les biens auxquels, par nécessité ou par goût, il attache de la valeur, et d'arriver plus commodément à un équilibre entre besoins et biens. A ce propos, l'on constate que la liberté du commerce, parmi d'autres facteurs, a contribué à l'accroissement des besoins comme des biens : l'utilité s'est déplacée sur un nouveau terrain pour se rapporter non plus seulement à ce qui maintient la vie mais à ce qui est censé l'améliorer et rapprocher ainsi encore plus les hommes du bonheur.

La valeur

La question de l'échange soulève celle de la valeur des objets échangés, qui se pose d'ailleurs avant que l'échange ait lieu. A ce sujet, Hume, dans la ligne d'une philosophie qui met la « passion » au premier plan, fait dépendre la valeur d'une appréciation subjective : «Les objets n'ont absolument aucune valeur ni aucun prix par eux-mêmes. Ils tirent leur valeur de la passion seulement »[221] - entendant ici par passion le désir que l'on a d'un objet. Cette théorie démontre son applicabilité dans l'échange, où le désir - ou le besoin - d'un objet doit se doubler de la possession des moyens permettant de l'acheter et se traduire par une demande. L'on note à ce propos que l'offre du producteur et du marchand est aussi une demande[222] puisqu'elle est le moyen de réaliser un bénéfice qui leur permet d'acquérir les objets qu'ils désirent. Il faut vendre avant d'acheter et, pour cela, jouer sur la corde sensible de l'acheteur éventuel ; de son côté, la demande doit être toujours prête à se manifester de telle façon que se réalise rapidement un accord entre offre et demande.

Le problème est qu'une estimation subjective de la valeur d'une marchandise ne permet pas d'en fixer le prix dans l'échange : cette estimation dépend de la plus ou moins grande difficulté de son approvisionnement et du travail que celui-ci requiert. Entre également en ligne de compte le travail réalisé par l'acquéreur pour se procurer les moyens d'achat, si bien qu'à la fin, comme l'a montré Adam Smith, l'échange se fait de travail à travail. Nous allons voir à ce sujet que la théorie subjective de la valeur proposée par Hume n'est pas nécessairement contradictoire par rapport à la théorie de la « valeur-travail » suggérée par l'auteur de *La richesse des* nations et à laquelle elle semble à première vue s'opposer. Car, après tout, le travail fourni pour

---

221 *Essais*, « Le sceptique », *Essais et traités*, p. 214.

222 Cela a été souligné par E. Halévy (*La formation du radicalisme philosophique*, I, p. 117).

acquérir un objet est le résultat du désir ou du besoin qu'on en a. Mais voyons tout d'abord en quoi consiste cette théorie qui a fait date en économie.

Adam Smith, qui est le premier à avoir exposé une théorie ébauchée par Locke avant que Ricardo lui confère sa forme définitive, précise que la valeur que le travail confère aux choses sur le marché ou valeur d'échange se distingue de leur simple valeur d'usage. Il s'agit de choses qui ont bien une valeur d'usage mais ne sont pas mises directement par la nature (comme l'eau) à la disposition des hommes, de sorte que le travail est le prix à payer pour les obtenir soit en les produisant, soit en les achetant quand on ne les a pas produites soi-même. Considérant que la plupart des choses sont de cette nature, Adam Smith déclare que « ce que chaque chose coûte réellement à celui qui veut se la procurer, c'est le travail et la peine qu'il doit s'imposer pour l'obtenir »[223], comme l'arc et les flèches de l'homme primitif ou les bêtes qu'il tue, ou encore que « le travail a été le premier prix, la monnaie payée pour l'achat primitif de chaque chose »[224], ce qui est le cas des objets que l'industrie de l'homme peut reproduire en quantité théoriquement illimitée[225].

Par la suite, dans les échanges qui se développent dès les origines, la valeur d'un objet dont l'obtention a coûté un certain travail s'établit par comparaison avec celle d'autres objets puisque, dans tous les cas, la comparaison apporte une forme de connaissance[226] : « Le *travail* est donc la mesure réelle de la *valeur échangeable* de toute marchandise. »[227] Cependant, un glissement de sens intervient dans l'échange ; la valeur s'établit par rapport au travail, non plus directement de l'acquéreur, mais de celui fourni par le vendeur-producteur et que l'achat de la marchandise rend inutile à l'acquéreur : « Ce que chaque chose vaut réellement pour celui qui l'a acquise, c'est la peine et l'embarras que la possession de cette chose peut lui épargner et qu'elle lui permet

---

223 *La richesse des nations*, vol. I, p. 99.

224 *Ibid.*, p. 100.

225 Le problème de la valeur avait déjà été soulevé par William Petty, qui l'attribuait à la fois au travail et à la terre et, pour en trouver une commune mesure, se référait à la valeur de la nourriture journalière qu'exigeait en moyenne un homme (*Treatise of Taxes and Contributions* [1662], chap. IV, p. 4, *Economic Writings*. Réimp. New York : Kelley, 1986).

226 *Traité*, p. 720.

227 *La richesse des nations*, vol. I, p. 99. L'auteur pressent la difficulté qu'il y a à apprécier la valeur d'une chose en fonction d'un travail qui ne dépend pas de sa seule longueur mais peut être pénible ou aisé et exiger ou non un certain degré de compétence, à quoi Ricardo, le successeur d'Adam Smith, sera plus sensible, comme il le sera à la part de plus en plus grande prise par les machines dans la production et les prix.

d'imposer à d'autres personnes. »[228] Cette peine et cet embarras sont ceux qu'occasionne la production de cette chose, dans la mesure où l'acheteur n'est pas en mesure de l'assurer mais se révèle suffisamment compétent dans l'exécution de son propre travail pour que celui-ci lui offre un moyen d'achat qui devient une espèce de pouvoir dans l'ordre économique : « La valeur d'une denrée quelconque pour celui qui la possède et qu'il a l'intention d'échanger pour autre chose, est égale à la quantité de travail que cette denrée le met en état d'acheter ou de commander. »[229] En résumé, le travail crée une valeur qui permet d'acheter du travail.

Ce qui détermine la valeur de toute marchandise, qu'elle soit acquise ou vendue, est de toute façon le travail que sa production a coûté : dans la société industrielle capitaliste, selon Adam Smith qui en est le premier théoricien, c'est le « coût de production » qui inclut, outre les salaires, le profit de l'employeur, l'intérêt du prêteur de capitaux et la rente du propriétaire des terres qui les loue, et s'exprime par le « prix naturel » (de vente ou d'achat), alors que les fluctuations du marché déterminent le « prix courant », dont l'économiste ne mésestime pas les variations mais minimise l'amplitude dans la mesure où il gravite autour du prix naturel. Tel est le schéma de base, axé sur le travail, qui, en principe, présente la plus grande utilité en matière d'échange.

Pour sa part, à une époque où les distinctions sociales entraînées par la nouvelle forme capitaliste du travail ne font que s'esquisser et, en tout cas, ne distraient pas son attention de l'analyse des ressorts fondamentaux de la conduite, Hume revient à des considérations psychologiques dont ses vues économiques sont le prolongement. Les transformations économiques participant à la formation de la société restent ancrées dans la nature profonde de l'homme, à sa sensibilité au plaisir et à la douleur et aux passions et sentiments, directs ou indirects, qui en découlent. La théorie subjective de la valeur qui lui est communément attribuée dans le domaine économique trouve son fondement dans ce naturalisme, pour autant que le désir qui se porte sur une chose censée procurer un plaisir est vu comme la première source de sa valeur.

Il faut rappeler que l'appréciation subjective de la valeur de ce qu'il convient de produire mais aussi d'échanger intervient dans le cadre de la division du travail qui postule, en donnant lieu à des productions séparées, l'acquisition par l'échange de biens que l'industrie d'un seul ne

---

228 *La richesse des nations*, vol. I, p. 99.

229 *Ibid.*

peut produire. A ce titre, la valeur d'échange reste un investissement passionnel sur des biens destinés à être consommés ou utilisés. A la dimension subjective de la production, fait suite la dimension intersubjective de l'échange selon un processus qui met l'accent sur la demande, et donc sur la composition sociale de la clientèle, notamment de celle qui, de plus en plus, aura les moyens de satisfaire une diversité de goûts, en fonction, il est vrai, de l'état de la production, qui varie selon les lieux et les époques et influe à son tour sur la demande. Compte tenu de tous ces éléments, l'on assistera à une évolution allant dans le sens de la fabrication de produits de plus en plus élaborés en liaison avec un raffinement des mœurs que Hume salue favorablement.

Dans tous les cas, le désir que l'on a d'un objet conditionne le travail qu'il faut exécuter pour le produire ou l'acquérir : « Nos passions sont les seules sources du travail »[230], déclare Hume, qui effectue la jonction entre une conception subjective de la valeur d'un objet qui renvoie au désir ou au besoin que l'on en a et une conception objective qui fait dépendre cette valeur du travail nécessaire à sa production ou à son achat. Mais avant d'en arriver à ce stade, il est possible d'inscrire le désir d'un objet dans le cadre d'un principe qui le dépasse et le fait dépendre de l'utilité de l'objet. A cet égard, le caractère commun des actions qu'il inspire et des effets qui s'en suivent permet d'attribuer au principe d'utilité un rôle majeur dans le déterminisme humain en surplombant le caractère subjectif de la motivation de ces actions comme de la valeur des biens produits. La nature subjective de ses jugements dirige l'attention et les efforts d'un homme vers les biens qui ont une valeur à ses yeux. Mais ce qui détermine cette valeur est le plus souvent l'utilité qu'ils présentent dans la vie de tous les jours, et ceci est une considération objective que l'on peut former de l'extérieur et qui finit par l'emporter sur toute autre ou en constituer un élément important que l'on retrouve aussi dans les considérations tenant à leur beauté[231].

Le principe d'utilité oriente le travail de production des objets naturels et artificiels dont la vie de l'homme en société ne peut se passer, bien que leur utilité n'apparaisse qu'une fois ceux-ci produits. Nous dirons simplement que la fin de l'action qu'il gouverne existe en puissance dans ce principe qui, comme tout principe, est riche de tout ce qu'il peut apporter et apportera de manière concrète et même scientifique au niveau de la justice et du gouvernement comme de la production des biens matériels, à tel point que, dans le domaine économique, le travail a

---

230 « Du commerce », *Discours politiques*, p. 17.

231 *Traité*, p. 468 ; *Enquête sur les principes de la morale*, p. 81.

été conçu comme le créateur de l'utilité d'un objet et la mesure de sa valeur sur le marché, même dans le cas de choses fournies abondamment par la nature comme l'eau dont l'approvisionnement nécessite un certain travail[232].

Le travail peut également conférer une valeur affective à ses fruits. Un objet prend une valeur aux yeux de son auteur en fonction de la peine qu'il s'est donnée pour se le procurer. Pour le psychologue qu'est Hume, « ce qui est aisé et manifeste n'est jamais estimé »[233], attribut qui a une acception subjective et objective, d'où l'on conclut que le travail confère une valeur à ses fruits à ce double titre. L'on s'attache à une chose que l'on a eu du mal à produire ou acquérir en même temps que cette chose prend une valeur comptable.

De façon générale, l'accent mis sur le travail est un trait caractéristique de la morale utilitariste qui, tout en dirigeant l'attention sur ce ressort de l'action qu'est le plaisir, spécifie que celui-ci ne peut être obtenu sans peine et sans douleur. Il s'agit, comme nous l'avons vu, du plaisir de la récompense mais aussi du plaisir de la poursuite qui peut coexister avec la peine qu'elle procure et même, paradoxalement, être alimenté par cette peine dans une proportion, il est vrai, variable, mais qui peut être d'autant plus grande que cette poursuite est payante et que, dans le domaine économique, la propriété des biens vient couronner les efforts déployés par celui qui, à défaut d'en être l'artisan, impulse ces efforts, comme l'entrepreneur, sachant que la notion de propriété se diluera et sera matière à contestation dans le système capitaliste.

Le travail est donc source de propriété comme de valeur. Mais c'est aussi, comme Hobbes l'a signalé, l'expression d'un pouvoir qui peut prendre une valeur commerciale : « La valeur d'un homme, c'est, comme pour tout autre objet, son prix, c'est-à-dire ce qu'on donnerait pour disposer de son pouvoir. »[234] En fait, si l'on peut l'« acheter », le pouvoir dont l'évolution vers la civilisation industrielle montre qu'il s'achètera de plus en plus est celui qui s'exprime par la « force de travail ». C'est le désir d'acquérir celle-ci qui est à l'origine du système capitaliste de

---

232 Pour J.-B. Say, l'utilité est le résultat du travail appliqué à des objets qui n'en ont pas directement (*Traité d'économie politique*, Paris : Calmann-Lévy, [1803-] 1973, l. I, chap. I). Pour Hume « toute chose en ce monde s'acquiert par le travail » (« Du commerce », *Discours politiques*, p. 17); « tout s'obtient avec de l'adresse et du travail » (« Le stoïcien », *Essais et Traités*, p. 97). En réalité, si ces jugements ont une portée générale et s'opposent aux tentations de l'oisiveté et de la paresse ou aux charmes de la vie contemplative, ils ont une applicabilité directe dans la société industrielle qui s'ébauche à leur époque dont ils deviendront comme le leitmotiv.

233 *Traité*, p. 526.

234 *Léviathan*, p. 83.

production de la richesse. Le problème est qu'avant d'acheter la force de travail d'autrui, il faut en avoir les moyens financiers, donc, à moins que la fortune soit tombée du Ciel, il faut, dans la perspective tracée par les économistes anglais, avoir déjà travaillé. Ainsi le travail est un pouvoir, la richesse est à la fois le résultat de ce pouvoir et le moyen d'acquérir un pouvoir qui la multipliera.

Pour certains auteurs comme Locke, la richesse est, en tant que conclusion du travail et du commerce, la valeur suprême, celle qui permet à un pays d'exercer sa force et sa domination sur des voisins avec lesquels il est en conflit. Mais il faut que les hommes qui composent ce pays vivent en paix et, à cette fin, se dotent des institutions nécessaires pour que la richesse exerce sur eux ses heureux bienfaits et puisse contribuer à leur bonheur. A cet égard, dans la morale utilitariste, il est question de moyens juridiques et politiques dont la possession confère une autre forme de pouvoir non moins indispensable que le pouvoir économique. Il s'agit, dans la société civile que les hommes ont établie, des droits dont ils se sont pourvus aux côtés de leurs facultés productives pour faire de leur richesse un pouvoir légal. Nous avons trouvé chez Hume cette exigence à l'égard d'un droit qui ne doit pas rester lettre morte mais être conçu comme le pouvoir de promouvoir ses intérêts dans le cadre des lois de justice dont le volet répressif n'a d'autre finalité que de le permettre. Ce droit est la possession de chacun des membres de la communauté et son exercice contribue au bien général. En effet, en ce qui concerne le pouvoir économique qu'il permet d'acquérir et d'utiliser librement, à savoir celui que confère la richesse et tout particulièrement l'abondance de monnaie qui en est le signe, il convient que cette dernière, au lieu de favoriser l'orgueil de son possesseur par sa thésaurisation, lui permette de se procurer les biens qui contribuent à son bien-être mais surtout circule, soit investie sous forme de prêts ou de salaires et entre dans un cycle producteur de richesse pour l'ensemble des hommes. Telle est l'essence d'une morale soucieuse de résultats que seule l'expérience permet de vérifier contrairement aux morales enseignées *in abstracto* et rejetées par Hume.

Ces considérations ne seraient pas complètes si l'on n'ajoutait à la notion de valeur économique due aux efforts de production l'idée de la valeur morale de ces efforts qui leur vaut approbation et éloges. La morale selon Hume confère une vertu aux actions productrices de biens utiles à l'individu et à la communauté, ce qui ne peut qu'encourager ses auteurs et retentir sur la bonne marche de l'activité économique, comme c'était le cas en Angleterre plus qu'en France où, selon l'auteur des *Discours politiques*, elle n'était pas tenue en aussi grande estime.

En conclusion, nous constatons que, dans une société qui avançait sur la voie du progrès, un consensus marqué par un besoin profond de justice, de droits et de liberté a fini par s'opérer sur la valeur à conférer aux biens produits et échangés et au pouvoir de les produire et de les échanger dans le climat de paix procuré par l'observation des lois et l'obéissance au gouvernement, mais aussi de concurrence économique faisant suite aux contraintes et limitations des époques passées. Nous allons examiner ce mouvement.

Liberté et concurrence

La liberté était ce qui, pour Hobbes, caractérisait l'état de nature et l'usage illimité du pouvoir dont les hommes disposaient pour défendre leur vie et leurs possessions, ce qui entraînait une rivalité, voire une guerre permanente entre eux. La concurrence et la compétition, qui en sont une forme atténuée, sont apparues dans les sociétés policées modernes lorsque la recherche des biens de subsistance ou d'agrément s'est libérée des contraintes que l'Etat ou l'Eglise faisaient peser sur elle.

La liberté que Hume souhaite pour l'activité économique entraîne en effet une concurrence au niveau de la production et de la distribution des biens qui est à la fois effet et cause de celles-ci. D'une part, répondant à la pénurie naturelle des biens de consommation, leur production, autorisée par la division du travail et l'extension du marché, introduit une abondance relative qui exacerbe les appétits et dresse les hommes les uns contre les autres. Mais il suffit, aux yeux des libéraux, que cette concurrence opère dans un cadre légal pour que ses effets soient bénéfiques et que les biens soient produits et distribués en quantité encore plus grande. Mais cette leçon ne peut être acceptée facilement - elle ne l'a pas été pendant des siècles : il sera nécessaire que le philosophe intervienne pour montrer, en endossant tour-à-tour les habits de l'anthropologue, du psychologue, du sociologue ou de l'historien, qu'il n'y a rien à craindre de la concurrence en matière économique et que celle-ci assure aux hommes le système qui leur permet, compte tenu de leurs capacités, de bénéficier des « plaisirs et commodités de la vie » dans les plus larges proportions. Car ce système est un système de mouvement qui produit ses meilleurs résultats si l'on ne fait pas preuve d'impatience et de violence. En ce qui concerne la recherche active des mêmes biens en quantité et en qualité voulues ou des biens de nature différente, il s'avère que les poursuites s'harmonisent malgré l'intervention de cet élément différenciateur qu'est la comparaison et même grâce à lui. Les seules forces qui s'y opposent sont celles qu'a léguées la tradition, qu'il s'agisse des forces d'inertie de l'aristocratie terrienne ou de celles de leurs ennemis révolutionnaires hostiles à une économie de liberté. Sur ce chapitre, le « conservatisme » de Hume est lié à sa haine des extrêmes. Mais Hume est tout sauf conservateur sur le plan économique. Les ennemis du système économique fondé sur la liberté sont à l'extérieur, pas à l'intérieur du système, malgré certaines discordances internes qu'il convient de réparer avant qu'elles ne deviennent trop importantes, comme on le ferait d'un mécanisme qui prend trop de jeu ou se bloque et reste de toute façon très fragile. Sur ce point, Hume est le médecin qui propose des remèdes qui vont aider le corps économique, en tant que corps vivant, à retrouver toute sa force et toute son autonomie, et qui reposent sur une connaissance approfondie des mécanismes économiques.

De nombreuses erreurs sont commises dans ce domaine particulièrement important des affaires humaines en raison d'une sensibilité à des circonstances « superflues »[235] ou « accidentelles »[236] qui frappent l'imagination et perturbent la connaissance des règles générales seules efficaces et « formées d'après la nature de notre entendement et l'expérience de ses opérations dans les jugements que nous formons des objets »[237]. Cette attitude est celle des penseurs superficiels qui constituent le gros de l'humanité. Hume souligne la nécessité, dans le domaine économique, d'identifier les circonstances essentielles et d'en dégager des règles générales certaines ou au moins probables, en faisant même appel, dans l'interprétation de l'expérience, à la « pensée abstruse »[238] qui représente l'approche la plus significative que Hume ait faite de la raison dans sa fonction normative et nous permet au moins de démontrer la fausseté de certains effets de l'imagination sur notre jugement et notre action : « Quand un objet apparaît, qui ressemble à une cause par des circonstances très importantes, l'imagination nous porte naturellement à concevoir vivement l'effet habituel, bien que l'objet diffère de cette cause par les circonstances les plus importantes et les plus efficaces. Telle est la première influence des règles générales. Mais, quand nous revenons sur cet acte de l'esprit et le comparons avec les opérations les plus générales et les plus authentiques de l'entendement, nous découvrons qu'il est de nature irrégulière et détruit tous les principes les mieux établis du raisonnement, ce qui nous pousse à le rejeter. Telle est la seconde influence des règles générales, elle implique la

---

235 *Traité*, p. 232.
236 *Ibid.*, p. 233.
237 *Ibid.*
238 « Du commerce », *Discours politiques*, p. 10.

condamnation de la première. C'est parfois l'une, et parfois l'autre, qui prévaut selon les dispositions et le caractère des personnes. L'homme du commun est couramment guidé par la première et les sages par la seconde. »[239] Dans cet ordre d'idées, Hume, au début de l'*Essai sur le commerce*, nous invite encore à nous en tenir, en ce qui concerne les sujets économiques, aux « principes généraux qui, s'ils sont justes et solides, doivent toujours prévaloir dans le cours général des choses bien qu'ils puissent faillir dans des cas particuliers »[240].

Ainsi en est-il du principe d'utilité et de la liberté, accompagnée par la concurrence, que ce principe recommande en matière économique, en dépit des excès auxquels elle conduira et que les libéraux auront tendance à minimiser, sinon à couvrir. Pour Hume, la liberté, malgré des errements passagers, permet à l'économie de fonctionner dans des conditions globalement satisfaisantes, même s'il est parfois difficile de laisser les choses libres d'aller leur cours sans intervenir, d'autant que ses effets ne se font pas sentir immédiatement ou sont altérés par d'autres causes. Il peut même se produire des dysfonctionnements graves qui s'étendent dans le temps avant d'être corrigés et qui constitueront le principal objet de reproche adressé au libéralisme. Sur ce point, Hume est d'avis que la nature, en ce qui concerne l'homme, peut corriger ses propres erreurs, ce qui la distingue de la machine : il convient simplement de la comprendre et de l'aider, ce qui participe de la « médecine de l'esprit »[241] et entre dans les attributions du philosophe.

La liberté économique n'est pas en cause : elle est celle dont disposent des individus capables de mener à bien leurs propres entreprises tout en contribuant à la prospérité de l'Etat : à cette fin, le libéralisme accompagne l'individualisme dans un rapport commun à l'utilitarisme. Le bonheur général peut être réalisé si les individus qui en sont les premiers artisans développent leurs qualités et les voient récompensées. Dans ces conditions, la liberté mène à la concurrence et même à l'opposition entre les diverses fonctions issues de la division des tâches, mais favorise les échanges grâce auxquels ces fonctions apparaissent finalement comme complémentaires. Car telle est la grande leçon à tirer de la morale utilitariste en formation chez Hume : la différence et l'opposition n'interdisent pas la complémentarité. L'identité des intérêts est compatible avec leur diversité. La concurrence, comme son nom l'indique, est le fait d'agents qui œuvrent dans la même direction.

---

239 *Traité*, p. 234.

240 « Du commerce », *Discours politiques*, p. 11.

241 « Le sceptique », *Essais et traités*, p. 216.

Ce qui nous intéresse ici est que la liberté, qui est un attribut naturel, donne la possibilité à un certain nombre de lois économiques, qui remontent elles-mêmes aux lois les plus générales de la nature humaine, de s'exprimer dans un cadre légal. Or, dans le domaine économique comme juridique, les lois sont utiles. Ainsi se présente la loi de la concurrence qui, faisant naturellement suite à la loi de l'offre et de la demande, s'ajoute aux effets bénéfiques de la division du travail pour stimuler les compétences. La richesse produite se répandra-t-elle naturellement dans toutes les couches de la société ? Telle est la conviction des libéraux, à laquelle s'arrêtera toutefois l'obligation de pourvoir aux besoins des plus pauvres et des laissés-pour-compte qui, avec l'industrialisation, seront en Angleterre envoyés dans les « maisons de travail ». L'autre vertu, du moins théorique, reconnue à la concurrence née de la liberté sera d'assurer un équilibre entre la production et la distribution à travers la loi de l'offre et de la demande.

Cette évolution peut être vue sur deux plans qui ne sont contradictoires qu'en apparence. D'une part, l'initiative individuelle, l'esprit d'entreprise sont stimulés par la liberté. D'autre part, il y a chez les acteurs économiques le même souci de leurs intérêts qui engendre un comportement constant et prévisible qui, dans les échanges à l'intérieur de l'entreprise entre employeurs et employés et à l'extérieur entre producteurs ou vendeurs et acheteurs, plus qu'à des époques reculées ou les nécessités économiques étaient moins pressantes, témoigne de ce déterminisme moral auquel, selon Hume, les actions humaines sont soumises.

La liberté que Hume conteste est celle qui conduit à l'inconstance et à l'incohérence, non celle qui permet à un homme de suivre sa nature et de reconnaître les chemins qu'elle lui propose pour réaliser ses fins à l'aide des moyens qu'il met au point en commun avec ses semblables. Il faut seulement reconnaître tout ce que ce calcul doit aux circonstances. Ce qui a permis à Hume d'accueillir le mouvement en direction de la liberté et d'inviter les gouvernements de son époque à l'accompagner est qu'il intervient à un moment clé de l'histoire des sociétés humaines. Le philosophe-historien note que celles-ci, comme tout organisme vivant, connaissent croissance, maturité et déclin. Sous ce rapport, l'Angleterre, à une époque où une vague d'inventions annonce la révolution industrielle, est un pays en voie d'expansion, ce qui implique la liberté pour des acteurs économiques parvenus à maturité d'utiliser les nouveaux moyens que la science et la technique mettent à leur disposition tout en se pliant aux lois de la concurrence pour réaliser le bien général au lieu d'être soumis à un Etat qui refuserait d'abandonner sa tutelle économique[242]. En somme, les temps sont propices au passage dans les faits d'une conception de la liberté fondée sur son utilité.

Dans cette perspective, nous aimerions revenir un instant sur une période bien connue des historiens. L'intervention de l'Etat mercantile, tout en étant menée de manière autoritaire, a pu se justifier tant qu'elle s'adressait à un organisme au début de sa croissance et retentissait sur la gloire du souverain. Mais les raisons profondes en étaient sans doute, déjà, des raisons d'utilité comme celles-ci justifieront plus tard une politique libérale, ce qui permet de relativiser le rapport entre utilité et liberté et de voir que la véritable mesure d'une politique économique est son utilité. La liberté économique s'est développée lorsqu'à l'intérieur, les industriels ont été assez forts pour bousculer les systèmes de protection qui s'appliquaient à de petites unités et limitaient leur champ d'activité et lorsqu'à l'extérieur, le commerce s'est avéré suffisamment prospère pour ne plus avoir besoin d'assistance. A ce moment, il a été affirmé que les bienfaits du commerce retombaient sur l'ensemble de la nation et que l'ouverture des frontières, sans faire disparaître la concurrence économique et la division internationale du travail, bien au contraire, était une source de richesse, surtout si l'on n'envisageait plus celle-ci en termes métalliques[243]. De fait, la jalousie commerciale qui, au XVIIe siècle, avait rendu dans les pays européens le spectacle de la prospérité des pays voisins insupportable, fut une cause de guerre qui épuisa leurs finances.

La réflexion de Hume lui fait découvrir les bienfaits de la liberté économique et les effets néfastes du mercantilisme financier : la trop grande abondance d'argent dans une nation fait augmenter les prix, ce qui affaiblit les exportations et permet aux nations où il manque de produire et d'exporter à bas prix et donc de renforcer leur économie. Ce n'est pas davantage l'abondance de l'argent qui fait baisser le taux de l'intérêt et favorise la prospérité nationale mais l'accroissement de l'industrie et du commerce qui provoque une augmentation du numéraire que l'on prend pour sa cause[244]. La quantité d'argent tend

---

242 Par exemple, pour éviter la dépopulation des campagnes, il convient, non de prendre des mesures administratives autoritaires mais de libérer la production industrielle de façon à augmenter l'aisance des agriculteurs et à les maintenir sur leurs lieux d'existence (*Histoire d'Angleterre*, t. IV, p. 123).

243 Hume devait cependant reconnaître que toutes les taxes sur les marchandises étrangères n'étaient pas inutiles et cite un exemple : « Une taxe sur les toiles allemandes encourage nos manufactures nationales et multiplie ainsi notre population et notre industrie. Une taxe sur l'eau de vie augmente la vente du rhum et vient en aide à nos colonies du Sud » (« De la balance du commerce », *Discours politiques*, p.73).

244 « De l'intérêt », *ibid.*, p.49.

naturellement à s'ajuster à l'industrie d'un pays qui est toujours capable d'en rétablir la quantité nécessaire en cas de crise : Hume imagine que si les quatre cinquièmes de l'argent existant en Angleterre disparaissaient en une nuit, la capacité de travail de ce pays lui permettrait, grâce à l'abaissement du prix des marchandises, de retrouver rapidement son argent et sa prospérité[245].

Il est possible, dans certaines conditions, qu'un afflux d'argent soit utile, très exactement pendant la période intermédiaire où il fait augmenter les prix et stimule la production avant que la hausse se répercute sur les salaires[246] (effet obtenu aujourd'hui par l'inflation). Mais il ne fallait pas que cet afflux soit dû à des causes accidentelles comme le pillage par l'Espagne de ses colonies d'Amérique, et soit si important qu'il décourage l'industrie au lieu de l'encourager. En réalité, il favorisa celle-ci en Angleterre en étant lié au développement soutenu du commerce maritime de ce pays.

Tels sont les mécanismes économiques dont Hume, à partir de leur base anthropologique, mesure la dimension psychologique et sociologique pour écarter ceux qui sont dus à des passions incontrôlées et retrouver ceux qu'inspirent les réactions salutaires surgies d'une liberté éclairée par la réflexion. Car, dans l'activité économique comme dans toutes les autres manifestations de la vie, la liberté n'a de sens qu'en tant qu'elle permet au déterminisme humain de jouer dans ce qu'il a de bénéfique - pour en revenir à l'idée-maîtresse de la philosophie morale de Hume, d'utile.

En définitive, l'utilité ne connaît pas de frontières : en défendant les nouvelles voies que la liberté a ouvertes à des nations parvenues à maturité économique et capables de se passer de protection, Hume défend les intérêts de ces nations, « prie pour que l'Allemagne, l'Espagne, l'Italie - et même la France - aient un commerce florissant »[247]. D'une façon générale, sa position sur le problème des relations économiques internationales est la même que sur celui des relations entre individus dans le cadre national. Les passions violentes comme la jalousie ou la haine, qui risquent de fausser les relations entre individus comme entre nations, doivent céder la place au sens de leurs intérêts qui leur recommande de coopérer pour assurer leur survie commune. Le pire est de se couper de ses voisins. Comme tout corps vivant, une nation a besoin d'échanges équilibrés avec l'extérieur sous peine de dépérir. Par ailleurs, le fait de croire, comme certains partisans du libéralisme, qu'une

245 « De la balance du commerce », *ibid.*, p.60 sq.
246 « De l'argent », *ibid.*, p. 38.
247 « De la jalousie du commerce », *ibid.*, p. 78.

supériorité illimitée pourra être obtenue à partir d'une libération du commerce est illusoire. D'ailleurs, Hume ne croit pas qu'une nation puisse grandisse de façon indéfinie mais qu'au contraire, parvenue à un point de développement extrême, elle ne peut, comme tout organisme vivant, que décliner voire s'écrouler[248]. Il vaut mieux ne pas rechercher par ce moyen comme par un autre à augmenter sa puissance au détriment des autres nations pour ne pas en arriver à ce point mais privilégier la forme de croissance modérée indispensable à la vie et surtout éviter les facteurs de dissolution qui, bien que l'Angleterre traverse une période ascendante de son histoire, ne doivent jamais être minimisés. Ce qui est le cas des individus l'est aussi des nations : la modération est toujours de règle, et ceci est une leçon philosophique.

Les relations entre nations sont cependant différentes des relations entre individus faisant partie d'un même corps politique à l'intérieur duquel la complémentarité des fonctions doit être exemplaire malgré leur diversité. Une nation, dans le pire des cas, peut survivre par elle-même. Un individu ne le peut pas. Cela étant, il est préférable, pour accroître et diversifier leur richesse par leurs échanges commerciaux, qu'elles entretiennent l'une avec l'autre de paisibles relations tout en maintenant sur le plan économique et politique une identité et des différences déjà dues à la nature du sol et du climat. Encore plus qu'entre individus, la diversité et l'originalité, en d'autres termes, l'indépendance, restent de règle entre nations. A propos du cas particulier des relations entre l'Angleterre et ses colonies d'Amérique, Hume s'oppose à la politique de Pitt qui tend, pour des raisons commerciales et sans doute aussi de prestige, à les conserver dans cet état alors qu'elles sont parvenues à maturité sur le plan économique. Il est d'ailleurs à noter qu'elles ont réclamé leur indépendance sur ce plan avant de vouloir leur indépendance politique, ce qui tendrait à confirmer que les préoccupations tenant à la vie d'une communauté sont en premier lieu économiques. Hume n'oublie pas pour autant les intérêts de l'Angleterre en affirmant qu'elle ne souffrira pas de l'indépendance et de la prospérité

---

248 « La croissance de tous les corps, artificiels aussi bien que naturels, est arrêtée par des causes internes qui trouvent leur source dans la taille gigantesque et l'ampleur considérable de ces corps. Les grands empires, les grandes cités, le grand commerce, tous reçoivent un arrêt dû, non pas à des événements accidentels, mais bien à des principes nécessaires » (« Lettre à Henry Home » [1758], *The Letters of David Hume*, Oxford University Press, 1969, p. 272). Voir également : « Sur la question : le gouvernement britannique ; penche-t-il davantage vers la monarchie absolue ou vers la république ? », *Essais et traités*, p. 110 ; « De l'origine et du progrès des arts et des sciences », *ibid.*, p. 187 ; « De la quantité de la population dans les nations de l'Antiquité », *Discours politiques*, p. 116.

des colonies américaines, pas plus qu'elle ne peut souffrir de la prospérité des nations avec lesquels elle entretient de libres relations commerciales. En somme, c'est toujours l'utilité qui donne la mesure de la liberté dont nations ou individus peuvent disposer en vue de leurs intérêts. Le mercantilisme était fondé sur l'intérêt national, mais un intérêt parfois capté et détourné par celui du prince et accompagné d'antagonismes et de guerres. Les temps qui ont vu se développer l'activité économique en fonction des nouveaux moyens offerts à ses auteurs par la science et la technique dans un pays comme l'Angleterre ont fait qu'une autre forme de raisonnement toujours fondée sur la promotion de leurs intérêts est née : la sérénité engendrée par les progrès réalisés a diminué la méfiance à l'égard des économies extérieures propice à la fermeture des frontières et à la guerre, rendu obsolète toute protection et favorisé la liberté sur le plan international mais aussi national.

Cela étant, les principes utilitaristes, qui sous-entendent une interdépendance économique entre les divers éléments qui composent un même corps, ont, malgré l'importance des relations que la nation entretient avec l'extérieur, tendance à s'exprimer davantage sur le plan intérieur. Cette considération nous amène à diriger notre attention sur des éléments qui sont non seulement individuels mais se regroupent en classes dont les intérêts s'harmonisent pour contribuer à la santé du corps politique tout entier. Il est vrai que certains d'entre eux ont pu participer plus que d'autres à la réalisation de cette harmonie : tel est le cas des classes moyennes qui, aux yeux de Hume, passent pour être celles qui ont incarné les idées utilitaristes.

VII. IMPLANTATION SOCIALE DE L'UTILITARISME

Si les hommes n'ont pas décidé par un contrat passé en un lieu précis et à une date précise d'observer les mêmes lois puis de reconnaître l'autorité d'un gouvernement, la prise de conscience progressive de leur intérêt les a tout de même incités à le faire et, dans la mesure du possible, à peser à la fois sur la nature de ces lois et sur la nature du gouvernement destiné à régir les destinées de la nation qu'ils formaient. Mais c'est principalement chez les classes réunissant les individus les plus à même de faire valoir leurs intérêts que cette exigence s'est manifestée, ce qui nous amène à examiner la composition sociale de la nation à l'époque de Hume.

1. Un nouveau découpage social

A partir de cette époque, le développement économique n'a pu être contenu par le gouvernement et celui-ci, après l'avoir aidé, a progressivement cédé devant ses exigences sous la pression de ses acteurs sociaux les plus puissants jusqu'à subir leur influence

En fait, une fois habitués à vivre dans une société policée, les hommes ont trouvé dans l'activité économique un débouché auquel ils n'avaient jamais renoncé si ce n'est que, pendant une longue période, cette activité avait été tenue en laisse par les autorités religieuses puis politiques avant de s'épanouir, tout au moins en Europe, grâce à la liberté. Les souverains de l'ère mercantile avaient, pour leur part, contrôlé le développement de l'activité économique à un moment où celle-ci en avait sans doute besoin avant de prendre son essor et de faire sentir ses heureux effets. Cependant, le libéralisme individualiste, épilogue de ce changement, ne pouvait à lui seul, malgré tous les espoirs placés en lui, porter l'idée de bonheur. Il fallait que s'y joigne la morale utilitariste, mouvement né en Angleterre destiné par la suite à gagner l'ensemble des pays industrialisés.

Les tenants de cette morale étaient effectivement les nouveaux industriels et commerçants libérés des attaches traditionnelles qui pensaient par leurs entreprises contribuer au bonheur de la nation et se rassemblaient dans une classe désireuse de faire entendre sa voix sur le plan politique jusque-là dominé par l'aristocratie terrienne. En Angleterre, il fallut néanmoins attendre que les effets de la révolution de 1688 se fassent sentir pour que ce changement se concrétise.

Hume, pour sa part, ne conteste pas la nécessité de la formation de groupes sociaux distincts en fonction des principes de la nature humaine qui poussent les hommes à se différencier en fonction de leurs intérêts professionnels ou autres, et à s'associer dès que ces intérêts leur sont communs, ce à quoi s'ajoute la sympathie qui se forme sur la base de leur ressemblance à l'intérieur de chaque groupe. De cette manière, déclare-t-il, « les différentes conditions naissent nécessairement, parce qu'uniformément, des principes nécessaires et constants de la nature humaine »[249]. En fin de compte, ces intérêts et cette sympathie sont ceux qu'ils manifestent dans leur relation à la propriété et dans les différentes façons dont celle-ci se présente. Et de ce point de vue, les prétentions à la propriété qui s'affirment avec le plus de véhémence à l'époque de Hume sont celles de la classe bourgeoise en fonction d'une richesse

[249] *Traité*, p. 510.

acquise non plus par le travail de la terre mais par l'activité industrielle et commerciale.

2. La propriété et ses problèmes

La propriété est le signe révélateur de la richesse et son importance a été réactualisée aux XVIIe et XVIIIe siècles anglais à la suite de l'accent mis sur le travail par Locke puis par Hume et Adam Smith, de sorte qu'on la trouve au centre des diverses transformations que connaît la société anglaise en marche vers le libéralisme. Mais la propriété n'a pas seulement la valeur d'un indicateur sur le plan social. Son importance vient de ce qu'avant de se projeter sur ce plan, elle plonge ses racines au fond de la nature humaine : elle était pour Locke qui en a, peut-être plus que Hume, perçu toute les dimensions, la condition de l'exercice de la liberté humaine et de la rationalité qui l'accompagne et se présentait à ce titre comme une conquête morale. A vrai dire, l'on ne peut être libre, c'est-à-dire disposer de soi-même, sans en être le possesseur ou le propriétaire, le contraire étant l'aliénation qui peut toucher la personne comme les biens, effet que l'on trouve aux origines dans la situation de l'esclave, puis du serf, et, plus tard (pour les marxistes), de l'ouvrier, comme si le problème rebondissait. La notion de propriété de l'homme par lui-même devait tout de même s'imposer définitivement et le travail en être le signe révélateur, l'expression même qui l'attestait et la communiquait à ses fruits dans lesquels le producteur pouvait se reconnaître (ce qui, en fait, ne serait possible que dans un nombre limité de cas et non dans la production de masse). Le bien-être général pouvait lui-même être considéré comme une récompense morale et pas seulement économique de la propriété.

Hume, pour sa part, quelle que soit la façon dont il retrace l'origine de la propriété, qu'il s'agisse de première possession, d'occupation, de succession et, bien entendu, de travail mais seulement en tant que celui-ci crée, par modification de l'objet, une relation entre lui et nous, voit finalement son côté utilitaire, sanctionné par la loi à l'issue d'une entente qui s'est fait jour entre des hommes soucieux de mettre leurs biens à l'abri des convoitises d'autrui tout en accordant au travail l'importance voulue au regard de leur production. A l'origine de ce processus, on trouve l'individu que son intérêt personnel différencie des autres et parfois l'y oppose, mais aussi l'en rapproche au sein d'un groupe dont la survie conditionne la sienne. La raison de l'existence de la propriété est donc artificielle[250] et liée à celle de la société : Hume se demande si les hommes auraient jamais connu la propriété s'ils avaient pu vivre sans former une société[251] (que les biens eussent été en quantité si abondante qu'ils auraient pu se les procurer tout seuls ou qu'une bienveillance universelle eut régné). En définitive, propriété, justice, gouvernement ont le même effet : permettre aux hommes de disposer de ce dont ils ont besoin pour vivre dans le cadre de la société.

Parvenu à ce stade, Hume rejoint Hobbes et Locke, pour lesquels les querelles sont nées, non de l'existence légitime de la propriété, mais du refus des limites qu'elle imposait, et s'oppose à son contemporain J.-J. Rousseau pour qui la propriété est dès les origines une cause de divisions et de conflits[252] chez des hommes vivant primitivement en harmonie. Pour l'auteur dont les écrits influenceront les révolutionnaires français, les classes qui tirent le plus profit des lois concernant la propriété sont celles qui les ont établies ou ont pris la plus grande part à leur établissement. Malgré cela, J.-J. Rousseau, après s'être élevé contre ses inégalités, acquiescera au découpage existant de la propriété en proposant, dans le *Contrat social*, un pacte destiné à l'accepter[253]. Les motifs les plus sérieux de contestation de la propriété viendront du monde ouvrier dès la fin du XVIIIe siècle et de l'opinion que les règles du partage des fruits du travail sont établies par les employeurs à leur propre avantage. Nous verrons ce problème propre au développement du capitalisme industriel et que, de toute façon, l'époque de Hume ne pouvait lui permettre de connaître dans toute son ampleur.

Néanmoins, si elle ne le conduit pas à formuler des revendications sociales, Hume est sensible au problème que pose l'inégalité et souhaite sa diminution pour des raisons à la fois politiques et morales. D'une part, la distribution par trop inégale de la propriété est susceptible d'affaiblir l'Etat : les taxes sont payées de meilleur gré lorsque chacun possède ce qui lui est nécessaire et agréable. D'autre part, il est avantageux, d'un point de vue matériel comme moral, « d'élever le nombre de personnes à qui il revient de prendre part à ce que les arts mécaniques produisent »[254] :

---

250 Par comparaison, des relations de propriété fermement établies ne sont pas nécessaires dans une famille dont les membres peuvent vivre en toute sécurité sans s'opposer entre eux pour des questions d'intérêt.

251 *Enquête sur les principes de la morale*, note a, p. 232.

252 La propriété, pour Hume, est source de paix, ce qui ne veut pas dire qu'il croit qu'un état de guerre persistant aurait régné avant son institution. Mais il croit encore moins à la fiction d'un paradis primitif ou « âge d'or » où des hommes non corrompus auraient pu vivre en paix (*ibid.*, p.621), situation que seule l'existence de la propriété peut régler.

253 *Du contrat social*, Genève : Bourquin, [1762-] 1947, p. 191.

254 « Du commerce », *Discours politiques*, p. 20.

une telle égalité est « ce qui s'accorde le mieux à la nature humaine et ôte bien moins au bonheur du riche qu'elle n'ajoute à celui du pauvre »[255]. L'intérêt général comme l'intérêt particulier semblent ici pareillement consultés.

Il reste que ces observations sont formulées trop hâtivement pour avoir une véritable portée sociale : elles représentent plus une invitation faite aux riches et aux puissants à limiter leurs ambitions qu'une demande de réformes s'adressant aux hommes politiques. Elles ne sauraient constituer d'aucune manière aux yeux des plus démunis une invitation, au demeurant impossible à satisfaire, à s'emparer par la force des biens des plus fortunés. Hume est hostile aux partisans d'une distribution égale de la propriété comme l'avaient été les Niveleurs[256]. D'une part, cette égalité est impraticable sans une dose excessive de violence ou de vigilance tournant à l'inquisition, et pose le problème de l'autorité chargée de la faire respecter ; d'autre part, elle est contraire aux « degrés différents de l'art, du soin, du travail des hommes [qui] rompront immédiatement cette égalité »[257] : elle doit absolument être maintenue, elle s'avèrera finalement plus antiéconomique que l'inégalité : « Si vous restreignez ces vertus, vous réduisez la société à la plus extrême indigence, et au lieu de prévenir le besoin et la mendicité chez quelques-uns, vous les rendez inévitables à la communauté entière »[258], déclare Hume en pondérant quelque peu les propos tenus précédemment sur les différences de richesse.

A vrai dire, les raisons menant à la propriété - le travail mais aussi les hasards de la fortune - vont, en se transposant sur le plan social, faire de la propriété un facteur à la fois de rassemblement et de discrimination sociale. Au XVIIIe et pendant une bonne partie du XIXe, les intérêts des grands propriétaires fonciers et ceux des entrepreneurs capitalistes, tout en s'opposant, monopoliseront la vie publique et en excluront ouvriers ou manœuvres dans l'incapacité de s'organiser.

Il est vrai que la propriété, une fois fixée par des règles, a toujours témoigné d'une certaine inertie par rapport à des intérêts mouvants et

---

255 *Ibid.* On relève une observation identique dans l'*Enquête sur les principes de la morale* : « Il faut aussi reconnaître que, chaque fois que nous nous écartons de cette égalité, nous dérobons aux pauvres plus de satisfactions que nous n'en donnons au riche, et que gratifier la vanité frivole d'un individu coûte souvent bien plus que le pain nécessaire à bien des familles, et même à bien des provinces » (p. 97). Bentham reprendra ce raisonnement.

256 Mouvement républicain et égalitaire issu vers 1645 des sectes puritaines et dont la figure la plus marquante fut John Lilburne.

257 *Enquête sur les principes de la morale*, p. 98.

258 *Ibid.*

une société en perpétuel changement. A l'époque de Hume, cette pesanteur contribuait à perpétuer la situation de ceux qui avaient établi de grandes propriétés terriennes et montraient une réticence évidente à l'arrivée des forces nouvelles. Ces dernières, à leur tour, ayant construit leurs empires grâce à leur travail, ne virent pas d'un bon œil grossir les rangs d'une masse ouvrière qui allait prôner une répartition des richesses fondée sur une nouvelle vision du travail et finir par demander une voix politique pour la réaliser. C'est ainsi autour de la propriété que devaient se concentrer les différences d'intérêt entre individus et entre classes.

Sur le plan socio-économique, la mise en avant d'une identité d'intérêts entre des hommes devenus ou non propriétaires ne pouvait que s'en trouver compromise ; à vrai dire, celle-ci n'aurait pas été, de la part des utilitaristes libéraux, matière à telle insistance si le sujet n'avait prêté à caution. De là une ambiguïté fondamentale qui reparaît dans la notion même de « bonheur du plus grand nombre » que Bentham attribuera pour fin à la morale utilitariste et que l'on devrait plutôt considérer, compte tenu de ses conditions économiques et sociales, comme le bonheur du plus grand nombre « possible ». Car les raisons utilitaires qui sous-tendent la morale économique anglaise depuis les débuts de l'ère industrielle font que les pauvres et les indigents ont été le plus souvent tenus à l'écart. De façon générale, soucieuse d'éviter la peine qu'ils infligent au reste de la société pour pourvoir à leurs besoins, celle-ci, indépendamment de l'existence de causes d'une autre nature, a attribué leur état à la fainéantise et à l'ivrognerie et tâché d'éviter ces dérives chez ceux qui travaillent en recommandant un salaire minimum : « La loi devrait attribuer au travailleur juste de quoi vivre ; car si vous lui attribuez le double, alors il travaille moitié moins qu'il ne l'aurait fait et ne le ferait autrement ; ce qui fait qu'une part du fruit de ce travail est perdue pour le public », déclarait déjà William Petty[259]. Or, le problème de l'inégalité des conditions dans le monde du travail, mal perçu ou volontairement ignoré des siècles durant, va devenir crucial.

Il est certain que la liberté de contrat entre employeur et employé fondée par Locke sur l'autonomie de la personne rompt de façon décisive avec le servage ou l'esclavage : en réalité, les termes du contrat restent inégaux et le problème ne sera pas réglé. La concurrence, la loi de l'offre et de la demande jouent, grâce à une législation complice ou impuissante, essentiellement en faveur des employeurs, libres, face à une main-d'œuvre en augmentation dans le secteur industriel, de fixer à celle-ci leurs propres conditions. Ce n'est que progressivement que leurs

---

[259] *A Treatise of Taxes and Contributions*, p. 353.

résistances seront vaincues et qu'ils s'apercevront qu'il est de leur intérêt de mieux traiter les salariés avant que, beaucoup plus tard, la pression sociale issue du désir de meilleures conditions de vie amène les gouvernements à accepter la formation de syndicats ouvriers et à entendre leurs exigences. Il aura fallu une révolution morale, base d'une action sociale relayée par une action politique, pour que la notion de bien-être gagne véritablement les couches de la population auxquelles elle était théoriquement promise.

3. La montée du capitalisme

Nous sommes à une phase-clé de la formation du capitalisme et la version qu'en ébauche Hume en accord avec le modèle économique anglais classique fait ressortir l'action prépondérante de la classe marchande qui, encouragée par les découvertes scientifiques, techniques et géographiques, s'est tournée progressivement vers l'industrie[260] pour constituer le noyau de la future société capitaliste. Le mouvement s'est produit, dans certains secteurs comme celui de l'industrie de la laine, sur le dos de l'artisan traditionnel dont le statut a changé dans la mesure où il a été dépossédé de la matière sur laquelle il travaille par le marchand, phénomène qui a pu être considérée comme déterminant dans le passage au capitalisme moderne plus que celui de la possession des instruments de production (qui a définitivement renforcé ce passage)[261].

---

260 Les marchands sont « l'une des espèces d'hommes les plus utiles » (« De l'intérêt », *Discours politiques*, p. 51). « Ils engendrent l'industrie en se servant de canaux pour la transporter dans tous les coins de l'Etat ; et, en même temps, par leur frugalité, ils acquièrent un grand pouvoir sur cette industrie, et ils accumulent entre leurs mains la propriété d'une grande quantité de travail et de marchandises, à la production desquels ils sont les premiers à contribuer. Il n'y a, par conséquent, par d'autre profession que le métier de marchand qui puisse produire de considérables puissances d'argent, en d'autres termes, qui puisse accroître l'industrie, et, en accroissant aussi la frugalité, donner la haute main sur cette industrie à de simples particuliers » (*ibid.*, p. 53). L'idée que l'industrie est née du commerce est une idée courante chez les Anglais (que rappelle Hobsbawm dans *Industry and Empire, The Pelican History of Britain*, 1969, vol. 3).

261 Pour l'économiste anglais E. Lipson, « l'avènement du capitalisme implique une phase de l'évolution industrielle dans laquelle la propriété de la matière brute est transférée du producteur manuel à un employeur qui loue le travail de transformation et vend le produit fini » (*English Economic History*, Londres : Black, [1931-] 1971, vol. 2, p.xxvi). Ainsi, un tisserand pouvait continuer à posséder ses instruments de travail tout en dépendant pour son approvisionnement en laine d'un marchand-capitaliste qui ne payait que son travail. En ce qui concerne l'industrie de la laine, il y a eu, selon P. Gregg, plusieurs classes d'intermédiaires qui ont fini par fusionner avant que se dégage la figure du capitaliste : « Au XVIIIe siècle, il y avait trois sortes de capitalistes dans l'industrie de la laine. Le marchand-lainier servait d'intermédiaire entre l'éleveur et les

L'ascension de la bourgeoisie commerçante, commencée dès la fin du Moyen Age, ne déplaisait d'ailleurs pas à tous les juges en matière économique, bien au contraire, et moins qu'à personne aux théoriciens de l'économie mercantile puis libérale. L'on se souvient de l'apologie du marchand que, parmi d'autres, fait Thomas Mun[262], illustrant l'attachement à son époque et toujours vivace depuis de l'Angleterre à son commerce. A vrai dire, c'est de la vitalité de celui-ci que le futur capitalisme industriel anglais allait tirer toute sa force, d'autant plus que d'autres éléments du corps social tirés de la « gentry » allaient rejoindre le mouvement pour constituer une classe moyenne qui se distinguait des forces sociales traditionnelles par son esprit novateur, ce qui témoigne à l'évidence, du temps de Hume, et plus tard, lors de la révolution industrielle, de la force d'attraction exercée par cette classe sur l'ensemble de la communauté face à l'influence de la Couronne et de l'aristocratie terrienne ; comme, plus tard, une fois qu'elles auront pris conscience de leur force, ce sera au tour des classes populaires d'essayer d'attirer les sympathies autour de leurs objectifs et de leurs intérêts.

Ce que pense Hume est que la classe moyenne peut contribuer à la cohésion et à la vitalité d'une société travaillée par des aspirations politiques contradictoires. Il apparaît d'ailleurs que, pour éviter d'être isolée par sa propre montée et de voir la sympathie qu'elle recueille battue en brèche, comme c'est souvent le cas, par les intérêts des autres classes qui peuvent s'estimer menacées, ou simplement par les jalousies et les rancœurs que sa puissance et sa richesse nouvellement acquises peuvent susciter, cette classe n'aura de cesse d'affirmer que l'usage qu'elle en fait profite à toute la communauté.

Nous retrouvons ici la sympathie dans ses divers effets, favorables ou pernicieux, en tant que principe d'union entre membres d'une même

---

tisserands, auxquels il procurait la laine à crédit. Ensuite il y avait le marchand qui leur achetait le tissu pour le mettre sur le marché. Finalement, il y avait l'homme qui assurait la distribution. Lorsqu'il opérait seulement sur le marché intérieur, il était connu comme drapier. Quand il exportait le tissu, il appartenait à la riche compagnie des « Merchant Adventurers », qui avaient le monopole de l'exportation du drap. Progressivement, la seconde de ces classes d'intermédiaires avait accaparé les fonctions du marchand-lainier, et dans une certaine mesure celles du drapier, pour constituer au XVIIIe siècle le principal groupe capitaliste dans l'industrie de la laine » (*A Social and Economic History of Britain*, Londres : Harrap, 1965, p. 38). Par la suite, l'extension de l'industrie ne devait plus permettre au tisserand d'être le propriétaire de ses instruments. C'est encore le marchand qui allait les lui a racheter avant de les regrouper dans de vastes locaux et d'y employer une main d'œuvre salariée. L'on trouve la même analyse chez P. Mantoux (*La révolution industrielle au XVIIIe siècle*, Paris : Génin, 1959, p. 26).

262 *Cf. English Treasure by Forraign Trade*, Oxford : Blackwell, [1664-] 1967.

classe mais aussi en tant que celle-ci invite ou force les autres à partager ses intérêts. Dans ce genre de processus, les plus puissants ont la part belle : les pressions exercées, les tentatives d'annexion dont la sympathie fait l'objet sont plus importantes lorsqu'elles proviennent des personnages ou des classes les plus en vue qui se servent de leur influence ou de leur prestige pour rallier les plus faibles à leur cause. A ce propos, Hume a noté la tendance qu'a la sympathie à aller naturellement à la richesse et à l'opulence[263]. Ainsi obtenue de la part de gens peu au fait des réalités politiques et facilement influençables, comme peuvent l'être les plus humbles, la sympathie contribuera pendant une longue période à la domination de l'aristocratie avant de favoriser la montée de la bourgeoisie capitaliste.

4. Du social au politique

Il existe donc chez Hume, malgré les limites de droit et de fait qu'il impose à son action, sinon une idéologie bourgeoise, du moins une sympathie certaine pour les classes moyennes qu'il considère, conformément à la morale utilitariste dont il se fait l'interprète, comme les plus aptes à équilibrer les rapports entre le peuple et le monarque dans le cadre d'une constitution mixte à la naissance de laquelle elles n'ont d'ailleurs pas peu contribué à travers leur influence, sinon leur représentation parlementaire. Ces classes représentent l'élément vivant de la nation et son véritable soutien. Elles sont pénétrées de ce rôle comme le seront leurs avocats utilitaristes, d'Adam Smith à James Mill, et comme le croiront les classes populaires jusqu'au moment où celles-ci prendront conscience de leur propre force. Elles sont, pour l'auteur des *Discours politiques*, « les meilleurs et les plus sûrs fondements de la liberté. Leurs membres ne sont pas, comme les paysans, soumis à l'esclavage par la pauvreté et la médiocrité d'esprit ; et n'ayant aucun espoir de tyranniser les autres, comme les barons, ils ne sont pas tentés, pour le seul plaisir d'exercer une telle tyrannie, de se soumettre à celle de leur souverain. Ils aspirent à des lois égales pour tous, qui puissent garantir leur propriété et les préserver de la tyrannie monarchique aussi bien qu'aristocratique »[264]. L'on retrouve en eux, à travers leur activité industrielle ou commerciale, l'alliance entre rationalité et liberté évoquée par Locke. Quelques années plus tard, Adam Smith, avant Bentham et ses disciples, rendra raison à Hume sur la question de l'influence morale

---

263 Voir le paragraphe du *Traité* intitulé : « Notre estime des riches et des puissants », pp. 461-469.

264 « Du raffinement dans les arts », p. 31.

et politique salutaire que ces hommes exercent sur leur pays : « Le commerce et les manufactures ont introduit par degrés l'ordre et le bon gouvernement, et, avec eux, la liberté et la sécurité des individus parmi les habitants de la campagne qui avaient vécu jusqu'alors dans un état de guerre presque continuel avec leurs voisins et dans une dépendance servile de leurs supérieurs. De tous les effets du commerce et des manufactures, c'est sans comparaison le plus important. M. Hume, autant que je sache, est le seul écrivain qui en ait parlé jusqu'ici. »[265]

Malgré les préférences sociales qu'il affiche, Hume ne se prononce pas pour une modification en profondeur de la situation politique de l'Angleterre. Ce qu'il fait de plus radical à cet égard consiste à formuler l'idée d'un Etat républicain utopique où les causes de discorde seraient réduites au minimum[266]. Mais s'il revendique la liberté favorable au développement économique et célèbre le développement des classes moyennes, le philosophe qui passe aux yeux de certains historiens pour un conservateur ne souhaite pas, au nom de leur libération, bouleverser le système parlementaire mais simplement voir se former peu à peu un gouvernement dans lequel elles pourraient être davantage représentées sans se faire l'avocat du gouvernement représentatif auquel conduira plus tard le libéralisme politique et que soutiendra J.-S. Mill.

Hume ne désire pas non plus voir la monarchie perdre ses prérogatives et s'en tient aux acquis de la révolution de 1688 tout en appréciant particulièrement le système des « freins et contrôles »[267] exercés par les trois composantes constitutionnelles d'un gouvernement qui est « un mélange de monarchie, d'aristocratie et de démocratie »[268], ce qui empêche la dépravation de la constitution et le dépérissement du corps politique qui en résulterait si l'une de ces composantes prenait le dessus sur les autres.

Le souci du bien public veut que la concordance des intérêts individuels se manifeste aussi au niveau des classes et les partis qui, en poursuivant leurs intérêts propres, participent au pouvoir : « Chaque fois que le plan d'un gouvernement est soumis à notre examen et à notre censure, et selon lequel le pouvoir est distribué entre plusieurs autorités et plusieurs états, considérons toujours l'intérêt particulier de chacune de ces parties. Si nous trouvons que, par une division habile du pouvoir, cet intérêt est dans la nécessité, de par sa propre opération, de concourir au

265 *La richesse des nations*, t. I, p. 502.

266 *Cf.* « Idée d'une république parfaite », *Discours politiques*, p. 229.

267 *Cf.* « Que la politique peut être réduite à une science », *Essais et traités*, p. 82 ; « L'indépendance du Parlement », *ibid.*, p. 101, p. 106.

268 « Le caractère des nations », *ibid.*, p. 249.

bien public, nous pouvons alors déclarer que ce gouvernement est sage et heureux »[269]. Ce calcul est d'autant plus nécessaire qu'il est rare, plus encore que dans les relations interindividuelles, de trouver sympathie et bienveillance d'un groupe social à l'autre. L'intérêt de chaque groupe peut être une source de paix s'il est bien compris comme d'un affrontement pouvant aller jusqu'à la domination ou même la dictature de l'un d'eux et doit pour cette raison être contenu par des dispositions constitutionnelles appropriées : « Si ce même intérêt particulier ne connaît pas de frein, et n'est pas tourné vers le bien public, n'attendons alors que faction, désordre et tyrannie de la part d'un tel gouvernement »[270], déclare Hume.

Il est donc important de donner audience à chacun de ces intérêts, bien que d'une façon différente et, de toute façon, limitée. Ainsi, une marge importante de liberté est reconnue à la presse populaire, même si cela peut entraîner certains flottements dont l'affaire Wilkes est l'exemple[271]. D'autre part, face à l'opposition de Bolingbroke et des « Patriotes », pour lesquels l'influence royale est néfaste et tend vers le despotisme, Hume pense que cette influence est garante du maintien du Parlement dans son état actuel, à quoi la majorité de ses membres ont intérêt, et représente la meilleure sauvegarde de l'ancienne constitution[272]. Enfin, dès que leur richesse le leur autorise, il est admis que ceux qui le peuvent essaient de rejoindre l'aristocratie et ajouter à l'appui qu'est celle-ci pour la Couronne tout en bénéficiant du sien en acquérant une propriété foncière (ce qui montre que le prestige attaché à cette forme de propriété n'a pas disparu en face du pouvoir fluctuant de l'argent).

Ce que Hume constate en effet est surtout l'ascension sociale et politique de la bourgeoisie industrieuse qui entraîne à sa suite les classes inférieures tout en saluant les progrès de son état d'esprit et son effet bénéfique sur la richesse du pays mais sans souhaiter qu'elle passe véritablement aux commandes sur le plan politique pour ménager l'équilibre dû à la répartition existante des rôles, et encore moins que les classes populaires, dont le combat n'est pas encore au goût du jour, ne prennent le pouvoir[273].

---

269 « L'indépendance du Parlement », *ibid.*, p. 103.

270 *Ibid.*

271 Wilkes était un journaliste favorable à une extension de la liberté de la presse et dont les attaques virulentes contre Georges III et ses ministres entraînèrent à plusieurs reprises l'invalidation de son élection au Parlement, suivie en 1769 d'une mise en prison qui provoqua de graves émeutes populaires.

272 *Cf.* « L'indépendance du Parlement », *Essais et traités*, p. 105.

273 Cette hypothèse refait basculer Hume définitivement du côté de la monarchie :« Si nous avons plus de raisons de nous garder davantage de la monarchie parce que le

Pour bien situer ce problème, il faut revenir à l'importance historique de la propriété en termes de pouvoir politique. Hume constate la montée du pouvoir de la propriété financière, industrielle et marchande en même temps que sa tendance à se porter sur le plan politique, ce qui semble répondre à la loi qui veut, depuis Harrington, que le pouvoir reflète la propriété (quoique pour l'auteur de l'*Oceana*, il s'agisse essentiellement d'une propriété terrienne)[274]. Cependant, pour Hume, même si elles sont employées à la protéger, il y a des forces qui précèdent la propriété et qui continuent de se faire sentir lorsqu'il est question de décider du pouvoir politique. Pour cette raison, le philosophe qui les a observées n'est pas partisan d'une idéologie qui verrait le pouvoir dépendre entièrement de la propriété : « Un auteur connu a fait de la propriété le fondement de tous les gouvernements ; et la plupart de nos écrivains en politique semblent prêts à le suivre sur ce point. C'est porter la chose trop loin ; mais il faut bien reconnaître que l'opinion du droit de propriété a une grande influence en ce domaine. »[275] En réalité, aux côtés du droit que confère la propriété, il y a celui que confère d'autres pouvoirs, de préférence lorsque qu'ils sont anciens, ce qui est le cas de la monarchie. Et l'on comprend que ces droits aient pu s'entrechoquer. Dans un premier temps, le pouvoir royal soutenu par la constitution a pu enrayer la montée de la propriété représentée par la « gentry » à la Chambre des Communes, ce que l'auteur des « *Premiers principes du gouvernement* » admet : « Un gouvernement peut subsister pendant plusieurs générations, quoique la balance de la puissance et la balance de la propriété ne coïncident pas. Cela se fait principalement quand un rang ou un ordre dans l'Etat a acquis une large part de propriété, sans que la constitution primitive du gouvernement lui ait donné de part à la puissance. »[276] Hume salue toutefois le mouvement qui va voir une part de plus en plus grande du pouvoir échoir à ce « rang », non au prix d'une lutte violente contre l'ordre établi, comme Harrington le laisse supposer[277], mais

---

danger est plus imminent de ce côté, nous avons aussi raison de nous garder davantage d'un gouvernement populaire parce que le danger est alors plus terrible » (« Sur la question : le gouvernement britannique penche-t-il davantage vers la monarchie que vers la république ? », *Essais et traités*, p. 111»).

274 « La domination provient de la propriété, réelle ou personnelle, c'est-à-dire, en terres, argent ou autres biens [...].Mais pour ce qui est de la domination qui provient de l'argent ou d'autres biens, celle-ci requiert certaines racines, ce qui, sauf pour la terre, n'est pas possible » (*Oceana*, *Political Writings*, Westport, Conn. : Greenwood, [1656-] 1980, pp. 44-46).

275 « Les premiers principes du gouvernement », *Essais et traités*, p. 94.

276 *Ibid.*, p. 95.

277 *Oceana*, pp. 45-46.

progressivement et sans heurts, ce que l'on peut vérifier au regard des changements sociaux et économiques qui ont conduit l'Angleterre, depuis la guerre civile, jusqu'à la révolution pacifique de 1688. De plus, Hume note que l'accroissement du pouvoir d'une classe se trouve d'autant plus facilité que la constitution le permet, ce qu'a précisément rendu possible cette révolution : « Quand la constitution primitive accorde une part de cette puissance, même modeste, à un ordre de personnes qui possèdent une large part de propriété, il leur est facile d'étendre progressivement leur autorité et de faire coïncider la balance de la puissance et celle de la propriété. Cela a été le cas en Angleterre avec la Chambre des Communes. »[278]

Cette constatation montre en tout cas que le conservatisme politique de Hume, fondé sur l'autorité de la coutume et la croyance à l'effet néfaste des changements violents, n'en fait pas le défenseur inconditionnel de l'ordre établi. Hume raisonne en termes d'altérations successives, de glissements de pouvoir suivant les circonstances : en termes d'utilité. De façon générale, sa philosophie, si elle se mêle d'économie politique, intègre l'économie politique et non l'inverse. Hume n'est ni un partisan ni un militant. Ce qui est nuisible et dommageable, à ses yeux, a toujours été l'excès, le fanatisme et l'« enthousiasme », de quelque côté qu'il provienne. Mais l'auteur des *Discours politiques*, qui sait que « le pilier du gouvernement britannique est l'opposition des intérêts »[279] et en reconnaît l'utilité, accepte que se manifestent de nouvelles divisions sociales et politiques à condition que leur affrontement soit contenu pour être une source de progrès et concourir au bien de la nation.

Le philosophe hostile aux « innovations violentes »[280] se félicite ainsi de constater que le XVIIIe siècle est un siècle de stabilité intérieure dont le ministère Walpole donne l'illustration. Ce que Hume apprécie est la paix obtenue grâce à l'équilibre politique régnant, bien que celui-ci soit constamment menacé par l'activité des « factions » et qu'en cas de conflit, la sagesse commande que l'autorité l'emporte sur la liberté pour empêcher que celle-ci mène à des attaques désordonnées contre le pouvoir qui seraient un prétexte au despotisme[281].

---

278 « Les premiers principes du gouvernement », *Essais et traités*, p. 95.

279 « Idée d'une république parfaite », *Discours politiques*, p. 229.

280 « Du contrat originel », *ibid.*, p. 199.

281 Hume est l'apôtre de la modération et de la prudence : « Tous les extrêmes naissent naturellement et infailliblement l'un de l'autre. Si les usurpations de la Couronne, quoiqu'excusées par la nécessité ou par les provocations qui les ont produites, ont fait naître un amour immodéré pour la liberté, prenons garde que nos emportements,

Hume mesure en même temps à quel point l'autorité exercée par le pouvoir monarchique est fragile ; l'on se souvient sur ce point des conseils de fermeté que Hobbes prodiguait au monarque. Il est certain qu'au cours de l'histoire, le peuple aurait eu le pouvoir, s'il avait pris conscience de sa force, de renverser la monarchie s'il l'avait voulu. En fait, une certaine convergence d'intérêts dans la nation a mis fin à la monarchie absolue des Stuarts et installé une monarchie parlementaire en 1688. Même si le peuple n'a pas été consulté en profondeur, l'opinion s'est accommodée de ces changements. Constatant cela, l'auteur des *Essais* en déduit que « c'est sur l'opinion seule que le gouvernement est fondé »[282] dans la mesure où le grand nombre, qui possède la force, est gouverné par le petit. Même l'effet de la crainte, mis en avant par Hobbes, est soumis à l'influence antérieure de l'opinion que l'on a de la puissance additionnelle que détient le souverain, ou que, pense-t-on, les autres en ont, sa force corporelle, en tant qu'homme, étant des plus réduite. Cette opinion est en premier lieu une « opinion d'intérêt »[283] fondée sur les avantages que le gouvernement en place procure au plus grand nombre aussi bien que le ferait tout autre, dit Hume, que son ou ses détenteurs aient répondu par intérêt à l'intérêt de ceux qui ont fait appel à eux, comme le veut la version théorique du *Traité*, ou que, plus vraisemblablement, comme l'auteur *Du contrat social* le reconnaît en plongeant son regard dans l'histoire, ce gouvernement se soit établi par la violence ou la ruse. De toute façon, à partir de ce moment, le pli est pris. A l'opinion d'intérêt s'ajoute « l'opinion de droit »[284] qui se traduit par l'attachement qu'ont les hommes pour leur gouvernement et les incline à le conserver en fonction de la légitimité qu'il acquiert avec le temps. Il est évident que ce facteur peut se révéler utile et contribuer à la paix sociale jusqu'au point où, dans certains cas, l'oppression dont fait preuve un gouvernement annihile ses bienfaits et où le peuple prend conscience qu'il n'est plus de son intérêt de s'y soumettre mais témoigne de l'opinion opposée, à partir de laquelle le problème n'est même plus de procéder à des changements progressifs ou à des « transitions imperceptibles »[285] mais d'envisager une révolution : effectivement, l'on note les deux attitudes dans l'histoire politique anglaise. Il se peut aussi

---

introduisant l'anarchie, ne conduisent le peuple à chercher un asile sous le paisible sceptre d'un monarque absolu » (*Histoire d'Angleterre*, vol. 8, p. 118). C'est aussi ce que recommande le principe d'utilité.

282 « Les premiers principes du gouvernement », *Essais et traités*, p. 93.

283 *Ibid.*

284 *Ibid.*

285 « De la coalition des partis », *ibid.*, p. 214.

que certains peuples n'aient jamais accepté la férule de leurs dirigeants et que la passivité dont ils ont fait preuve ait été confondue avec une quelconque opinion : car il semble qu'une opinion ne puisse se manifester que dans des Etats où règne une certaine liberté, quitte, comme nous l'avons vu, à ce qu'elle pousse les hommes à mettre en question leur gouvernement selon un processus que son existence même ne saurait écarter et que Hume sous-entend dans sa démonstration.

L'opinion reste dans tous les cas une force morale dont les hommes politiques auront, semble-t-il, de plus en plus besoin pour justifier ou accompagner leur action. Il arrivera, certes, qu'elle change sous la pression, alimentée par des moyens de communication de plus en plus efficaces, des nouvelles forces sociales et de l'idéologie dont elles seront porteuses. A cet égard, Hume, s'il inaugure, en fonction de la situation historique de son œuvre, l'ère des auteurs de systèmes politiques, économiques et juridiques destinés à modifier les cours des choses en fournissant l'armature des transformations envisagées, observe une certaine retenue quant aux possibles transformations de la société de son temps : le souci qu'il montre de voir les intérêts de la bourgeoisie reconnus en fonction de leur place dans une vision utilitariste de la société se manifeste au travers du soutien qu'il apporte à leur l'action mais en même temps des limites dans lesquelles il cantonne celle-ci.

Il lui apparaît qu'il n'est pas souhaitable qu'un rang social, pas plus la bourgeoisie qu'un autre, monopolise le pouvoir ni indispensable qu'un pouvoir se traduise par une représentation parlementaire, bien que l'évolution politique démontre qu'elle ira dans ce sens. Il peut lui suffire d'exercer son influence sur les hommes au pouvoir même s'ils appartiennent à une classe différente, comme le seront une partie des Whigs du temps de Lord Shelburne dans sa politique progressiste favorable aux intérêts des classes moyennes et même les Tories de R. Peel lors de l'abolition des *Corn Laws* qui constituaient un facteur de vie chère et pénalisaient leur développement économique. Dans ces conditions, ce sont les idées qui prennent le relais de l'action immédiate, et un mouvement d'idées est d'autant plus fort qu'il se répand chez des partis et des hommes de diverses confessions sauf à s'exprimer de manière sauvage et arbitraire. Il peut surtout gagner, comme nous l'avons vu, l'opinion et finalement peser de tout son poids sur les hommes qui prennent les décisions politiques.

Tel est l'utilitarisme, qui ne se contentera pas de s'incarner dans la bourgeoisie industrielle et commerçante, mais influencera en profondeur toutes les couches de la société et toutes les croyances d'une façon telle que l'on est amené à se demander si, quel que soit le régime politique en vigueur, les idées qui ont trait au bonheur et au bien-être de la société et à leurs fondements matériels ne font pas de toute manière leur chemin[286]. Hume note à cet égard les progrès accomplis dans la France de Louis XIV malgré l'absolutisme du régime[287]. Il aurait simplement fallu que l'activité économique bénéficie d'un préjugé favorable, ce qui était davantage le cas en Angleterre qu'en France et allait, en s'alliant à l'esprit de liberté qui avait gagné les institutions de ce pays depuis la révolution de 1688, lui permettre d'avancer à pas de géants sur la voie du progrès matériel.

Il semble que ce type de progrès, dont la classe moyenne est le fer de lance, soit le plus important du point de vue utilitariste. Mais si l'apologie de cette classe lui permet d'établir un lien précis entre activité économique et bonheur, Hume considère que les progrès dus à l'activité économique s'étendent à d'autres secteurs : le secteur politique, comme nous venons de le voir, mais aussi les secteurs moral et culturel : « Un avantage de l'industrie et du raffinement dans les arts mécaniques est qu'ils produisent également des raffinements dans les arts libéraux »[288], affirme l'auteur des *Discours politiques*. La classe moyenne, contrairement au laisser-aller de l'aristocratie plongée dans le plaisir ou aux servitudes des plus pauvres trop occupés à pourvoir aux nécessités matérielles de l'existence, est le berceau privilégié d'une activité qui s'élargit à tous les domaines du savoir : de ses rangs sortent les industriels et les inventeurs comme les philosophes, ce qui lui permet de contribuer aussi de cette manière au bonheur général. En définitive, Hume se plaît à souligner l'interdépendance des différents aspects du développement d'un pays : « L'industrie, le savoir et l'humanité sont liés ensemble par une indissoluble chaîne. »[289]

Néanmoins, le philosophe qui souligne la plasticité des sources passionnelles n'est pas en faveur du « tout-économique », vision vers laquelle les mentalités inclineront à cause de la passion soulevée par la plus grande facilité d'acquisition de la richesse matérielle et la possibilité qu'elle aura, avec les progrès sociaux, de s'étendre au plus grand nombre aux dépens des satisfactions plus élevées sur lesquelles J.-S. Mill mettra l'accent. Il apparaît en effet que, plus le bonheur s'étend dans son acception utilitariste, plus les contraintes morales spécifiques de l'accumulation de la richesse matérielle sur laquelle il est fondé, épargne,

---

286 Ces idées peuvent se répandre dans des partis différents, *cf.* « De la coalition des partis », *Discours politiques*, p. 211.
287 « De la liberté civile », *Essais et traités*, p. 152.
288 « Du raffinement dans les arts », *Discours politiques*, p. 25.
289 *Ibid.*, p. 26.

frugalité, application au travail (qui le disputent à la consommation) gagnent en importance. Sur ce point, Hume n'est pas le maître d'une évolution qui verra l'économie industrielle s'approprier de plus en plus, malgré de profondes résistances, la culture et la politique, et ne pourra freiner un mouvement dont il se borne à constater, par opposition aux temps anciens, les premiers bienfaits. Mais dès son époque, le danger était que les classes supposées assurer la prospérité et l'équilibre politique de la nation ne rompent cet équilibre à leur profit, avant que le prolétariat prétende à son tour avoir un rôle à jouer sans pour autant contester la toute-puissance de la conception matérialiste du bonheur dont la bourgeoisie capitaliste était porteuse.

Hume ne remet pas pour autant en question le découpage social de la société. Ce qu'il souhaite est que les oppositions ne soient pas irrémédiables, moins par souci d'égalité (car celle-ci est impossible) que de mesure et de modération. Ses recommandations sont celles d'un philosophe qui estime avoir son mot à dire dans les affaires de son pays : le problème est que le scepticisme d'où provient sa modération n'est pas le fort des acteurs économiques ou politiques dont la vision est pratique, exigeante, comme l'est leur intérêt, comme l'est leur action. Le danger est dans une étroitesse de vues qui peut l'emporter sur un intérêt rationnellement calculé. Sur ce point, le scepticisme peut être le remède à l'excès en tous domaines, non en tant que fin définitive à la manière du pyrrhonisme, mais comme un filtre susceptible de permettre aux seules bonnes lois et bonnes mœurs de se dégager et à l'utilité qui en résulte de se faire jour : à une science de la nature humaine fondée sur l'expérience et l'observation de guider les hommes dans leur démarche matérielle et morale. Cela dit, Hume ne fait pas du bonheur la suite automatique de l'utilité qui surnage après l'épreuve du scepticisme ; simplement, si le bonheur doit avoir un contenu, il passe par l'utilité, y compris dans la vision d'un équilibre entre « action, plaisir et indolence »[290] qui favorise en définitive l'action. Il est certain que le scepticisme limite la portée et les résultats de celle-ci dans les deux sujets qui mobilisent le plus l'attention, la recherche de la connaissance qui n'intéresse, il est vrai, qu'un nombre d'hommes limité et surtout la recherche des moyens de survivre par une action menée sur le double plan économique et politique et à laquelle tous se livrent.

Tout en prenant la mesure des difficultés qui en réduisent le champ ou la rendent incertaine, Hume en affirme l'utilité ainsi que l'intérêt que des hommes disposant de droits et de libertés ont à la mener, et il faut

---

[290] *Ibid.* p. 24.

reconnaître que la pensée économique qui s'appuiera sur cette évidence ne sera pas la même après qu'avant lui, d'autant que les exigences et les revendications grandiront dans les domaines concernés. Cela peut d'ailleurs illustrer le décalage qui existe entre un message philosophique et son effet, étant donné que l'un des caractères des hommes qui recueillent un message est de le dépasser, d'essayer d'aller plus loin que leur maître et sans doute de le fausser. Le danger est également que les mouvements que déclenche une cause initiale s'enchaînent les uns les autres et peuvent devenir extrêmes en fonction d'une nécessité qu'il devient impossible de modifier à partir d'un certain point.

Quoi qu'il en soit, Hume, après avoir mis en lumière les principes de la nature humaine et examiné de quelle façon la conduite qui en dérivait pouvait révéler son utilité, a favorisé le glissement des choses sur le terrain économique. Les classes marchandes et industrielles se sont trouvées aux premiers rangs du mouvement avant d'être suivies par l'ensemble de la nation. Et en étant recueilli par le plus grand nombre, le message de Hume a autorisé la poursuite de la prospérité matérielle comme élément privilégié du bonheur.

CHAPITRE III

BENTHAM ET LE RADICALISME PHILOSOPHIQUE

I. POSTULATS FONDAMENTAUX

Bentham, tout en inscrivant son œuvre dans la ligne individualiste et utilitariste initiée par les moralistes politiques et économiques anglais qui l'ont précédé, va mettre l'accent d'une façon plus concrète et plus engagée sur l'idée de bonheur. Si pour Hobbes le bonheur semble se trouver « dans un horizon toujours plus lointain »[1], se ramener pour Locke à l'allègement de la misère et se conjuguer pour Hume avec le principe d'utilité, Bentham va confier, en conformité avec ce principe, à une morale et à une législation améliorées la tâche d'encadrer l'action économique dans le but avéré de réaliser « le plus grand bonheur du plus grand nombre »[2].

1. Utilité, plaisir, bonheur

Le principe d'utilité, que Bentham déclare avoir « pris »[3] à Hume un demi-siècle après l'annonce que celui-ci en avait faite dans le *Traité de la nature humaine*, a toujours été, selon lui, à l'œuvre chez les hommes avec des fortunes diverses car il s'est heurté à d'autres principes comme le principe ascétique ou le principe de sympathie et d'antipathie, le paradoxe étant que ceux qui se sont opposés au principe d'utilité l'ont fait avec des arguments qui étaient tirés sans qu'ils s'en rendent compte de ce principe même. Bentham, pour justifier l'emploi de ce terme, rappelle, en s'appuyant sur son étymologie, qu'un principe emporte l'idée de quelque chose de premier qui est le fondement d'une série d'opérations physiques ou mentales, et « considère le principe dont il s'agit ici comme un acte de l'esprit, un sentiment qui, lorsqu'il s'applique à une action, en approuve l'utilité »[4].

---

[1] *Cf. supra*, p. 22.

[2] La formule apparaît dès le *Fragment on Government* , Londres : Athlone Press, [1776-] 1977, p. 373. Nous reprendrons le nom de radicalisme philosophique donné par E. Halévy à l'œuvre réformatrice de Bentham. .

[3] *MSS*, University College, No 10.

[4] *Introduction aux principes de morale et de législation*, trad.de l'anglais [*An Introduction to the Principles ot Morals and Legislation*, 1780] par le Centre Bentham, Université Paris Ouest. Paris : P.U.F., 2001.

On retrouve l'opération artificielle (bien qu'à l'origine dictée par les impératifs naturels de la conservation) de ce principe dans l'établissement de lois et d'un gouvernement qui n'existent pas dans l'état de nature, à vrai dire dans tout ce que font les hommes pour rendre leur existence plus heureuse. De ce point de vue, le principe d'utilité pousse les hommes à chercher sans arrêt ce qui est le plus efficace, le plus productif dans leurs affaires et le plus payant au niveau des efforts d'où résultera le bonheur général. Bentham, qui juge les résultats obtenus radicalement insuffisants au vu des injustices persistantes, mettra davantage que Hume l'accent sur ce qui « devrait » être fait et descendra davantage dans le détail des institutions et des pratiques pour mettre les acteurs sociaux en face de ce qui ne va pas pour l'améliorer. Car, pour lui, une telle amélioration est possible. La différence entre Bentham et Hume est que le scepticisme de ce dernier l'incline à rester modéré et à envisager les seules réformes qu'il juge possibles en fonction d'une philosophie qui ne lui permet de tirer ses conclusions que d'une expérience jamais achevée et sujette à l'erreur. Cela ne met nullement en question pour lui le principe d'utilité qui fait aux hommes un devoir d'accomplir les actions qui vont dans le sens de leur intérêt et entraînent une approbation générale, tout en sachant qu'ils peuvent se heurter à des difficultés imprévues. Mais c'est, d'une certaine façon, la part du hasard que Bentham cherche à réduire en découvrant les obstacles qui peuvent se trouver en travers de la route qui, selon lui, mène au bonheur et en dressant des plans pour les éviter. C'est aussi les mauvaises habitudes, la mauvaise volonté, l'inertie coupable des gens en place qu'il dénonce en se montrant plus radical que Hume, plus réactif par rapport aux déséquilibres du système dont ils profitent et plus directif dans ses solutions.

Ce qui est intéressant chez Bentham est le lien direct qu'il établit entre utilité et bonheur en consacrant la nouvelle dimension de celui-ci, bien qu'il confesse n'avoir pas immédiatement perçu leur rapport : il a trouvé l'idée maîtresse du « plus grand bonheur » chez Joseph Priestley[5] sans que celui-ci ait vu, comme Bentham va le faire, dans le principe d'utilité la possibilité de considérer le bonheur comme un plaisir et donc de le ramener sur le plan des satisfactions accessibles : « J'étais moi-même pris en faute quand je butais sur l'utilité ; et celle-ci était imparfaite jusqu'à ce que je trouve le plus grand bonheur chez Priestley, qui n'en avait pas fait de système et ne savait rien de sa valeur. Il n'avait pas relié au bonheur

---

[5] Disciple de Locke et de Hume, auteur, en 1768, de *An Essay on the first Principles of Government and on the Nature of Political, Civil and Religious Liberty*.

les idées de plaisir et de douleur. »[6] De cette manière, le bonheur réapparaissait comme extension du plaisir dans la perspective empiriste anglaise tracée par Hobbes, Locke et Hume. Cela acquis, leur successeur pouvait mettre en avant l'intérêt de ceux dont il convenait de considérer le bonheur et inscrire l'opération du principe d'utilité dans un contexte moral : « Par principe d'utilité on entend le principe qui approuve ou désapprouve toute action, quelle qu'elle soit, selon la tendance qu'elle semble avoir à augmenter ou à diminuer le bonheur de la partie dont l'intérêt est en jeu ou, en d'autres termes, à promouvoir ce bonheur ou à s'y opposer. »[7]

Pour l'auteur de l'*Introduction aux principes de la morale et de la législation*, tout l'édifice utilitaire repose sur la recherche du plaisir et la fuite de la douleur qui sont les données fondamentales du comportement que la raison recommande de prendre en compte dans le système législatif en vue du bonheur. Les grandes lignes de cette philosophie morale et politique sont exposées en tête de l'ouvrage : « La nature a placé l'humanité sous le gouvernement de deux maîtres souverains, la *douleur* et le *plaisir*. C'est à eux seuls d'indiquer ce que nous devons faire aussi bien que de déterminer ce que nous ferons. A leur trône, sont fixés, d'une part, la norme du bien et du mal, de l'autre, l'enchaînement des causes et des effets. Ils nous gouvernent dans tout ce que nous faisons, dans tout ce que nous disons, dans tout ce que nous pensons : tout effort que nous pouvons faire pour secouer le joug ne servira jamais qu'à le démontrer et à le confirmer. Quelqu'un peut bien prétendre en paroles renier leur empire mais il leur restera en réalité constamment soumis. Le *principe d'utilité* reconnaît cette sujétion et la tient pour le fondement du système dont l'objet est d'ériger l'édifice de la félicité au moyen de la raison et de la loi. »[8]

Par la suite, Bentham replacera le principe d'utilité dans un contexte matériel en considérant le bonheur auquel il conduit comme la conclusion d'un certain nombre d'avancées concrètes sur le plan économique et même, comme Adam Smith et Hume les y avait situées, sur le plan financier en liaison avec le plaisir qu'elles procurent : « On entend par utilité la propriété par laquelle un objet tend à produire du bénéfice, des avantages, du plaisir, du bien ou du bonheur. »[9] Cela laisse supposer que les dispositions législatives que Bentham a en vue auront

---

6 *The Works of Jeremy Bentham*, Bowring (ed.), Bristol : Thoemmes Press, [1843-] 1995, vol. X, p. 567.

7 *Introduction*, p. 26.

8 *Ibid.*, p. 25.

9 *Ibid.*, p. 26.

pour but de favoriser l'activité source de ces progrès. Nous reviendrons sur ce point qui montre une fois de plus la dérive économique de l'utilité- et du bonheur - mais pour le moment, en restons à l'exposé des traits principaux de sa morale.

2. La méthode quantitative

La souveraineté du plaisir et de la douleur est d'autant moins contestée par l'auteur de l'*Introduction* que celui-ci ne s'embarrasse pas de considérations qualitatives. A une époque où la science et les techniques de production ont pris un caractère quantitatif[10], Bentham confère ce caractère au plaisir et à la douleur et, dans une espèce d'« arithmétique », évalue ces derniers en fonction de plusieurs paramètres tous chiffrables : leur intensité, leur durée, leur certitude ou leur incertitude, leur proximité ou leur éloignement, leur fécondité, leur pureté et leur capacité à s'étendre au plus grand nombre de personnes possible[11].

Le point qui concerne l'extension de la production du plaisir et de la suppression de la douleur au plus grand nombre est capital car il confère sa véritable signification à la doctrine utilitariste en faisant de l'intérêt général l'addition des intérêts particuliers : « Qu'est-ce donc que l'intérêt de la communauté ? La somme des intérêts des divers membres qui la composent »[12], déclare Bentham, pour qui la communauté n'est pas autre chose qu'un « corps fictif »[13], en réalité une addition d'individus réunis concrètement dans un cadre spatio-temporel donné sans être nécessairement animés par des sentiments propres au groupe comme la fraternité, le nationalisme ou l'idée ancienne de dépendre d'un monarque père de la nation, ce qui peut être bénéfique mais inclut le risque de voir cet intérêt varier en fonction de considérations purement matérielles.

L'opération consistant à répartir une somme de bonheur entre les membres de la communauté se développera ainsi sur le plan économique en liaison avec une conception quantitative du plaisir. Telle est, semble-t-il, l'évolution normale de cette conception typique de la civilisation

---

[10] Cela, selon l'historien J.-U. Nef, date en fait du XVIIe siècle, époque où ont eu lieu une première révolution industrielle avec l'utilisation de la houille (à la place du charbon de bois) dans la production du fer et du verre, et une première révolution scientifique avec le développement des mathématiques à la fois comme objet de recherche pure et comme instrument de mesure économique (*cf. La naissance de la civilisation industrielle et le monde contemporain*, Paris : Colin, 1954).

[11] *Ibid.*, pp. 57-60.

[12] *Ibid.*, p. 27.

[13] *Ibid.*

industrielle, dont la défense peut se reconnaître de nos jours chez les tenants de l'« économétrie »[14].

3. Approbation et désapprobation. Le principe de sympathie

L'approbation et la désapprobation de leurs faits et gestes entrent dans la logique d'une doctrine utilitariste qui engage les hommes sur la voie du bien-être en présentant la recherche de celui-ci comme moralement bonne. Mais pour Bentham, il est souhaitable de ne pas accorder trop d'importance à une approbation et une désapprobation qui peuvent être faussées par le principe de sympathie et d'antipathie qui permet à certains hommes de faire approuver ou désapprouver des actions et des sentiments qui sont dictés par leur intérêt ou leur caprice[15] et de faire, en entraînant les autres à leur suite, de ce principe un principe « despotique »[16], notamment en politique s'ils disposent du pouvoir et de l'autorité. Bentham voit également dans la théorie du « sens moral »[17] qu'il attribue à Hume un instrument propre à exercer une domination morale, puisqu'à l'expression d'un sentiment s'ajoute la force de contagion qui lui est particulière. La loi de nature elle-même (encore intitulée loi de la raison)[18], ne sert pour sa part qu'à déguiser et à faire accepter les sentiments et les opinions de celui qui l'invoque sur ce qui est bon ou mauvais et devrait être remplacée par la référence à l'utilité dont elle s'inspire réellement[19]. C'est d'ailleurs la démarche que Locke avait finalement recommandée (non sans la considérer comme un pis-aller). Au rang des masques sous lesquels se présente le principe de sympathie et d'antipathie, la « common law »[20] qui prend naissance dans les décisions des juges n'échappe pas non plus aux critiques de Bentham

---

14 *Ibid.*, pp. 57-58. L'économétrie est la science quantitative, mathématique et statistique des faits économiques apparue entre les deux guerres (R. Roy, F. Divisia, *Economie rationnelle*, 1927, *L'épargne et la richesse collective*, 1928, *Exposés d'économique*, 1950, E. Milhau, *L'économétrie*, R. E. P., janv. -févr. 1938) et qui a pris par la suite un développement considérable (fondation du *Centre d'études économiques*, institution de la *Société internationale d'économétrie*, création aux Etats-Unis de la *Cowles Commission for Research in Economics*, édition de la revue *Econometrica*) au point de prétendre « appliquer l'ensemble des mathématiques à la science économique » (G. Letinier, « Deux aspects de l'étude économétrique des fluctuations économiques » *in* : *Divers auteurs*, *Fluctuations économiques*, Domat, 1954, p. 317 sq).

15 *Introduction*, note c, p. 38.

16 *Ibid.*, note 9, p. 44.

17 *Ibid.*, p. 42.

18 *Ibid.*, note 7, p. 43.

19 *Ibid.*

20 *Ibid.*, note c, p.41.

concernant la place du sentiment dans l'administration de la justice, bien que celui-ci ne s'oppose pas toujours aux prescriptions de l'utilité. C'est l'occasion pour l'auteur de l'*Introduction* d'affirmer que dans ce domaine, l'« instinct » (sans doute dirions-nous aujourd'hui, l'intime conviction) peut rejoindre la « raison »[21]. Cependant, la possibilité que le principe de sympathie coïncide avec le principe d'utilité en matière de condamnations pénales et de châtiments à cause de l'horreur inspirée par l'injustice ne suffit pas pour lui donner autorité : sous son influence, les châtiments ont tendance à être trop sévères dans la mesure où la moindre différence de goût et d'opinion suffit à justifier une condamnation (sauf si les faits incriminés sont éloignés, auquel cas l'effet contraire prévaut).

En définitive, la sympathie ne permet pas de « donner des garanties et des repères »[22] aux sentiments intérieurs d'approbation et de désapprobation qui sont adressés à certaines actions non en fonction de leur tendance à augmenter ou diminuer le bonheur de la partie dont l'intérêt est en question mais de la pure disposition du sujet. Une action bonne et « utile » ne peut être approuvée et jugée « juste »[23], une action dommageable désapprouvée que sur la base de leurs résultats concrets. Bentham fait allusion à un « fondement extrinsèque »[24], à un « norme extérieure »[25] représentés par le plaisir ou la douleur effectivement produits et mesurables pour étayer les jugements de valeur sur les comportements et les caractères et favoriser en dernier lieu ceux qui bénéficient au plus grand nombre. Les choix moraux et politiques, qui sont les premiers concernés, devront être guidés par une mesure de l'utilité fondée sur des critères objectifs. A l'inverse, la sympathie, qui repose essentiellement sur des critères subjectifs, risque de diviser au lieu d'unir.

Hume avait fait état de la sympathie qui allait aux personnes victimes d'injustice, même éloignées de nous, pour faire naître une obligation morale qui s'ajoutait à celle de la justice, mais qui allait aussi, dans certaines conditions, aux riches et aux puissants[26] et leur permettait de promouvoir leurs propres intérêts en gagnant tout le monde à leur cause. C'est en se plaçant de ce point de vue que Bentham attire l'attention sur les effets pervers de la sympathie dans la mesure où les sentiments qu'elle

---

21 *Ibid.*

22 *Ibid.*, p. 25.

23 *Ibid.*, p. 13.

24 *Ibid.*, p. 39.

25 *Ibid.*, p. 42.

26 *Traité*, p. 464.

commande peuvent avoir pour origine, à un niveau individuel ou social, des intérêts qui s'opposent entre eux ou s'opposent à l'intérêt général. L'on a pu constater quel parti en ont tiré la monarchie, l'aristocratie en suscitant des mouvements d'opinion favorables à leur existence et en entraînant l'adhésion de l'ensemble du peuple à leur politique comme le fera la bourgeoisie industrielle et commerçante avant que les mouvements sociaux conduisant au socialisme ou au communisme ne se déclenchent et que les nouvelles classes projetées sur le devant de la scène ne cherchent, à leur tour, à attirer les sympathies.

Ce n'est donc pas par une approbation issue de la sympathie avec des intérêts de classe qui sont une source d'exclusion que peuvent se réaliser, aux yeux de Bentham, la justice et la morale qui lui sert de soutien mais par la prise en compte la plus large possible des intérêts individuels regroupés au sein de la communauté. Dans ces conditions, seul un régime démocratique où ces intérêts seront représentés et où aucune force sociale et politique mal orientée ne pourra capter les sympathies et exercer une influence contraire à l'intérêt commun pourra assurer l'unité et le bonheur de la nation : nous allons examiner comment Bentham en est venu à cette conclusion et dire ce que nous pouvons en penser.

II. INTERET PARTICULIER ET INTERET GENERAL

1. Le principe de préférence personnelle

Bentham a conféré au principe d'utilité, sur lequel il fonde le système censé conduire les hommes au bonheur, une aptitude à privilégier le plaisir lié à l'activité économique et à ses résultats à la suite de l'évaluation quantitative du plaisir. Cette pente économique tient également au fait que, dans cette activité, se manifeste de façon significative le principe de « préférence personnelle » qui est, dans la terminologie de Bentham, la version moralement correcte de l'égoïsme[27] dont témoignent naturellement les hommes en fonction des nécessités de la conservation et de l'amélioration de leur vie et dont il n'est pas question de discuter le bien-fondé dans la mesure où il est inscrit dans leur nature et se trouve légitimé par la rareté des biens extérieurs.

---

[27] Selon E. Halévy, l'« économie politique ou "dogmatique de l'égoïsme" constitue la plus significative des applications du principe de l'utilité » chez Bentham (*La formation du radicalisme philosophique*, p. 25).

Pour Bentham, ce principe, « qui a cours partout »[28], régit la recherche du plaisir et la fuite de la douleur. Il se traduit par une attitude égocentrique - « les motifs dont l'influence est à la fois la plus puissante, la plus constante et la plus large sont tous des motifs auto-référents [*self-regarding*] »[29] - et égoïste, dans le sens où ce qualificatif implique une comparaison avec autrui : « Par principe de préférence personnelle, il faut entendre cette tendance de la nature humaine selon laquelle, en toute occasion, un être humain est amené à suivre cette ligne de conduite qui, selon son point de vue, contribuera au plus haut degré à son propre plus grand bonheur, quel que soit son effet sur le bonheur de ses pareils, pris individuellement ou tous ensemble. »[30] Il s'agit de bonheur mais il s'agit en premier lieu d'intérêt, dont Bentham affirme que dans le domaine juridico-politique comme économique, « l'intérêt personnel prédomine sur tous les autres intérêts pris ensemble »[31].

Néanmoins, dans chacun de ces domaines, bien que de façon différente, l'intérêt personnel va d'une part se sublimer et donner naissance, pour Bentham comme pour Hume, à l'intérêt public par une réflexion aboutissant à la justice et au gouvernement, d'autre part laisser dans ce cadre politico-légal libre cours au désir d'assurer sa subsistance et son bien-être et contribuer ainsi, de façon accidentelle et involontaire, au bien général.

Examinons les versions que donne Bentham de chacune de ces démarches.

2. L'identité naturelle des intérêts

Reprenant la théorie d'Adam Smith selon laquelle la prospérité générale résulte sans qu'ils le veuillent de poursuites menées par des hommes qui ne se soucient que de leurs propres intérêts mais sont guidés par une « main invisible », Bentham intègre sur fond de liberté le principe de préférence personnelle dans sa vision économique de la société. Les intérêts égoïstes s'harmonisent d'eux-mêmes en produisant mécaniquement le bien général, de telle sorte que la société ne pourrait subsister un seul instant si chaque individu s'intéressait davantage au

---

28 *Constitutional Code*, *Works*, vol. IX, p. 5.

29 *Introduction*, p. 191

30 *Constitutional Code*, *Works*, vol. IX, p. 5. Dans un autre ouvrage, Bentham cite parmi les motifs de l'homme la promotion de ses intérêts propres, l'amour du pouvoir ou le simple désir de conservation (*Principes du Code Pénal*, *Œuvres de Jérémie Bentham*, Dumont ed., Bruxelles : Hauman, 1829, t. II, p. 134).

31 *Ibid.*

bien-être d'autrui qu'au sien propre : « Chaque individu a pour occupation constante le soin de son bien-être, occupation non moins légitime que constante ; car supposez qu'on puisse renverser ce principe, et donner à l'amour d'autrui l'ascendant sur l'amour de soi-même, il en résulterait l'arrangement le plus ridicule et le plus néfaste. »[32] La survie matérielle de la société implique nécessairement une prééminence des motifs personnels sur les motifs sociaux : « Les motifs personnels sont les plus utiles, les seuls dont l'action ne peut jamais être suspendue, parce que la nature leur a confié la conservation des individus : ce sont les grandes roues de la société. »[33] Ces motifs conduisent naturellement les hommes à développer leur activité économique, et c'est sur ce plan qu'une entente naturelle se réalise entre eux comme c'est à la morale et à la législation de la maintenir.

3. L'identification artificielle des intérêts

Dans une société où grandissent les enjeux économiques, Bentham, à la suite de Hume, considère (dans les termes qui lui sont propres) que c'est dans la recherche de satisfactions matérielles de plus en plus mesurées par la richesse financière que les hommes courent les plus graves dangers et risquent le plus de se nuire : « De toutes les passions, celle qui est le plus accessible au calcul, et des excès de laquelle, en raison de sa force, de sa constance et de son universalité la société a le plus à craindre, est la passion qui correspond au motif de l'intérêt pécuniaire. »[34] D'où la nécessité, pour permettre à cette passion de se satisfaire dans les meilleures conditions, d'instituer justice et gouvernement. Sur ce point, sans toutefois remonter aux origines de la société, Bentham poursuit le raisonnement de Hume tout en limitant le volet consacré à la sympathie et en montrant que l'accord qui se réalise entre les individus est dû essentiellement à la crainte de la violence liée à leur avidité naturelle et à l'intérêt qu'ils ont à la modérer. L'approbation donnée à l'action de ces institutions renvoie à des intérêts qui ont tendance à se différencier ou à s'opposer mais finalement à s'unir pour des raisons de sécurité. En définitive, la société politique, pour Bentham, est un tout formé d'individus qu'associent intérêts et craintes sur le modèle de la société dont les lignes ont été fixées par Hobbes avant d'être reprises et orientées dans un sens économique par Locke et par Hume.

---

[32] *Principes du code civil*, *Œuvres*, t. I, p. 59.
[33] *Principes du code pénal*, *Œuvres*, t. II, p 134.
[34] *Introduction*, p. 213.

Le principe d'utilité laisse ainsi s'exprimer la préférence personnelle et le désir de richesse qui en résulte dans une société qui en limite les excès : c'est dire toute l'importance des lois et des châtiments dont l'usage généralisé (plus que des récompenses) joue un rôle décisif dans l'apprentissage des valeurs nécessaires à la vie civile. Il n'y a ici rien d'original sinon la volonté de conférer une dimension utilitariste commune au cadre législatif et économique de l'action de l'homme en montrant que dans ce cadre, sont servis et l'intérêt public et l'intérêt privé, bien que d'une manière différente. Car il sera toujours difficile à Bentham d'associer ces deux espèces d'intérêts - telle est la gageure de la morale utilitariste - et c'est d'une façon très générale qu'il déclarera qu'après avoir posé « ses premiers principes, le principe du plus grand bonheur et le principe de préférence personnelle, la suite de son travail sera le développement et l'application de ces principes »[35].

Ce travail aura pour but d'améliorer les conditions de fonctionnement de la société que les hommes ont choisie en se dotant des institutions qui leur permettent de vivre et de travailler en paix. Car il s'agit bien d'un choix, celui que, déjà, Hobbes évoquait lorsqu'il déclarait que si les hommes ne pouvaient obtenir la paix qu'ils recherchaient, ils pouvaient recourir à la guerre.

Un tel choix revêt une dimension morale et se trouve confirmé par l'approbation dont il est l'objet. Mais ce choix est aussi celui du réalisme, de l'efficacité, du succès. A la base de l'action tendant à apporter le bonheur à chacun d'entre eux en conformité avec le principe d'utilité, les hommes décident d'observer des lois et d'obéir à un gouvernement au lieu d'utiliser la violence. En pratique, il s'agit de se placer dans les circonstances dont le calcul et la réflexion, sous l'influence du principe d'utilité, ont tracé les lignes directrices : d'une part, construire une société garantissant la vie et les biens de ses membres ; d'autre part, laisser à chacun d'eux la liberté de choisir les moyens de veiller à sa subsistance ou à son bien-être, ce qui, dans une économie de concurrence et d'échange, bénéficiera à toute la communauté. Il suffit que cette vision soit partagée par tous les hommes et pour cela, que tout soit fait pour les éclairer.

En effet, la création de l'Etat ou le soutien apporté à l'Etat existant, quitte à en envisager les modifications, procède d'une autre connaissance, celle de la nature humaine. Il n'est pas question que les structures politiques ou économiques élaborées par les hommes soient fondées sur autre chose que les principes fondamentaux de leur nature :

---

[35] *Ibid.*, p. 8.

telle est la voie qu'ont suivie les philosophes politiques et économiques utilitaristes en tirant leurs conclusions d'une analyse de la nature humaine dont Hume a donné en son temps la meilleure illustration. Pour eux, la connaissance obtenue ne reste pas vaine mais prend corps dans des constructions ou des circonstances qui permettent d'orienter l'action de la manière la plus utile.

Cette connaissance ou cette conscience (Bentham utilise les deux termes) qui permet de prévoir les conséquences de l'action et de créer les circonstances favorables à son succès est la mesure de la qualité de leur démarche. La mauvaise démarche est celle qui n'est pas suffisamment informée quant à ses probables résultats. Il est vrai que des circonstances imprévisibles peuvent surgir. Mais il est essentiel aux yeux de Bentham que, dans l'action morale, législative et judiciaire des institutions, tout soit fait, à partir de la connaissance des ressorts de l'action, pour que l'intérêt privé s'identifie à l'intérêt public et que chaque individu puisse affirmer que « [son] intérêt propre et légitime est la part qu'il prend à l'intérêt universel »[36]. Telle est en tout cas la seule façon de concevoir une législation dont le but propre dans toute communauté politique est le bonheur des individus dont elle est composée, en d'autres termes, le plus grand bonheur du plus grand nombre.

4. Récompenses et punitions

Les récompenses et les punitions forment, dans l'optique utilitariste chère à Bentham, la partie la plus importante des circonstances capables d'inciter les hommes à accomplir ce qui contribue à leur bonheur. Elles représentent l'arme essentielle qui doit être consentie au gouvernement en tant que maître et exécuteur de la loi pour maintenir la paix à partir de laquelle d'autres avancées pourront être envisagées. C'était déjà l'administration des punitions et des récompenses par un Etat fort que Hobbes avait, dans leur intérêt, recommandée aux hommes pour mettre fin aux désordres de l'état de nature. Le droit de nature originel s'effaçait devant une loi prohibitive. Chez Locke, ce droit subsistait à travers la loi mais l'intérêt restait présent au fond du processus avant de passer au premier plan chez Hume et de guider la démarche des hommes qui mettent en place un gouvernement dont la fonction principale est d'exécuter la justice.

Pour Bentham, les punitions et les récompenses, que l'on reverra dans le domaine économique, doivent toujours être administrées en vue de

[36] *Constitutional Code, Works*, vol. IX, p. 6.

promouvoir l'intérêt ou le bonheur général par le législateur (sous les traits duquel se présente l'homme au pouvoir) : « Le plus grand bonheur du plus grand nombre doit être l'objectif de tout législateur : pour réaliser ses projets concernant cet objectif, il possède deux instruments - la punition et la récompense. Les théories de ces forces se partagent, quoiqu'en parts inégales, tout le champ de la législation. »[37] En somme, le plus grand bonheur du plus grand nombre est tout d'abord la besogne du législateur. L'individu, quant à lui, ne se préoccupe que de son bonheur ou de son intérêt personnel et ne contribue au bonheur ou à l'intérêt général qu'indirectement. Ainsi, avec Bentham, la pensée utilitariste montre clairement, quoiqu'en termes différents, l'évolution qui la conduit depuis Hobbes et sa conception de l'Etat-Léviathan, à déplacer l'attention de l'individu à la société et au gouvernement.

Bentham traite de la signification générale des punitions et des récompenses dans la *Théorie des peines et des récompenses* tout en donnant des indications sur l'opportunité de leur emploi. Nous en dirons un mot avant d'examiner leur rôle spécifique dans le système pénal puis dans le système économique qu'il propose en relation avec sa conception du gouvernement.

Ces indications sont inspirées par le principe selon lequel la punition est plus efficace dans son opération et plus certaine dans ses effets que la récompense. En ce qui concerne son domaine de prédilection, l'apprentissage des vertus civiques, elle agit sur tous en subjuguant des passions communes, alors que la récompense agit sur les individus dotés de certaines qualités pour développer celles-ci. La punition retient et empêche de produire des actes négatifs préjudiciables au lien social ; à cet égard, son emploi est une nécessité : si on la supprime, la société ne peut exister. C'est même la base requise de l'action en vue du bonheur, puisque celui-ci passe par l'élimination du mal dû à un comportement antisocial, de sorte qu'il n'est pas étonnant, dans une optique utilitariste, que Bentham, après Hobbes, Locke et Hume, consacre toute son attention à la justice et aux châtiments. La récompense, quant à elle, est plus propre à faire naître des actes positifs et à tirer d'un individu tout ce dont il est capable. Son emploi est un luxe : si on la supprime, la société subsiste encore, mais avec moins de plaisir et moins d'élégance. Par ailleurs, la récompense attribuée pour des actes civiques a un coût plus élevé que la punition puisqu'elle est tirée de l'argent public[38].

---

[37] *The Rationale of Reward*, *Works*, vol. II, p. 191.

[38] Ces divers arguments sont exposés dans la version française de l'ouvrage, la *Théorie des récompenses*, *Œuvres*, Dumont ed., t. II, pp. 141-43.

Nous aimerions signaler une possible ambiguïté dans le sens que prennent les notions de récompense et punition. Conformément à un usage établi, celles-ci peuvent traduire la façon dont sont vus les résultats d'une action en fonction d'une sorte de justice morale. Ainsi, la prospérité récompense une activité économique bien menée, la misère est la punition d'une absence d'efforts et de l'oisiveté. C'est en effet dans leur relation au travail qu'il est couramment fait appel aux notions de récompense et de punition. L'abus de cette méthode se fait sentir lorsque des événements fortuits sont présentés comme des récompenses ou des punitions, ce qui a longtemps été le fait des prédicateurs religieux ou oracles de diverse nature. Mais sous une forme éducative concrète, récompense et punition s'ajoutent artificiellement aux résultats de l'action pour en renforcer ou modifier les effets. En ce qui concerne la récompense, un cadeau de la part de ses parents vient s'ajouter au succès d'un élève à un examen, une privation à son échec. Le travail qui est déjà rétribué par un salaire se voit récompensé, de façon plus manifeste encore, par une prime, la négligence par un licenciement ; la vertu civique, en plus du bien qui en résulte, est l'objet de distinctions honorifiques. Le sujet est ainsi invité à persévérer dans la voie suivie. La punition, quant à elle, se présente comme une sanction extérieure qui s'ajoute à l'action délictueuse mais de façon contraire au bénéfice que son auteur en escomptait et constitue le moyen le plus couramment utilisé pour la condamner et en prévenir la récidive. C'est précisément dans le domaine judiciaire, où le législateur doit en faire régulièrement usage selon une conception de ses fonctions encore plus concrète que chez Hume, que Bentham va en examiner la pertinence et les effets sur le bonheur général. Mais celui-ci va également voir, toujours dans une perspective utilitariste, quel parti peut être tiré de l'application de la théorie des récompenses et des punitions dans le domaine de l'économie politique. Nous allons traiter ces points en commençant par celui qui concerne les décisions de la justice pénale dans leur lien avec le contexte social et politique et leur effet sur la morale.

L'usage des récompenses et des punitions par le pouvoir en place représente la partie de la justice qui, outre l'éducation ou la propagande dispensée par ce pouvoir, contribue de façon décisive à l'implantation des idées de bien et de mal dans les esprits et à la formation de la morale nécessaire pour souder la société une fois que celle-ci s'est élargie. Mais même si elles reposent sur les réactions naturelles de plaisir et de douleur, la façon dont récompenses et punitions sont orientées traduit la manière artificielle dont se forme cette morale, comme on l'a vu dans ses variations au cours des siècles et le voit encore du temps de Bentham dans les différents pays sur lesquels se porte son regard. Cela est suffisant pour montrer que les véritables intérêts des populations n'ont pas toujours été consultés et que la morale qui accompagne la justice et ses sanctions doit être fondée sur ces intérêts.

C'est le cas de la morale utilitariste qui indique aux membres d'une communauté politique quels sont les devoirs qui sont les leurs au regard de l'intérêt général. En fait, il s'agit d'approuver l'action de la justice qui va dans le sens de cet intérêt au moyen de ses sanctions. A cet égard, l'usage discrétionnaire des récompenses mais surtout des punitions de la part des magistrats et hommes politiques et de tous ceux qui sont concernés par l'utilité qu'elles présentent par rapport aux intérêts globaux de la société et se joignent à eux, parents et éducateurs, en fait vraiment quelque chose d'artificiel. Cependant, dans la mesure où ces sanctions, les décisions de justice et leur exécution, n'ont d'autre raison que leur utilité, la morale utilitariste ne s'estime altérée en rien par le fait qu'elle les accompagne et les justifie.

L'importance des récompenses et punitions va donc attirer l'attention de Bentham sur la nécessité d'en faire un usage juste et équitable et sur les risques de sa perversion. Car elles servent d'instrument aux mains de ceux qui disposent du pouvoir politique et qui, conformément à la fonction qui leur est confiée, sont censés en user dans l'intérêt du public. Mais elles peuvent aussi être administrées de manière injuste et partiale, sans lien réel, sinon occasionnel, avec cet intérêt. A ce sujet, l'auteur des *Principes de la morale et de la législation* nous met en garde sur la façon dont certaines personnes, grâce à leur autorité ou à leur pouvoir, font approuver ce qui va dans le sens de leur propre intérêt ou de leur caprice et désapprouver ce qui va dans un sens contraire en utilisant des récompenses et des punitions qui faussent le sentiment moral de la personne récompensée ou punie ainsi que des témoins. C'est ce que Bentham constate de la part de gouvernants qui, en procédant de cette manière, imposent aux gouvernés des règles de vie et des valeurs morales qui ne servent en rien les intérêts de ces derniers. Toute sanction, note Bentham, peut servir ce qu'il appelle des « intérêts sinistres »[39]. Les châtiments publics, en raison de leur plus grande efficacité, ont souvent été utilisés par les princes dans leur intérêt personnel en vue de soumettre le peuple et d'établir ou renforcer leur pouvoir. Hume avait entrepris de démontrer, pour sa part, que l'intérêt des politiciens est de servir l'intérêt public et, qu'à cette fin, leur discours tend à instituer chez les citoyens une honnêteté et une intégrité qui leur est salutaire ;

[39] *Rationale of Evidence*, *Works*, vol. IX, 5, 8.

simplement, il est renforcé par les sanctions. Si, plus que lui, Bentham montre la toute-puissance des punitions et des récompenses aux mains du législateur, il met l'accent sur les dangers qu'elles comportent et n'aura de cesse d'affirmer que seul un usage conforme au principe d'utilité en tant que motifs, stimulants ou freins permettra à l'activité des hommes composant la société civile de se dérouler en paix et leur apporter le bonheur. La façon de réaliser cet objectif pose un problème politique et renvoie à la forme d'Etat préconisée : un Etat doté d'un souverain absolu pour Hobbes ou caractérisé par un équilibre des pouvoirs pour Locke et Hume en fonction des enseignements de la révolution de 1688 ; pour Bentham, ce sera l'Etat démocrate qui, selon lui, est celui où l'autorité politique ou religieuse peut le moins intervenir dans les décisions de justice. Quoi qu'il en soit, compte tenu de l'intention louable qui a pour fin le bien du peuple, la violence contenue dans les châtiments exercés par le pouvoir peut être considérée comme légitime.

Il y a toutefois un problème spécifique propre à l'usage de toute violence, et Bentham, qui en est parfaitement conscient, s'est livré à une étude détaillée du système pénal en montrant quels caractères il doit posséder pour être véritablement utile au peuple et contribuer à son bonheur. Tout en adressant ses critiques aux institutions et aux pratiques anciennes, le moraliste utilitariste a ainsi apporté sa pierre à l'édifice juridique d'une manière qui lui a valu la reconnaissance de nombre de ses compatriotes[40] et de certains juristes étrangers auxquels il a proposé des systèmes de législation pénale propres à chacun de leur pays. Il a fait cela en témoignant de la plus grande attention à tous les aspects de la théorie et de la pratique au point que, dans ce domaine délicat où il s'agit d'infliger une douleur en vue d'un bien, son utilitarisme se rapproche d'un humanisme, ce qui laisse entendre que la morale fondée sur l'utilité, conformément aux vœux de Hume, ne saurait résider dans des formules abstraites et qu'au contraire, l'attention aux détails dont Bentham a fait preuve n'est pas simplement d'ordre technique mais peut être l'indication d'un projet plus vaste et plus élevé ayant le bonheur pour toile de fond. Il en ira de même de la partie politique et économique de son œuvre.

Dans le domaine pénal, le raisonnement de l'auteur de l'*Introduction aux Principes de Morale et de Législation* se fonde sur une arithmétique qui est le pendant de son arithmétique des plaisirs et lui permet de faire de la punition, à l'image de la douleur qu'elle inflige, une notion quantifiable

---

40 L'un d'eux, Brougham, ministre de la justice, s'adressant au Parlement en 1831 à l'occasion d'une réforme des cours de justice inspirée par Bentham, présente celui-ci comme «d'un des grands sages de la loi » (cité par L. Stephen, *The English Utilitarians*, réimp. NewYork : Kelley, [1900-] 1968, vol. I, p. 227).

qui entre dans une vision matérielle de l'utilité et confère un plus grand degré de certitude à l'action du législateur. Il est en effet dans l'ordre de la morale de Bentham qu'un calcul d'ordre quantitatif ait un effet qualitatif. De ce point de vue, la punition doit être fixée de telle manière que le contrevenant éventuel s'aperçoive que l'avantage d'une action délictueuse est inférieur au désavantage qu'elle peut lui coûter s'il est puni et qu'il « fait une mauvaise affaire » en l'accomplissant, donc, a tout intérêt à mettre son agressivité de côté et à se comporter de manière pacifique. La paix obtenue par la menace de châtiments qui s'appliquent tout particulièrement aux violations de la propriété a un effet économique bénéfique pour les propriétaires, qu'ils sécurisent dans leurs biens et dans leur travail, comme pour le délinquant en puissance en le dissuadant de s'approprier ces biens sans fournir le travail qui justifiera leur acquisition. Là encore, l'expérience du mal est première et prépondérante dans l'apprentissage de la vie en société : les règles de justice consistant à ne pas attenter à la propriété d'autrui ayant été inventées par les hommes dans leur intérêt commun, cet intérêt, qu'ils peuvent oublier ou mépriser malgré la sympathie qu'il inspire, leur est rappelé par l'expérience des inconvénients qu'il y a à ne pas les respecter.

La vertu majeure du système pénal proprement dit est ainsi inséparable d'une utilité que Bentham envisage donc tout d'abord d'un point de vue technique, compte tenu de l'effet préventif que la punition doit avoir, dans le meilleur des cas, avant d'avoir été infligée mais aussi après, pour prévenir une récidive ou, en servant d'exemple, dissuader d'éventuels délinquants. De façon générale, la punition, qui est un mal, est admise dans la mesure où elle permet d'exclure un mal plus grand. Mais le même principe admet qu'une punition ne doit pas être infligée lorsque le résultat visé peut être atteint d'une façon moins coûteuse par une instruction morale et une action sur l'entendement. Dans tous les autres cas, il convient de la fixer avec la plus grande prudence. A cet égard, le principe d'utilité se traduit par le principe d'économie ou de « frugalité » : les peines doivent être réduites au strict minimum pour dissuader le coupable de repasser à l'acte et lui permettre de s'amender, car une peine trop lourde n'atteint pas le résultat visé. Nonobstant, la force de la punition doit être proportionnelle au profit du délit. La punition doit être d'autant plus forte qu'elle n'est pas certaine, c'est-à-dire que le coupable a des chances de ne pas être pris, ou que la faute indique une habitude, ou encore qu'elle est appliquée à titre de leçon. Elle sera plus efficace si le tort ou le dommage qu'elle produit est analogue à celui du délit (propriété appelée retaliation). Elle le sera moins si elle résulte d'une loi dont l'inclusion dans le Code accroît sa complexité et la rend plus difficilement perceptible par ceux dont elle veut amender la conduite. Dans tous les cas, il faut tenir compte de la sensibilité du délinquant. Mais il ne faut pas oublier que l'utilité de la punition est d'ordre général et consiste à éviter que le même délit puisse être commis par un grand nombre de personnes, surtout s'il a tendance à l'être : dans cette optique, il est recommandé de donner à la punition une valeur d'exemple en faisant en sorte qu'elle soit suffisamment lourde, en l'entourant de solennité, mais aussi éviter qu'elle soit impopulaire. Finalement, le moins que l'on puisse attendre du calcul qui préside à son usage est qu'elle ne produise pas plus de mal que de bien, entre autres si elle prive la communauté des services que peut rendre le délinquant ou provoque le déplaisir d'une puissance étrangère assorti de mesures pénalisantes pour le pays. De façon générale, il s'agit d'appliquer une théorie scientifique de la peine pour établir son utilité de la manière la plus rationnelle et la plus humaine possible, c'est-à-dire essentiellement en prévoir les conséquences matérielles et morales sur le délinquant, les parties lésées et le public[41].

Dans la mesure où les châtiments exercés par la puissance publique ont pour fin la paix publique, la morale utilitariste telle que Bentham l'affirme emboîte le pas à la législation pénale, si ce n'est que les sentiments sociaux qui accompagnent cette morale chez Hume sont relégués au second plan par Bentham. Selon la vision qui l'emporte chez ces deux auteurs comme chez tous les utilitaristes, le motif primordial qui animait les hommes au début de leur histoire, connoté comme instinct de conservation ou désir de préserver leur vie et celle de leurs proches, a donné lieu à d'âpres querelles avant qu'ils s'aperçoivent des avantages de la société et soient prêts, dans leur intérêt, à remédier à l'égoïsme et à la partialité qui les dressaient les uns contre les autres en établissant la paix, fondement de leur futur bonheur, au moyen de la justice et du gouvernement chargé d'en exécuter les décisions. Or, bien que Hume fasse état du développement d'un courant de sympathie avec l'intérêt public susceptible de renforcer l'opération de la justice et de lui donner un contenu moral, la paix est essentiellement obtenue par le recours artificiel aux punitions et aux récompenses, ce à quoi s'en tient Bentham qui souligne les limites d'une vision sentimentale de la justice : seule la loi, dotée d'un volet pénal, peut créer une obligation universelle d'une façon efficace et « faire ce que les sentiments naturels n'auraient pas eu la force de faire »[42].

---

[41] Tous ces points sont développés dans les chapitres XIII, XIV et XV de l'*Introduction aux principes de la morale et de la législation.*

[42] *Principes du code civil*, *Œuvres*, t. I, p. 63.

L'auteur des *Traités de législation* n'est pas pour autant hostile à l'utilisation qui peut être faite, dans le souci du bien public, des sentiments qu'inspire l'injustice : ceux du coupable effectif ou éventuel, mais aussi ceux de la partie qui punit comme des victimes ou des témoins qui s'y associent. Ainsi, la crainte et l'angoisse qui saisissent un homme à l'idée du châtiment qu'il subira s'il commet un délit ont sur lui un effet dissuasif. Ces sentiments peuvent être stimulés : chez Hobbes, le souverain qui détenait le pouvoir religieux pouvait provoquer une crainte du châtiment éternel qui s'ajoutait à celle du châtiment temporel et redoublait l'anxiété du chrétien. La culpabilité morale qu'encourt celui qui commet un acte délictueux et se fait prendre a même un effet qui peut dépasser la crainte de la douleur physique. Locke évoquait la culpabilité de l'homme qui ne se plie pas aux commandements de la loi de nature, fondement divin de la loi civile et de la loi morale. Hume mettait en avant la honte que développaient les politiciens et les éducateurs chez les hommes qui bafouent les règles de la justice et de la loyauté. Bentham évoque également ces sentiments. D'un autre côté, les hommes qui décident de condamner et de punir ceux d'entre eux qui représentent un danger pour la société peuvent être animés par des sentiments comme l'égoïsme ou la vengeance sans que cela nuise au but poursuivi. Ces sentiments, qui constituent un motif d'infliger des châtiments, sont subordonnés à la volonté qui a établi leur usage et qui reste fondamentalement une volonté de paix. Mais l'on peut voir à ce propos les dangers et les limites d'un appel aux passions dont le rôle doit être parfaitement encadré, car elles peuvent toujours ressurgir et même se développer à l'abri et parfois au mépris des lois. En somme, la vigilance est toujours de mise dans la délimitation et l'application des peines.

Il est vrai que, dans la société, les passions ne doivent pas déborder et donner lieu à des comportements dangereux passibles de sanctions. A cet égard, le point de vue de la morale utilitariste, notamment sur le plan économique, est double : il faut utiliser les passions, qui constituent une « matrice »[43] d'où émerge l'action, source de plaisir qui prend forme dans la production des biens qui assurent la conservation de chaque individu et de la société en son entier. Mais dans cette perspective, des passions qui révèlent naturellement l'égoïsme, l'amour de soi ou la préférence personnelle de leur auteur doivent être modérées et domestiquées pour

[43] Selon D. Deleule (*Hume et la naissance du libéralisme économique*, Paris : Aubier, 1979, p. 24).

exercer leurs meilleurs effets et ne pas être une source de désordres fatale au lien social.

A cette condition, la paix qui est elle-même le premier objectif de la morale utilitariste ne peut et ne doit pas rester immobile mais permettre à ces passions de s'exercer, en la circonstance, aux hommes de se livrer en toute liberté à une activité économique susceptible de leur apporter le bonheur. Telle est, sous le double signe de la sécurité et de la liberté, la façon dont Bentham entend l'« économie politique » et dont nous allons l'examiner.

III. L'ECONOMIE POLITIQUE SELON BENTHAM

1. De la sécurité à la liberté

On trouve chez Bentham le même mouvement d'idées que chez Hume et Adam Smith, favorable, pour des raisons d'utilité, à la montée de la liberté en matière économique. A ce sujet, nous avons vu comment la sécurité voulue pour l'activité économique a longtemps conduit à l'emprisonner dans un cadre étroit, religieux puis politique. A l'ère mercantile, l'Etat pèse toujours sur cette activité par ses régulations, bien qu'apparaisse clairement l'intérêt qu'il a à sa bonne marche au regard de ses effets sur sa puissance et son unité. Par la suite, la seule considération qui aura tendance à l'emporter aux yeux des acteurs économiques devenus suffisamment forts pour se passer de son aide est qu'il diminue ses attributions et limite son rôle à assurer la sécurité nécessaire à leurs entreprises car, pour le reste, la sécurité ne devra en aucun cas faire obstacle à la liberté seule capable de permettre à l'activité économique individuelle de prospérer et à la communauté d'en tirer profit.

Dans ces conditions historiques, le principe de préférence personnelle peut rejoindre le principe du plus grand bonheur, et la richesse de quelques-uns, contrairement à l'adage en cours à l'ère mercantile selon lequel ce que l'un gagne l'autre le perd, se diffuser sur l'ensemble de la communauté. Mais il faut en premier lieu assurer le succès de la recherche individuelle de la richesse. A cet égard, l'auteur du *Manuel d'économie politique* met en garde tout gouvernement contre la tentation d'intervenir dans l'activité économique, non seulement pour la diriger d'une façon autoritaire, mais pour lui fournir des incitations qui ne seront jamais aussi fortes ou éclairées que les motifs personnels d'acteurs qui savent mieux que quiconque ce qui va dans le sens de leurs intérêts. La seule fonction du gouvernement est d'écarter les menaces qui pèsent sur la liberté d'entreprendre et sur la propriété. De ce point de vue, un contemporain de Bentham, Morellet, écrit d'une façon qui résume assez bien la situation : « Comme la liberté est un état naturel, et que les gênes sont, au contraire, l'état forcé, en rendant la liberté tout reprend sa place, et tout est en paix, pourvu simplement qu'on continue de prendre les voleurs et les assassins. »[44] Selon Bentham, le gouvernement, pour autant que l'administration de la justice et des châtiments est concernée, est un mal nécessaire. Mais en matière économique, sa devise doit être le « quiétisme ». Toute interférence de sa part est, d'une part, « inutile » - « Il n'y a personne qui sache aussi bien que vous ce qui est dans votre intérêt, personne qui soit disposé à le poursuivre avec autant d'ardeur et de constance »[45] - d'autre part, pernicieuse : « Chaque individu consacrant plus de temps et d'attention aux moyens de préserver et d'augmenter sa part de richesse que ne le fait ou ne peut le faire le gouvernement, il est probable qu'il agira d'une façon plus efficace que le gouvernement ne le ferait à sa place en pareil cas. »[46] La première cause de l'activité économique est l'intérêt personnel et celui-ci doit être pleinement respecté : tout ce que les hommes exigent du gouvernement, hormis quelques incitations sous forme de récompenses ainsi qu'un enseignement permettant de diffuser les connaissances, est la sécurité. Pour le reste, toute la liberté requise doit leur être accordée .

Bentham est particulièrement exigeant en ce qui concerne la pratique financière. Le cas du prêt à intérêt est significatif. Si, pour Adam Smith, qui mêle quelques scrupules mercantilistes à son libéralisme, il était souhaitable de fixer une limite au taux de l'intérêt, Bentham considère que cela revient à imposer une taxe au prêteur et à nuire aux affaires, et prône une entière liberté dans ce domaine. L'auteur d'un pamphlet sur l'« usure »[47], tout en dénonçant l'emploi de ce terme, attire l'attention sur les difficultés qu'une telle limitation peut créer à un moment où se multiplient les inventeurs et auteurs de « projets » à la recherche de capitaux, l'argent ne pouvant, vu les risques encourus, ne pouvant leur être prêté qu'à un taux supérieur au taux ordinaire. Alors même qu'Adam Smith considère que chaque individu est meilleur juge de son intérêt que le gouvernement, il n'y a pas lieu de restreindre la liberté des « *projectors* » et de les empêcher d'emprunter à quelque taux que ce soit. Il lui est ainsi

---

[44] *Lettres de l'Abbé Morellet à Lord Shelburne*, Paris : Plon, 1898, p. 102.

[45] A *Manual of Political Economy*, *Works*, vol. III, p. 33.

[46] *Ibid.*

[47] *Défense de l'usure*, *Œuvres*, vol. III.

reproché de ne pas avoir été au bout de son raisonnement sur la question du prêt à intérêt[48], ce qu'il reconnaîtra de bonne grâce.

La position de Bentham par rapport à la politique coloniale représente un autre volet de son plaidoyer en faveur de la liberté d'entreprise : la fondation des colonies, le soutien et l'encouragement apporté par le gouvernement à leur défense et à leur exploitation distraient, par l'intermédiaire des impôts, de l'argent de l'utilisation domestique qui aurait pu en être faite. Pour Bentham, le capital employé pour améliorer la terre ou extraire des matières brutes dans les colonies, s'il avait été employé en Angleterre, aurait produit de la richesse que sa population aurait pu, entre autres, consacrer à ses moyens de défense, alors qu'une petite partie du produit des colonies seulement atteint le pays, tout en contribuant, il est vrai, à rendre la vie plus agréable et en présentant une certaine utilité. En tout état de cause, le commerce avec les colonies n'accroît pas la quantité du commerce et la quantité de richesse globale que l'on en tire : c'est le capital et non l'étendue du marché qui les détermine. Le monopole lui-même n'est pas un avantage : la production coloniale ne peut se maintenir si elle n'est pas rétribuée suffisamment. De plus, l'on s'oblige parfois à acheter des produits provenant de ses colonies alors qu'on peut les trouver ailleurs à un prix inférieur. Il y a donc dans le commerce colonial une espèce de contrainte contraire à l'idée que Bentham se fait de la liberté et que ne justifie aucune raison politique[49].

D'autres considérations dictées par leur utilité concernent les pratiques financières de l'Etat et leurs répercussions économiques. Si l'Etat juge bon d'accorder son aide à certains secteurs d'activité, il doit le faire avec la plus grande circonspection de manière à ne pas pénaliser les autres secteurs ou même le public qui alimente les finances de l'Etat. Ainsi, des prêts sont possibles à condition que l'argent soit fidèlement remboursé et qu'ils permettent véritablement d'accroître l'industrie. Mais il s'avère que les prêts ont tendance à être mal employés, voire gaspillés, et que les gouvernants, trop sensibles à l'art de la persuasion, ne choisissent pas toujours bien les branches d'industrie à privilégier. En fait, un faux dilemme se présente : soit il s'agit de soutenir une entreprise défaillante, qui ne risque pas de rapporter autant qu'une entreprise bien établie, soit l'entreprise marche, et dans ce cas l'emprunt n'est pas

---

[48] *Ibid.*, « Lettre à Adam Smith », pp. 274-84. Voir aussi *A Manual of Political Economy*, pp. 48-50. Rappelons que Locke, dans *Some Considerations*, s'était opposé à l'abaissement du taux d'intérêt à 6%.

[49] Tous ces arguments sont exprimés dans A *Manual of Political Economy*, pp. 54-56.

nécessaire. L'argent peut seulement être prêté s'il permet à une entreprise de faire face à des difficultés passagères.

En pratique, des aides peuvent être accordées pour toutes sortes de raisons contradictoires et fallacieuses, comme l'ancienneté ou la nouveauté de l'entreprise, sa bonne ou mauvaise marche, les espoirs ou les craintes qu'elle suscite. Autre inconvénient : l'aide attire les concurrents, les prix de vente baissent, ce qui n'est pas nécessairement avantageux pour le consommateur qui paye plus d'impôts. En outre, il paye les impôts d'abord et ne bénéficie de la réduction de prix qu'après. Et parmi ceux qui payent l'impôt, il y en a qui ne bénéficient pas du produit.

De même, il n'est pas utile pour Bentham d'exempter d'impôt certains produits, car il faut taxer d'autres produits à la place de ceux qui en sont exemptés. L'avantage est nul d'un point de vue quantitatif. Si, au contraire, on taxe certains produits, le capital est employé autrement.

Les inconvénients des subventions dépassent ceux des prêts. Leur montant doit être prélevé par des impôts, puisqu'à aucun moment elles ne sont remboursées. De plus, les subventions gratuites sont de nature à être gaspillées plus facilement que l'argent emprunté, puisque dans ce dernier cas la responsabilité du bénéficiaire est engagée, alors que le fait de recevoir de l'argent gratuitement encourage la prodigalité : « Comme il a été obtenu sans travail, il semble avoir moins de valeur »[50], observe Bentham.

L'auteur du *Manual of Political Economy* s'élève encore contre l'interdiction d'importer les marchandises d'origine étrangère qui peuvent être produites dans le pays : cela décourage la production domestique qui aurait pu être échangée contre d'autres productions étrangères. Si cette interdiction vise des produits étrangers de qualité, elle est un obstacle à l'amélioration de la qualité des produits domestiques et entraîne la vente de produits de mauvaise qualité. Si ces produits sont moins chers, l'interdiction a valeur d'une taxe pour le consommateur. Et cela n'augmente pas la production qui reste déterminée par la quantité de capital.

Toutes ces mesures sont étroites et représentent autant d'accrocs à la théorie de l'identité naturelle des intérêts qui suppose, en fonction du principe d'utilité, la liberté économique.

---

50 *Ibid.*, p. 57.

2. La propriété

Pour les utilitaristes libéraux, la condition fondamentale d'une concordance entre l'intérêt particulier et l'intérêt général et de la paix qui en résulte est l'institution de la propriété, dont l'importance vient de ce qu'autour d'elle confluent les considérations économiques et les considérations politiques puisque, tout en répondant aux besoins de la survie dans un premier stade, de son amélioration dans un second en se révélant favorable à l'accroissement de la richesse, la propriété n'a d'existence qu'une fois affirmée par les règles de la justice et protégée par le gouvernement.

Or, une nouvelle étape de l'histoire de la propriété a été franchie lorsque celle-ci, associée à la liberté individuelle, a été conquise sur le système féodal. A ce moment, il est apparu nécessaire d'en développer la fonction véritable qui était de répondre à l'intérêt d'une majorité d'individus. Cependant, ce qui a fondé l'autorité des lois garantissant la propriété est son accord avec la nature de l'homme. Pour Locke, la propriété des terres et des biens est une extension de la propriété de sa propre personne à laquelle le travail donne droit. Pour Hume, succédant aux jusnaturalistes, les règles déterminant la propriété s'appuient sur les relations naturelles de première possession, d'occupation, d'accession, de succession et finalement de travail qui, répondant à l'imagination et à la coutume, permettent d'assigner à chacun sa part propre avant de donner lieu à des lois positives.

Bentham accepte ces fondements au titre d'« événements investitifs »[51] tout en considérant que le rapport que la propriété institue entre une personne et une chose est « métaphysique [et] appartient tout entier à la conception de l'esprit »[52]. Pour justifier son point de vue, il observe qu'il n'est pas nécessaire d'« avoir la chose entre ses mains, la fabriquer, la vendre, la dénaturer, l'employer »[53], mais que notre propriété s'étend à des choses qui sont loin de nous. Il n'en attribue pas moins la plus grande importance, dans la genèse de l'idée de propriété, à l'esprit ou à l'imagination pour faire de leurs opérations le fondement des règles essentielles à la vie, à l'intérêt et au bonheur de l'homme. Ces règles prolongent la sécurité de l'homme « dans toute la perspective que son imagination est capable de mesurer, et aboutissent à l'intérêt et au bonheur de la société humaine »[54] en conférant à la sécurité un caractère

---

[51] *A General View of a Complete Code of Legislation* [1802], *Works*, vol. III, p. 189.
[52] *Ibid*, p. 308.
[53] *Principes du code civil, Œuvres*, t. I, p. 64.
[54] *Manual of Political Economy*, p. 102.

matériel, puisqu'elle concerne les biens qui sont en notre possession, mais aussi psychologique en liaison avec la certitude de leur utilisation. En somme, Bentham montre le côté utilitaire de certaines facultés de l'esprit.

La propriété apporte une sécurité matérielle mais aussi morale et psychologique. Ce point de vue, Bentham, comme Hume, met en évidence les retentissements de l'attente dans la vie sociale par rapport à ses aléas et à l'importance qu'il y a à ne pas la tromper pour ne pas provoquer de douleur. L'idée de propriété consiste dans une attente établie, dans la persuasion de pouvoir retirer certains avantages de la chose que l'on dit posséder. La sûreté de cette attente peut procéder de causes physiques, de la puissance de celui qui possède certains objets, mais bien plus de la loi et du législateur : dans la mesure où ce dernier ne contredit point les attentes qu'il a fait naître grâce à la loi, il accomplit l'essentiel pour le bonheur de la société. Quand il les heurte, il produit une somme de mal proportionnée[55]. De toute manière, son intervention met fin à la querelle qui peut naître autour du droit de propriété. Pour Bentham comme pour Hume, il n'y a pas de droit préétabli à la propriété dans l'état de nature ; les règles de la propriété sont simplement conformes au fonctionnement de l'esprit ou de l'imagination et à l'intérêt qu'ont les hommes à leur existence mais elles sont entièrement l'œuvre du législateur. En fait, à une époque où les enjeux politiques semblent augmenter du fait de la montée des classes populaires, Bentham va accorder la plus grande attention à ce que fait le gouvernement en matière de propriété, d'autant que celle-ci va rapidement se révéler comme l'objet principal de ces enjeux.

La question de la propriété renvoie aux biens possédés et à la façon dont les hommes sont concernés par leur accroissement ou leur diminution en comparaison avec ceux d'autrui : liée à celle-ci, il y a l'autre question, fondamentale pour la morale utilitariste, du rapport entre richesse et bonheur. A ce sujet, bien qu'il déclare tout d'abord que la richesse ne produit pas nécessairement le bonheur mais une « chance de bonheur »[56], compte tenu de la sensibilité des individus et des circonstances dans lesquelles ils se trouvent, Bentham, dans la mesure où il considère le bonheur comme une quantité mesurable, va finir par établir des relations quasi mathématiques entre richesse et bonheur en traitant ces notions comme deux variables quantitatives.

---

55 *Principes du code civil*, t. I, pp. 64-65.

56 *Ibid.*, p. 61.

Voyons cela. L'auteur des *Principes du code civil* affirme qu'entre deux individus, celui qui a le plus de richesse a le plus de chances de bonheur. Mais le bonheur n'est pas proportionnel à la richesse, et les différences de bonheur ne sont pas proportionnelles aux différences de richesse. En d'autres termes, l'excédent en bonheur du plus riche ne sera pas égal à son excédent en richesse, surtout s'il y a une grande disproportion entre les deux « masses » de richesse appartenant à chaque individu : l'on ne peut dire que celui qui dispose d'une grande richesse sera deux fois plus heureux que celui qui dispose tout juste de ce qu'il lui faut pour subsister[57]. Il en résulte, dans la perspective du bonheur général, que la distribution de la richesse doit se rapprocher de l'égalité ; du moins est-il évident que la même quantité de richesse doit produire plus de bonheur si elle est répartie entre plusieurs que si elle est aux mains d'un seul. Mais si l'on doit amputer au nom de l'égalité certains individus d'une partie de leur fortune pour la distribuer à d'autres, on risque de causer plus de mal que de bien en fonction de ce principe selon lequel un homme est plus sensible à la douleur qu'au plaisir[58]. Sauf lorsque sa richesse est considérable, celui qui en laisse une partie aux mains d'un autre souffrira plus que ne souffrira ce dernier si la cession ne s'effectue pas, et qui sera simplement dans le cas de ne pas gagner. Bentham accepte cependant que le législateur institue une contribution par l'impôt pour aider les indigents si l'on oublie la douleur causée par la portion de richesse qui sort des mains des intéressés. De manière générale, plus que de gagner, il convient de ne pas perdre : le fait que la richesse tende de plus en plus à être représentée par l'argent se prête à ce genre de raisonnement ; empruntant un exemple au jeu, Bentham suppose qu'un homme possède mille livres alors que l'enjeu est de cinq cents : s'il perd, sa fortune est diminuée de moitié, s'il gagne, elle n'est augmentée que d'un tiers. L'enjeu est de mille livres : s'il gagne, son bonheur n'est pas doublé avec sa fortune, s'il perd, son bonheur est détruit, il est dans l'indigence[59]. Evidemment, cette conclusion d'ordre mathématique s'applique à une situation fictive et ne reflète pas la position que Bentham lui-même adopte en se déclarant favorable à la nécessité de soutenir les auteurs de projets industriels et commerciaux.

De manière générale, Bentham mêle la prudence à une politique volontariste en matière économique. Il semblerait finalement que, dans l'optique qui est la sienne, l'ascension économique se décompose en deux temps : le temps de la prise de risque, qui, lorsqu'il livre d'heureux

---

57 *Constitutional Code*, *Works*, vol. I, p. 18.

58 *Principes du code civil*, p. 62.

59 *Ibid.*, note, p. 61.

résultats, est suivi d'un temps où il convient de gérer la fortune obtenue avec discernement, de la protéger contre tout prélèvement excessif de la part de l'Etat mais aussi de ne pas chercher à l'agrandir indûment en la mettant en péril. Il reconnaît en cela comme Hume l'action économique salutaire des classes moyennes tout en acceptant l'existence de gradations dans la répartition des richesses[60]. A vrai dire, Bentham hésite sur l'attitude à adopter devant les inégalités et considère que les réformes entreprises en vue d'une plus grande égalité dans les dépenses ou les gains sont dangereuses[61]. Sans être hostile à une distribution équitable de la richesse, il se demande, comme Hume, si une égalité absolue est souhaitable, et constate qu'à force d'être divisée, la richesse peut être réduite au point de ne produire de bonheur pour aucun des co-partageants[62]. Ce serait, dans ce cas, plus qu'une égalité de richesse, une égalité de pauvreté.

En somme, que ce soit sur le plan politique ou économique, la sécurité ne conduit pas nécessairement à l'égalité. Ce serait plutôt le contraire : la certitude de leurs possessions ne peut que pousser les hommes à les agrandir. Or, conformément au principe d'utilité, la sécurité passe avant toute chose. Le pire, pour Bentham comme pour Hobbes, comme pour tout homme de bon sens est, dans une nation, la guerre civile. D'ailleurs, si la loi peut bien assurer quelque chose, c'est la sécurité. Et si l'égalité s'oppose à la sécurité, l'égalité doit céder[63].

Ce principe est universel. Se référant à la diversité des lois qui régissent la propriété d'une nation à l'autre et d'où malgré tout ne résulte pas la même somme de bonheur, Bentham affirme que le principe de sûreté issu du principe d'utilité ordonne de les conserver toutes. De plus, comme aucune nouvelle répartition ne peut éviter d'être à son tour remise en question, celle qui serait entreprise pour des raisons d'égalité risquerait d'inaugurer un cycle d'instabilité permanent (phénomène déjà souligné par Hume à propos des innovations constitutionnelles violentes). Mais Bentham développe principalement son argumentation d'un point de vue économique et voit dans la sûreté « le fondement de la vie : subsistance, abondance, bonheur, tout en dépend »[64]. L'égalité ne produit qu'une « portion de bien-être »[65]. Le danger le plus grand est celui qui pèse sur l'industrie ; les autres bouleversements ne sont rien en

60 A *Manual of Political Economy*, p. 38.

61 *Théorie des récompenses*, p. 188.

62 *Principes du code civil*, p. 61.

63 *Ibid.*, p. 68.

64 *Ibid.*

65 *Ibid.*

comparaison de ce qui se passerait si l'on bouleversait la propriété dans l'intention directe de rétablir l'égalité des fortunes : « Le mal serait irréparable : plus de sûreté, plus d'industrie, plus d'abondance ; la société retournerait à l'état sauvage d'où elle est sortie »[66]. Les simples atteintes portées à la propriété dans un climat social d'insécurité peuvent compromettre l'industrie. Celui qui craint d'en être la victime est affecté : « Je désespère de m'assurer des produits de mon travail, je ne songe plus qu'à subsister au jour le jour. Je ne veux pas entreprendre de travaux qui ne bénéficieront qu'à mes ennemis »[67]. De surcroît, une atteinte aux propriétés d'un seul jette l'alarme parmi les autres propriétaires.

En revanche, la sûreté des possessions est une circonstance de nature à encourager le travail. Elle donne aux individus de nouveaux motifs d'accroître leur richesse qui s'ajoutent aux motifs naturels : « L'attrait du plaisir, la succession des besoins, le désir actif du bien-être produiront sans cesse, sous le régime de la sûreté, de nouveaux efforts vers de nouvelles acquisitions. »[68] Bentham salue la venue de l'abondance qui succède naturellement à la subsistance par l'exploitation des possibilités industrielles, commerciales et financières toujours croissantes de la société et rend la subsistance plus sûre[69], à ceci près qu'une activité économique menée librement, en modifiant constamment sa distribution et ses bénéfices, rend une égalité absolue de profits à la fois impossible et peu souhaitable[70].

Nous pourrions relever à ce propos une certaine contradiction dans la morale utilitariste prônée par Bentham. La notion d'égalité ne peut disparaître complètement d'une morale selon laquelle les bienfaits de l'activité économique doivent se répandre sur le plus grand nombre. Ce processus, pour être optimisé, ne peut que s'opérer dans un souci d'égalité et au prix d'une réduction de la part qui revient à chacun. Mais c'est précisément ce contre quoi s'élève Bentham, qui, après Hume et Adam Smith, semble accepter les inégalités que la liberté qui préside à la production entraîne dans la distribution de la richesse entre les différents corps de métiers et au sein même des entreprises capitalistes qui se développent à l'époque de la révolution industrielle. En somme, dans ce système économique, les nécessités de la production l'emportent sur celles de la distribution.

---

66 *Ibid.*

67 *Ibid.*

68 *Ibid.*, p. 65

69 « Ceux qui blâment l'abondance, sous le nom de luxe, n'ont jamais saisi cette considération » (*ibid.*, p. 59.).

70 *Constitutional Code*, *Works*, vol. IX, p. 18.

Cette tendance propre à l'utilitarisme[71] souligne la part que prennent les moyens économiques employés à la poursuite du bonheur. Si l'on y ajoute l'idée de propriété que l'utilitarisme accueille en fonction de ses fondements individualistes, il en résulte à l'ère industrielle une appropriation des moyens de production qui est l'étape décisive dans le passage au grand capitalisme. Il est certain que la morale utilitariste met l'accent sur la peine à assumer en vue du plaisir, et donc sur le travail comme effort nécessaire à la production des biens de consommation. Toutefois, le nouveau problème qui se pose partir du moment où le travail n'est plus seulement celui réalisé par la main de l'homme mais par des moyens mécaniques est celui de la propriété de ces moyens, problème qui va se transférer à celui de la propriété des fruits du travail. L'idée de Locke était que le travail réalisait une extension de la propriété de sa propre personne à celle des biens produits. Mais qu'advient-il lorsque les instruments de production n'appartiennent plus au travailleur, sans parler de la matière sur laquelle s'effectue le travail? Déjà ces instruments n'appartenaient pas à l'ouvrier qui travaillait pour un maître dans le système artisanal. Ils appartiennent encore moins, vu leur taille et leur nombre, à l'ouvrier qui travaille pour un employeur dans le système capitaliste. Malgré cela, il semble que l'idée de propriété individuelle consacrée par la loi, bien qu'elle ait pu s'affaiblir dans un système où les ouvriers et les employés ont pu apparaître comme « exploités » et où la part qui leur est revenait ne correspondait pas à leur travail, n'ait pas cessé de régner dans toutes les couches de la société qui a mis fin au servage ou à l'esclavage en tant que témoignage du respect dû à la personne humaine. Cela expliquera d'ailleurs la force des revendications qui la concerneront lorsqu'elle s'estimera menacée.

Bentham ne traite pas le problème directement et se contente de mettre l'accent sur la contribution de la propriété assurée par la loi à la prospérité économique et au bonheur : la loi est le moyen indirect de pourvoir à la subsistance ou à l'abondance « en protégeant les hommes pendant qu'ils travaillent et en leur assurant les fruits de leur industrie après qu'ils ont travaillé »[72]. Minimisant les problèmes sociaux du travail, Bentham voit dans la propriété la concrétisation d'une prospérité qui ne peut que s'étendre en liaison avec la sécurité qu'elle offre et que l'on peut entendre sur un plan juridique comme sur un plan psychologique. On

---

[71] Cf. H. Laski : « La méthode utilitariste permet d'atteindre le plus grand bonheur en insistant sur le fait que les techniques de production doivent l'emporter sur toutes autres circonstances » (*Political Thought in England from Locke to Bentham*, Westport, Conn. : Greenwood Press, [1920-] 1973, p. 314).
[72] *Ibid.*

dirait que, globalement, l'idée de propriété l'emporte sur les inconvénients de sa distribution. Loin des écarts de richesse qu'engendre le système libéral centré sur la propriété, un cercle vertueux semble s'installer entre le travail source de richesse et de propriété et la sécurité. La sécurité favorise le travail et le travail favorise la sécurité.

La sécurité dont elle bénéficie permet à une activité économique menée librement de se développer. Car la liberté est l'autre condition pour que la richesse et la propriété s'étendent au plus grand nombre : cela semble logique à partir du moment où l'idée de liberté est inhérente à l'idée même de propriété et où la loi qui protège la propriété protège en même temps la liberté. La richesse elle-même n'a de sens que si un homme peut en disposer : en est le propriétaire - en somme, l'idée de propriété précède celle de richesse et lorsque Hume dit que la richesse nous permet d'acquérir la propriété de ce qui nous plaît, il faudrait dire que la propriété de certains biens, notamment financiers, nous permet d'en acquérir d'autres.

Le lien entre propriété et liberté a été souligné par Locke et peut être affirmé en toute circonstance : la propriété de soi-même est la condition de la liberté dont l'homme dispose et il n'est pas possible de concevoir ou de constater de lien entre liberté et aliénation, que celle-ci soit due à l'esclavage, au servage ou même au système capitaliste, comme le prétendra Marx (qui, cependant, proposera un retour à l'idée de propriété en commun). Or, s'il semble pour Bentham que l'activité économique doive donner ses meilleurs résultats dans le cadre d'une extension de la propriété au plus grand nombre, cela suppose que la propriété soit entendue dans le sens de propriété individuelle. Le problème est que cette extension restera limitée, et la liberté qui était censée l'accompagner aussi. En réalité, les avancées propres au système fondé sur l'appropriation des moyens de production ont pris place dans un climat de liberté dont ont profité des individus en quantité limitée, et la liberté estimée nécessaire au succès des entreprises industrielles ou commerciales a été pour une part importante responsable des difficultés observées dans la répartition de la richesse. Entre autres circonstances, elle a permis à l'entrepreneur de fixer les salaires au plus bas avant que l'on s'aperçoive que le travail pouvait être mieux fait si son salaire permettait au travailleur d'entretenir sa santé.

Ce point de vue purement économique a été avalisé par la morale utilitariste. Pour Bentham, cette morale dit que doit et peut être fait tout ce qui va dans le sens de l'intérêt et du bonheur des parties concernées quitte à en décider à leur place en ce qui concerne les travailleurs, ce qui lui confère un caractère autoritaire qu'elle n'avait pas forcément chez

Hume. Ce caractère, qui s'est illustré tout particulièrement dans l'usage qui est fait des punitions en matière judiciaire, s'illustre en matière économique, principalement salariale, dans l'usage des récompenses (et aussi des punitions). Il s'agit de faire ce qu'il convient pour que la rétribution du travail contribue à son efficacité, ce qu'ont le pouvoir de faire des employeurs privés ou publics en jouant sur les salaires. Et de même que la récompense mais surtout la punition jouent un rôle pour inciter les hommes à observer les lois, elles peuvent en jouer un pour inciter les hommes à travailler. En somme, tout comme l'Etat a recours à la justice pour assurer l'ordre et la paix nécessaires au bon fonctionnement de la société, une forme d'intervention est nécessaire pour assurer la bonne marche de l'activité économique.

3. Récompenses et punitions économiques

Récompenses et punitions ont finalement pour but d'inciter les hommes à accomplir tout ce qui contribue au bonheur de la communauté : se conformer aux lois en vigueur mais aussi travailler. Le problème est qu'elles peuvent être mal calculées et rater leur objectif. Dans le domaine économique, l'importance que prend dès lors l'interprétation des résultats du travail en termes de récompenses et de punitions est telle, du point de vue utilitariste adopté par Bentham, que celles-ci doivent être envisagées avec autant de minutie que celle démontrée dans l'examen des effets de la loi pénale.

L'auteur de la *Théorie des récompenses* commence par observer que, s'il est dans la nature de la récompense d'opérer comme motif, plus grande est la récompense, plus grande est le motif qu'elle représente. De là, il suit que si un salaire est une récompense, il ne peut être trop grand. A cette fin, l'on récompense les services mieux rendus en payant mieux le directeur d'une prison où peu de prisonniers meurent à cause de mauvais traitements ou en distinguant le commandant d'une armée qui conduit mieux ses troupes[73], d'une façon générale en proportionnant le salaire à l'effort fourni, même si certaines personnes exploitent cette règle en augmentant les difficultés et les longueurs dans l'accomplissement de leur tâche pour se donner plus de mérite et être payées davantage, comme les juges[74]. Dans le domaine industriel, l'accroissement des gains réalisés par un industriel ou un commerçant grâce à la bonne marche de

---

[73] Cet exemple figure seulement dans la version anglaise de l'ouvrage, *The Rationale of Reward*, *Works*, vol. II, p. 239.

[74] *Ibid.*, p. 241.

son entreprise vient stimuler son activité, comme peut le faire, dans le même cas, une augmentation de salaire pour ses employés.

De façon générale, la richesse a été vue comme la récompense de tous les efforts que réclame le travail, physiques et moraux, discipline de vie, pratique de l'épargne et même d'un ascétisme qui plonge ses racines dans la morale puritaine. En même temps, ces efforts n'ont pu être consentis - et récompensés - que dans un climat de liberté, celui-là même qui a permis à l'activité économique de se développer.

A l'inverse, la contrainte assortie d'une menace de châtiment, comme c'est le cas pour l'esclavage ou le travail forcé, n'est pas le motif le mieux choisi pour exécuter un travail « qui requiert des soins et des talents distingués »[75]. Bentham observe que les meilleurs ouvriers étaient enrôlés de force dans le service de la Cour à Ispahan et y voit la raison du peu de progrès qu'y ont fait les arts. De même, des productions qui sont réquisitionnées n'ont pas tendance à se développer, comme au Siam où, rapporte l'auteur, s'il y avait dans le jardin d'un particulier des fruits excellents, ils étaient aussitôt saisis pour l'usage du prince. La récompense retrouve sa place : « Que la crainte soit le seul mobile des efforts d'un individu, il travaille avec douleur pour s'exempter de la peine mais ne fera rien de plus : esclave à la tâche, il n'aspire qu'à la finir ; offrez une récompense, elle opère comme une puissance créatrice. »[76]

Ce qui remet en question la conception du salaire comme récompense est la constatation faite par Bentham qu'une augmentation de salaire n'amène pas nécessairement le sujet à mieux effectuer son travail : si l'on donne plus, il ne sera pas mieux fait, ou pas mieux fait à proportion de la différence de dépenses. Ainsi « l'on voit de petits salaires, et le service admirablement bien accompli ; de gros salaires, et rien de fait pour les justifier. D'une certaine manière, l'on voit régulièrement le service de plus en plus mal accompli à proportion de la hauteur du salaire »[77]. Sur ce point, apparaît chez Bentham, aux côtés d'un souci d'utilité, une forme de moralité bourgeoise : un salaire élevé fournit une occasion de distractions qui rivalise avec les devoirs et peut tourner contre le service, ce genre d'observation n'étant pas étranger au raisonnement qui a poussé certains économistes libéraux à recommander la pratique du salaire minimum.

Dans le cas d'émoluments fixes, un homme ne voit pas dans la rétribution du travail une récompense et un motif pour bien l'exécuter. Ceux-ci, contrairement à des émoluments conditionnels, ne peuvent agir

---

75 *Théorie des récompenses*, p. 142.

76 *Ibid.*

77 *Ibid.*, p. 185.

comme le fait une véritable récompense. Un salaire fixe ne peut pousser un employé à accomplir de nouveaux efforts ni même à remplir ses devoirs car, qu'il les remplisse bien ou mal, il reçoit toujours la même somme. Son salaire peut tout juste être considéré comme la récompense d'une privation et d'une abstention : l'employé aliène sa liberté ; n'espérant rien d'autre qu'un salaire constant, il n'aura de toute façon aucun intérêt à travailler plus et mieux qu'un homme exerçant ce type de métier est supposé travailler ; il n'aura même aucun motif pour dépasser un niveau médiocre. En revanche, il en aura un pour montrer son indolence, faire les choses à son aise et limiter ses efforts autant qu'il peut le faire avec sécurité : tout consistera pour lui à « sauver les apparences »[78].

Si les hommes ne voient pas dans leurs gains, qu'il s'agisse de salaires ou de profits, une récompense les engageant à augmenter leurs efforts, ils peuvent toujours craindre de voir ces gains diminuer ou disparaître. Pour Bentham, c'est par peur de recevoir moins qu'il ne recevrait autrement qu'un employé effectue son travail, bien que cette perspective risque d'émousser son activité et de diminuer son courage ou le conduise simplement à ne pas se rendre coupable d'omissions et de malversations. Sa crainte majeure est de se voir privé de son emploi et réduit à la misère. A vrai dire, la misère, punition naturelle de l'inactivité, est le motif le plus puissant pour inciter un homme à travailler. Ce genre de punition peut également constituer un motif plus efficace que la récompense pour l'engager à accroître ses gains de façon à en repousser la menace : « Le manque de ce qui ne peut être obtenu sans travail est une force suffisante [pour pousser un homme à accroître sa richesse] »[79], déclare Bentham. L'homme en question est par excellence celui qui a la possibilité d'exprimer pleinement ses talents, l'entrepreneur ou le monteur de projets dans le système libéral. Une chose est certaine : une punition, naturelle ou artificielle, incitera d'autant plus un homme à redoubler d'efforts dans son travail qu'il est à même de profiter de ses fruits, fût-il un simple ouvrier. Par ailleurs, la peur de ne pas réussir, vécue comme une punition, peut pousser un homme à des efforts excessifs et désordonnés, alors que l'idée de récompense, si elle l'emporte, lui permet de dépasser cette crainte, de positiver et de fournir un travail de meilleure qualité.

En conclusion, il s'avère que récompenses et punitions peuvent contribuer au bonheur de la communauté, mais qu'il est parfois difficile

[78] *Ibid.*, p. 186.
[79] *A Manual of Political Economy*, p. 40.

d'en maîtriser l'usage. Dans le domaine juridique principalement, la punition est l'arme suprême qui a été confiée au législateur et dont il doit user avec discernement et prudence, le problème étant que la puissance dont il dispose en fait une arme redoutable qu'il peut mettre au service de ses intérêts. Dans le domaine économique, les notions de récompense et de punition peuvent refléter l'influence exercée par les classes sociales montantes d'une époque en pleine mutation, essentiellement la bourgeoisie industrielle et commerçante, comme le feront les couches populaires d'une époque à venir et dont le réformateur et non le révolutionnaire qu'est Bentham n'a pas encore mesuré tout le pouvoir. Le problème, dans tous les cas, est d'éviter la domination engendrée par les intérêts d'une fraction de la société et les injustices qui se forment, semble-t-il, de façon inévitable dès lors que la motivation première des hommes est la satisfaction de leurs intérêts personnels et que les intentions auxquelles celle-ci donne lieu ne sont pas toujours d'une pureté exemplaire, de sorte qu'il est difficile à ces intérêts de se réunir autrement que d'une façon approximative et incomplète malgré l'autorité de la loi ou à travers ses failles. La loi elle-même peut elle-même être mise en question dans un monde où de nouvelles différences sociales se font jour, la bienveillance dont Hume se fait l'apôtre ne servant qu'à atténuer les aspérités du système. En somme, l'intérêt que la morale utilitariste tend à situer au premier plan de leurs motivations rapproche et divise les hommes tout à la fois : il les rapproche en les conduisant à installer la paix grâce à la justice et au gouvernement, il les divise en conduisant à l'abri des lois et même de la paix à la concurrence économique et à la rivalité sociale et, d'une manière sur laquelle Bentham a particulièrement insisté, en opposant les gouvernants aux gouvernés.

IV. LE PROBLEME SOCIAL

Malgré les ambitions d'une morale qui a pour fin le bonheur général, les inégalités résultant de la distinction des propriétés ont été dans l'ensemble acceptées par les utilitaristes au nom de la paix sociale tout en étant assorties de critiques morales assez ineffectives. En effet, le sens profond de leur philosophie sociale et économique se manifeste dans le soutien apporté aux classes moyennes pour lesquelles le travail sert de justification à la richesse, à l'exclusion des classes pauvres pour lesquelles la paresse sert traditionnellement d'explication à la pauvreté. Depuis la législation d'Elisabeth, la mendicité et le vagabondage étaient interdits pour obliger les plus pauvres à travailler et éviter les crimes dus aux tentations de l'oisiveté. C'est cette philosophie qui inspire, à une époque de réaction face aux troubles sociaux, les auteurs de la nouvelle loi sur les pauvres de 1834, laquelle, approuvée par les utilitaristes de l'époque, durcit la législation en supprimant l'aide à domicile jugée favorable à l'indolence et n'offre plus d'assistance que dans les « *workhouses* » en échange d'un travail pénible. Une même préoccupation présidait au projet de prison modèle de Bentham, le « *Panopticon* » (où la surveillance était partout possible) et où les détenus étaient censés travailler de sorte que son directeur privé était intéressé à leur santé et à leur survie tant pour des raisons économiques que morales. Le projet fut précisément abandonné en raison des possibilités de profit illicites qu'il offrait.

Pour Bentham comme pour Hume, le problème moral se déplace sur le terrain social. C'est sur ce terrain que le chef de file des utilitaristes a dû réviser le bonheur fixé comme objectif au gouvernement dans un sens restrictif eu égard à la difficulté d'y intégrer les intérêts de tous les hommes en fonction de leur égoïsme et de la compétition qui les oppose « en chaque occasion »[80]. Certes, « le but propre du gouvernement est le plus grand bonheur de tous, ou, en cas de compétition, le plus grand bonheur du plus grand nombre »[81]. Mais cette compétition a un caractère social et économique, et à son terme il est difficile d'envisager le bonheur de tous sans limitation et sans explication, et notamment de ne pas reconnaître la part prédominante de bonheur obtenue par les classes aisées. Il apparaît que le « plus grand bonheur du plus grand nombre » n'est que le plus grand bonheur « possible » du plus grand nombre « possible ». La méthode statistique, fondée sur une addition des bonheurs individuels, finit par négliger voire sacrifier le bonheur des derniers de la compétition.

A cet égard, Bentham, malgré ses sympathies populaires, a tendance à suivre et même accentuer la ligne bourgeoise[82] tracée par Hume comme, avant celui-ci, par Locke et, dans une certaine mesure, par Hobbes, pour concentrer ses attaques sur le pouvoir monarchique et aristocratique. Or, la distinction qu'il établit entre George III et ses alliés, d'un côté, et le peuple en général, de l'autre, masque d'autres divisions : il y a des intérêts divergents entre patrons et salariés, il y a même des différences parmi les couches les plus modestes dont il oublie temporairement l'importance et

[80] *Constitutional Code*, p. 6.

[81] *Ibid.*

[82] Cela n'a pas échappé à Marx : « Dans les œuvres de Bentham, la bourgeoisie n'est plus présentée comme une classe particulière, mais comme la classe dont les conditions d'existence sont celles de la société tout entière » (*Collected Works*, Londres : Lawrence & Wishart, vol V, p. 411).

les effets pervers dans son hostilité au pouvoir. Il y a également une compétition individuelle à l'intérieur de chaque classe. La préoccupation qu'il partage avec James Mill, principal disciple et propagateur de sa doctrine, est que le peuple puisse présenter un front uni en face du pouvoir mais, loin de pressentir la lutte des classes, l'un et l'autre pensent que cette unité doit être réalisée sous l'égide de la classe bourgeoise, dont ils ne remettront jamais en question la prépondérance et la compatibilité de celle-ci avec une vision démocratique de la société. Pour James Mill, « il suffit que la grande majorité du peuple ne cesse jamais d'être guidée par cette classe ; et nous pouvons avec quelque confiance mettre les adversaires du peuple au défi de produire un seul exemple dans l'histoire du monde qui aille en sens contraire »[83]. Bentham pense de même et, dans un article de la *Westminster Review*, admet qu'« il est diamétralement opposé à l'histoire et au témoignage des faits que les pauvres forment une classe qu'il est difficile de restreindre »[84]. D'autres témoignages semblent accréditer l'idée que les pauvres acceptent cette situation et savent qui choisir pour les représenter, comme celui de Thomas Falconer, journaliste radical, dans une enquête publiée par Roebuck, député radical disciple de Bentham : « Que l'on ne puisse faire confiance aux classes pauvres pour choisir les personnes capables d'agir à leur place est une opinion qui ne peut être entretenue que par quelqu'un qui n'a jamais été dans la maison d'un commerçant ou d'un mécanicien. »[85] Malgré quelques réserves, Francis Place, commerçant de la Cité, est du même avis : « Tant qu'il n'y a pas d'abus criants dans la conduite de ceux à qui elles font confiance, pas d'oppression à leur égard, les classes laborieuses n'interviendront pas ; et malgré tout ce qui a été dit des démagogues qui les induisent en erreur, si un homme ne peut leur montrer qu'elles sont vraiment opprimées, il ne peut produire aucun effet sur elles. La vérité est que le vulgaire ne choisira pas d'hommes issus de son rang »[86]. James Mill avait usé du même qualificatif pour confirmer l'incapacité de ces classes à participer à la vie politique, évoquant les « passions ignorantes et téméraires du vulgaire »[87].

---

[83] *An Essay on Government*, *in* : *Essays on Government, Jurisprudence, the Liberty of the Press and Law of Nations*, réimp. New-York : Kelley, [1825-] 1937, p. 32.

[84] Cité par un auteur de l'*Edinburgh Review* qui répondait à l'article de Bentham (no XCVIII, juin 1829, p. 281).

[85] « On the Qualification Clause of the Municipal Corporation Bill », *in* : *The Dorchester Labourers*, Roebuck ed., Londres, n. d., 15).

[86] Graham Wallas, *The Life of Francis Place*, pp. 155-56.

[87] *Edinburgh Review*, janv. 1809, no XIII, p. 305.

La formule « le plus grand bonheur du plus grand nombre » laisse planer des doutes sur le nombre et la situation de ceux qui seront censés le partager mais également sur la qualité de ce bonheur à partir du moment où celui-ci est défini par d'autres personnes que les intéressés. Il est possible de lui conserver son pouvoir de séduction en fonction de l'appel qu'elle représente, ce qu'a fait la bourgeoisie pour couvrir une activité exercée pour l'essentiel dans ses intérêts tout en la faisant passer, dès les débuts de l'ère industrielle, pour utile à toute la communauté. Au XIXe siècle, son alliance idéologique avec les utilitaristes se confirme et lui permet d'affirmer ses prétentions grâce à des moyens de communication et de pression plus importants, malgré les résistances du gouvernement cherchant à reprendre le contrôle de la presse, entamé par l'affaire Wilkes, sous la forme du *Stamp Act.* Ainsi se répandent des sentiments qui lui sont favorables au détriment d'une aristocratie foncière plus ou moins repliée sur ses privilèges. A celle-ci, la bourgeoisie cherche à opposer les classes ouvrières en se présentant comme leur alliée tout en jouant sur l'autre tableau et en essayant de gagner sa place parmi l'aristocratie, ce qu'accepte difficilement Bentham soucieux de lui conserver son identité et de condamner ce qui est en train de devenir une « aristocratie hétéroclite »[88].

En même temps, cette nouvelle bourgeoisie capitaliste qui a surgi avec l'essor l'industriel et commercial s'efforce d'innocenter son action en recherchant la richesse dans le cadre des règles établies et non par la violence comme à une époque plus rude. La légalité est source de moralité : les entrepreneurs et les commerçants s'enrichissent sans contrevenir à la loi, qui d'ailleurs, sous leur influence, leur est favorable, notamment en ce qui concerne la possibilité de former des ligues ou associations refusée aux ouvriers jusqu'en 1871. Il y a ainsi dans les rapports capital-travail à l'approche, au cours et aux lendemains de la révolution industrielle, une oppression qui se fait dans le cadre de la loi, ou même grâce à la loi et qui n'ose dire son nom.

Il n'est pas possible d'inviter une classe à assumer un rôle moteur ou simplement de se prononcer en faveur d'un découpage social inégal sans éviter tout excès. Les utilitaristes, qui souscrivent à ce découpage, ont malgré tout cherché à en éviter les effets matériels et moraux sur l'ensemble de la société. Leurs préoccupations sociales et éducatives se rejoignent dans ces quelques lignes de James Mill : « C'est aujourd'hui une chose presque universellement reconnue, qu'il est désirable à tous égards que la grande masse du peuple ne soit pas misérablement pauvre ;

88 *Constitutional Code*, p. 7.

que, lorsque le peuple est misérablement pauvre, toutes les classes sont vicieuses, toutes haïssables, toutes malheureuses. Si les hommes sont relevés au-dessus de la misère, au point d'être capable de vertu, quoiqu'il leur soit encore nécessaire de gagner leur pain à la sueur de leur front, ils ne sont pas liés à un travail incessant pour n'avoir pas le temps d'acquérir quelque savoir, et d'exercer leur intelligence »[89]. De fait, James Mill participera à la gestion d'une école créée en 1809 dans l'Ouest de Londres par Joseph Lancaster, inventeur du système d'éducation par monitorat et dont il expose en 1812 les principes, tout particulièrement le principe de neutralité face au principe de préférence religieuse favorable aux éléments de l'aristocratie, dans une brochure intitulée *Schools for all, in preference to Schools for Churchmen only*. Cette proposition montre qu'un accès social est possible à tous, y compris aux classes les plus modestes par l'éducation en dehors de l'influence de la religion officielle et de ses soutiens. Bentham, dans son *Church of Englandism, and its Catechism examined* (1818) et dans l'*Analyse de la religion naturelle et de son influence sur le bonheur de l'humanité* (1822) montrera lui-même son anti-cléricalisme, considérant l'Eglise comme une institution rétrograde dont les intérêts vont à l'encontre de l'intérêt général dans la mesure où elle tire avantage de la pauvreté pour posséder les esprits et favoriser l'autorité de ses chefs au même titre que l'institution politique. A vrai dire, ce type de pouvoir moral et intellectuel constitue un enjeu qui, longtemps après la mise sous tutelle de l'Eglise par l'Etat, a continué en Angleterre d'entretenir les débats. Quant au fond du message religieux, Bentham le juge du point de vue de l'utilité et, eu égard aux effets sur la conduite de la promesse de châtiments ou de récompenses dans l'au-delà, l'estime trompeur et pernicieux. Il est par ailleurs radicalement hostile au principe d'ascétisme qu'enseigne selon lui la religion. Finalement, en accord avec un courant qui commence à se dessiner et dont on trouve les témoignages extrêmes chez quelques-uns de ses contemporains comme Wooler et Richard Carlile, lesquels seront d'ailleurs poursuivis, l'Eglise n'est à ses yeux qu'une corporation qui a ses propres intérêts et ses opinions anti-cléricales se confondront avec ses opinions démocratiques.

La mise en cause du pouvoir de l'Eglise ne s'accompagnera pas, du moins pas immédiatement, d'une ouverture de la connaissance à toutes les classes. Celle-ci, malgré la propagande radicale, reste encore pour Bentham l'apanage de la classe moyenne, conviction qu'il exprime en 1814 dans le projet d'une école destinée à conduire ses élèves à un savoir

---

89 « On Education », supplément à l'*Encyclopédie britannique*, 1818, p. 38. Réimp. : *James & J.-S. Mill on Education*, Wesport, Conn. : Greenwood, 1979, p.11.

utile (comme son nom, tiré du grec, l'indique), la *Chrestomatic school*[90]. F. Place, qui appartient à la classe des artisans devenus patrons, approuve ce projet éducatif dont il pourra faire profiter ses propres enfants, car « c'est la classe moyenne qui contient, sans comparaison, la plus grande proportion de l'intelligence, de l'industrie et de la richesse nationale ; là se rencontrent les têtes qui inventent et les mains qui exécutent, l'esprit d'entreprise qui conçoit les projets et le capital qui les met en œuvre. En ce pays du moins, c'est cette classe qui donne à la nation son caractère. Une bonne éducation de cette portion du peuple est donc de la plus grande importance pour le bien-être de l'Etat »[91]. L'ennui est que l'école dont Bentham avait prévu le programme et le lieu d'implantation ne verra jamais le jour faute de moyens financiers. Mais l'idée sera reprise et aboutira une fois modifiée à la création de l'Université de Londres.

Il y a, selon Hume, un degré de connaissance qui semble exclusivement réservé au philosophe. Si les hommes se sont mis d'accord d'une manière empirique sur les moyens à utiliser pour parvenir au bonheur, il subsiste un nombre important de dysfonctionnements qui échappent à leur attention : c'est le rôle du philosophe de les mettre à jour. A vrai dire, c'est la seule possibilité pour son enseignement d'être utile, s'il doit l'être ; le philosophe n'a pas à se situer à un niveau qui n'est pas le sien. Ce niveau relève des instances politiques et sociales, à qui il se contente de signaler les erreurs commises, les pièges à éviter et d'indiquer la marche à suivre, qu'elles en tirent profit ou non, ce qui ne dépend pas de lui. Dans cette mesure, cependant, la connaissance qu'il élabore peut avoir des retombées pratiques. Hume, suivant l'exemple de Hobbes et de Locke, a fait la jonction entre la philosophie de la connaissance et la philosophie de l'action : l'empirisme participe de ces deux aspects, et l'utilitarisme que l'on trouve chez lui et ses successeurs en est une suite logique. Pour Hobbes, il fallait qu'un souverain recueille l'enseignement du philosophe ; pour Locke et surtout pour Hume, il faut que ce soit une classe moyenne élargie, alors que l'entreprise est jugée plus difficile pour l'aristocratie et le bas peuple. L'on retrouve ainsi dans leurs prolongements sociaux les traits fondamentaux de l'utilitarisme aussi bien au niveau des sciences de la matière, jamais oubliées depuis Bacon et Newton, que des sciences morales dont Hume s'est fait le défenseur.

Cette démarche, dans sa partie concrète, est reprise par Bentham et ses disciples soucieux de voir, à la suite de la classe moyenne, toutes les

---

[90] *Cf. Chrestomathia*, 1816. Trad. J.-P. Cléro. Paris : Cahiers de l'Unebévue, 2004, p. 127 sq.

[91] « Chrestomathia », *Westminster Review*, vol. 1, no I, Londres : Baldwin, 1824, p. 60.

classes intégrer les nouvelles valeurs en conférant à la morale utilitariste une portée universelle. A cette fin, ils préconiseront l'utilisation des moyens législatifs, juridiques et économiques en liaison avec la connaissance des ressorts fondamentaux de la nature humaine, la sensibilité au plaisir et à la douleur, mais également des mécanismes commandant le fonctionnement de l'esprit et de l'imagination dans le prolongement de la pensée empiriste de Hume. A cet égard, James Mill fournit une analyse de l'esprit qui lui révèle le rôle fondamental des associations d'idées : « Puisque le bonheur, qui est la fin de l'éducation, dépend des actions des individus, et puisque toutes les actions de l'homme sont produites par ses sentiments et ses pensées, l'affaire de l'éducation est d'amener certains sentiments et certaines pensées, au lieu des autres. L'affaire de l'éducation est donc d'agir sur les successions mentales »[92]. La différence par rapport à Hume est dans la possibilité affirmée d'utiliser la connaissance acquise pour intervenir sur les esprits. L'enseignement permet de façonner les caractères pour les plier aux exigences de la vie dans la société anglaise de l'époque, comme Francis Place le rappelle : « Les enfants ont des organisations assez semblables pour pouvoir, avec une direction convenable, être rendus, à très peu de chose près, également sages et vertueux »[93]. Ce type d'éducation doit néanmoins tenir compte des mécanismes existants formés de façon imparfaite au gré des circonstances et de la difficulté qu'il y a à les modifier sans les défaire entièrement. De ce point de vue, certaines conditions sociales prédisposaient le sujet à en recueillir les bienfaits plus que d'autres, ce qui représentait un problème que l'éducation de l'époque ne pouvait résoudre dans la mesure où il consistait à améliorer le niveau social de classes jugées jusque-là réfractaires à toute éducation. Cela ne pouvait se faire de toute façon que par l'éducation, de sorte que l'on se trouvait devant un cercle. Le changement interviendra cependant d'une manière lente et progressive et, comme l'histoire le montre, par des tentatives au départ isolées. En attendant, l'éducation scolaire allait surtout se répandre chez les classes moyennes, à savoir les classes les moins façonnées par d'anciens préjugés, les plus réceptives au message promettant aux hommes le bonheur général et, apparemment, les plus capables d'en assurer la venue au début du XIXe siècle.

Ce message, pour être délivré, entendu et suivi d'effet, supposait aussi l'existence du climat de liberté qu'avaient développé les institutions anglaises après la révolution de 1688, et auquel les philosophes politiques

---

92 « Education », p. 9. James Mill exposera sa théorie mentale dans son *Analyse des phénomènes de l'esprit humain* (1829).

93 *Life of Francis Place*, p. 71.

et économiques anglais comme leur audience retournent toujours lorsqu'il s'agit de bonheur. A cet égard, la morale utilitariste touche des hommes qui se sont associés librement pour promouvoir leurs intérêts et qui se sont ainsi tout particulièrement reconnus, dès que l'idée de liberté a mûri et développé ses potentialités, dans les classes moyennes. Alors que cette idée semblait avoir une vocation universelle, on aurait dit qu'elle était captée par ces classes et se heurtait à des préjugés tenaces concernant la possibilité de gagner les autres classes et d'y porter fruit. Une fois écartées les classes aristocratiques accrochées à leurs privilèges et à leur culture religieuse, le message utilitariste, une fois passé entre les mains de la bourgeoisie industrielle et commerçante, allait être déformé dans le sens de ses intérêts propres et l'éducation dispensée au peuple faussée ou limitée par ceux-là mêmes qui étaient censés l'assurer à l'aide de mauvaises raisons : à l'invitation à participer au bonheur général, les plus pauvres étaient jugés incapables de répondre. A ce propos, il est certain que l'entreprise consistant à répandre les idées, les pratiques et les bienfaits issus du progrès scientifique et culturel eût été plus concluante si la pauvreté et la misère avaient été considérées comme accidentelles et non attribuées de façon cynique à des défauts de caractère rédhibitoires. Economistes et moralistes avaient fini par juger les ouvriers peu désireux d'élever leur niveau de vie, ce qui finissait, en s'ajoutant à leurs raisons économiques, de dissuader les employeurs du début de l'ère capitaliste de leur donner l'occasion de s'instruire. En fait, avec la croissance de l'activité économique, ceux qui restaient pauvres allaient être longtemps tenus pour responsables de leur pauvreté, associée au vice et à l'imprévoyance, et être l'objet d'une condamnation morale qui compromettait les chances qu'avait le peu d'éducation qu'il était possible de dispenser à leurs enfants de développer leurs facultés[94].

Comme, par ailleurs, il convenait d'éviter les risques d'agression et d'émeute considérés comme inhérents à leur état, cette éducation devait avant tout mettre l'accent sur les valeurs morales et civiques. La préoccupation générale des politiciens partagée par les moralistes utilitaristes prenait ici tout son sens. L'on en revenait, dans le choix des programmes éducatifs, à l'importance d'une politique de stabilité sociale au regard des intérêts en jeu. Néanmoins, même s'il admet le rôle du gouvernement en la matière, la méfiance de Bentham à son égard reparaît : dans le fonctionnement de l'école chrestomatique, sa part doit rester modeste et circonscrite aux cas où les élèves ne peuvent payer leur

94 Les exemples que l'on trouve de ce type de situation dans les romans de Ch. Dickens sont particulièrement éloquents.

instruction, de peur qu'il ne tire profit de la dette consentie pour raffermir son autorité et son pouvoir. Finalement, au-delà des questions sociales et économiques envisagées, tout va conduire Bentham à une nouvelle estimation de la responsabilité du gouvernement dans le bonheur du peuple et à la formulation, au nom du principe d'utilité, d'une conception plus démocratique de celui-ci.

V. LE PROBLEME POLITIQUE

Malgré les discordes apparues dans le monde du travail dès les débuts de l'ère industrielle et plus violentes à partir de 1800, Bentham estime que le problème politique se pose essentiellement au niveau de l'opposition entre les intérêts du peuple et les intérêts « sinistres » du Roi et des partis et corporations qui le soutiennent et auxquels vont principalement ses griefs. Dans la mesure où la justice est l'arme des gouvernants, l'auteur de plusieurs traités et libelles stigmatise la corporation des gens de loi qui, chaque fois qu'ils sont sollicités, donnent une apparence de légalité aux procédés utilisés par le monarque ou à ses amis pour défendre leurs privilèges[95]. La « common law » ou « judge-made law » sur laquelle ils s'appuient sanctionne des pratiques d'un autre âge : elle est l'arme du conservatisme et des intérêts de caste[96]. Mais c'est au fond la loi constitutionnelle qui est l'arme du pouvoir monarchique et qu'il convient de reformuler.

Alors que Hume affirmait que l'intérêt des gouvernants éclairé par leur raison était de promouvoir l'intérêt du peuple, Bentham et ses disciples observent que la place qu'ils occupent n'en fait pas des hommes différents des autres, et que leur pouvoir, entretenu par la corruption à laquelle ils se livrent, leur permet dans une mesure notoire de promouvoir leurs propres intérêts et de s'enrichir aux dépens du peuple. Ce genre de critiques aura tendance, dans un système où le roi est principalement soutenu par le parti tory, à s'étendre et à être repris par les membres du parti opposé. James Mill, dont les sympathies vont aux Whigs, évoque en 1809 les menaces qu'une situation politique inégalitaire fait peser sur l'intérêt national : « Toutes les fois que les intérêts de deux

[95] Dans *The Elements of the Art of Packing*, 1809, *Works*, vol V, Bentham dénonce l'usage consistant à composer le jury en faisant en sorte que ses membres soient à la solde de juges eux-mêmes à la solde du gouvernement.

[96] Bentham s'en est pris à William Blackstone, juriste anglais qu'il considérait comme le principal défenseur de la « common law » et à ses *Commentaries on the Laws of England* [1769] dans : *A Comment on the Commentaries* [1775] et *A Fragment on Government*, Londres : Athlone Press, [1776-] 1977.

groupes d'hommes sont associés dans la poursuite d'un commun dessein, si l'administration tout entière est livrée à l'un de ces groupes, il est parfaitement clair que le groupe qui administre attirera progressivement de son côté tous les avantages et rejettera de l'autre tous les désavantages de l'association ; si l'intérêt total est considérable et aussi impossible à contrôler que peut l'être l'intérêt d'une nation, cette inégalité doit certainement aller jusqu'à ruiner l'intérêt lui-même et à détruire toute prospérité nationale »[97]. Bentham, pour sa part, concentre ses attaques sur le gouvernement en déclarant que son but n'est pas le plus grand bonheur du plus grand nombre mais « le plus grand bonheur des gouvernants »[98]. Adam Smith n'avait-il pas déjà présenté l'intérêt du gouvernement dans la vie économique comme celui d'une corporation chargée de gérer les finances publiques tout en en prélevant sa part et, de toute façon, Hume et même Hobbes considéré celui-ci comme un organisme doté d'un intérêt propre, même si cet intérêt était d'assurer celui du peuple des gouvernés ? Or le danger, mésestimé par ces auteurs, était d'une part que l'intérêt qu'avait le gouvernement à veiller à celui du peuple pouvait entrer en conflit avec d'autres intérêts, le goût du pouvoir personnel ou le désir de richesse, d'autre part, que certaines franges du peuple étaient liées à un pouvoir qui ne le représentait pas également dans le système monarchique et qu'il lui était difficile, sauf exception, de se mobiliser et de présenter un front uni en face de ce pouvoir.

Le remède prévu par Hume au danger de voir les détenteurs du pouvoir privilégier leurs intérêts privés, à savoir un équilibre des pouvoirs assuré par le système des « *checks and controls* », est jugé ineffectif par Bentham et James Mill. Le problème était que pour Hume, le danger résidait autant du côté populaire que du côté monarchique, et que l'influence royale était censée pouvoir faire échec aux risques d'une explosion entretenus, entre autres, par la liberté de la presse, en même temps que celle-ci représentait une garantie face à ses abus. Pour Bentham et James Mill, les menaces pesant sur le bonheur général ne peuvent provenir du peuple mais seulement du pouvoir monarchique et aristocratique dans un système de gouvernement mixte ou ces deux composantes sont tentées de s'associer face à la composante populaire. En tout état de cause, il est impossible de parvenir à une solution équitable et durable si le pouvoir est l'enjeu d'une lutte entre factions : la solution à laquelle ils vont finalement se rallier est de faire prévaloir la démocratie.

---

97 *Edinburgh Review*, janvier 1809, no. XIII, p. 305.

98 « Introduction », *Constitutional Code*, Works, vol. IX, p. 5.

Les utilitaristes entraînés par Bentham vont ainsi se joindre aux réformateurs qui s'étaient manifestés à la fin du XVIIIe siècle et avaient avancé des idées démocratiques assorties de considérations dues à la persistance ou au renouveau de la théorie du contrat et des droits naturels de Locke. Cartwright, en exigeant en 1776 dans son opuscule *Take your Choice* l'établissement de Parlements annuels et l'universalisation de la franchise électorale, se réclamait du respect d'un contrat ancien passé entre les détenteurs du pouvoir et le peuple et d'une sorte de retour aux racines d'où allait surgir le radicalisme. Dans *The Legislative Rights*, il concevait ce contrat comme l'obligation de respecter certains droits préexistants naturels à l'homme et jugés imprescriptibles, et demandait à ce titre que chaque personne fût représentée si elle était justiciable de la législation en vigueur, allant plus loin que des réformateurs modérés comme Price, Priestley ou que les membres de la Société pour la défense du *Bill of Rights*, fondée en 1769 et de la « Société constitutionnelle » fondée par Horne Tooke qui, soutenus un temps par Lord Chatham puis Lord Shelburne, proposaient une représentation théoriquement égale et la suppression d'un certain nombre de « bourgs pourris » (jusqu'en 1815, mille cinq-cents électeurs enverront encore cent députés aux Communes) mais restaient partisans d'une représentation virtuelle, des individus en nombre restreint votant au nom de la collectivité tout entière. Rappelons que la question de la représentation s'était posée d'une manière cruciale à propos de l'émancipation des colonies d'Amérique. Les utilitaristes emmenés par Bentham vont refonder les idées réformatrices en reprenant et en portant encore plus loin les idées de Hume : étant donné que le contrat social répond à des considérations d'utilité et que les droits sont l'expression des besoins et des intérêts, le principe d'utilité peut justifier un régime démocratique dont Bentham se fera l'avocat en 1788 dans un *Essai* destiné à Mirabeau qui ne sera jamais achevé[99] et où il demande le suffrage universel assorti toutefois d'un cens électoral réduit ainsi que le vote à bulletins secrets. En 1791, il propose à l'Assemblée constituante son *Essay on Political Tactics* où il montre comment le principe d'utilité peut s'appliquer à la procédure parlementaire. Devant l'insuccès de sa tentative, et bien qu'il soit fait citoyen français, il s'éloignera des révolutionnaires à cause de leur intransigeance doctrinaire et, dans ses *Sophismes anarchiques* de 1795, critiquera violemment la Déclaration des droits de l'homme, œuvre métaphysique où la liberté, la propriété et la sécurité sont présentées comme des valeurs absolues et non relatives au principe d'utilité qui seul

[99] *Essai sur la représentation*, MSS, University College, no 43.

peut en définir la véritable extension. Aux yeux de Bentham, les droits ne précèdent pas la formation de la société civile ; ils n'existent qu'en vertu de la loi, et la loi est établie par des hommes qui se rassemblent dans la société en fonction de leurs besoins et de leurs intérêts. Le discours n'a pas changé depuis Hume, mais cette fois, les événements de France lui permettent de révéler tout son opportunisme.

La revendication en faveur des droits avait abouti en France à une révolution violente. Tel n'était pas, en raison des sources empiriques de leur morale politique, le moyen le plus approprié de les établir pour les utilitaristes qui préféraient voir se développer chez des esprits soumis à l'autorité du gouvernement un processus de maturation lent et progressif au lieu d'un l'appel à des principes abstraits auxquels était conféré un caractère divin qui semblait être l'occasion d'un nouveau culte et exiger de nouveaux sacrifices. Car ils détenaient une morale qui spécifiait que le bonheur général était incompatible avec l'intolérance, quel que fût le contenu des transformations envisagées. Cette morale avait déjà pris dans l'Etat de Hobbes, chez le souverain comme chez les sujets, la forme, qu'elle devait conserver tout au long de son histoire, d'une rationalisation de l'intérêt qui rendait inopportune toute autre justification. Chez Locke, le pacte social supposait bien un droit de résistance qui pouvait conduire à la violence, mais celui-ci était réservé aux cas extrêmes. De toute façon, Hume allait montrer que si le peuple, disposant d'une force supérieure, pouvait renverser le gouvernement, celui-ci était soutenu par l'« opinion » qui, façonnée au cours des temps, pousse les hommes à respecter la loi et à être fidèle à leur gouvernement[100], argument que développera Burke en face de la révolution française en montrant l'importance au regard de l'utilité du « préjugé »[101] qui dispense de remonter aux premiers principes et constitue un facteur de paix et de stabilité tout comme la « prescription »[102] en matière juridique. La morale fondée sur l'utilité représentait de ce point de vue une force tranquille destinée à maintenir

100 L. Sephen reprend ,dans son étude des utilitaristes, les idées de Hume sur l'influence de la coutume et des forces dont elle est l'expression sur une opinion qui répugne à envisager des solutions politiques violentes : « La loi repose en définitive sur la coutume, sur tout le système des instincts, croyances et passions qui induisent un peuple à obéir à un gouvernement et sont, pour ainsi dire, la substance qui forme le cadre de la loyauté et du respect envers la loi. De plus, ils sont le produit d'une élaboration d'une longueur indéfinie » (*The English Utilitarians*, vol. I, p. 304). En somme, la coutume reconnaît ce qui est utile à l'homme.

101 *Reflections on the French Revolution*, 1790, *Works*, V, Georg Holm, 1975, p. 167.

102 *Ibid.*, p. 274.

la paix face à un double danger : que le monarque abuse de son pouvoir, ou que le peuple ne s'en empare.

La réponse politique fournie par les utilitaristes de la génération de Bentham au problème de l'injustice nous renvoie au seul moyen de s'assurer que la confiance du peuple dans le gouvernement est bien fondée et que règne cette communauté d'intérêts entre gouvernants et gouvernés qui est la pierre de touche de toute paix et de tout bonheur dans la nation : ce moyen est l'instauration d'une démocratie où le peuple élit ses représentants au suffrage universel. La communauté d'intérêts entre peuple et souverain ou magistrats déjà envisagée par Hobbes et Hume ne peut être effective qu'à cette condition : « Il ne peut y avoir de garantie suffisante de bon gouvernement, si ce n'est qu'il existe, et dans la mesure où il existe, une communauté d'intérêts entre les gouvernants et les gouvernés ; sous le régime de ce pays, cette communauté d'intérêts ne peut exister que dans la mesure où les personnes aux mains de qui l'administration des affaires publiques est confiée sont soumises à la surveillance et au contrôle, à l'action restrictive des représentants du peuple »[103]. Outre celle apportée par un adoucissement des mœurs, cette garantie institutionnelle peut empêcher que l'intérêt général ne soit pas satisfait, hypothèse que James Mill juge théoriquement impossible : une telle communauté ne peut « avoir d'intérêt opposé à son intérêt »[104]. La moralité est alors tout entière dans le respect de l'institution démocratique. Encore faut-il, pour que le contrôle du peuple soit effectif, en l'absence d'un accord entre toutes ses voix, qu'une majorité s'impose parmi elles. L'on avait trouvé une apologie de la suprématie de la majorité chez Locke mais il s'agissait pour des hommes habitués à vivre dans l'état de nature de former une communauté politique soumise à un gouvernement qui pouvait prendre une forme monarchique. Au XIXe siècle, le danger est que la contestation d'un tel pouvoir par le peuple, en même temps que la définition de celui-ci s'élargit, fasse apparaître des divisions en son sein et qu'aux anciennes luttes pour le pouvoir entre partis traditionnels s'ajoutent ou se superposent des luttes politiques engendrées par les disparités sociales et économiques d'où va émerger dans une première phase le pouvoir de la bourgeoisie capitaliste puis celui des couches populaires. L'on ne saurait oublier, à cet égard, les différences d'intérêts entre patrons et salariés qui, bien que niées un certain temps, se réveilleront et se manifesteront dès le début du XIXe siècle sur le double plan social et politique, parfois avec violence.

---

103 *Works*, vol. X, p. 401.

104 *Essay on Government*, p.7.

J.-S. Mill soulèvera le problème d'une dictature possible de la majorité numérique à l'égard de la minorité avec la menace qu'elle fait peser sur la liberté d'opinion, la pluralité des sensibilités et même des intérêts individuels. Mais les craintes allaient aussi, dans une démocratie, à la possibilité que les représentants du peuple, une fois élus, oublient leurs devoirs et utilisent leur pouvoir pour servir (comme en d'autres temps le monarque) leurs intérêts privés. La seule garantie prévue dans ce cas était celle formulée par les premiers démocrates comme Cartwright, puis par Bentham et James Mill[105] consistant à limiter leur mandat dans le temps.

Quelle que devait être sa destinée, le mouvement en faveur de la démocratie était en marche depuis un certain temps puisqu'on le trouve aussi chez les révolutionnaires français de 1789. La différence était que les premiers se réclamaient de l'utilité, les seconds de l'égalité et que le chemin suivi ne serait pas le même. Pour Bentham et plus encore pour James Mill, qui recherchait la meilleure façon d'appliquer ses idées, il n'était pas utile de bouleverser le paysage politique de fond en comble. Conscients des adaptations que le temps rendait nécessaires, l'un et l'autre étaient favorables à tout ce qui pouvait entraîner un progrès matériel et moral source de bonheur, ce qui incluait la forme de gouvernement choisie. Mais ils n'étaient pas des révolutionnaires, tout au plus des réformateurs. Et s'il était important, au début du XIXe siècle, de limiter son influence, il n'était pas question pour eux de renverser la monarchie. L'on assistait simplement à la fin de la prérogative royale. Un instant mise en cause, il semblait même d'une certaine manière que la force même de la monarchie, qu'elle fût réelle ou symbolique, autorisait en Angleterre une évolution démocratique que l'histoire allait confirmer.

Mais revenons au combat mené par Bentham. Celui-ci, après avoir entretenu dans sa prime jeunesse, sous l'influence de son père, des idées favorables au parti tory, avait, à la suite du rejet en 1794 par Pitt et Addington de son projet de prison modèle, le *Panopticon*, basculé dans le camp démocrate, considérant l'aristocratie tout entière comme hostile au progrès. Puis il devait se trouver, au début du XIXe siècle, au centre d'un mouvement favorable à la réforme parlementaire qui combinait plusieurs tendances. A sa frange philosophique, se joignaient une partie de plus en plus importante de la bourgeoisie commerçante et un élément populaire, les troupes de choc du mouvement qui faisaient plus, aux yeux de ses éléments éclairés, pour le discréditer que pour le servir (comme la populace enflammée par les discours de Henry Hunt). Ce qui réunissait ces divers éléments était cependant le désir d'une réforme radicale de la

105 *Ibid.*, p. 18.

constitution, programme qui laissait planer quelques menaces sur la monarchie et l'aristocratie. Le radicalisme fut, de ce point de vue, assimilé à sa branche populaire par le pouvoir et l'agitation qu'il occasionnait sévèrement réprimée. La seule façon de soutenir le mouvement et de ne pas compromettre les perspectives d'égalité politique qu'il offrait, tout en effaçant les craintes d'une dictature populaire et d'une remise en question de la propriété, était de lui donner une assise utilitaire : c'est à cela que s'employa Bentham.

En 1807, Bentham s'allie à Francis Burdett, leader populaire radical élu au Parlement pour le bourg de Westminster en 1807 et devient autour de 1810 le chef de file des « Radicaux philosophiques », avec pour second James Mill. Le mouvement organisé par ce dernier regroupe des disciples et sympathisants dont l'ambition est de fournir un contenu utilitariste aux mouvements démocratiques du début du XIXe siècle. De fait, les démocrates avancés de l'époque comme Thomas Paine ou William Godwin vont mêler une préoccupation utilitariste à leurs schémas politiques. Paine propose, en contrepoint de sa doctrine des droits de l'homme[106], une société composée de membres dont l'intérêt éclairé les amène à se méfier d'un gouvernement se conduisant comme une bête de proie mais qui reste, de toute façon un mal nécessaire. Godwin emprunte à Hume l'idée que la recherche du plaisir est la fin de l'action humaine mais précise que la raison ou l'intelligence, et certainement pas la force contenue dans la punition et donc pas l'Etat qui l'administre, peut la guider en lui faisant le devoir d'étendre cette recherche à la société entière[107]. Bentham, dans un esprit plus pratique et sans doute moins utopique, publie en 1817 le *Catéchisme de la réforme parlementaire*, puis essaye de faire passer ses idées réformatrices par l'intermédiaire de Francis Burdett qui, en 1818, accepte de faire des « *Vingt-six Résolutions sur la réforme parlementaire* » l'objet d'une motion aux Communes. Cette réforme n'est pas encore une réforme populaire. D'une part, son auteur met le suffrage universel au nombre de ses objectifs, préconise des Parlements annuels et surtout le vote à bulletins secrets. D'autre part, des limitations sont mises au corps électoral en fonction des préjugés de l'époque. Le suffrage reste censitaire. Les femmes en sont exclues. Le *Catéchisme* prévoit le versement de 150 livres pour couvrir les frais de la candidature. La réforme est repoussée, ce à quoi Bentham réplique par un opuscule[108] où il réaffirme les droits de la propriété que les conservateurs estimaient menacée. De même, après

[106] *Cf. The Rights of Man*, Londres : Dent (coll. « Everyman's »), [1792-] 1969.
[107] *Cf. Enquiry concerning Political Justice*, Oxford : Clarendon Press, [1793-] 1971.
[108] *Radicalism not Dangerous*, *Works*, vol. III.

avoir ajouté à ses projets de réforme du système pénal une défense du principe de l'élection des juges pour que la justice ne soit pas une justice de classe, Bentham reviendra sur cette proposition.

Finalement, s'ils penchent pour un gouvernement démocratique où seraient supprimées la Chambre des Lords et l'Eglise, le maître et son disciple continuent d'attribuer à la classe moyenne une place prépondérante dans le corps électoral et dans celui des élus. On peut imaginer que Bentham n'a fréquenté les milieux gouvernementaux que pour mieux plaider la cause de cette classe à laquelle il appartenait et à laquelle il associait les intérêts des couches populaires. Le poids des antagonismes entre les partis traditionnels, que n'avaient pas réussi à supprimer une guerre civile et une révolution, était plus important que la fissure apparue entre les intérêts des patrons et ceux des salariés. En définitive, dans le système politique à tendance démocratique que Bentham et James Mill proposent, toutes les classes ne sont pas représentées. Le suffrage universel est en réalité censitaire : il faut payer des impôts pour être électeur et il faut pouvoir défrayer les dépenses de l'élection pour être éligible, ce qui n'est possible qu'aux plus fortunés. Aux couches populaires ne reste face aux inégalités que la possibilité de manifester dans la rue, comme l'ont fait certains éléments des Radicaux. Et même pour ce qui est des décisions qui leur sont favorables, comme la suppression du monopole des propriétaires terriens pour faire baisser le prix du blé, ce seront surtout les doléances des entrepreneurs et des commerçants frappés dans leurs bénéfices qu'entendront les utilitaristes en se rapprochant de l'Ecole de Manchester favorable à la liberté du commerce des grains et, de manière générale, au libéralisme économique, pour faire évoluer la loi.

VI. L'EXTENSION DU MOUVEMENT UTILITARISTE

Le penchant utilitariste avéré en faveur d'une bourgeoisie active et entreprenante sera repris à son compte par la fraction whig favorable au progrès. Les éléments les plus avancés de ce parti avaient compris que les transformations économiques qui gagnaient l'ensemble de la nation créaient des altérations irréversibles dans le tissu social et qu'il valait mieux accompagner le mouvement plutôt que de risquer d'être emporté et finalement englouti par lui. C'est ainsi que nombre de ses membres se lancèrent dans les affaires[109]. Ce fut aussi l'aile progressiste des Whigs qui assura en partie la propagation des idées utilitaristes, les Tories s'interdisant d'être les premiers auteurs des réformes par la répression brutale qu'ils avaient déclenchée à la suite des mouvements populaires du début du XIXe siècle. En réalité, les utilitaristes ne pouvaient choisir leurs porte-parole mais s'il leur déplaisait, comme à Bentham, « l'ermite de Queen's Square Place », d'occuper le devant de la scène politique, il leur déplaisait encore plus de voir leurs idées mises à mal et de ne pas pouvoir assurer leur diffusion[110]. Les Whigs étaient également, à cause de leurs sympathies pour la prérogative parlementaire, les mieux placés pour faire passer des réformes modifiant les données politiques du pays au détriment du pouvoir royal et de ses amis tout en en modérant la portée. Plus tolérants que les Tories, ils étaient prêts à admettre dans leurs rangs des éléments de la classe moyenne et à favoriser leurs entreprises tout en ayant à cœur l'amélioration des conditions sociales et économiques du plus grand nombre. Ce sont, pour un historien comme W. Thomas[111], eux les véritables auteurs des réformes réalisées dans la première moitié du XIXe siècle, plus que les utilitaristes dont ils reprenaient certaines de leurs propositions non sans démagogie, car c'était masquer le fait que les forces économiques et sociales se développaient de telle manière qu'elles devaient affecter la vision de tous les gouvernements qui se succédèrent dans la période qui s'ouvre en 1830 et même pousser le tory Peel à faire voter l'instauration définitive du libre-échange.

Les utilitaristes du début du XIXe siècle, condamnés ou se condamnant à rester à l'arrière-plan de la scène parlementaire, contestaient à tous ses acteurs, malgré la dette qu'ils avaient envers eux, le mérite de la politique qui allait changer progressivement le visage social et économique de l'Angleterre et n'avaient pas assez de mépris pour ceux qu'ils nommaient « les Whigs fourbes et opportunistes »[112]. A leurs yeux, les Whigs intervenaient à un moment où les progrès de la

---

109 Comme le rapporte E. Hobsbawm, « les aristocrates whigs (et, quoique à un degré moindre, les squires tories) comprenaient que le pouvoir du pays, et le leur, dépendait de leur aptitude à s'enrichir. Il s'avérait qu'en 1750, il y avait encore peu d'argent à gagner dans l'industrie. Lorsque la situation changea, ils n'eurent pas grande difficulté à s'y adapter » (*Industry and Empire*, p. 32).

110 « La petite bande qui reconnaissait Bentham comme son chef laissa aux orateurs populaires le soin de défendre en public leurs mesures politiques favorites ; et le mérite de passer les mesures qui furent adoptées alla principalement aux grands leaders politiques » (L. Stephen, *The English Utilitarians*, vol. II, p. 41).

111 « L'utilitarisme et le libéralisme anglais au début du XIXe siècle », *Regards sur Bentham et l'utilitarisme*, Genève : Droz, pp. 39-58.

112 L. Stephen, *The English Utilitarians*, vol. II, p. 42.

cause utilitariste avait rendu inévitables les transformations des différentes structures du pays et où il était possible de recueillir, sans risque aucun, les mérites du travail accompli. Ils éprouvaient un sentiment de frustration d'autant plus vif que les Whigs, sauf peut-être Brougham, qui se considérait comme le fils spirituel de Bentham, semblaient les ignorer, alors qu'ils oubliaient eux-mêmes ce qu'ils devaient à la montée en puissance des classes moyennes[113]. La cause utilitariste finit cependant par se faire entendre au Parlement à travers une représentation radicale qui apparut vers 1830 et regroupa une cinquantaine de membres parmi lesquels certains disciples de Bentham comme John Austin, Joseph Hume, Edwin Chadwick, George Grote, John Roebuck et John-Stuart Mill. Mais il faut croire que l'art politique et la science politique sont deux choses différentes car les penseurs et les philosophes qui font preuve de cette science ne se portent sur la scène politique ou n'y réussissent qu'en de rares circonstances. Certes, les jeunes utilitaristes radicaux entrés au Parlement ne pouvaient manquer de contribuer aux réformes en leur apportant le soutien idéologique inspiré de la pensée de leurs maîtres. En revanche, ceux-ci, à l'image de Bentham et de James Mill, restaient, selon l'expression du leader whig Macaulay, des « hommes d'école »[114], ce qui ne les empêcherait pas d'intervenir vigoureusement dans les disputes politiques et économiques de leur temps mais surtout d'exercer par leurs écrits une influence profonde et durable sur les esprits dont les événements porteraient la marque.

VII. LES PROBLEMES DU PROGRES : LA LOI DE LA POPULATION ; LA LOI DE LA RENTE

D'une façon apparemment contraire aux thèses populationnistes en faveur à l'ère mercantile, des problèmes économiques et sociaux liés à l'augmentation de la population vont se poser avec à l'aube de l'ère industrielle moderne et faire l'objet de l'attention de deux auteurs

---

[113] Le jugement de J.-S Mill sur Bentham fait ressortir la dépendance de ce dernier à l'égard des nouvelles forces sociales : « Ses écrits n'ont pas été la cause de l'adoption du projet de loi sur la réforme, ni des clauses sur l'appropriation ; les changements qui ont été faits ou les changements encore plus grands qui seront faits dans nos institutions ne sont pas l'œuvre des philosophes, mais des intérêts et des instincts de larges franges de la société ayant acquis une part de pouvoir. Mais Bentham leur a donné expression, il a mis en question les institutions, il a rompu le charme » : (« Bentham », *Collected Works*, [1838-] 1996, Londres : Routledge, vol X, p 78).

[114] *Miscelleanous Works*, 1875, p. 166.

proches de Bentham, Malthus et Ricardo qui, tout en subissant l'influence utilitariste, jettent une ombre sur la possibilité du bonheur général.

Malthus est un pasteur protestant qui, au début du XIXe siècle, a mis en évidence les retentissements économiques et sociaux d'une augmentation irresponsable de la population par rapport à ses moyens de subsistance en soulignant en termes dramatiques les dangers courus par ses éléments les plus fragiles, et suggéré à ces derniers, en associant le point de vue utilitariste au point de vue religieux, la pratique d'une morale restrictive pour les écarter ou les différer. Ce faisant, Malthus a illustré les limites sociales du « plus grand bonheur du plus grand nombre » entrevues par Bentham. A cet égard, l'utilitarisme dont il témoigne dans ses écrits ou son action n'a jamais exclu des sympathies pour l'aristocratie qui ont toujours tempéré son désir de réformes. Ricardo a attiré l'attention sur les risques de misère courus par une population trop nombreuse pour les mêmes raisons mais aussi, à la différence de Malthus, lié ceux-ci à un découpage social faisant la part trop belle aux propriétaires fonciers, et insisté sur les avantages dont devaient disposer en priorité les industriels pour les lui éviter.

Avant d'être traité par Malthus, le problème de la croissance de la population avait été porté à l'attention publique quelques années plus tôt par J. Townshend[115], puis abordé par Bentham. Malgré ses efforts pour étendre le bonheur au plus grand nombre, Bentham est conscient de l'existence de classes pauvres et peu actives qui risquent d'en être privées et de pénaliser les autres obligées de subvenir à leurs besoins. Il convient, dans une optique utilitaire stricte, de contrôler les dépenses sociales qui

---

[115] Auteur, dans sa *Dissertation sur la loi des pauvres* (Londres, 1786), de l'histoire de l'île de Juan Fernandez, où la population des chèvres puis des chiens placés parmi elles par les Espagnols pour la limiter et éviter de fournir des sources d'approvisionnement aux Anglais s'auto-régulait en fonction de la restriction des moyens de subsistance et de la guerre entre animaux qui s'en suivait. Ce genre de difficultés avait été précédemment évoqué par Walter Raleigh en 1677, par Robert Wallace en 1761 (*Various Prospects of Mankind, Nature and Providence*). Voir Kenneth Smith, *The Malthusian Controversy*, Londres : Routledge, 1951, p. 19). Hume avait déjà fait état des « contraintes » qui pesaient sur la population dans son *Essai sur la population des nations anciennes*, et Adam Smith avait noté que la déficience des moyens de subsistance limitait l'extension de la population (*La richesse des nations*, t. I, p. 151). Par ailleurs, l'augmentation de la population apparaissait comme une source de pouvoir à condition que les ressources suivent. L'on se souvient que Locke affirmait que « le but principal du commerce est la richesse et la puissance qui s'engendrent l'une l'autre. Le pouvoir consiste en un grand nombre d'hommes et la capacité de les maintenir » (*Bodleian Library*, 30, f. 18.) Cela explique l'accent mis sur l'économie au service de thèses populationnistes qui n'ont jamais été complètement abandonnées.

ne font qu'encourager la formation de cette couche redondante de la population et d'obliger ceux qui le peuvent à travailler. De ce point de vue, Bentham critique le projet de loi présenté par Pitt en 1795[116] qui prévoit d'utiliser la taxe sur les pauvres pour restaurer l'aide à domicile et combler les déficits salariaux (mais ne sera pas adopté, si ce n'est que l'année suivante, le Speenhamland Act of Parliament, initié par une décision des magistrats du Berkshire, reprendra certaines de ses dispositions en fixant la taxe pour les pauvres et les salaires en fonction du prix du blé et du nombre des membres de la famille). La même année, Bentham, dans *L'esquisse d'un ouvrage intitulé l'administration des pauvres*[117], proposera sa version des « maisons de travail » qui, devenues « maisons d'industrie » devront, à l'image du « Panopticon », être confiées à des compagnies privées pour en rationaliser la gestion sans toutefois faire concurrence aux entreprises en activité et inclure l'éducation professionnelle des plus jeunes pour les rendre disponibles sur le marché du travail, mais aussi un système d'assurances contre la vieillesse et la maladie, joignant ainsi les raisons humanitaires aux raisons économiques. Ces dernières l'emporteront dans la réforme de 1834 qui supprimera l'aide à domicile et durcira les conditions de vie dans les « maisons de travail » peu de temps après le vote d'une réforme étendant le suffrage électoral à une frange plus large des classes moyennes, conformément à la politique d'inspiration utilitariste préconisée par Bentham.

Malthus

Le problème démographique auquel renvoyait le problème social devait être porté dans toute son ampleur à l'attention publique par un contemporain de Bentham, Thomas-Robert Malthus, dont les idées religieuses se mariaient à des principes utilitaristes dénués de tout sentimentalisme dans la mesure où, à ses yeux, l'augmentation de la population dont le résultat était la misère, la maladie et le vice qui en réduisaient dramatiquement les rangs était accélérée par le comportement irresponsable de ses éléments les plus pauvres et où leur nombre devait être limité par tous les moyens. A vrai dire, c'était surtout à la population dépendante et inactive que Malthus allait s'en prendre.

L'auteur de l'*Essai sur la population* répondait dans la première édition de son ouvrage à certains avocats du progrès comme Godwin en Angleterre et Condorcet en France. Pour Godwin, la seule cause de

116 *Observations on the Poor Bill*, 1797, *Works*, vol. VII.

117 *Works*, vol. VIII.

misère était l'égoïsme responsable du système de propriété établi ; l'auteur de *Political Justice* imaginait un état où des hommes raisonnables pourraient profiter utilement, sans rechercher de vaines satisfactions, des progrès de la culture et de l'industrie, et même, en fonction de la perfectibilité de la nature humaine, prolonger leur vie et acquérir l'immortalité ou, à défaut, contrôler leurs réactions corporelles. Condorcet, dans son *Esquisse d'un tableau des progrès humains* (1794), comptait sur le progrès des sciences pour développer les moyens de subsistance et les étendre à une communauté d'où disparaîtraient les inégalités, bien que ce mouvement fût limité par l'accroissement de la population. Mais, d'une part, la limite en question était éloignée, d'autre part, Condorcet croyait possible un progrès de l'esprit humain qui saurait reconnaître les conditions du bien-être et du bonheur et éclairer les hommes sur la conduite à tenir.

Malthus ne partage pas cet optimisme et, contrairement à ces deux auteurs, ne croit pas qu'aucun progrès puisse sans douleur altérer la loi qui veut que la population presse constamment sur les moyens de subsistance. A vrai dire, ce qui a fait la popularité de Malthus est qu'il a donné à sa « loi de la population » une forme mathématique. S'il admettait que les réserves de nourriture pouvaient augmenter, celles-ci le faisaient en suivant une progression arithmétique, alors que la population augmentait selon une progression géométrique. Ce phénomène était constant bien que ses effets n'en fussent pas moins renforcés par l'actualité. D'une part, l'Angleterre en était arrivée à un point où l'augmentation de sa population atteignait un seuil critique alors que la guerre contre la France de Napoléon compromettait ses sources d'approvisionnement ; d'autre part, le libéralisme sauvage de la révolution industrielle créait de nouveaux pauvres, ce qui apparaissait comme gênant pour ses acteurs et leurs défenseurs.

De plus, la loi sur les pauvres destinée à leur venir en aide pouvait avoir de fâcheuses conséquences démographiques : il n'était pas question pour Malthus de légitimer un droit à l'assistance qui, selon lui, multipliait la population sans accroître les subsistances et augmentait les impôts, ce dont tout le reste de la communauté souffrait : l'aide à domicile accordée depuis les lois d'Elisabeth devait être supprimée, sauf dans les cas extrêmes et, de façon générale, la pauvreté frappée d'opprobre : « Si dure que la chose puisse paraître, quand on considère les cas individuels, la pauvreté dépendante doit être tenue pour déshonorante »[118]. L'on voit à ce propos comment une action morale peut compléter ou remplacer une

[118] *Essai sur la population*, 1ère édit., 1798, V.

action économique et comment cette action grandit au XIXe siècle. Par la suite, il était supposé que les « pauvres » se mettraient au travail et produiraient tant bien que mal une part de richesse. L'augmentation de la population n'était pas véritablement un mal en soi et n'aurait pas posé de problème si les ressources avaient suivi, ce qui rendait indispensables deux conditions : d'une part, que la population travaille, d'autre part, qu'elle ne mette pas au monde plus de bouches qu'elle ne pouvait nourrir.

La solution, en tout cas, ne pouvait provenir d'un changement de société. Il n'était pas question, devant la soif de profit des capitalistes que Malthus dénonçait, d'envisager une révolution sociale. Les conditions du travail devaient être fixées selon les principes de l'économie libérale, qui spécifient que « la richesse n'est jamais mieux assurée que lorsqu'on permet à chaque individu, aussi longtemps qu'il se conforme aux règles de la justice, de poursuivre ses intérêts selon ses propres vues »[119]. On trouve ainsi chez Malthus tous les ingrédients d'une vision utilitariste de la société : « Le bonheur du tout doit être le résultat du bonheur des individus, et commencer d'abord par eux ».[120] Ce bonheur résulte de l'égoïsme, de la propriété et de l'échange qui sont des données permanentes de la nature humaine telle que Hume l'a définie d'une façon qui a fait école. L'état d'inégalité qui en résulte n'est pas le problème. L'on ne saurait remettre en question le luxe et la richesse matérielle[121] qui font partie du bonheur. Il faut simplement souhaiter « [une] diffusion du luxe dans la masse du peuple, et non son excès chez le petit nombre »[122] et donc sauvegarder le désir chez chaque individu d'améliorer son sort. Dans ces conditions, Malthus, s'il souligne plus que les autres utilitaristes, le danger d'une surabondance de la population et en dépeint les effets de manière saisissante[123], est soucieux, du moins en principe, d'« améliorer le sort et d'augmenter le bonheur de la grande masse de la société »[124].

---

119 *Essai,*1ère éd., p. 358.

120 *Essai sur le principe de population*, Paris : GF-Flammarion, 5e éd., trad. P.& G. Prévost, [1817-] 1992, p. 218. (la 5e éd. est une rééd. de la seconde de 1803).

121 Malthus est un moraliste d'inspiration religieuse mais aussi un économiste politique pour lequel, dans la ligne tracée par Hobbes, le seul sens précis que peut prendre la richesse est matériel : « J'appellerai richesse les objets matériels, nécessaires ou agréables à l'homme, et qui sont volontairement appropriés par les individus ou les nations aux besoins qu'ils éprouvent » (*Principes d'économie politique*, Paris : Calman-Lévy, [1836-] 1969), p. 14).

122 *Principes d'économie politique*, p. 271.

123 Malthus évoque, dans un passage de la seconde édition de l'*Essai sur la population*, le sort cruel d'un homme démuni de ressources et pour qui, « au grand festin de la nature, il n'y a pas de couvert . Elle lui dit de s'en aller, à moins qu'il ne bénéficie de la

Par ailleurs, l'auteur de l'*Essai sur la population* partage l'opinion déjà exprimée par Hume (et qui sera reprise par J.-S. Mill) concernant la plus grande capacité de la classe moyenne à accéder à un bonheur qui, tout en présentant un côté matériel, a d'autres dimensions : « Il est probable que l'extrême pauvreté ou l'excès de richesse soit pareillement dommageables de ce point de vue. Les régions moyennes de la société paraissent les mieux placées pour se développer intellectuellement. »[125] Or, pour sauvegarder l'activité qui conduit à la richesse et, à partir de là, au développement intellectuel, il faut accepter l'existence de ces extrêmes et non espérer en éradiquer les sources. Le principe de liberté, qui rencontre ici le principe d'utilité, vaut pour toutes les couches sociales ou pour aucune : « On ne pourrait pas réduire les parties extrêmes au-delà d'un certain seuil sans affaiblir cette passion stimulante qui s'empare des couches moyennes et qui est la véritable cause de leur développement. Si personne n'avait plus l'espoir de s'élever ou ne craignait plus de déchoir dans la société ; si l'industrie n'était plus récompensée, ni la paresse punie, les couches moyennes ne seraient certainement ce qu'elles sont à présent. »[126] Il serait sans doute préférable de voir diminuer le nombre de ceux qui se trouvent aux extrémités au profit de la classe moyenne mais Malthus ne peut l'envisager sans mettre en péril la forme libérale de la société à laquelle il est attaché.

Avant de considérer les conditions sociales nécessaires au succès de l'activité économique, Malthus attribue à cette activité des causes auxquelles il confère une dimension religieuse : les hommes sont tenus de travailler pour s'éloigner de la misère conçue comme la punition de la faute originelle : « Le mal existe dans le monde pour créer non le désespoir, mais l'activité. »[127] Ce faisant, Malthus, dans la même perspective que Locke, remet en évidence, avant même la recherche du bonheur, la première des raisons qui donnent un sens à la notion d'utilité conçue sur le plan économique, la nécessité qui pousse les hommes à

---

compassion de quelques-uns de ses invités. Mais si ces invités lui font de la place, d'autres intrus apparaissent immédiatement et demandent la même faveur. L'ordre et l'harmonie de la fête sont dérangés, et l'abondance se change en rareté [...]. Les invités apprennent trop tard l'erreur qu'ils ont commise en contrevenant aux ordres stricts donnés par la grande maîtresse de la fête qui, souhaitant que tous ses invités soient abondamment pourvus et sachant qu'elle ne pourrait le faire pour un nombre illimité d'entre eux, a humainement refusé d'admettre les nouveaux venus lorsque sa table était déjà pleine » (chap. IV).

124 *Principes d'économie politique*, p. 361.

125 *Essai sur la population*, 1ère éd. , XVIII, p. 367.

126 *Ibid.*, p. 369.

127 *Ibid.*, p. 360.

s'éloigner du mal. Le seul problème est que sa pression peut être trop forte pour les personnes privées de moyens. De toute façon, la seule réponse que propose Malthus (comme Locke et comme les utilitaristes dont les raisons ne sont pas toujours religieuses) est le travail sans pour autant en faire l'objet d'un droit ; il regrette simplement que les fruits du travail soient mal répartis tout en constatant que l'on ne peut remettre en question cette inégalité sans nuire gravement aux intérêts du plus grand nombre.

En définitive, la condition essentielle pour qu'une population puisse bénéficier des fruits de son travail est qu'elle ne s'accroisse pas de façon excessive. Il faut que les hommes évitent toute imprudence et prévoient les conséquences de leur conduite sur le bonheur général dont le leur dépend : qui veut la fin veut les moyens. Cette attitude typiquement utilitariste témoigne autrement que par la stricte observation des lois civiles de leur sens de l'intérêt public. S'ils ne sont pas capables de l'adopter, la nature se chargera de réduire tragiquement leur nombre.

C'est pourquoi Malthus, dans la seconde édition de l'*Essai*, met l'accent sur la contrainte morale à observer par les classes populaires enclines à augmenter leur nombre au gré de leurs ressources, comme si elles n'étaient pas désireuses d'améliorer le niveau de vie auquel elles sont habituées, et suggère un programme d'éducation destiné à les responsabiliser. L'ennui est que ce seront surtout les classes moyennes ou supérieures qui l'appliqueront alors que la population des pauvres aura toujours tendance à augmenter. On peut néanmoins envisager qu'à la longue les résistances seront vaincues et que le progrès technique, en améliorant les salaires, éveillera parmi la population laborieuse le désir d'élever son niveau de vie en la rendant plus consciente des avantages qu'elle peut en tirer et en limitant sa multiplication. Mais avant que le progrès technique fasse sentir tous ses bienfaits, il ne faudra pas le « court-circuiter » par une augmentation démographique indiscriminée, bien qu'à la longue il soit permis d'espérer qu'une population plus nombreuse aura les moyens de vivre plus aisément. En fait, le message de Malthus était immédiatement applicable à des conditions de vie difficiles face auxquelles on peut imaginer que les hommes avaient tendance à multiplier leurs rangs pour être sûr que parmi eux, certains pourraient au moins survivre. Cette façon de jouer avec la vie et la mort était condamnable car, sans parler des catastrophes générales auxquelles ils pouvaient être soumis, les survivants avaient tout juste les ressources nécessaires pour subsister, et elle était contraire à l'alliance nécessaire entre vertu et richesse déjà souhaitée par Locke et qui formait le credo des puritains, dont, d'une manière qui souligne la continuité de la philosophie morale anglaise, les idées de Malthus sont une reprise. De toute façon, si progrès il y avait au niveau de la production, comme c'était effectivement le cas à l'époque de la révolution industrielle, Malthus pensait que la pression de la population avait tendance à le déborder et que la retenue morale serait toujours de mise.

Le problème à résoudre restait néanmoins celui de la répartition de la richesse, sur laquelle l'augmentation de la population allait entraîner des modifications irréversibles en ce sens où la culture et l'exploitation de la terre, principale dispensatrice des richesses, allaient prendre une nouvelle importance et générer des bénéfices pour ses propriétaires auxquels il serait difficile de s'opposer.

En effet, l'augmentation de la population allait être à l'origine d'un besoin accru de nourriture rendant nécessaire une intensification coûteuse des cultures et une exploitation tout aussi coûteuse des terres moins fertiles qui allaient créer une nouvelle inégalité de revenus favorable aux propriétaires fonciers. Le prix du blé et des autres céréales se fixant unitairement par rapport au travail plus pénible consacré à la culture des terres de qualité inférieure, la différence de productivité entre ces terres et les terres les plus riches générait des bénéfices qui n'allaient ni à l'exploitant ni à ses employés, mais au propriétaire de ces dernières[128] sous la forme d'une augmentation de la rente ou du loyer. A vrai dire, pour Malthus, la condition première de ces bénéfices n'était pas le monopole de la terre, qui faisait de la rente un déplacement improductif de revenus des mains d'une classe de la société dans celles d'une autre, mais le pouvoir que possédait la terre de fournir une quantité plus grande des denrées nécessaires à la vie qu'il n'en fallait pour la subsistance de ceux qui la cultivaient, de sorte que la rente correspondait à une richesse tirée du sol : c'était « un bienfait de la providence »[129]. Si l'on considère qu'à cette richesse, se joignaient les progrès de l'agriculture, on aura l'explication de l'accroissement des rentes pendant tout le XVIIIe siècle, alors que Ricardo, qui fera de la rente son cheval de bataille contre la propriété foncière, « n'envisage les progrès de la rente que sous un point

---

128 Ce phénomène a d'abord fait l'objet de l'*Enquête sur la nature et les progrès de la rente*, parue en 1815, avant d'être rappelé à l'attention des économistes dans les *Principes*. A vrai dire, la « loi de la rente », déjà approchée en 1777 par J. Anderson, était en maturation dans les esprits de l'époque. En 1814, D. Buchanan compare ce qu'un inventeur retire d'une machine économisant le travail tant qu'il en conserve le secret, alors que si celui-ci est connu, d'autres vont la lancer sur le marché et les prix vont baisser, à l'avantage que garde le propriétaire de terres plus riches dans la mesure où leur surface ne peut être augmentée. En 1815, E. West insiste sur la difficulté croissante de la production agricole pour demander l'abrogation des Corn Laws.

129 *Principes d'économie politique*, p. 163.

de vue très borné. Il l'attribue uniquement à une augmentation de prix provenant d'une production plus difficile »[130]. De ce point de vue, Malthus fera exception à ses principes libéraux en s'élevant contre la suppression des *Corn Laws* interdisant toute importation de façon à conserver ses avantages à l'agriculture anglaise, source première de denrées y compris pour les plus pauvres. Il est vrai que cette protection opposera longtemps les intérêts de la classe foncière aux autres couches de la population, mais pas plus que ne pourra le faire la protection nécessaire des intérêts industriels face à l'afflux des produits comme des travailleurs étrangers. Par ailleurs, le fait que les progrès techniques, en se répandant dans l'agriculture, les manufactures et le commerce, profitent aux agriculteurs, aux industriels et aux commerçants mais aussi aux propriétaires en faisant hausser les rentes, lui permet d'affirmer, contrairement à Ricardo, que l'intérêt de cette dernière classe est inséparable de l'intérêt de l'Etat. Ses vues sociales sont finalement tempérées par son attachement à l'aristocratie terrienne : l'émergence de la classe capitaliste et de la classe ouvrière qui l'accompagne risque de se faire au détriment d'une classe qui est garante de la constitution et des libertés anglaises, et de mener à un pouvoir démocratique qui les mettrait en danger.

En définitive, il apparaît qu'à travers sa confiance dans le progrès scientifique et technique et dans la richesse générale qu'il laisse entrevoir, Malthus n'est pas seulement le prophète pessimiste que l'on voit en lui mais un homme qui, dans un enseignement utilitariste qui laisse transparaître ses préférences sociales, s'est efforcé de montrer les conditions difficiles de la marche vers un bonheur conforme au dessein de Dieu et d'indiquer les remèdes plus ou moins amers à prendre pour la rendre plus sûre.

Ricardo

James Mill, qui a joué le rôle de relais entre Bentham et ses autres disciples, a exhorté l'un d'eux, David Ricardo, à exposer ses vues sur la forme que devait prendre la production de la richesse et sa distribution entre propriétaires du sol, capitalistes et travailleurs et à apporter sa contribution à une interprétation utilitariste de la société. Ricardo en a tiré ce qui passe pour être la théorie classique de l'économie politique en montrant comment un équilibre s'établit nécessairement entre les intérêts de tous les acteurs sociaux et économiques par la liberté des échanges

---

130 *Ibid.*, p. 157.

fondée sur une version simplifiée de la valeur-travail et sur la concurrence. Il a été reproché à cette théorie[131] d'être trop abstraite et de négliger les causes accidentelles. Cependant Ricardo, à l'exemple de Malthus, a tenu compte des modifications qui interviennent dans la distribution des biens à cause de l'augmentation de la population et fourni une théorie moins optimiste des relations entre rentes, salaires et profits laissant entendre la possibilité d'une divergence d'intérêts entre les classes productrices.

La théorie économique de Ricardo révèle cependant un auteur soucieux du bien-être général qui peut être obtenu par l'opération des lois naturelles. Il est entendu que la condition initiale pour que ces lois puissent jouer est qu'aucun obstacle politique ou moral ne vienne contrecarrer l'activité individuelle de production et d'échange. La concurrence qui en résulte permet *a priori* d'affirmer que « les intérêts de l'individu et de la collectivité ne sont jamais discordants »[132]. Les intérêts des nations fondés sur le même principe ne le sont pas davantage. Nous retrouvons la théorie de l'identité naturelle des intérêts économiques énoncée par Adam Smith, y compris au niveau international.

Cependant, avant d'envisager comment, dans la perspective utilitaire sous-jacente, se distribue la richesse, il faut savoir évaluer celle-ci. Là encore, Ricardo est fidèle à la pensée d'Adam Smith : c'est le travail qui communique une valeur aux marchandises et, en limitant les fluctuations de l'offre et de la demande, confirme la théorie du prix naturel formulée par l'auteur de *La richesse des nations*. Si le premier, Locke avait esquissé le passage de la valeur d'usage à la « valeur-travail », celle-ci, reprise par Adam Smith, sera définitivement associée au nom de Ricardo avant que Marx s'en empare. Selon cette théorie, la valeur des biens de consommation en tant qu'elle dépend de leur utilité (et celle-ci du besoin qu'on en a) ne peut que s'exprimer d'une façon objective par la mesure de la difficulté qu'il y a à produire la plupart de ces biens ou les rendre utilisables dès lors que la nature n'y pourvoit pas directement, et donc par le travail qu'il est nécessaire de fournir, exception faite des objets rares dont la valeur dépend de la demande. Le travail n'est cependant pas une donnée invariable : Ricardo fait allusion aux différences de valeur dues à son intensité et à l'adresse qu'il requiert mais admet que la valeur qui s'établit dans l'échange (c'est-à-dire le prix) et dépend du travail de production et d'acheminement de la marchandise sur le marché dépend

---

131 *Cf.* J. Bonar, *Malthus and his Work*, Londres : F. Cass, [1885-] 1966, p. 145, p. 147, p. 210.

132 *The Works and Correspondence of David Ricardo*, Cambridge University Press, 1955, vol. III, pp. 55-56.

aussi de la compétition entre producteurs et entre transporteurs qui permet d'abaisser le prix et de la compétition entre acheteurs qui l'augmente. Les effets de cette compétition alimentée par la loi de l'offre et de la demande représentent une alternance à la théorie de la valeur-travail : Ricardo juge néanmoins les oscillations qui en résultent négligeables. Finalement, le travail est la meilleure garantie de la justice de l'échange : « Les quantités proportionnelles de travail nécessaires pour obtenir chaque objet paraissent offrir la seule donnée qui puisse conduire à poser une règle pour l'échange des uns contre les autres. »[133] Cela suppose que le travail qui contribue à fixer le prix de l'objet permet de rétribuer le capitaliste, l'ouvrier et, comme nous le verrons, le propriétaire foncier.

Cependant, cette théorie va être exposée à une curieuse remise en question. Quelques mots dont l'importance est d'autant moins négligeable qu'ils se situent en conclusion de son traité d'économie politique replacent Ricardo dans une perspective qui montre son attachement au système subjectif de Hume. Considérant la richesse comme « consistant dans les choses nécessaires, utiles ou agréables à la vie »[134], Ricardo poursuit : « Des choses nécessaires ou utiles d'une espèce ne peuvent pas être comparées avec celles d'une autre espèce ; la valeur d'utilité ne peut être estimée d'après aucune mesure connue ; chacun l'estime à sa manière. »[135] En somme, Ricardo était parti dans son traité d'une définition de la valeur d'un objet qui accordait une place essentielle à son utilité[136] ; il retourne à cette idée jusqu'à lui conférer un caractère subjectif.

Cela rappelé, c'est cependant à une tout autre conclusion qu'aboutit l'enseignement d'un économiste qui se propose de déterminer « les lois de la distribution des produits de la terre »[137] et considère que, dans une économie d'échange, la nécessité pratique l'emporte et fait que la seule mesure de la valeur d'une marchandise est celle que fournit le travail qui, de plus, a tendance à circonscrire la richesse aux choses qu'il permet de produire. Ce que l'on retiendra de sa philosophie économique, ce qui laissera une trace et déterminera le mouvement suivi depuis par tous les systèmes économiques qui ont en vue le bonheur de l'humanité est ainsi, quelles que soient ses motivations, l'importance capitale du travail dans la

---

133 *Principes de l'économie politique et de l'impôt*, trad. Ch. Schmidt, Paris : Calmann-Lévy, [1819-] 1970, p. 18.
134 *Ibid.*, p. 345.
135 *Ibid.*
136 *Ibid.*, p. 13.
137 *Ibid.*, p. 9.

création de la valeur et de la richesse, le problème, psychologique autant qu'économique, étant de laisser croire que le travail puisse donner une valeur aux choses produites d'une façon finalement indépendante de leur utilité.

Examinons les modalités sociales de la répartition des fruits du travail selon Ricardo. Pour ce qui est des agents producteurs, il est certain que, malgré la compétition, les bénéfices ne peuvent descendre en-dessous du minimum à partir duquel le travail est rentable, bien que la situation dominante de l'employeur l'autorise, en l'absence de toute réglementation, à effectuer le partage des bénéfices à son avantage et de fixer le salaire au taux minimum en prenant pour repère ce dont les ouvriers ont besoin pour vivre et dont ils sont supposés se contenter, le reste constituant le profit : le « prix naturel du travail » est « celui qui fournit aux ouvriers, en général, les moyens de subsister et de perpétuer leur espèce, sans accroissement ni diminution »[138]. Le travail a beau être la source de la valeur, il est pour Ricardo le lieu d'une discrimination sociale et économique dans l'industrie capitaliste et ne saurait, en fonction d'une sorte de consensus auxquels ils semblent eux-mêmes être partie prenante, permettre aux ouvriers autre chose que de disposer de « la quantité de subsistances et autres objets nécessaires et utiles dont l'habitude leur a fait un besoin »[139].

Nous sommes à un tournant de l'histoire et les mentalités vont changer dans le sens d'une plus grande justice sociale. Mais nous n'en sommes pas là à l'époque de la révolution industrielle où se développe un capitalisme sans état d'âme parce que porteur de possibilités de profit qui en constituent l'essence même d'autant, selon Ricardo, que le profit est inversement proportionnel aux salaires ; et telle est sans doute l'une des raisons de l'attention dont il sera l'objet de la part des employeurs (puis des ouvriers). Parmi les arguments avancés pour le légitimer, il y a, depuis Locke, l'accent mis sur le travail qu'il a fallu effectuer pour constituer le capital et, depuis Adam Smith, l'accent mis sur l'épargne : tout cela, outre le travail de direction proprement dit, mérite rétribution. Il y a surtout la volonté de faire en sorte que la liberté qui est à la source de la motivation et du développement de l'activité économique et qui a été conquise sur la politique interventionniste ne soit pas non plus bridée en ce qui concerne la distribution des gains ; il ne saurait y avoir sur ce plan de contrainte qui ne rejaillirait pas sur la production et, de toute façon, il a toujours été permis de supposer que, dans un régime de

138 *Ibid.*, p. 67.
139 *Ibid.*

liberté, la richesse se diffuse sur l'ensemble de la communauté. C'est dans ce type de régime, favorable à la concurrence, que doivent être établies « les lois par lesquelles les salaires sont réglés et par lesquelles le bonheur de la partie de beaucoup la plus grande de la population de chaque société est gouverné [...] Comme tous les autres contrats, les salaires doivent être abandonnés à la concurrence libre et loyale du marché, et ne jamais subir le contrôle d'une intervention législative »[140]. Or, nous avons vu comment cette concurrence peut jouer en faveur de l'employeur : la « loi d'airain » fixe le prix au-dessous duquel le salaire ne peut s'abaisser de façon permanente, mais au-dessus duquel il ne peut non plus s'élever. Elle en fixe la limite minimum, mais aussi maximum[141]. Par ailleurs, la faiblesse des moyens d'achat des salariés ne semble pas avoir préoccupé des industriels qui pouvaient produire pour les clients les plus riches ou pour les acheteurs étrangers vers lesquels ils se tourneront de plus en plus en réclamant la liberté du commerce.

L'accroissement de la population, selon la loi établie par Malthus et adoptée par Ricardo (sans son expression mathématique), va cependant remettre en question la stabilité économique en provoquant une hausse des salaires sous l'effet des phénomènes qu'elle va entraîner : l'appel à des terres de qualité inférieure, le plus grand travail de production qui en résulte, l'augmentation des prix des denrées agricoles et donc la nécessité d'augmenter les salaires pour assurer aux travailleurs de quoi vivre[142]. Si l'on s'en tient au raisonnement de Ricardo, cette hausse des salaires sera nécessairement accompagnée d'une baisse proportionnelle des profits.

Selon ce même raisonnement, l'augmentation de la population, peu favorable en définitive à la classe ouvrière dont elle compromet la condition, ne semble pas non plus l'être aux capitalistes. Le problème de répartition de la richesse qu'elle engendre retentit sur l'activité productrice : la baisse des profits due selon Ricardo à la hausse des salaires et non, selon l'explication proposée par Adam Smith, à leur accumulation et à l'augmentation consécutive du capital, risque de bloquer celle-ci comme la demande de travail et donc la croissance. Il est

140 *Ibid.*, p. 76.

141 Selon Carlyle, cette loi a largement contribué à faire de l'économie politique libérale accueillie favorablement par les utilitaristes la « science lugubre » qu'il stigmatise dans « The Nigger Question », *Essays*, Londres : Dent « Everyman's » [1849-] 1967, p. 308.

142 Ce facteur l'emporte sur la tendance, signalée par Malthus, qu'a l'augmentation du nombre de demandeurs d'emploi à faire baisser les salaires. L'on pourrait interpréter le phénomène de la manière suivante : si la concurrence entre demandeurs d'emploi grandit, elle projette hors du marché du travail un nombre plus important d'individus alors que ceux qui travaillent voient leur salaire augmenter.

à craindre dans ces conditions que l'on en arrive à un état stationnaire préjudiciable à toutes les classes industrieuses.

Les seuls qui tirent parti de l'augmentation de la population sont les propriétaires fonciers. Ils le sont encore plus largement en application de la loi de la rente qui est, pour Malthus et Ricardo, la conséquence de la loi de la population. Cette loi, simplifiée par Ricardo, écarte des causes du phénomène de la rente foncière signalées par son prédécesseur le pouvoir de production de la terre ou la tendance de l'offre de nourriture à créer sa propre demande et à augmenter la population pour ne retenir que la rareté relative des terres fertiles. Si l'appel à des terres de qualité inférieure provoque une augmentation du prix des grains, les propriétaires fonciers sont gagnants grâce à l'augmentation des fermages ou des rentes sur les terres les plus riches où le travail est plus rentable et occasionne un plus grand bénéfice chez les fermiers dans la mesure où les prix s'alignent sur le travail plus pénible que réclament les terres les moins riches et que Ricardo n'envisage pas de voir diminuer malgré le perfectionnement des moyens de production.

Déjà, étaient en cause les lois traditionnelles sur les grains qui, en interdisant leur importation, maintenaient leur prix à un niveau élevé. D'autres circonstances, en 1815, viennent aggraver la situation. Alors que les exportations en direction des pays touchés par la guerre ont occasionné un développement de la main-d'œuvre industrielle, la reprise de l'activité industrielle dans ces pays se fait au détriment de l'industrie anglaise dont le marché se circonscrit au marché intérieur et qui, produisant trop, a moins besoin d'ouvriers ; ces derniers, moins payés ou au chômage vu leur nombre excessif, ne peuvent plus tolérer le régime du pain cher. La politique protectionniste, en revanche, reste favorable aux propriétaires fonciers producteurs de blé dont les intérêts apparaissent dans ce contexte particulier comme opposés à ceux des autres classes[143].

La cause du problème est toujours la pression de la population sur les ressources. Ainsi, alors que l'augmentation des capacités de production due à la révolution industrielle est sans doute la plus belle occasion qui se

---

143 « L'intérêt du propriétaire foncier est toujours opposé à celui de toutes les autres classes de la collectivité ; sa situation n'est jamais aussi prospère que lorsque la nourriture est rare et chère, à la différence de toutes les autres personnes qui ont un grand intérêt à se nourrir à bon marché » (*An Essay on the Influence of the low Price of Corn on the Profits of Stock*, p. 378, *The Works and Correspondence of David Ricardo*, vol. IV p. 21). Pour Malthus, au contraire, l'augmentation de la population,dans la mesure où elle est succède au progrès industriel, montre que les intérêts des industriels et les intérêts des propriétaires fonciers sont identiques.

soit jamais présentée à la population ouvrière d'améliorer de façon substantielle son niveau de vie, cette occasion est gâchée par la tentation de développer ses rangs d'une façon excessive, non seulement en maintenant tant soit peu inchangée la part qui revient à chacun mais en créant de nouveaux pauvres. Sur ce sujet, l'économiste partage les opinions précédemment émises en observant qu'« il est tant de douceurs dans la vie de famille qu'on voit constamment, en fait, l'accroissement de la population suivre l'amélioration du sort de l'ouvrier »[144] (et provoquer de nouveau un abaissement des salaires).

Malgré cela, il est certain que les nouvelles facilités de vie vont progressivement déterminer certains hommes à limiter leur nombre et faire en sorte qu'eux-mêmes et leurs enfants vivent mieux. La contrainte morale reste ici d'actualité, qu'elle soit liée au danger de la misère pour Malthus ou au désir de bien-être pour Ricardo, qui fonde quelque espoir sur le fait qu'en Angleterre, les goûts et les exigences des travailleurs sont tels que le « prix naturel du travail » est supérieur à ce qu'il est dans d'autres contrées[145]. Cette constatation indique la voie à suivre : « Tous les amis de l'humanité doivent désirer que les classes laborieuses cherchent partout le bien-être, les satisfactions légitimes, et soient poussées, par tous les moyens légaux, à les acquérir. On ne saurait opposer un meilleur frein à une surabondance de population. »[146] La stratégie des gouvernements des pays civilisés sera même que l'amélioration de la production due à l'invention de nouveaux instruments permette à davantage d'hommes de vivre toujours mieux.

Le pessimisme de Ricardo relativement à une possible stagnation industrielle n'est donc pas absolu. Le véritable problème qui s'est posé à lui est que tout progrès passe par l'amélioration de la production mais que celle-ci dépend de la façon dont les bénéfices de l'activité économique sont distribués. Son attention est donc allée à la distribution de la richesse bien que le problème essentiel soit celui de la production et, pour les entrepreneurs qui l'impulsent, celui d'une motivation qui est

---

144 *Principes de l'économie politique*, p. 329.

145 « Le prix naturel des salaires varie à différentes époques dans un même pays, et il est très différent dans les divers pays. Cela tient essentiellement aux mœurs et aux habitudes du peuple. L'ouvrier anglais regarderait son salaire comme au-dessous du taux naturel s'il ne lui permettait d'acheter d'autre nourriture que des pommes de terre et de n'avoir pour demeure qu'une misérable hutte de terre » (*Principes de l'économie politique*, p. 70). En même temps, l'accent est mis sur le parti que l'on tire du travail dans l'accession au bien-être, ne fût-ce que celui de la terre. Déjà, Locke allait jusqu'à dire qu' « en Amérique, le roi d'un territoire vaste et fertile est bien moins nourri, logé et vêtu qu'un journalier en Angleterre » (*Second traité*, p. 32).

146 *Principes de l'économie politique*, p. 72.

essentiellement la perspective d'un profit, conformément à l'hypothèse commune adoptée par les utilitaristes.

Le profit en question passe par l'emploi des machines, chose qui n'est possible, vu leur taille et leur nombre, qu'au capitaliste et définit son action. Or, la part de capital qu'il consacre à la mise en service de nouvelles machines est, comme nous l'avons vu, limitée par celle qu'il doit consacrer aux salaires à un moment où la cherté des produits agricoles rend leur augmentation inévitable, et cette limitation peut être responsable d'une certaine stagnation économique. Cela dit, Ricardo note que l'emploi de machines ne met pas les employeurs dans l'obligation d'augmenter les salaires autant que lorsque le travail est fait manuellement, puisque la part de celui-ci diminue. De fait, les entrepreneurs capitalistes se verront reprocher par Marx de consacrer une partie trop importante de leur capital à la multiplication des machines au détriment du capital « circulant » consacré aux salaires.

Mais des difficultés, peuvent surgir des progrès : les entrepreneurs soucieux d'augmenter ou de préserver leurs profits face à la menace de leur diminution due à l'augmentation des salaires l'ont fait en employant des machines de plus en plus perfectionnées. En même temps, un bonus a été proposé aux inventeurs, un encouragement donné à la recherche, comme il est de coutume encore aujourd'hui. L'on ajoutera que la mise en service de nouvelles machines a pu permettre d'appeler au travail de nouveaux ouvriers. En contrepartie, leur perfectionnement constant ou l'apparition de nouvelles machines a remis en question leur utilisation de sorte que le capital pouvait se déplacer et « aller alimenter quelque autre industrie utile à la société »[147], ce qui posait un problème d'adaptation aux ouvriers mal perçu par ces derniers.

Une autre difficulté, soulevée par R. Owen, était que le développement du capital mécanique pouvait entraîner une surproduction qui interviendra effectivement autour de 1820, les salaires restant, quant à eux, à un niveau insuffisant pour l'absorber. Ce genre de crise ne remettait pas davantage en question la confiance de Ricardo dans l'équilibre du marché puisque si l'excès de production, qui touchait selon lui une certaine catégorie de marchandises, ne pouvait être absorbé, la demande qui allait aux autres catégories de marchandises invitait les capitalistes à se consacrer à leur production en se retirant de la production des premières, une fois de plus au prix d'une instabilité de la condition ouvrière qui était une des conditions de la réussite globale d'un

[147] *Ibid.*, p. 314.

système économique que son caractère systématique rendait parfois quelque peu inhumain.

Le problème de la distribution de la richesse ne devait compromettre en aucun cas celui de sa production, dont l'usage des machines était l'arme essentielle aux yeux du capitaliste et devait être sauvegardé. En revanche, l'influence des machines sur la condition ouvrière a été vue de façon controversée. Bien qu'elles servent en premier lieu les desseins de l'entrepreneur capitaliste, il était dit que le progrès matériel qui en résulterait gagnerait l'ensemble de la population. Malgré cela, compte tenu de la tendance de la population ouvrière à augmenter ses rangs plutôt que son niveau de vie, les améliorations mécaniques, du moins dans une première phase et avant que l'abaissement du prix des marchandises fasse sentir tous ses effets, ne contribuèrent pas immédiatement à améliorer son état. L'on en veut pour preuve les réactions populaires provoquées par le machinisme à l'époque de la révolution industrielle[148].

C'était cependant du progrès industriel que pouvait venir le salut. L'on s'apercevrait avec J.-B. Say que profits et salaires peuvent augmenter en même temps, tout en conservant le même rapport d'inégalité entre eux. Les avantages de la rente foncière pourraient être préservés à cause de la difficulté de distinguer la rente des profits du capital avancé par le propriétaire. Dans bien des cas, la terre avait été achetée par des hommes qui avaient constitué leur fortune grâce à leur labeur et représentait sa récompense ; de ce point de vue, il n'était pas pertinent d'imposer la rente foncière. L'impôt sur le revenu apparaissait comme le plus équitable et le plus conforme au principe de l'identité des intérêts. L'impôt sur le capital était le plus inapproprié car il réduisait les fonds nécessaires à l'entreprise. Dans cette optique jugée bénéfique pour l'ensemble du pays, il convenait d'aider les industriels qui avaient besoin d'être affranchis de toute réglementation du travail comme de voir tomber les barrières douanières concernant l'importation des grains pour que baissent leur prix et que les salaires n'aient pas besoin d'être augmentés, réformes que Ricardo défendra dans ses interventions au Parlement dont il deviendra membre en 1819 pour les quatre dernières années de son existence[149].

---

148 Le fait le plus marquant de cette période d'agitation ouvrière est le mouvement luddiste (du nom de Ned Ludd, leader d'une bande d'ouvriers qui, en 1811-1812, brisent les métiers à filer dans le Nottinghamshire).

149 La situation est la même que celle que décrivait Locke à propos des effets d'une taxe sur les marchandises : ou le salaire de l'ouvrier, qui lui permettait tout juste de vivre et

Les craintes de Malthus et de Ricardo devaient s'avérer en partie infondées : les facteurs qui menaçaient le bonheur qui était à l'arrière-plan de leur pensée politique et économique ne se montreraient pas décisifs. Après quelques hésitations, l'abondance de la population, toujours synonyme de puissance, serait de nouveau recherchée dans les pays industrialisés. L'accroissement constant des pouvoirs productifs créerait une demande de travail qui aurait toujours un temps d'avance sur l'accroissement démographique. La mécanisation conduirait à l'abaissement du prix des denrées de subsistance. Les profits seraient préservés, comme le capital. Le problème restant était celui des salaires, dont la solution dépendait à la fois des employeurs et des salariés et dont la dimension sociale et économique allait se projeter sur le plan politique. A travers tous ces changements, nous abordons l'époque d'un auteur qui s'efforce de préserver à travers eux une certaine idée du bonheur ; ce dernier représentant de l'école utilitariste classique, bien que quelque peu rebelle, est John-Stuart Mill.

---

de faire vivre sa famille, devait s'élever avec le prix des marchandises, ou il était recueilli par la paroisse (*Some Considerations*, p. 92).

CHAPITRE IV

JOHN-STUART MILL

John-Stuart Mill est le fils du plus fidèle disciple de Bentham, James Mill, qui, particulièrement sensible aux vertus de l'éducation, lui a prodigué les leçons tirées de son maître et aurait voulu qu'il les apprenne sans restriction pour faire de lui une sorte d'« animal utilitaire ». John-Stuart, tout en ayant du mal à se plier au modèle imposé, dont il a considérablement adouci sinon modifié les traits, a tout de même subi l'influence de cet enseignement au point de rejoindre le camp des utilitaristes et d'être souvent cité comme leur meilleur représentant.

I. LA CONNAISSANCE

J.-S. Mill commence son œuvre philosophique en réaffirmant l'importance de l'empirisme et son alliance avec l'utilitarisme. Dans le *Système de logique*, où il expose sa théorie de la connaissance et donne une première idée de ses applications, il va même plus loin que Hume en déclarant que les sciences mathématiques, notamment la géométrie, ont une origine empirique et ne peuvent s'entendre sans représentations sensibles. Ainsi, l'on raisonne sur un cercle particulier et l'on étend le raisonnement aux cas similaires. Une ligne en soi n'existe pas : nous en formons l'idée à partir de l'observation de certains objets concrets dont elle est la copie. Les nombres eux-mêmes justifient leur emploi dans les diverses sciences en renvoyant à des phénomènes observables. On dit d'ailleurs : « Deux et deux font quatre », comme si c'était un événement et non une relation constante. »[1]

Ce recours à l'expérience vient s'ajouter à ce que J.-S. Mill entend par définition, à savoir l'explication d'un mot qui correspond ou non à un objet réel et permet éventuellement de le construire, cette dernière possibilité étant quelque chose de plus que la définition elle-même. En d'autres termes, il convient de distinguer, dans la définition, la définition même du postulat qui s'y superpose. Car pour J.-S. Mill, « une définition est une définition de nom et uniquement de nom, et n'a jamais pour but de développer la nature d'une chose »[2]. A côté de cela, il est permis de

---

[1] *Système de logique,* trad. L. Peisse, Liège / Bruxelles, P. Mardaga ed., [1866-]1988, t. I, p. 365.

[2] *Ibid.*, p. 161.

postuler l'existence actuelle ou possible de choses qui possèdent la combinaison d'attributs déclarée par la définition pour que celle-ci devienne véritablement effective et puisse être le fondement de tout un édifice de vérités scientifiques. C'est le cas d'un triangle ou d'un cercle ; ce n'est pas le cas d'un centaure[3].

J.-S. Mill va également apporter sa contribution à l'élucidation des causes et à la découverte des lois en proposant une méthode inductive qui tire toute sa richesse de l'observation et de l'expérimentation. De manière générale, la connaissance scientifique s'acquiert moins en observant de nouveaux faits qu'en organisant et en approfondissant les mêmes faits par des opérations intellectuelles qui distinguent précisément les hommes des animaux[4]. La science n'est qu'une autre manière d'interpréter les faits qui nous sont donnés dans l'expérience et d'en modifier la perception. A cet égard, J.-S. Mill se rapproche et se démarque de Hume. Comme ce dernier, il constate certaines modifications sans qu'à première vue aucun lien de cause à effet ne puisse les expliquer. C'est le cas des associations de type holiste, comme en chimie, où l'eau manifeste des propriétés que n'ont pas les deux éléments dont l'addition a engendré la formation. Certes, il est plus facile de relever de simples enchaînements de phénomènes, quitte à donner, comme le fait Hume « sans autre cérémonie »[5], lors d'une conjonction constante entre deux objets, le nom de cause à l'un et d'effet à l'autre dans la mesure où l'on s'attend à voir apparaître ce dernier, que de chercher, si elles existent, les causes générales de cet enchaînement. Cependant Hume, distinguant entre la pensée superficielle propre à l'homme du commun et la pensée profonde propre au philosophe, éprouvait le besoin d'utiliser toutes les ressources de l'analyse pour trouver, au-delà des faits, les règles générales expliquant leur présence et leur connexion. J.-S. Mill poursuit dans ce sens et introduit une distinction entre les lois empiriques, qui rendent compte de la succession des phénomènes, et les lois causales dont elles ne sont que l'expression

---

[3] *Ibid.*, p. 163. En ce qui concerne le cercle, J.-S. Mill écrit : « Il peut exister une figure dont tous les points de la ligne qui la termine sont à égale distance d'un point intérieur [...] Toute figure ayant cette propriété est appelée cercle » (p. 164). La première de ces propositions est relative à un point de fait, postule une existence possible ; seule la seconde est une définition légitime.

[4] Ainsi Newton et son chien Diamond voient le même cercle, qui est pour le chien un simple objet rond et pour Newton un système géométrique complexe déterminé par des formules que seul peut découvrir l'examen minutieux de ses propriétés (Whiston, *Mémoirs*, I, p. 35).

[5] *Traité de la nature humaine*, p. 162.

extérieure visible[6]. Un simple point de vue empirique est impropre à un acte scientifique, et l'auteur du *Système de logique*, après avoir refusé d'admettre que l'idée de causalité puisse être l'œuvre d'un phénomène d'accoutumance simplement un peu plus élaboré chez l'homme que chez les animaux, essaye, dans sa recherche étiologique, d'isoler des séquences inconditionnelles par un raisonnement fondé sur l'application de méthodes strictes laissant la moindre place possible à l'erreur, sans toutefois contester, dans certains lieux comme « les parties éloignées des régions stellaires »[7], la possibilité du hasard. Ces méthodes expérimentales, au nombre de quatre, reprennent celles suggérées par Bacon concernant la « nature » des phénomènes avec l'objectif d'en découvrir les lois de causation ou de coexistence.

Il y a tout d'abord la méthode de concordance fondée sur l'observation : si les différents cas dans lesquels un phénomène se présente ont un antécédent commun, cet antécédent est la cause du phénomène. Vient ensuite la méthode de différence, qui consiste à supprimer la cause supposée pour voir si l'effet persiste ou non. La méthode des résidus consiste, pour sa part, à retrancher d'un fait déjà partiellement expliqué les effets dont les causes sont connues : le résidu encore inexpliqué est l'effet des antécédents restants. Enfin, aux tables de degrés de Bacon, répond la méthode des variations concomitantes : lorsque deux faits varient ensemble, l'un est la cause de l'autre. Le mérite de J.-S. Mill est de rappeler, en ce qui concerne ces trois dernières méthodes, l'importance de l'expérimentation qui permet à l'induction d'être complète. En revanche, la première, essentiellement fondée sur l'observation et néanmoins la seule possible dans le domaine des sciences humaines, ne peut livrer que des résultats empiriques à partir du moment où l'on a affaire à une « composition de causes »[8] dans la production de

---

6 « Ainsi, quand on dit que les vieillards sont circonspects et les jeunes gens téméraires, ce n'est encore qu'une loi empirique ; car ce n'est pas à cause de leur jeunesse que les jeunes gens sont téméraires, ni à cause de leur vieillesse que les vieillards sont circonspects. La principale cause de cette différence est que les vieillards ont eu une grande expérience de la vie, et qu'ayant souffert et vu souffrir, des associations d'idées favorables à la circonspection se sont établies dans leur esprit. Les jeunes gens, au contraire, faute d'une semblable expérience, et aussi par la vivacité qui les porte à l'action, s'y engagent plus facilement. Si un vieillard ne s'est pas trouvé plus souvent que les jeunes gens aux prises avec les dangers et les difficultés, il sera tout aussi imprudent. Si un jeune homme n'a pas de penchants plus vifs que ceux d'un vieillard, il sera probablement aussi peu entreprenant. La loi empirique tire toute sa vérité des lois causales dont elle est la conséquence » (*Système de logique*, pp. 447-48).

7 *Ibid.*, t. II, p. 96.

8 *Ibid.*, t. I, p. 424.

l'effet et où il est difficile d'isoler un antécédent unique. Les trois autres sont fondées sur l'expérimentation, à ceci près que la méthode des variations concomitantes permet d'établir des lois plus que des causes (comme en ce qui concerne la variation de la pression des gaz avec leur volume ou la vitesse d'un poids qui tombe avec le temps écoulé depuis le commencement de la chute). Cependant, bien que, dans la science moderne, la recherche tende à privilégier l'idée de loi ou de fonction, il n'y a pas lieu, pour J.-S. Mill, d'abolir la notion de cause ; la cause tout simplement, est l'élément qui exerce son influence par la loi. A ce sujet, il est logique que les causes soient plus nombreuses que les lois.

En effet, les lois de causation à laquelle on aboutit par induction en matière scientifique sont formulées à titre de lois générales avant d'être l'objet de déductions et de modifications selon les circonstances. J.-S. Mill affirme que le processus de généralisation est propre à la science et précise que « les généralisations les plus hautes ont été celles qui ont été établies les premières avec quelque rigueur scientifique ; tel est le cas, par exemple (en mécanique) pour les lois du mouvement »[9]. Il conteste seulement la façon dont ces lois ont pu être posées, que ce soit, comme Bacon, en partant des principes inférieurs pour aller aux moyens et aux supérieurs sans jamais intervertir cet ordre et s'autoriser la découverte de nouveaux principes par voie de déduction ou, au contraire, comme l'ont fait les Anciens, en partant de la saisie des essences, ou encore, comme Hobbes, en versant dans le nominalisme malgré le recours initial à l'expérience sensible. Hume, pour sa part, concluait à la nécessité pour tout philosophe d'arriver aux principes généraux qui « dès lors qu'ils sont justes et solides, doivent toujours prévaloir dans le cours général des choses »[10], et l'on sait quelle importance a pour lui l'habitude dans le processus de détermination des lois. Quoi qu'il en soit, le problème de l'induction consistant à universaliser sous forme de loi générale ce qui n'a été observé que dans un nombre de cas limité, reste posé. J.-S. Mill, tout en faisant abstraction de l'« impression » procurée par la vision simultanée de l'ensemble de ces cas et à laquelle Hume se référait pour expliquer la formation de l'idée de nécessité, se contente d'une induction « *per enumerationem simplicem* »[11] conduisant en pratique à des conclusions suffisantes, surtout dans le cas où les faits observés l'ont été en toutes circonstances. En réalité, les cas diffèrent : dans le domaine mathématique, un seul exemple suffit pour nous faire adopter une règle ; en physique ou en chimie, nous pouvons inférer une loi générale d'un

---

9 *Ibid.*, t. II, p. 459.

10 « Du commerce », *Discours politiques*, p. 11.

11 *Système de logique*, t. II, p.98.

seul exemple considéré comme expérience cruciale ; pour ce qui est des sciences naturelles, il y a des variations dans l'interprétation de l'expérience ; enfin, dans le domaine moral où l'expérimentation est impossible, la conviction naît de la concordance observée dans le plus grand nombre de cas et de cas aussi proches que possible les uns des autres y compris de celui du sujet. Ces observations tendent finalement à montrer que l'opération des lois générales est modifiée par les circonstances particulières dans lesquelles elle a lieu et que les principes que la science permet d'établir doivent en tenir compte.

Dans le domaine des sciences humaines, l'opération des lois générales de l'esprit est modifiée par les circonstances à un point tel que les comportements peuvent différer d'un individu à l'autre, d'une nation à l'autre et d'une époque à l'autre. Ces sciences, auxquelles J.-S. Mill sera amené à s'intéresser, sont la psychologie, la sociologie et l'histoire et chacune d'entre elles devra mettre en lumière les causes des comportements, faire ressortir la volonté d'agir qui anime les hommes en fonction des circonstances, en somme leur caractère, qu'il s'agisse du caractère individuel ou national dont l'étude constitue pour lui une nouvelle science qu'il nomme « éthologie ».

II. L'ETHOLOGIE OU LA SCIENCE DU CARACTERE

1. Ethologie et psychologie

Selon l'inventeur du terme, « l'éthologie est la science qui détermine le genre de caractère produit conformément aux lois générales par un ensemble de circonstances, physiques ou morales [...] C'est la science qui correspond à l'art de l'éducation, au sens le plus large du terme, en y comprenant la formation des caractères nationaux ou collectifs, aussi bien qu'individuels »[12]. Cette science déductive qui s'appuie sur la science des lois de l'esprit ou psychologie mais tient compte de l'influence des circonstances se traduit par des règles et des préceptes « moyens » comparables aux « *axiomata media* » de Bacon, ce qui fait d'elle « la science exacte de la nature humaine »[13].

A ce titre, elle montre toute son utilité en livrant une connaissance qui permet de comprendre le comportement de l'être humain mais aussi

[12] *Ibid.*, pp. 456-57. Aujourd'hui, le mot a perdu de son sens initial et n'est plus guère utilisé que pour désigner la science du comportement animal dans son milieu naturel.
[13] *Ibid.*, p. 458.

d'améliorer ou de produire les qualités qui lui sont bénéfiques et d'éviter celles qui lui sont préjudiciables. Elle livre, comme J.-S. Mill l'indique, des enseignements précieux en matière d'éducation, qui s'agisse de l'éducation générale dispensée aux enfants, de l'éducation civique à laquelle Hume fait allusion ou encore de l'endoctrinement et de la propagande dont on a pu voir depuis l'époque de J.-S. Mill et dont on peut voir encore aujourd'hui les manifestations. Car la connaissance qu'apporte une science, comme Socrate le faisait déjà remarquer[14], et comme l'expérience le vérifie, peut être bien ou mal utilisée, et la psychologie être une arme à double tranchant.

J.-S. Mill, pour sa part, espère en tirer la possibilité d'améliorer la situation générale de ses contemporains. Le problème est qu'il est plus compliqué de manier des hommes que des forces physiques ; mais la chose est possible dans la mesure où ceux-ci peuvent se mettre d'accord sur une fin commune qui n'est autre que le bonheur - comprenant la conservation et l'amélioration matérielle de leur vie puis l'usage de facultés développées à un degré supérieur- et sur les moyens à utiliser pour y parvenir. Pour cela, il convient de réhabiliter les désirs et la volonté conformément à l'optique utilitariste fondée sur la primauté du plaisir et de la douleur et d'encadrer l'action de l'homme par les institutions voulues pour que celle-ci porte tous ses fruits. A ce sujet, l'éthologie s'intègre dans la perspective qui sous-tend tous les développements politico-économiques de l'auteur anglais du XIXe siècle. L'enjeu pour la société née du progrès industriel est de former les caractères à la vie civilisée et à ses avantages, ce qui comporte deux étapes : donner aux individus les moyens d'atteindre le degré d'aisance matérielle suffisant pour qu'ils aient ensuite le loisir de se cultiver de manière désintéressée et d'aborder des sujets plus élevés, d'écouter, comme le suggérait Hume, ce que les philosophes ont à leur dire, et ce par une action sur les esprits destinée à les amener à modifier les circonstances qui retentiront sur les générations futures. C'est dans cette perspective que la formation du caractère se révèle aux yeux de J.- S. Mill comme un élément déterminant des transformations envisagées : à la fois cause et effet des circonstances, des institutions et des lois que les hommes ont souhaité mettre en place et, dans l'un et l'autre cas, facteur irremplaçable de progrès.

Cette formation suppose toutefois un certain degré de liberté qui réside principalement dans l'art d'utiliser les lois et les circonstances à son propre avantage. La connaissance et la maîtrise des lois de l'esprit a

14 Dans Platon, « Euthydème », *Œuvres complètes*, t. I, p. 574.

été depuis toujours le sujet de la recherche des philosophes et en particulier de celui qui, en Angleterre, en représente l'expression la plus achevée, David Hume. Mais à côté de la prise en compte des lois générales de l'esprit et de leur interaction avec les circonstances (qui tiennent au climat et à la situation historique et géographique de leur pays ou qui, dans le domaine social, politique ou économique, ont été identifiées par Hume comme « causes morales ») et sont pour celui-ci comme pour J.-S. Mill les plus importantes, la question est de savoir de quel degré de liberté l'homme dispose effectivement face à la nécessité que représentent ces lois et ces circonstances.

Au crédit de la doctrine de la nécessité, l'auteur du *Système de logique* porte le fait qu'« étant donnés les motifs présents à l'esprit, étant donnés pareillement le caractère et la disposition actuelle d'un individu, on peut en inférer infailliblement la manière dont il agira [et que] si nous connaissons toutes les influences auxquelles il est soumis, nous pourrons prévoir sa conduite avec autant de certitude qu'un événement physique »[15]. Cependant, même si notre comportement est prévisible, nous pouvons quand même avoir l'impression d'être libre : « Que les personnes de qui nous sommes particulièrement connus soient parfaitement sûres de la façon dont nous agirons dans un cas déterminé, nous ne nous sentons pas moins libres pour cela. Au contraire, souvent un doute élevé sur notre conduite future est la preuve qu'on ne connaît pas notre caractère, et quelquefois même nous le prenons pour une injure. »[16]

Hobbes n'accordait à l'homme d'autre liberté que la liberté d'agir selon la « nécessité ». Ce plan métaphysique n'est pas le plan existentiel où l'homme a le sentiment de pouvoir choisir ce qu'il fait, soit qu'il en décide après réflexion, comme Locke l'a montré, et parfois spontanément, comme l'affirme Hume, tout en rejoignant ce que sa nature lui dicte en vue de son bonheur. Pour J.-S. Mill, la liberté est pour l'homme dans la possibilité de « tirer son épingle du jeu » dans le faisceau des lois qui tendent à s'imposer à lui, ce qui suppose une connaissance, même imparfaite, de ces lois. S'il y a un facteur humain par excellence pour l'auteur de l'essai qu'il lui consacre, c'est la liberté : comment mettre celle-ci à profit pour réaliser ce que l'homme porte en lui, c'est tout le problème de l'éducation dans son sens le plus large, qui renvoie derechef à la science du caractère ou « éthologie ».

---

[15] *Ibid.*, p. 419.

[16] *Ibid.*

La difficulté est que les partisans de la nécessité ne se contentent pas de constater l'uniformité qui préside à nos choix et à nos actions, mais font état d'une contrainte mystérieuse qui laisserait supposer que les hommes sont incapables de contrebalancer l'action de causes considérées comme irrésistibles, à tel point que J.-S. Mill sera tenté de préférer, à une nécessité mal comprise, la doctrine du libre arbitre, entendant par celle-ci la faculté que possède l'homme de coopérer à la formation de son propre caractère et à la conduite de sa propre vie dans des circonstances naturelles et plus encore dans les circonstances artificielles qu'il crée[17].

Sur ce chapitre, il importe de distinguer la nécessité propre aux phénomènes physiques, qui ne peut être modifiée, de celle inhérente aux actions humaines qui n'est pas immuable et peut prendre divers visages. Il est certain que l'on peut provoquer certains phénomènes physiques en appliquant les lois les concernant, mais aussi que l'on peut changer les dispositions psychologiques, l'état d'esprit et le comportement en substituant à leurs causes habituelles des causes issues d'une nouvelle forme de raisonnement. La nécessité, « en tant qu'appliquée à la volonté, signifie seulement que la cause donnée sera suivie de l'effet, sans préjudice de toutes les possibilités de neutralisation par d'autres causes »[18] et notamment par l'expression d'une volonté différente. Cela laisse entendre, si l'action qui en résulte doit être bénéfique, que cette volonté soit éclairée. Cela ne saurait signifier, comme le veut l'usage ordinaire, qu'une chose arrivera quoi que nous fassions pour l'éviter et se confondre avec le fatalisme.

Or, c'est ce qui peut facilement arriver à « un Nécessitarien, qui croit que nos actions sont la conséquence de notre caractère et que notre caractère est la conséquence de notre éducation, de notre organisation et de toutes les circonstances de notre existence »[19] sans que l'on puisse changer quoi que ce soit. Effectivement, les circonstances exercent une grande influence sur le caractère et la conduite des individus dans toute société. J.-S. Mill lui-même a été tenté, sur un plan personnel, de céder à la pression des circonstances familiales et sociales dans lesquelles il a vécu et qui ont pesé lourdement sur sa conduite : « J'avais comme l'impression qu'il était scientifiquement prouvé que j'étais, sans aucun recours possible, l'esclave des circonstances passées ; que mon caractère et celui de tous les autres avaient été formés pour nous par des agences situées au-delà de tout contrôle, et que je n'avais strictement aucun

---

[17] *Ibid.*, p. 425.Ce que L.Stephen le commente en ces termes : « Il n'y a pas un homme plus une loi, mais la loi est incluse dans l'homme » (*The English Utilitarians*, t. III, p.149).
[18] *Système de logique*, t. II, p. 421.
[19] *Ibid.*, p. 423.

pouvoir sur celui-ci ; je me disais souvent à moi-même, quel soulagement ce serait si je pouvais contester la doctrine de la formation du caractère par les circonstances »[20]. Ces circonstances, notamment éducatives, qui tendaient à déterminer sa conduite dans le seul sens utilitaire et bloquaient toute autre aspiration sous l'influence d'un père autoritaire, froid et insensible, conduisirent le jeune homme à une dépression dont il se sortit en retrouvant sa sensibilité propre et en la cultivant grâce au spectacle de la nature et à la lecture des poèmes de Wordsworth[21]. A vrai dire, l'influence majeure à laquelle il avait été soumis provoqua un approfondissement qui ne parvint pas à la remettre en question totalement, puisque J.-S. Mill resta et reste un utilitariste : simplement à la maîtriser et lui permettre de composer avec d'autres exigences.

Loin de remettre en question l'influence des circonstances, le philosophe anglais à la recherche des conditions d'une amélioration de la condition humaine s'aperçoit qu'il est possible de les mettre à profit. A cette fin, il est recommandé, grâce à l'expérience passée ou un effort d'analyse, d'en dégager les « tendances » de façon à faire jour à une disposition d'esprit nouvelle qui permet de les modifier : « Quand les circonstances d'un individu ou d'une nation sont, dans une assez large mesure, soumises à notre contrôle, la connaissance des tendances peut nous mettre souvent en état de faire prendre à ces circonstances une tournure plus favorable à nos desseins que celle qu'ils auraient prise d'eux-mêmes. »[22] Cela est d'autant plus réalisable que toutes les circonstances ne sont pas extérieures et que « notre désir de façonner notre caractère dans tel ou tel sens est l'une de ces circonstances »[23]. Il est bien évident que cette circonstance doit composer avec les autres mais elle peut en même temps en modifier le sens et l'influence. Cette constatation est capitale et ouvre la voie à une forme de libre-arbitre. Des circonstances défavorables peuvent conduire un homme à l'abattement ou au découragement mais peuvent également susciter une révolte et la volonté de les utiliser de façon à les faire retentir d'une façon positive sur

---

20 *Autobiographie*, trad. G. Villeneuve, Paris : Aubier, [1873-] 1993, p. 152.

21 Le sentiment a toujours été pour J.-S. Mill, aux côtés de l'analyse, un élément fondamental du comportement humain. Voir à ce sujet l'article de A. W. Levi : « The Mental Crisis of J.-S. Mill », *Psychoanalytic Review*, vol. 32, 1945, pp. 86-101. Selon l'auteur, l'autoritarisme de son père avait déclenché chez J.-S. Mill une peur et une haine inconscientes qui, à la lecture d'un passage de l'autobiogaphie de Marmontel où celui-ci racontait la scène de la mort de son père, tombèrent en provoquant chez le jeune homme, à la pensée de la mort de son propre père, une libération émotionnelle en forme d'« abréaction ».

22 *Système de logique*, t. II, p. 457.

23 *Ibid.*, p. 423.

sa vie. C'est ce dont J.-S. Mill s'aperçoit pour son propre compte, entrevoyant, nous dit-il, une porte de sortie à une situation qui lui paraissait sans espoir : « Je vis que, si notre caractère était formé par les circonstances, nos propres désirs peuvent beaucoup pour modeler ces circonstances ; et que la doctrine du libre-arbitre, dans ce qu'elle a de vraiment stimulant et d'anoblissant, nous apporte la conviction que nous avons un pouvoir réel sur la formation de notre propre caractère. »[24]

Il suffit que ce désir ne soit pas étouffé par la pensée que le succès est impossible et, pour cela, que nous prenions conscience de toutes les possibilités que nous offre notre liberté. Tel est le raisonnement que l'auteur de la trilogie *Utilitarianism*, *On Liberty* et *Representative Government* va s'attacher à faire triompher dans ces trois ouvrages : il faut, sur le plan des rapports de l'individu avec la société, réhabiliter la liberté de façon que l'individu, autant que les circonstances le permettent, puisse faire jouer les lois naturelles et artificielles en morale, en économie politique comme dans la vie de tous les jours à son propre avantage (celles qui interdisent comme celles qui autorisent) ; en somme, se donner les moyens de son action. L'utilitarisme est la philosophie des moyens à mettre en œuvre en vue du bonheur, ce qui implique, outre une réflexion critique sur leur usage, des qualités de caractère qui nous aident à nous dégager du fatalisme et de l'impression d'impuissance qui l'accompagne dans le même temps que nous prenons conscience de notre liberté.

Ce qui est au fond libéré dans ce mouvement est la volonté : « Ce sentiment que nous avons de la faculté de modifier, *si nous le voulons*, notre propre caractère est celui même de la liberté morale dont nous avons conscience »[25]. Mais la volonté elle-même n'est pas entièrement libre au sens où nous pourrions vouloir n'importe quoi : elle dépend de la bonne santé, physique et mentale, de notre organisme qui garantit la justesse et la pertinence des décisions qui seront prises. Sur ce point, J.-S. Mill rejoint Hobbes, Locke et Hume : la volonté est le désir d'agir d'une façon compatible avec notre véritable nature à condition de reconnaître ses exigences, en premier lieu le désir de conservation (ce que Locke montrait en évoquant le cas d'un homme dont la liberté ne consiste pas à ne pas vouloir se protéger quand il est menacé)[26] puis celui de satisfactions plus nombreuses et plus élevées. C'est seulement parce que le sujet, pour diverses raisons, n'a pas pris conscience du degré de résonance de la volonté par rapport à l'action qui tend vers son bien et de la mesure dans laquelle sa liberté l'y aide, qu'il conclut à leur

---

24 *Autobiographie*, p. 153.

25 *Système de logique*, t. II, p. 425.

26 *Essai concernant l'entendement humain*, p. 205.

insuffisance et à l'impossibilité de résister aux forces qui le tiennent prisonnier.

J.-S. Mill a ainsi une conception positive de la liberté qu'il oppose à toutes formes d'oppression comme celle longtemps exercée sur les hommes par des pouvoirs despotiques. La tyrannie s'est fait sentir entre autres au niveau des idées, soumises en Europe à l'autorité de l'Eglise et des scolastiques pendant une longue période. C'est sur ce plan que le joug a été secoué de la manière la plus efficace et que la liberté s'est nourrie des progrès de la connaissance des lois, puis du pouvoir que celle-ci communiquait. Ses effets sont désormais à la portée des contemporains de J.-S. Mill. La volonté, la force de caractère qui l'accompagnent peuvent mener à un renouvellement des institutions qui retentira favorablement sur un bien-être et un bonheur partagés en total accord avec la morale utilitariste. L'on peut considérer qu'un sentiment de liberté et une forme de volonté ont été à la base de la décision des hommes de ne plus suivre leurs penchants destructeurs mais de contribuer en commun à leur intérêt en mettant sur pied justice et gouvernement ; ces sentiments sont toujours à la base de l'amélioration d'institutions qui, en aucun cas, ne doivent être considérées comme définitives.

En effet, tout en étant à l'origine, selon Hume, « spontané », l'accord qui se réalise parmi les hommes s'enrichit de la connaissance des lois qui gouvernent le comportement individuel et social comme des lois du monde physique. Sur ce plan, bien que le sujet moral ne puisse comme le physicien, provoquer d'expériences en laboratoire, J.-S. Mill pense, comme Hume, que les sciences morales (dans lesquelles, selon une définition large, il faut inclure l'économie et la politique) sont l'occasion d'observations qui permettent de définir les lois du comportement individuel et collectif et de mettre celles-ci en pratique pour le bien qui peut en résulter.

Cependant, il faut toujours tenir compte de l'interaction, capitale quant au devenir de l'homme, entre les circonstances extérieures et les facteurs personnels du comportement et dont la méconnaissance a été longtemps responsable du chaos observé dans l'histoire des sociétés. Le problème auquel s'attaque J.-S. Mill est de faire en sorte que les circonstances extérieures n'altèrent pas la claire vision de ce qu'il faut faire pour réaliser ce qui est et reste une volonté de bonheur car, de toute façon, elles ne peuvent en aucun cas mettre celle-ci en question. Au contraire, elles peuvent être modifiées et stimuler d'autant cette volonté, comme lors de la période de l'histoire qu'il est en train de vivre. Elles peuvent également ne pas répondre aux efforts entrepris pour les modifier, manifester une sorte de vie indépendante et ne pas exercer l'influence que l'on attend d'elles, c'est-à-dire contribuer au bonheur des hommes, et conduire à des résultats différents selon les pays. Cela dépend des caractéristiques propres à chacun d'eux, dont l'étude forme la branche de l'éthologie dite politique.

2. L'éthologie politique

L'éthologie politique est la science qui traite des différents états de société dans leur dimension géopolitique et historique. Elle s'intéresse, dans la perspective du bonheur général que laisse entrevoir une philosophie morale dont elle constitue l'élément explicatif prépondérant, « aux causes qui déterminent le type de caractère propre à une nation ou à une époque »[27], par quoi il faut entendre « les opinions, sentiments et habitudes de cette nation »[28]. Il y a, conformément aux principes de cette science, un échange entre le caractère national et les circonstances. Le caractère national, qui est « formé par un ordre de circonstances sociales quelconque »[29] est aussi « l'agent par lequel toutes les autres circonstances de la société purement artificielles sont modelées »[30]. A vrai dire, à l'origine du processus de formation du caractère national, se trouve le caractère propre à des individus que des circonstances naturelles disposent à s'associer aux autres, et que les circonstances artificielles qu'ils créent rapprochent encore plus en renforçant les traits de caractère qu'ils ont en commun, ce qui, malgré tout, ne saurait écarter les différences tenant à leurs conditions sociales et économiques.

L'éthologie politique est une branche de la sociologie. Mais comme cette science puise ses matériaux dans la nature humaine, J.-S. Mill a pu affirmer que les lois qu'elle permet de formuler sont dérivées des lois psychologiques. Les hommes dans l'état de société sont toujours des hommes ; leurs actions et leurs passions obéissent aux lois de la nature humaine individuelle. Certes, la société est un organisme qui a ses lois internes et où l'on a toujours noté parmi ses membres, en vue du bien général, l'existence d'une hiérarchie et de fonctions définies et complémentaires qui, par ailleurs, ont varié selon les âges. Dans ces conditions, la question qui se pose à J.-S. Mill avec une brûlante actualité

27 *Système de logique*, t. II, p. 501.

28 *Ibid.*

29 *Ibid.*

30 *Ibid.*, p. 502. En réalité, pas plus que dans le cadre individuel, on ne sait qui du caractère ou des circonstances est la première cause agissante, d'autant que pour J.-S. Mill, le caractère, d'une certaine façon, fait partie des circonstances.

à une époque où la science de la nature humaine marque de nouveaux progrès est celle de l'intégration de l'individu dans la société.

J.-S. Mill examine les diverses réponses qui ont été faites à cette question en commençant par réfuter celle formulée par les partisans de la « méthode chimique »[31] : la société, bien qu'elle résulte de leur rassemblement, n'est pas un nouveau produit différent des individus qui la composent, comme l'eau par rapport à l'oxygène et à l'hydrogène. Sans adhérer à la formule de Bentham, selon laquelle la société serait une simple addition d'individus qu'uniraient seulement des relations d'intérêt, l'auteur qui passe pour son successeur cherche à préserver la liberté individuelle menacée à son époque par le développement des masses[32] ainsi que l'égalité de traitement dont tout individu doit bénéficier de la part de la société en fonction de son droit au bonheur. La « méthode géométrique ou abstraite »[33], qui consiste à déduire les propositions touchant à la forme de l'Etat d'un seul et unique principe, qu'il s'agisse d'une maxime pratique incontournable comme le contrat social ou, pour Bentham et James Mill, d'un précepte de conduite fondé sur les lois de la nature affirmant la prééminence absolue de l'intérêt personnel ou encore, pour Hobbes, de la crainte, n'est pas non plus acceptable. Pour J.-S. Mill, l'établissement des lois de la société civile se fait bien de manière déductive à partir des lois simples et élémentaires de la nature humaine, dont la connaissance est inductive et fondée sur l'observation, mais tient compte de causes qui s'exercent non pas par une seule loi psychologique mais plusieurs, ce qui rend plus difficile l'interprétation des phénomènes. Il y a néanmoins dans cette réciprocité d'influences causales un « consensus »[34] qui a le mérite de définir un état de société donné en faisant de celle-ci un corps politique et de la distinguer de celles que l'on peut observer dans d'autres temps et d'autres lieux. En réalité, des circonstances différentes ou contraires modifient les effets produits par une même cause. L'étude de la nature et de l'histoire de ces effets conjugués relève de l'éthologie politique dont J.-S. Mill fait la science sociale par excellence.

Cette science se situe sur un double plan : elle s'intéresse à la statique sociale comme à la dynamique sociale, aux conditions d'existence et de

---

[31] *Ibid.*, p.468.

[32] Le sujet est largement traité dans *De la liberté*, trad. Dupont-White rev. par L. Lenglet, Paris : Gallimard, [1859-] 1990.

[33] *Système de logique*, p.478.

[34] *Ibid.*, p. 493. Les diverses influences s'entremêlent de sorte que « tout ce qui affecte , à un degré appréciable, un élément quelconque de l'état social affecte, par l'intermédiaire de celui-ci, tous les autres éléments » (*ibid.*).

stabilité de la société comme à son histoire pour en tirer les lois sociologiques les plus générales et ainsi justifier celles applicables à une nation donnée et à une époque donnée. A cette fin, la méthode déductive propre à l'éthologie politique va se dédoubler en une « méthode physique concrète » et en une « méthode inverse ».

Les lois ont pour objet de fournir une base d'explication au plus grand nombre de phénomènes dans le plus grand nombre de circonstances : c'est ainsi que, dans nombre de sciences, les lois générales ont été établies les premières comme, en mécanique, les lois du mouvement. Mais l'auteur du *Système de logique* précise qu'il convient, d'une part, de les établir à l'aide de méthodes inductives rigoureuses, d'autre part de ne pas les appliquer sans qu'il soit fait appel à ce procédé indispensable qu'est la vérification. Dans le domaine des sciences sociales ou de l'éthologie politique, l'observation qui ne permet de poser par induction que des successions invariables et non inconditionnelles à partir de la concordance et de la multiplicité des phénomènes observés éventuellement appuyée par les statistiques, peut servir de vérification en fournissant des lois empiriques : « Notre observation insuffisante comme preuve suffit amplement comme vérification. »[35]

Cependant, le problème spécifique de l'établissement d'une science sociale est la multiplicité des lois psychologiques dont il faut tenir compte pour élaborer un modèle de caractère commun. Face à cette difficulté, J.-S. Mill essaye de voir s'il n'existe pas de principe explicatif dominant auquel pourraient être rattachés, malgré leur complexité, les phénomènes sociaux propres à une époque et constate autour de lui l'existence d'une vaste classe de phénomènes qui obéissent à cette loi psychologique selon laquelle un homme « préfère un plus grand gain à un moindre »[36]. Or, cet exemple est hautement significatif puisqu'il renvoie, malgré les freins que représentent l'aversion au travail et la recherche immédiate de plaisirs coûteux, à la constitution d'une science qui a reçu le nom d'« économie politique » et traite des phénomènes sociaux qui tournent autour du désir de la richesse et de sa protection comme des opérations de production et de distribution ainsi que des institutions juridiques et politiques qui en assurent le bon déroulement.

En fait, le désir de la richesse fait partie d'une large famille qui pourrait finalement réunir les autres motifs comme la crainte, l'inquiétude et l'intérêt précédemment évoqués par Hobbes, Locke et Hume et constitue l'une des modalités de cette loi anthropologique

---

35 *Ibid.*, p. 455.

36 *Ibid.*, p. 495.

commune à l'espèce humaine qui a trait aux conditions de conservation de la vie et à une amélioration de ces conditions qui permette aux hommes d'entrevoir une possibilité de bonheur, celle-là même qui est au fond de la morale utilitariste. Il faut également lier au désir de richesse le désir de la paix qui, s'appuyant sur l'existence reconnue de la propriété, permet d'assurer la production et la protection des biens. Tels sont en tout cas, selon J.-S. Mill, les motifs qui, en fonction des lois de leur nature, conduisent les hommes à établir des lois civiles et pénales, des tribunaux et un gouvernement pour exécuter les décisions préparées par l'éducation civique.

Les lois civiles et pénales font partie des circonstances extérieures que l'homme cherche à modifier pour modifier son caractère. Celui-ci a évolué au fil des âges, ou plutôt certains côtés du caractère humain se sont révélés ou affirmés progressivement alors que d'autres n'ont pas changé. Les lois qui gouvernent le comportement et les sentiments, qu'elles soient naturelles ou artificielles, ont une histoire dont l'étude scientifique se développe au XVIIIe siècle comme branche de la sociologie cherchant à réunir les événements de portée nationale ou collective ayant eu lieu dans le passé mais surtout aux époques récentes pour livrer, comme toute science, des enseignements sur les événements présents mais aussi futurs et permettre de peser sur eux.

La raison d'un tel intérêt est la constatation que l'action des hommes qui se réunissent en société ne révèle ses véritables lignes de force que dans le temps. L'autre difficulté est qu'une fois le processus de développement social et politique enclenché, celui-ci finit par fonctionner selon des lois qui risquent d'échapper à leur contrôle, ce qui interdit de faire des pronostics sûrs. Et cependant, tel est le but poursuivi par toute science digne de ce nom et telle est sa véritable utilité, ce qu'illustreront avec plus ou moins de bonheur les auteurs des systèmes historiques à prétention scientifique qui fleuriront dès le XVIIIe siècle.

Pour J.-S. Mill, l'éthologie politique livre des enseignements qui doivent au moins permettre d'expliquer la situation sociale, politique et économique de son époque et de son pays. Nous avons vu que cette explication doit finalement prendre en compte ce qui est au cœur du problème, à savoir les rapports entre l'homme et la société qui résultent de la montée de l'individualisme dans les pays européens à partir de la Renaissance et se définissent, selon la thèse commune, par une analogie d'intérêts tout en laissant ouverte la question de leur opposition, laquelle ne sera en fait jamais complètement réglée, ni théoriquement ni pratiquement.

Les rapports entre individu et collectivité et les lois qui privilégient certains aspects de ces rapports plus que d'autres ne sont pas fixés définitivement, comme en témoignent les mouvements en faveur du socialisme communiste ou du libéralisme dont il est témoin. Sur sa possible évolution, l'auteur pense que l'intérêt de la société, qui semble pourtant en avoir les moyens et parfois le désir, ne doit pas être de déprécier l'individu comme le fait le système communiste ou simplement le système qui accorde un pouvoir despotique à l'opinion[37]. L'individualité doit être préservée à tout prix : il y va de la santé même de la société. Mais même dans le système libéral, l'équilibre est difficile à préserver : d'un côté, il convient de ne pas prétendre de façon excessive servir les intérêts d'autrui pour mieux faire oublier les siens, de l'autre, de ne pas louer hypocritement le travail d'un individu sous un prétexte social fallacieux pour l'engager à redoubler d'efforts et mieux l'exploiter[38].

À vrai dire, il s'agit là de complications sociales auxquelles on doit s'attendre dans la société de son temps mais qui ne mettent pas en question les progrès qu'elle a effectués depuis sa naissance et dont l'aspect récent le plus remarquable a été le passage graduel de l'esprit militaire à l'esprit industriel[39]. Le désir de la richesse qu'ont alimenté et étendu ces progrès et qu'a accompagné le changement des institutions fait partie d'un mouvement général qui a varié selon les âges et revêtu différents aspects qui ont été soulignés par Locke, Hume, Adam Smith et Bentham, allant du simple besoin de subsistance aux charmes de l'accumulation et à l'amour du luxe. Mais une ligne générale se dégage : ce désir a pris corps avec la montée de l'individualisme qui, de concert avec la montée de la liberté, a été le facteur décisif de son extension puis de sa rationalisation dans la société capitaliste.

Il y a là une évolution, sinon un progrès. Sur cette question, tout en admettant que les termes de progrès ou de progressivité ne doivent pas être nécessairement entendus dans le sens de perfectionnement ou de

---

[37] Face à cette éventualité, J.-S. Mill apparaît aux yeux de L. Stephen comme « le parfait individualiste » (*The English Utilitarians*, vol. III, p. 156).

[38] Ce risque fera surgir l'avertissement de ce féroce critique de l'utilitarisme qu'est Nietzsche : « On vante, on plaint l'homme qui s'est tué à la tâche [...]. L'éducation cherche à déterminer chez l'individu, par l'appât d'une foule d'avantages, une façon d'agir qui, devenue enfin habitude, instinct, passion, dominera, et en lui et sur lui, à l'encontre de ses intérêts suprêmes mais au bénéfice de tous » (*Le gai savoir*, Paris : Gallimard (coll. Idées), [1882-] 1984, pp. 62-63). L'on n'oubliera pas que, pour Hume, la sympathie d'un individu avec les intérêts d'autrui peut avoir le même effet.

[39] *Ibid.*, p. 526. Cela est vrai à condition d'oublier que l'industrie peut aussi être consacrée à la production d'armements.

tendance au perfectionnement, J.-S. Mill croit pour son propre compte que l'histoire humaine témoigne, « sauf des exceptions accidentelles et passagères, d'une tendance à un état meilleur et plus heureux »[40], contrairement à l'idée d'orbite ou de cycle qu'adoptait Vico dans la *Scienza nuova* de 1725, ou Hume qui attribuait les progrès effectués à son époque à la phase ascendante d'un mouvement cyclique qui, porté à son sommet, devait, comme ceux déjà observés dans l'histoire, faire place tôt ou tard à une chute brutale, avant qu'un nouveau cycle s'enclenche.

Le désir de richesse serait-il en lui-même et à travers ses suites institutionnelles l'un des moteurs de cette amélioration ? La montée de la science qui traite des conséquences de l'acquisition de la richesse, l'économie politique, l'attention que J.-S. Mill consacre à son étude et qui se fait jour à travers la rédaction d'un large traité et de nombreux articles, montrent à tout le moins qu'à ses yeux il lui est lié. L'économie politique est une science dont les développements sont au cœur des progrès accomplis par les hommes et ont même été un facteur d'accélération de ceux-ci.

Encore fallait-il que l'expérience et l'histoire justifient l'exactitude et la portée des lois qui en sont tirées. Aucune science qui vise à la certitude ne peut se passer de cette confrontation. La difficulté s'ajoute à celle consistant, dans le domaine fluctuant des phénomènes sociaux, à formuler des lois générales et universelles. Or, l'économie politique est limitée à des états de société particuliers et, pour en justifier les enseignements, les Anglais, selon J.-S. Mill, ne peuvent avancer que des constatations empiriques valables à leur époque et pour leur pays et dont la manifestation la plus spectaculaire est la concurrence. Cela étant, l'étude des faits économiques au XVIIIe siècle révèle beaucoup de ressemblances entre l'Angleterre où, sous ce régime, les lois économiques répartissent le produit national entre propriétaires fonciers, capitalistes et travailleurs et nombre de pays européens où l'on rencontre des conditions sociales et économiques approchantes, à tel point que J.-S. Mill a pu dire que « celui qui connaît l'économie politique de l'Angleterre, et même du Yorkshire, connaît l'économie politique, actuelle ou possible, de toutes les nations »[41]. Néanmoins, en ce qui concerne cette science comme toutes les sciences sociales, les circonstances influent sur le mode d'application des lois générales comme si celles-ci, dans ce processus, perdaient de leur pureté originelle et devenaient plus difficiles à reconnaître : « La manière dont les conclusions de la science sociale sont

---

40 *Ibid.*, p. 512.
41 *Ibid.*, p. 500.

affectées par les considérations éthologiques n'est pas un défaut tant qu'on la considère comme science abstraite, mais elle les vicie dans leur application pratique »[42]. A ce titre, l'éthologie politique nous invite à porter notre attention sur les différences qui existent dans les coutumes, les lois et les gouvernements d'un pays à l'autre et d'une époque à l'autre. Pour revenir sur l'exemple précédent, J.-S. Mill admet que l'activité de concurrence, comme fait économique, n'est nulle part plus développée qu'à son époque et en Angleterre.

A vrai dire, la démarche de l'éthologie politique en tant que science sociale est double. En premier lieu, celle-ci consiste, en partant des principes de la nature humaine (ceux qui gouvernent la nature individuelle comme ceux qui régissent les relations sociales) et des circonstances générales dans lesquelles les hommes se trouvent placés, à en déduire l'ordre dans lequel doit avoir lieu le développement de l'humanité. A ce titre, elle a besoin, comme toute science, de voir ses conclusions vérifiées par l'expérience. Or, un problème se pose à ce niveau : les lois empiriques qui relient les effets observés et sont appelées à vérifier l'exactitude du raisonnement ne sont souvent que des généralisations approximatives, superficielles et erronées ; vu leurs insuffisances, elles-mêmes ont besoin d'être garanties, corrigées et authentifiées en étant rattachées aux principes de la nature humaine par un raisonnement qui devient en réalité une vérification. En somme, la méthode déductive propre à la sociologie se fractionne : la « méthode physique ou déductive directe », qui appuie les conclusions du raisonnement sur l'expérience, laisse place à la « méthode déductive inverse ou historique »[43], qui justifie l'expérience en montrant qu'elle dépend des lois psychologiques et éthologiques. L'histoire fournit des lois empiriques : « le problème de la sociologie générale est de les constater et de les rattacher aux lois de la nature humaine par des déductions montrant que telles étaient les lois dérivées qu'on devait naturellement attendre comme conséquences de ces lois primaires. »[44] L'expérience n'est pas suffisante : elle est ce qui apparaît à première vue ; elle est différente d'une époque à l'autre ou d'un pays à l'autre. Les véritables lois causales demandent un niveau d'investigation plus profond. Les lois empiriques ne sont que la conséquence de ces lois qui, en réalité, fixent les limites du recours à l'expérience et permettent de redresser les interprétations erronées que l'on en fait. Compte tenu de leur connaissance, l'on peut, sinon démontrer que l'ordre des

---

[42] *Ibid.*, p. 502.
[43] *Ibid.*, p. 508.
[44] *Ibid.*, p. 515.

événements était le seul possible, du moins qu'il y avait *a priori* de fortes raisons de s'y attendre. Souvent l'on peut seulement dire que l'événement était possible. Et cependant, ce type d'opération est un procédé de vérification indispensable.

Ces vues, selon J.-S. Mill, sont confirmées au XIXe siècle par Auguste Comte, pour lequel « les généralisations de l'histoire sont non primitivement suggérées mais vérifiées par déduction des lois de la nature humaine »[45]. En quelque sorte, les phénomènes sociaux que révèle l'histoire de l'humanité peuvent être rattachés à chacun des états de l'intelligence humaine selon la loi propre de son développement connue sous le nom de « loi des trois états » : l'état théologique, où l'homme explique tout par des volontés surnaturelles, l'état métaphysique, où l'explication est recherchée dans des entités abstraites, et l'état positif ou scientifique, où l'homme cherche à ramener les phénomènes à des lois. J.-S. Mill, tout en estimant que les prédictions et recommandations qui peuvent en être tirées concernant l'avenir de la société sont inférieures à son appréciation du passé, se félicite de voir que cette loi, conformément à la « méthode déductive inverse », possède « ce haut degré d'autorité scientifique qui résulte du concours des indications de l'histoire et des probabilités tirées de la constitution de l'esprit humain »[46]. Car de cette façon, l'expérience peut - du moins est-ce l'enjeu en question - rejoindre la théorie pour faire de ses leçons de véritables lois scientifiques.

J.-S. Mill note par ailleurs la tendance à son époque à relier par des théories les faits de l'histoire universelle et à produire une philosophie de l'histoire qui serait à la fois, conformément à ces vues, « la vérification et la forme initiale de la philosophie du progrès de la société »[47]. Il convient toutefois de connaître les causes les plus éloignées des phénomènes sociaux et d'éviter la facilité avec laquelle certains auteurs les font rentrer dans leurs théories. Pour sa part, J.-S. Mill est d'avis que les progrès de l'humanité concernant l'accroissement du bien-être matériel tiennent principalement au progrès des esprits, qu'il s'agisse des progrès scientifiques purs ou de ceux accomplis par des esprits plus sensibles à la réalité des choses dans leurs différentes facettes, plus éclairés sur les moyens de les améliorer et en même temps plus désireux de le faire.

Il y a en effet un agent souverain qui commande tous les autres dans leur état présent comme dans leur évolution : c'est l'état des facultés de la race humaine qui se manifestent dans les connaissances et les croyances auxquelles elle est arrivée à son propre sujet et au sujet du monde qui

---

45 *Ibid.*, p. 491.

46 *Cf..Auguste Comte et le positivisme*, Paris : Baillière, [1865-] 1878.

47 *Système de logique*, t. II, p. 533.

l'environne. L'influence de la spéculation, de l'activité intellectuelle et de la recherche de la vérité est la principale cause du progrès social et des perfectionnements apportés dans l'art de vivre : « Tout progrès considérable de la civilisation matérielle a été précédé d'un progrès de la science. »[48] La fin poursuivie, épilogue du désir de survie et du plaisir qui l'accompagne comme de l'éloignement de la douleur, ne peut être atteinte qu'en fonction des progrès de la connaissance scientifique des conditions fondamentales de la vie. Or, les sociétés progressent inégalement dans cette direction et même certaines progressent très peu ou pas du tout. Mais J.-S. Mill a sous les yeux une société en pleine transformation à une époque où les progrès de la science et de ses applications semblent faire partie de l'ordre des choses et témoigner d'une tendance au bonheur inscrite dans la nature de l'homme.

A ce propos, le philosophe-historien souligne le rôle joué par quelques hommes remarquables qui ont entraîné les autres sur la voie du progrès, tout en réaffirmant le lien entre ces hommes et le milieu de leur époque, un lien très souvent imparfait, il est vrai. Car si certains d'entre eux avancent plus vite que les autres, encore faut-il non seulement que la société le leur permette mais qu'elle ait la capacité de leur emboîter le pas. Nombre de découvertes et d'inventions sont restées sans lendemain dans la mesure où les hommes n'étaient pas prêts à en tirer parti. Les choses ont commencé à changer au XVIIe siècle, du moins en Angleterre avec l'état d'esprit incarné par Bacon et dont la maturation allait contribuer à la fois à leur multiplication et à leur mise à profit. Dès lors, la vision qui s'imposera progressivement chez les philosophes politiques et économiques anglais est que le développement de la société doit se faire en termes utilitaires et que les bénéfices de la science doivent se répandre sur le « plus grand nombre ». Cette science, qui avait concerné essentiellement la matière, concerne désormais l'esprit humain et l'économie politique en est une application traitant de la manière de satisfaire dans les meilleures conditions le désir de bien-être issu d'une pente naturelle à l'homme et stimulé par les progrès de la connaissance. En même temps, il faudra montrer que ce mouvement, une fois débarrassé de ses excès, peut entrer dans une morale.

Finalement, la connaissance qu'il convient d'acquérir dans le domaine de l'économie politique est toujours celle - adoptée par la morale utilitariste - des actions productrices de plaisir et de douleur, de façon à pouvoir les gérer et dégager une ligne conduisant au bonheur.

---

[48] *Ibid.*, p. 529.

III. LA MORALE UTILITARISTE[49] SELON J.-S. MILL

J.-S. Mill adopte la définition utilitariste classique selon laquelle « les actions sont moralement bonnes dans la mesure où elles tendent à promouvoir le bonheur, moralement mauvaises dans la mesure où elles tendent à produire le contraire du bonheur »[50] et précise à la suite de Bentham que « le critère utilitariste n'est pas le plus grand bonheur de l'agent lui-même, mais la plus grande somme de bonheur au total »[51]. Le principe d'utilité qui en est la référence ultime sera lui-même à l'origine de l'élaboration de principes secondaires ou subordonnés d'ordre éthologique plus proches des préoccupations des hommes.

Tout d'abord, J.-S. Mill entreprend de justifier le principe d'utilité en tant que fondement de la conduite face aux attaques dont il est l'objet en réaffirmant son lien avec le principe de plaisir et de douleur correctement interprété. Sur ce point, il est à la fois indispensable de ne pas opposer l'utilité au plaisir, comme certains de ses propres partisans sont tentés de le faire, et de valoriser celui-ci face à ceux qui, inversement, accusent les utilitaristes de ramener indistinctement toutes choses au plaisir. C'est pourquoi, à côté des plaisirs matériels qu'il rabaisse quelque peu (« il vaut mieux être un Socrate mécontent qu'un pourceau satisfait »)[52], J.-S. Mill fait une place importante aux plaisirs de l'intellect, de la sensibilité et de l'imagination en se permettant de critiquer la conception quantitative du plaisir formulée par Bentham et en opérant une distinction entre satisfaction et bonheur. Par ailleurs, il y a des conditions au bonheur, notamment l'alternance entre le repos et l'activité. Mais, comme pour Hume, le repos n'est qu'un intervalle de récupération et l'activité doit prédominer sur la passivité. Il y a même un plaisir dans la lutte contre le mal. A cet égard, J.-S. Mill fait l'éloge des tempéraments actifs qui

---

49 Ce qualificatif a fait son chemin après avoir été appliqué par J.-S. Mill en 1822 à la petite société qu'il avait créée avec ses amis pour débattre des problèmes de son époque. Lui-même l'aurait emprunté (*Autobiography*, p. 90) à un romancier de son époque, John Galt, qui le place dans la bouche d'un prédicateur anglican qui s'en sert pour critiquer le comportement de ses paroissiens : « Je dis à mes paroissiens qu'ils avaient suffisamment de bon sens pour ne pas rompre avec le christianisme et devenir des utilitaristes » (*Annals of the Parish*, Oxford University Press, [1813-] 1967, p. 147). L'origine du terme remonte cependant à Bentham qui l'avait suggéré à la place de « Benthamite » pour qualifier son école (*Works*, vol. X, p. 92, p. 300).

50 *L'utilitarisme*, trad. C. Audiard & P. Thierry, Paris : P.U. F. [1861-] 1998, p. 31.

51 *Ibid.*, p. 39. Voir aussi p. 50.

52 *Ibid.*, p. 37. Certains plaisirs sont en effet, comme Hume le rappelle (*Traité*, p. 588), plus que d'autres de type à entraîner l'approbation qui est pour lui le critère de la morale utilitariste.

contribuent à l'amélioration de l'état de ceux qui en sont pourvus comme de leur entourage. En revanche, le contentement apparent qui accompagne la passivité et l'immobilisme masque trop souvent chez les autres un mécontentement réel qui se traduit par la haine, la jalousie et la mauvaise volonté à l'égard de ceux qui par leurs efforts se sont procuré ce que eux n'ont pas et par le désir de les rabaisser à leur niveau. Ce n'est pas le cas, observe-t-il, des Anglo-Saxons[53].

De manière générale, les hommes doivent dépasser leur égoïsme et se laisser guider par leurs affections privées ou publiques. En théorie, une vision complètement désintéressée du monde est préférable à toute autre (« entre son propre bonheur et celui des autres, l'utilitarisme exige d'être aussi impartial qu'un spectateur désintéressé et bienveillant le serait »)[54] ; en pratique, un homme, sauf s'il exerce une fonction publique, ne peut étendre son attention au monde ou à la société dans leur intégralité et ne peut la consacrer véritablement qu'au petit nombre de personnes qui sont proches de lui.

En effet, tout en concevant le bien de l'humanité comme le *summum bonum*, J.-S. Mill est loin de contester l'individualisme de l'homme soucieux de son propre bien dans la société qu'il a créée pour subvenir à ses besoins, ce qui nous ramène au problème de la compatibilité de cette conduite avec le souci du bonheur général. Tout d'abord, l'auteur de *L'utilitarisme* laisse penser que chacun prête attention aux intérêts des autres en fonction de son propre intérêt : « Les gens grandissent en étant incapables de concevoir la possibilité pour eux d'un état dans lequel règnerait un total mépris pour les intérêts des autres. Ils sont dans la nécessité de se concevoir eux-mêmes, au minimum, comme s'abstenant des actes les plus nuisibles et (ne fût-ce que pour leur protection personnelle) comme ne cessant de protester contre de tels actes [...] ils éprouvent, pendant quelque temps au moins, le sentiment que les intérêts d'autrui sont leurs propres intérêts. »[55] Nous sommes dans le type de situation qui, pour Hobbes et Hume (et Locke abstraction faite de sa dimension religieuse), est aux origines de la formation de la société : les hommes ont intérêt à respecter les intérêts d'autrui s'ils veulent que les leurs soient respectés. La justice est en jeu mais aussi les lois sociales, politiques et économiques. Cependant, comme Hume, J.-S. Mill tient à réagir contre la seule existence d'un intérêt froid et rationnel et à montrer l'importance de la sympathie et des sentiments sociaux dans la conduite civile des hommes, tout en faisant, semble-t-il, de ceux-ci un

---

53 *Système de logique*,

54 *L'utilitarisme*, p. 50.

55 *Ibid*, p. 80.

contrepoids et comme une excuse, tout particulièrement dans la société de son temps, à l'inhumanité des rapports économiques engendrés par la révolution industrielle et par le « progrès » qui s'en suit : « S'il n'existait aucune faculté dominante dans notre nature avec laquelle l'association entre le sentiment du devoir et la doctrine de l'utilité fût en harmonie et qui nous la rendît sympathique ; si la morale utilitariste ne reposait pas, en somme, sur un socle naturel de sentiments, il se pourrait que cette association, même implantée en nous par l'éducation, fût également chassée par l'analyse. Ce fondement solide est constitué par les sentiments sociaux de l'humanité, par le désir de vivre en harmonie avec nos semblables, qui est déjà un principe puissant dans la nature humaine et qui tend à se renforcer sous l'influence d'une *civilisation en progrès.* »[56] De fait, en accord avec les lois éthologiques mises en évidence par l'auteur du *Système de logique*, les sentiments en question, dans une civilisation dont le progrès est obtenu au prix de la peine et des efforts d'une grande partie de la population ouvrière, ont effectivement tendance à se porter sur ses éléments les plus défavorisés.

Malgré ces difficultés, le mouvement général dont l'Angleterre donne l'image est celui qui voit un état d'esprit utilitariste gagner les hommes de ce pays en liaison avec la mise en place d'institutions et l'exercice d'activités qui se répercutent de plus en plus concrètement sur la qualité de leur vie. C'est l'utilité de générale de ce type de conduite civile qui semble la réhabiliter et, selon J.-S. Mill, s'opposer de manière formelle à l'idée que Kant se fait du devoir, qui reposerait en réalité sur des fondements utilitaristes : « Tout ce que montre Kant, c'est que les conséquences de l'adoption universelle des règles de conduite les plus immorales seraient telles que personne ne jugerait bon de s'y exposer. »[57]

On en voit l'illustration dans la conduite des hommes en société. Alors que Hume disait « ce qui est » en s'appuyant sur l'expérience et l'observation, J.-S. Mill se sert du même argument comme « preuve » de l'utilitarisme : il n'y a pas d'autre fin à l'action que celle que poursuivent les hommes, en d'autres termes, rien de plus désirable que ce que les hommes désirent effectivement, c'est-à-dire ce qui leur est utile et, au bout du compte, le bonheur : « La seule preuve qu'on puisse donner pour établir qu'une chose est désirable, c'est qu'*en fait* on la désire. »[58] Or, si le bonheur est désirable en tant que fin, toutes les autres choses sont désirables « comme moyens pour atteindre cette fin »[59]. C'est ici que le

56 *Ibid.*, p. 78 (c'est nous qui soulignons).
57 *L'utilitarisme*, p. 42.
58 *Ibid.*, p. 86.
59 *Ibid.*

problème se complique dans la mesure où les moyens vont à leur tour devenir fins : « Les éléments du bonheur sont très variés et chacun d'eux est désirable en soi [...] ils ne sont pas seulement des moyens, ils sont des parties de la fin »[60], déclare J.-S. Mill. Il ne s'agit pas seulement de montrer que le bonheur ne peut être atteint directement, ou que la meilleure façon de goûter le bonheur est d'être capable de s'en passer. L'homme est animé par des motifs qui l'engagent à rechercher, sans qu'aucune démonstration ne soit nécessaire pour l'en convaincre, diverses choses qui sont vues comme des moyens et deviennent à leur tour des fins recherchées pour elles-mêmes : vertu, richesse, pouvoir, célébrité. Ici encore, nous ne nous éloignons pas de Hume qui considérait que les fins ultimes de l'action comme la santé et l'argent sont l'objet d'une passion originelle et obéissent à sa logique tout en entrant dans les calculs propres à l'assouvir. J.-S. Mill, pour sa part, après avoir fait l'éloge des tempéraments vertueux, réservera une place particulière à l'étude de la production et de la distribution de la richesse dans une partie de son œuvre qui pourrait même, vu son importance et son originalité, être détachée de sa partie morale. Cela n'est évidemment pas le cas mais montre à quel point les préoccupations économiques entrent dans sa conception du bonheur.

IV. LE SYSTEME ECONOMIQUE DE J.-S. MILL

1. Les fondements

Prêtant le flanc à la critique qu'il avait adressé à Bentham lorsqu'il reprochait à celui-ci d'avoir déduit, selon une méthode géométrique, son système politique et économique d'un seul et unique motif, la promotion de l'intérêt personnel[61], J.-S. Mill, tout comme Adam Smith, considère l'acquisition de la richesse comme un sujet d'intérêt qui peut expliquer en grande partie le comportement des hommes de son époque, en Angleterre tout particulièrement mais aussi dans les autres nations européennes.

L'auteur du *Système de logique*, nous l'avons vu, a pris des précautions méthodologiques : les lois qui déterminent la conduite de l'homme sont multiples et doivent, malgré les rapports qu'elles entretiennent ensemble, être étudiées séparément pour qu'il soit possible de mieux juger de leurs

60 *Ibid.*, pp. 90-91.

61 *Système de logique*, t. II, p. 482.

effets. Cependant, certaines ont plus d'importance que les autres et influent sur elles : ainsi en est-t-il du désir de richesse qui, pour les besoins de l'analyse, est considéré comme s'il était une fin unique. Mais à ce moment, les précautions sont dépassées ; le choix effectué à titre d'hypothèse est justifié par l'expérience : « De toutes les suppositions aussi simples, cette hypothèse est la plus voisine de la vérité »[62], ce à quoi le philosophe ajoute qu'en recherchant les actions que produit le désir de richesse, on « obtient la plus grande approximation possible de l'ordre réel des affaires humaines »[63]. En menant son raisonnement jusqu'à son terme, J.-S. Mill va proposer sa version de l'économie politique en tant qu'applicable dans son pays et, plus largement, dans toutes les nations évoluées.

Cette science montre comment les hommes, mus par leur désir de richesse, ont institué la propriété, établi des lois, imaginé diverses combinaisons pour rendre le travail plus productif, réglé à l'amiable la répartition du produit, enfin employé certains expédients comme la monnaie et le crédit pour en faciliter la distribution. Dans la partie critique de son œuvre, le philosophe politique se réservera le droit d'apprécier le degré d'efficacité des institutions et de voir de quelle façon elles peuvent être améliorées. Mais le désir de richesse qui en forme la base psychologique naturelle ne semble pas devoir être mis en question, bien que certains hommes se soucient davantage de leurs aises ou de leur vanité que de leur gain pécuniaire : J.-S. Mill note que « des motifs, futiles en apparence, l'emportent souvent sur l'amour du lucre, même dans les opérations où l'argent est l'objet direct »[64]. En réalité, J.-S. Mill semble n'attester du bien-fondé de la recherche de la richesse matérielle qu'à travers les limites qu'il lui assigne. Cela n'est pas contradictoire par rapport à la définition générale de l'utilitarisme, qui montre l'homme engagé dans la recherche du plaisir comme constituant du bonheur mais en établit les conditions sur les plans juridique et politique, mais surtout moral.

Il ne fait aucun doute qu'il y a un plaisir qui est lié à l'augmentation progressive de la richesse[65]. Ce plaisir, comme l'a soutenu Bentham, peut être évalué d'un point de vue quantitatif, ce que J.-S. Mill ne récuse pas même si, sensible à la complexité de la personne humaine et à la diversité de ses exigences, il attachera la plus grande importance à tout ce qui peut promouvoir des plaisirs de qualité supérieure. Ce sera alors le moment

---

62 *Ibid.*, p. 498.
63 *Ibid.*
64 *Ibid.*, p. 502.
65 *Ibid.*, p. 495.

pour l'activité économique de céder la place à d'autres formes d'activité, intellectuelle et culturelle.

Cependant, le bonheur, aux yeux de J.-S. Mill, ne se situe pas que dans la possession mais aussi dans la poursuite et dans l'activité. Or, si les poursuites ont toujours pour objet premier les « commodités de la vie » obtenues grâce au pouvoir de l'argent, les utilitaristes ont tendance à penser que ces résultats une fois acquis libèrent la voie pour d'autres poursuites dans le champ scientifique et de nouvelles avancées intellectuelles et sociales. C'était le cas pour Hume, c'est aussi le cas pour J.-S. Mill[66]. A une époque où le développement économique s'est accentué, ce dernier semble considérer la science de la richesse comme une nécessité pour l'homme qui veut survivre et s'en donner les moyens, et donc comme ce qui s'impose en premier lieu à son attention pour finir par être comme un tremplin en vue du bonheur. Pour autant, sa décision accordant toute sa place à l'économie politique ne s'est pas imposée sans de longues hésitations et, tout en le portant à répondre ainsi aux préoccupations de toutes les nations civilisées, semble puiser ses sources dans son histoire personnelle.

En effet, après avoir eu pour but dans sa prime jeunesse de devenir « un réformateur du monde et confondu entièrement ce but avec son bonheur »[67], J.-S. Mill éprouva de sérieux doutes à propos de l'intérêt d'une telle tâche, s'adressant à lui-même en ces termes : « A supposer que tous les objectifs que tu poursuis dans la vie soient réalisés ; que tous les changements dans les institutions et les opinions que tu attends impatiemment puissent être effectués en cet instant précis : est-ce-que cela serait une grande joie et un grand bonheur pour toi ? Et une conscience irrépressible répondait : Non. »[68] A d'autres moments, il conservera une hésitation sur la valeur du bonheur, déclarant qu'il ne faut pas attendre de la vie plus qu'elle ne peut donner, ou qu'il faut prendre le bonheur « en passant »[69] sans en faire l'objectif principal. En fin de compte, au lieu de céder au découragement, il s'apercevra que beaucoup peut être fait si l'on arrive à écarter les sources les plus flagrantes de misère et puisera dans cette conviction l'énergie nécessaire à l'accomplissement d'une œuvre dont la partie économique tend à montrer qu'une forme de bonheur peut être entrevue si les bases matérielles de la vie sont assurées.

---

66 *Ibid.*, pp. 212-14.
67 *Autobiographie*, p. 127.
68 *Ibid.*, p. 128.
69 *Ibid.*, p. 134.

Aussi, malgré ses doutes, J.-S. Mill en vient-il à rejoindre la position commune des hommes concernés par le « progrès ». L'acquisition et la consommation de la richesse dont il traite sont prises en considération en tant qu'elles correspondent à un désir sinon à un besoin profond resté en veilleuse pendant des siècles en Occident, comme si son réveil coïncidait avec un réveil général. A partir du XVIIe siècle, l'activité économique a tendance en Europe à s'émanciper de toutes les contraintes d'origine religieuse ou étatique. Les transformations qui s'opèrent sont voulues par des hommes « animés du désir de posséder la richesse et capables de juger de l'efficacité comparée des moyens visant à atteindre cette fin »[70]. De manière générale, l'économie, dans la société qui doit son développement au progrès scientifique et technique, s'appuie sur la justice et le gouvernement comme sur l'éducation et la morale pour protéger les biens mais a tendance à refuser toute autre intervention et à laisser jouer les lois qu'elle estime les plus propres à en assurer naturellement la production et l'échange, loi de la concurrence et loi de l'offre et de la demande corrigées par la loi qui fixera à plus long terme la valeur en fonction du coût de production, de telle façon que la liberté dont elle se réclame puisse être la première condition de son succès.

J.-S. Mill, qui considère la recherche de la richesse non seulement comme un jeu consistant à accumuler de l'argent mais comme une activité utile pour soi-même et pour les autres, va de cette manière s'efforcer d'en déterminer la possible évolution. Nous allons évoquer les divers aspects de cette tentative en montrant comment l'auteur des *Principes d'économie politique* combine les éléments traditionnels du libéralisme avec quelques prises de position personnelles concernant les avantages possibles du socialisme, sans trop les surévaluer toutefois dans la mesure où ses maîtres en la matière restent Adam Smith et Ricardo.

2. Le capitalisme

Dans le domaine économique, J.-S. Mill est favorable au capitalisme libéral d'un point de vue qu'il estime conforme aux enseignements du principe d'utilité. La liberté est mise à profit par des individus qui, dès qu'ils disposent des qualités morales et des connaissances nécessaires et que les circonstances le leur permettent, développent le désir de constituer un capital et de se lancer dans les affaires pour tout le bien qui

---

[70] « Sur la définition de l'économie politique ; et sur la méthode d'investigation qui lui est propre », dernier d'une série de cinq textes [*Essays on some Unsettled Questions of Political Economy*] traduits par. Ch. Leblond, Paris : Michel Houdiart, [1844-] 2003, p. 68.

peut en résulter pour eux-mêmes avant de rebondir sur la communauté. Il n'est point besoin que le gouvernement prohibe les importations pour encourager l'industrie qui est de toute façon limitée par un capital dans la formation duquel J.-S. Mill, comme Adam Smith et Ricardo, insiste sur le rôle de l'épargne qui tend justifier les profits ultérieurs de l'activité qu'elle permet (non sans lien avec l'éthique puritaine).

L'industrie est non seulement limitée mais conditionnée par le capital. J.-S. Mill défend, avec Adam Smith et Bentham, une conception qui fait de l'existence préalable du capital et non de la demande de marchandises, tout particulièrement à l'ère industrielle, la condition *sine qua non* de l'activité économique : « La demande d'objets manufacturés n'est pas la demande de travail »[71], affirme-t-il en face de ceux qui mettront l'accent sur la consommation pour développer cette activité. Celle-ci ne peut provenir que d'un capital préexistant. Le problème est effectivement que le capital consacré au « fonds des salaires », doit être avancé par l'entrepreneur avant d'être réalimenté par la vente du produit du travail. Mais il est juste de noter, comme l'ont fait Ricardo et Marx, que la part de capital fixe consacré aux machines a longtemps empiété sur la part de « capital circulant » consacré aux salaires pendant et après la révolution industrielle.

D'une façon générale, il ne peut y avoir de travail si le travailleur ne dispose pas des matières premières et des instruments de travail voulus. Mais ce qui avait pu être réalisé par l'artisan dans une économie peu développée et dans une société à l'extension limitée ne peut plus l'être à l'ère du machinisme et de la production de masse, d'où effectivement un nouveau type de servitudes qui ne pourront être allégées que par la plus grande productivité du travail mais aussi, face aux exigences des employeurs dans ce domaine, par les mouvements sociaux.

De toute façon, l'ouvrier ne peut travailler pour un salaire inférieur à ce qui lui est nécessaire pour vivre. Or, la solution du problème général que pose sa rétribution comme celle des autres agents économiques consiste à combiner les lois de la production qui, selon J.-S. Mill, ne dépendent aucunement des institutions humaines, et les lois de la distribution qui, au contraire, sont de la responsabilité de la société. La question est difficile à régler car, d'une certaine manière, les lois de la production règlent les lois de la distribution dans tout régime politique, qu'il s'agisse de l'esclavage, du servage, du capitalisme ou du communisme. Pour J.-S. Mill, les meilleures conditions de la production et de son accroissement semblent réunies dans le système capitaliste à

---

71 *Principes d'économie politique*, I, p. 91.

cause de ses fondements moraux, à savoir la liberté générale accordée à l'activité individuelle et la sécurité de la propriété, lesquelles sont favorables à l'énergie déployée par les acteurs économiques comme à l'inventivité des chercheurs et au progrès des connaissances par lequel passe tout progrès. Mais, dans ce système, l'inégalité de la distribution de la richesse continue de poser problème.

3. L'inégalité

Dans le système capitaliste qu'annoncent Locke et Hume et qu'acceptent Bentham, A. Smith, Malthus, Ricardo, James et J.-S. Mill pour être celui qui semble devoir apporter les meilleures chances de bonheur au plus grand nombre, les biens, de façon apparemment contradictoire, vont en parts inégales aux entrepreneurs capitalistes, aux ouvriers et aux propriétaires terriens, ces derniers, à cause de l'extension de la population et du renchérissement des prix des denrées agricoles qu'elle entraîne, étant en fin de compte les plus favorisés. Il n'y a pas grand-chose à faire à cela, sinon limiter la population ou compter sur une révolution sociale que la situation de l'époque ne laisse pas encore prévoir. Au moins serait-il possible de limiter les effets de l'inégalité inhérente à ce découpage. Or, l'égoïsme économique a toujours eu tendance à se traduire chez les employeurs, à l'époque de la révolution industrielle, par une exploitation du travail favorisée par la législation et chez les propriétaires par une vigilance sans faille concernant le respect des lois en faveur de la propriété[72], l'ensemble du système étant soutenu à l'intérieur par la monarchie et à l'extérieur par l'armée. Ainsi, dans la nation anglaise, les exigences de la paix et de la sécurité ne semblent toujours pas prendre en compte l'inégalité sociale, et jusqu'aux débuts du syndicalisme ouvrier, seul véritable instrument de lutte des ouvriers contre leurs employeurs, les mouvements de révolte et de protestation seront soit abandonnés soit sévèrement réprimés, comme en témoigne l'histoire relativement brève du mouvement chartiste[73].

---

[72] « Les classes privilégiées et puissantes se sont servies de leur pouvoir au profit de leur égoïsme » (*Ibid.*, p. 311).

[73] Les chartistes, dont le programme élaboré en 1838 se confondait avec celui des radicaux, ont été progressivement abandonnés par ces derniers comme par leurs propres éléments modérés pour se réduire l'année suivante, après la dissolution officielle de la Convention qui les réunissait, à un groupe de manifestants poussés à la violence par la difficulté de leurs conditions de vie et facilement neutralisés par la force publique.

J.-S. Mill lui-même est loin d'être un défenseur inconditionnel du capitalisme libéral et, sur ce sujet, semble parler avec plusieurs voix. D'une part, il s'oppose, sous certaines conditions, à la limitation des heures de travail. D'autre part, il incline vers un système de coopération ou de participation à la production et aux bénéfices de l'entreprise inspiré du socialisme d'où serait tirée une nouvelle répartition des produits et cite tour à tour les entreprises des Moraviens[74] ou des disciples de Rapp[75], le socialisme à la française de Saint-Simon et de F. Fourier qui maintient toutefois la propriété individuelle, mais aussi le système communiste vers lequel tendent les initiatives de R. Owen[76] et selon lequel, dans des coopératives de production très décentralisées, les relations hiérarchiques de travail pourraient s'effacer pour être remplacées par une association entre les travailleurs et le capitaliste ou même une association entre les travailleurs eux-mêmes rendus à cause de cela attentifs à leurs intérêts réciproques et dignes d'une confiance qui rendrait leurs investissements plus sûrs. Au passif du socialisme, il faut noter le relâchement possible des ouvriers et le moindre esprit d'innovation de directeurs recevant un salaire fixe en tant que fonctionnaires, donc, un manque général de responsabilité et de motivation (déjà souligné par Bentham) comparativement à l'esprit d'une entreprise privée. Mais, pour J.-S. Mill[77], cette même difficulté existe dans le système économique de son époque où peu de personnes recueillent individuellement le bénéfice de leurs efforts et où se révèlent des injustices flagrantes dans la disproportion entre le travail fourni et sa rémunération. Par ailleurs, les membres d'une association communiste peuvent faire preuve d'un esprit public qui n'est pas toujours présent chez des personnes qui poursuivent des intérêts séparés centrés sur elles-mêmes. Le problème réel de la répartition du travail dans le système communiste peut être réglé de manière juste et avisée. Enfin, la propriété collective de la terre et des instruments de production n'interdit pas la libre disposition par les travailleurs de leur part individuelle de la

---

[74] Secte protestante évangélique fondée au XVe siècle dont les membres se répartissaient en différents groupes pour répondre aux besoins de la communauté.

[75] Fondateur au XVIIIe siècle d'une secte chrétienne évangélique qui devait émigrer au siècle suivant en Amérique après s'être transformée en communauté socialiste.

[76] Capitaliste philanthrope installé à New Lanark puis fondateur de villages communistes vivant du produit de la terre. En fait ses projets, exprimés dans *A New View of Society* (1813) n'eurent pas de lendemains.

[77] Les observations qui ont trait au système communiste (connoté comme « socialisme » en Angleterre) sont consignées dans les *Principes d'Economie*, liv. II, chap. Ier, § 3, pp. 338-47 et dans les « Chapters on Socialism », *Collected Works*, Londres : Routledge & Kegan Paul, 1967, vol. V, .pp. 703-53 .

production, ni des loisirs dont ils peuvent disposer. Le grief le plus sérieux qui peut être adressé à la société communiste est le danger qu'elle fait peser, encore plus que dans la société actuelle, sur le développement du caractère au travers du joug de l'opinion publique assorti d'une surveillance et d'une dépendance de tous les instants. Au fond, ce qui justifie l'hypothèse communiste est l'injustice dont la société souffre dans son état présent alors que celui-ci devrait être comparé à ce qu'il serait si le régime de la propriété individuelle était amélioré, solution à laquelle J.-S. Mill semble se rallier en envisageant les modifications à apporter aux mécanismes actuels de la production et de la distribution capitaliste fondés sur la propriété individuelle à laquelle, malgré ses critiques, il reste attaché. Entre autres, l'égalité des fortunes pourrait être favorisée par une législation imposant de lourds impôts aux possesseurs de rentes ou déniant le droit d'acquérir de larges fortunes par don ou par héritage. Ainsi amendée, la législation serait compatible avec l'affirmation de ce critère qu'est « la plus grande somme de bonheur au total »[78], et dont J.-S. Mill, pas plus que les autres utilitaristes, ne veut se départir sous peine de manquer à la proposition majeure de son système de morale.

A vrai dire, ce système entre dans une conception de la société qui, au-delà de la question de l'égalité ou de l'inégalité, fait de la paix la première condition du bonheur et demande la mise en place des institutions civiles appropriées pour l'assurer. Il faut tout d'abord s'adresser à la justice, soutenue par le gouvernement, pour que les effets pervers de l'égoïsme et de l'avidité soient sanctionnés : la pensée de J.-S. Mill sur ce point ne dévie pas de la ligne générale de la pensée politique utilitariste. Le désir de richesse reste cependant la base d'une activité industrielle et commerciale qui est la source d'une inégalité inévitable : simplement celle-ci ne doit provoquer aucun trouble et ne pas mettre la société en danger. A cet égard, J.-S. Mill continue de se montrer libéral tout en souhaitant la mise en place de freins institutionnels. L'inégalité n'est pas nécessairement l'injustice et la justice est compatible avec l'inégalité, qui doit être acceptée tant qu'elle ne résulte pas d'une liberté qui consisterait à utiliser pouvoir ou ruse pour acquérir des biens injustement.

De plus, dans la société libérale comme dans toute société, le raisonnement qui conclut à la vertu de la justice se doit d'être appuyé et motivé par des sentiments qui ont leur source dans le cœur de l'homme ; sur ce chapitre, pour J.-S. Mill comme pour Hume, la justice répond aussi à des aspirations naturelles.

---

[78] *L'utilitarisme*, p. 39.

V. LA JUSTICE

Dès qu'un Etat est créé, comme Hobbes l'a fait ressortir, la paix intérieure est obtenue par la crainte des châtiments des mains du pouvoir en place. Mais ce qu'a également montré Hobbes est que l'usage des châtiments devait être le résultat du transfert au souverain du droit naturel que chaque homme a de se défendre dans l'état de désordre qui précède l'état politique, et être prévu par la loi que le pouvoir de ce dernier lui permet d'édicter. Locke précisera que tout homme possède selon la loi de nature un droit de punir les offenses commises contre sa personne et ses biens avant de le confier au gouvernement, ce que reprendra Hume en montrant qu'au fond de cette loi se trouve l'intérêt qu'ont les personnes particulières, les magistrats et finalement le public à l'application des décisions de justice, à quoi s'ajoutent des sympathies sociales qui génèrent une approbation de l'ensemble du système. J.-S. Mill, quant à lui, après avoir montré que la justice constituée a toujours été à la remorque de la loi, voit les origines des châtiments auxquels elle a recours dans une réaction naturelle d'auto-défense et de vengeance commune à tout le règne animal, et, comme Hume, fait état de ce qui apparaît comme le second volet de la justice, propre seulement aux êtres humains, qui est la sympathie avec toutes les personnes victimes d'injustice : « Les êtres humains diffèrent des animaux en ce qu'ils ont une intelligence plus développée, ce qui donne une perspective plus large à l'ensemble des sentiments qu'ils se portent à eux-mêmes par sympathie. »[79] Leur intelligence leur permet aussi de prendre conscience de la communauté des intérêts qui les unit à l'intérieur du groupe qu'ils composent et des décisions à prendre par rapport à tout ce qui touche ce groupe : « En vertu de son intelligence supérieure, en dehors même du champ plus vaste de ses sympathies, un être humain est capable de saisir, entre lui-même et la société humaine à laquelle il appartient, une communauté d'intérêts si bien que toute conduite qui menace la sécurité de la société dans son ensemble, menace également la sienne et suscite son instinct d'autodéfense. »[80] En faisant place à la sympathie et à l'intérêt commun, J.-S. Mill met ainsi l'accent sur le fait que la justice est justice pour tous, dépasse les cas personnels, de sorte qu'un homme n'est lui-même en droit de se plaindre que du type d'injustice que les autres peuvent subir : « La personne juste sent certainement qu'elle met en pratique une règle qui est avantageuse aux autres aussi bien qu'à elle-

---

[79] *Ibid.*, p. 119.
[80] *Ibid.*

même. »[81] Là encore, le devoir selon Kant est mis en question. Selon le moraliste utilitariste anglais, « lorsque Kant propose comme principe fondamental de la morale : "Agis de manière à ce que la maxime de son action puisse être adoptée comme une loi par tous les êtres rationnels", il reconnaît virtuellement que l'intérêt de l'humanité doit être présent dans l'esprit de l'agent lorsqu'il décide en conscience de la moralité de son acte[82]». De ce point de vue, la morale ne peut se passer de la justice dont les décisions vont dans le sens des intérêts de chacun en sanctionnant selon une loi dont J.-S. Mill examinera l'auteur dans la partie politique de son œuvre les atteintes dont ils sont l'objet : atteintes à la sécurité et à ses avantages (notamment économiques), rupture d'un engagement, mauvais traitements. Par ailleurs, la morale montre ses limites : les actions qu'elle recommande en propre relèvent du domaine particulier de la bienveillance, de la charité, de ce que J.-S. Mill entend par « devoirs d'obligation imparfaite »[83] qui se rapportent à ce que les autres peuvent attendre de nous dans la vie courante mais ne sauraient donner lieu à aucun droit, le droit étant pour J.-S. Mill le corrélatif des « devoirs d'obligation parfaite »[84] d'origine légale. Mais la morale, qui ne peut dépasser ces actions particulières et engendrer à elle seule la paix dans la société, soutient néanmoins l'action de la justice dans ce qu'elle a de plus général et de plus effectif.

D'un autre côté, la justice peut difficilement se passer de la morale, une morale typiquement utilitariste qui prend la forme d'une approbation de ses décisions pour le bien dont elles sont porteuses et d'une réprobation de l'injustice. Il faut rappeler que pour J.-S. Mill (et aussi pour Bentham, du moins en partie) la justice a pour origine des réactions spontanées, le ressentiment et l'esprit de vengeance à l'égard du mal commis et, pour tous les utilitaristes si ce n'est pour l'ensemble de l'humanité, la peur d'être dépossédé de sa vie et de ses biens qui donne naissance au sens de l'intérêt, c'est-à-dire, à l'origine, un ensemble de passions : or, les offenses commises ne le sont pas à l'égard d'hommes sans lien les uns avec les autres mais vivant dans une société organisée où la notion d'intérêt personnel est indissociable de la notion d'intérêt public ; à cet égard, la pratique des châtiments est l'objet d'une adhésion générale, de telle manière que l'on peut affirmer que la justice sans la morale ne serait pas la justice ; à vrai dire, la morale ne fait pas que

[81] *Ibid.*, p. 121.
[82] *Ibid.*
[83] *Ibid.*, p. 116.
[84] *Ibid.*

s'ajouter à la justice, elle est présente dans une justice dont l'utilité sociale est absolue et impérative, tout comme elle est présente, à un autre titre, dans tout acte de bienfaisance et d'humanité pour son utilité.

Pour J.-S. Mill comme pour Hume, qui a fait de l'examen de son influence le sujet d'un ouvrage majeur, la morale possède ses sanctions, qui se joignent aux sanctions matérielles de la justice. Cependant, lorsque le coupable ne peut être puni légalement ou de manière avantageuse, la morale demande qu'il le soit par l'opinion en encourant un blâme ou, s'il s'agit de nous, nous soumet aux « reproches de [notre] propre conscience »[85] et fait naître un sentiment qui, s'il n'est pas toujours présent chez des délinquants invétérés, est l'élément fondamental de la conscience de l'homme ordinaire : « La sanction intérieure du devoir est toujours la même : c'est un sentiment qui se trouve en nous-mêmes ; une peine, plus où moins intense, qui suit la violation du devoir, et que les personnes d'éducation morale convenable éprouvent à un degré tel que, dans les cas graves, elles reculent devant cette violation comme devant une impossibilité. »[86] Cette peine se rapproche du sentiment de culpabilité déjà noté par Locke chez le sujet qui transgresse la loi de nature ou du déplaisir voire de la haine envers lui-même que Hume constate chez celui qui ne souscrit pas à ses obligations.

Ce sentiment, malgré son origine naturelle, est influencé par la morale existante, à laquelle le sujet est sensible en fonction de ses sympathies sociales dont on peut penser qu'elles sont présentes dans tout homme qui se reconnaît comme l'unité d'un vaste ensemble et qui sont infléchies par les avocats de l'utilitarisme emmenés par Hume dans le sens de l'intérêt du groupe auquel ce sujet appartient. Dans ces conditions, l'intérêt public s'avère comme l'instance finale déterminant les sympathies et la morale. Cependant, J.-S. Mill, confirmant les craintes de Bentham, se méfie de l'existence au sein de l'intérêt public d'intérêts de classe et du pouvoir dont certains hommes ou certains groupes sociaux disposent pour faire respecter leurs propres intérêts et s'inquiète de voir les intérêts des autres hommes ou des autres secteurs de la population assimilés aux leurs. L'intérêt public peut être perverti par les intérêts particuliers et il y a un danger à épouser par sympathie des causes auxquelles nous n'avons pas part. Alors que Bentham s'en prendra essentiellement aux « intérêts obliques » du Roi et de ses amis, J.-S. Mill reprochera à la justice de promouvoir un ordre qui tend en général à profiter aux classes dominantes, qu'il s'agisse des propriétaires terriens

---

[85] *Ibid.*, p. 114.
[86] *Ibid.*, p. 72.

dans un régime aristocratique, des classes bourgeoises dans un régime capitaliste ou encore de la majorité dans un régime démocratique. En face de ce danger, la seule conception légitime de la justice est celle qui lui permet de contribuer au bonheur général sur une base d'égalité individuelle : « Le principe du plus grand bonheur demeure une simple formule verbale, sans signification rationnelle, tant que le bonheur d'une personne, censé être égal en degré à celui d'une autre, n'est pas traité comme exactement aussi important que celui de quiconque. Si ces conditions sont remplies, l'impératif de Bentham : " que chacun compte pour un, personne pour plus d'un " peut être inscrit sous le principe d'utilité comme commentaire explicatif. »[87]

La conception de la justice propre à J.-S. Mill renvoie à l'idée d'un gouvernement qui ne saurait être que démocratique. Cela signifie que l'ensemble des individus dont la sécurité et les biens sont menacés à chaque instant doivent pouvoir avoir accès aux moyens politiques de sauvegarder leurs acquis. J.-S. Mill soutient, à la suite de Bentham et de James Mill, déjà sensibles aux insuffisances de la monarchie parlementaire anglaise travaillée par des forces conservatrices auxquelles, après s'y être opposées, les forces industrielles rêvent de se joindre, qu'une action politique est nécessaire pour mettre la justice et le bonheur au moins matériel à la portée de tous. Cependant, succédant à une action qui prendra la forme d'une remise en question de la forme du gouvernement et d'un plaidoyer en faveur d'une représentation parlementaire plus équitable, le nouveau risque sera que l'individu pour la défense duquel militent les forces démocratiques ne soit, après leur victoire, oublié et réduit au silence sous le poids du nombre.

VI. LE GOUVERNEMENT

L'idée qu'il convient de développer dans une société développée pour s'assurer que les intérêts de chaque individu sont respectés est l'idée de représentation. Cette idée n'est pas neuve en Angleterre : on la trouve chez Hobbes et chez Locke mais sans qu'elle entraîne le choix d'un gouvernement permettant aux diverses couches sociales d'être également représentées. Les choses ont changé et l'état d'esprit n'est plus le même du temps de J.-S. Mill qui s'inscrit sur le plan politique dans la ligne réformatrice de Bentham favorable à un gouvernement représentatif de tendance démocratique. Le gouvernement a pour ultime objet le bien-

---

87 *Ibid.*, p. 139.

être des gouvernés : les avantages de la démocratie sont du côté de l'égalité civique mais aussi sociale et économique, dans la mesure où ceux qui peuvent se faire entendre au Parlement, et jusque-là n'ont pu le faire, auront plus de chances de faire valoir leurs intérêts et leurs droits. Les classes supérieures représentées principalement par l'aristocratie renforcée dans ses prérogatives par la monarchie et rejointes par les éléments dominants de la bourgeoisie ont, jusque-là, accaparé les moyens d'expression et d'action. Mais il n'est pas question, pour J.-S. Mill, de lier les mains de personne, alors qu'avec la révolution industrielle, un nouveau découpage social est apparu entre les employeurs du travail et les travailleurs et que les premiers nommés prétendent protéger les intérêts des seconds en les privant de toute initiative. Si des progrès récents ont été accomplis dans la législation et dans les pratiques salariales, les classes ouvrières ne sont toujours pas représentées au Parlement et ce dernier ne regarde pas toujours pas la situation de leur point de vue mais du point de vue des employeurs du travail, en particulier sur la question des heures de travail ou du droit de grève. Or, le moment semble venu pour les classes ouvrières de prendre conscience de leur force sociale et économique et de revendiquer une voix dans leur destinée, et pour les autres classes de le reconnaître. Ce mouvement sera favorable à la défense de leurs intérêts comme à leur possible ouverture à des intérêts autres que les leurs, ce à quoi, il est vrai, elles ne sont pas plus accoutumées que ne l'ont été les autres classes à leur égard. Malgré cela, l'auteur du *Gouvernement représentatif* se déclare en faveur du suffrage universel avec les réserves d'usage relatives au degré d'instruction nécessaire pour participer au vote.

Le porte-parole des utilitaristes de la nouvelle génération n'est pas un révolutionnaire avant la lettre. Il se propose juste d'améliorer la société de son temps tout en restant attaché à un certain nombre de valeurs comme l'individualité et la propriété qu'il a pris comme fondements de son système économique, et comme la liberté qui court un danger dans le régime démocratique même. En effet, l'extension du suffrage préconisée dans une perspective d'égalité et de justice censée s'ouvrir sur le bonheur général, après avoir dressé contre la monarchie et l'aristocratie foncière les travailleurs qui composent la partie la plus nombreuse du peuple et les employeurs qui prétendent les encadrer, ne risque-elle pas de favoriser la formation d'un gouvernement populaire d'où les classes et les individus les plus cultivés seront exclus ? Après avoir prôné ses mérites, c'est contre une possible perversion de la démocratie conduisant à une « tyrannie de la majorité »[88] que J.-S. Mill va s'élever.

En effet, le maintien des avantages propres à la démocratie telle que J.-S. Mill la conçoit comporte certaines conditions. Le pouvoir reconnu au peuple ne doit pas porter préjudice aux valeurs individuelles fondamentales dans toute activité, de façon conforme à la volonté de ceux qui ont appelé à la mise en place de ce régime pour défendre ces valeurs face aux multiples empiètements dont elles étaient victimes dans d'autres régimes et les étendre à toute la communauté. A ce titre, l'auteur de *La liberté* montre « la nature et les limites du pouvoir que la société peut légitimement exercer sur l'individu »[89].

De façon générale, il convient de ne pas remettre en question la liberté de pensée et d'action comme le choix de la forme de vie qui en découle pour chaque individu tout en sachant que les hommes peuvent être ouverts à la liberté par ceux qui en ont déjà perçu la valeur, ce qui renvoie à l'influence du philosophe selon Hume ou à l'exemple de l'homme entreprenant selon la littérature de l'époque[90]. En effet, cela est vrai pour commencer sur le plan économique. Il est particulièrement important de bénéficier d'un degré suffisant de liberté dans le cadre de l'entreprise, que celle-ci soit menacée par les exigences émanant d'un patron ou de la collectivité. Pour la majorité, il s'agit de s'assurer des conditions de vie décentes : à cette fin, il convient de reconnaître et de cultiver les valeurs individuelles nécessaires à la libre pratique d'une activité économique suffisamment rétributrice et de lui accorder, une fois la sécurité assurée par la justice et la police, toute la place souhaitable dans quelque régime que ce soit. De ce point de vue, la démocratie doit pouvoir assurer une stabilité politique qui permette aux hommes de s'estimer satisfaits de leur situation matérielle.

Il est certain que l'activité économique a tiré profit de l'autorité de l'Etat pendant toute la période mercantiliste avant que le libéralisme amorcé par Locke ne l'emporte en Angleterre avec Hume et Bentham pour gagner la plus grande partie de l'Europe et que ce mouvement ne se trouve lui-même aux prises avec un mouvement démocratique avec lequel il lui a finalement fallu composer. Sur ce changement, J.-S. Mill pousse plus loin que Hume et Bentham l'analyse politique à un moment où les développements industriels récents ont rendu nécessaire un rééquilibrage des rapports entre les diverses forces sociales. D'une part, la monarchie et l'aristocratie, qui ont cédé certains de leurs privilèges,

---

88 *De la liberté*, p. 66.

89 *Ibid.*, p. 61.

90 *Cf.* Samuel Smiles, *Self-Help*, Londres : Murray, [1859-] 1958.

doivent reconnaître le poids de la partie la plus influente de la société, la bourgeoisie libérale, qui de son côté n'est pas prête à abandonner son rôle de guide auprès de la population ouvrière ; d'autre part, il faut, pour éviter tout nouveau déséquilibre, que les classes montantes soient conscientes de l'interdépendance de leurs intérêts, la bourgeoisie mais aussi les couches populaires, et que la montée de ces dernières ne se fasse pas au détriment des premières. Dans cette mesure, le mouvement peut être couronné par une forme de démocratie et celle-ci se conjuguer avec la morale utilitariste au nom du bien général.

Cela suppose que les citoyens démontrent, peut-être plus que dans tout autre régime politique, un certain nombre de vertus. Car après tout, la qualité des hommes fait la qualité du gouvernement et, de ce point de vue, il semblerait qu'un peuple a le gouvernement qu'il mérite. En plus de la conscience de l'intérêt qu'a chacun dans une bonne administration de façon à empêcher ceux qui ne recherchent qu'à satisfaire leurs intérêts privés d'arriver à leurs fins, les qualités intellectuelles sont primordiales ; l'ignorance, la stupidité, les préjugés condamnent la mise en place d'un bon gouvernement comme son fonctionnement. Ces qualités sont aussi morales et civiques : en règle générale, l'honnêteté ; en ce qui concerne l'administration de la justice, la coopération avec les autorités, la sincérité des témoins, l'intégrité des juges ; dans la conduite des affaires publiques, l'obligation de choisir les meilleurs représentants, de ne pas se laisser acheter et, parmi ces derniers, la capacité à conduire les débats avec sérénité et sans la jalousie qui les pousse parfois à conspirer pour faire échouer ceux qui ont le pouvoir.

Cela dit, le mérite d'un bon gouvernement est de favoriser le développement de ces qualités, ce qui peut apparaître comme un cercle : en somme, il faudrait, pour mettre en place et faire fonctionner un bon gouvernement, démontrer les qualités que celui-ci est précisément censé promouvoir. L'obstacle peut sans doute être levé par un peuple (la référence étant le peuple anglais) chez qui les soubresauts de l'histoire ont fait naître certaines vertus et notamment un degré de conscience politique qui lui ont permis de percevoir les mérites du gouvernement sous lequel elles n'ont pu que se développer davantage. Ainsi se présente le choix en faveur du gouvernement représentatif et, s'il est possible, « populaire » que J.-S. Mill estime le plus à même d'accélérer son évolution en favorisant mieux que tout autre les progrès intellectuel et moral qui s'ajoute au progrès économique, et à répondre de la meilleure manière aux exigences du principe d'utilité : « La forme idéalement la meilleure de gouvernement [...] désigne celle dont la mise en œuvre produit la plus grande quantité de conséquences bénéfiques, immédiates et prospectives. La seule organisation politique qui puisse prétendre à ce caractère est un gouvernement intégralement populaire »[91]

Le principe d'utilité reste d'actualité en tant que principe de progrès sur le plan politique mais aussi sur le plan moral : « Je considère l'utilité comme le critère absolu dans toutes les questions éthiques ; mais ici l'utilité doit être prise dans son sens le plus large : se fonder sur les intérêts permanents de l'homme en tant qu'être susceptible de progrès. »[92] L'on note que la morale est toujours considérée comme dépendante de l'intérêt dans une optique utilitaire qui est aussi la mesure du droit : « Je renonce à tout avantage que je pourrais tirer au cours de mon argumentation d'un droit abstrait, indépendant de l'utilité »[93], affirme J.-S. Mill comme Hume. Ce droit est celui qui, dans un régime démocratique, permet aux citoyens d'influer sur la marche du gouvernement, bien que son extension à une plus grande frange de la population ne doive pas engendrer la tentation de l'élargir encore plus. La notion de droit comme celle d'intérêt d'où elle a émergé doit rester relative à la nécessité d'établir une société dans laquelle chacun, d'une certaine façon, puisse trouver son compte et ne doit pas devenir une arme au service d'une seule catégorie sociale. Cet avertissement, valable dans une monarchie et une oligarchie, s'adresse dans une démocratie à la classe la plus nombreuse composée principalement de travailleurs manuels[94].

Le problème est qu'aucun système politique n'est assez parfait pour gommer tous les défauts de la nature humaine et de permettre aux hommes de se former une idée juste de leurs droits et de leurs intérêts. Sur ce chapitre, J.-S. Mill peut tirer des enseignements théoriques et pratiques d'événements dont ses devanciers n'ont pu être les témoins ou prévoir l'existence faute du recul nécessaire. Aussi, vivant à une époque où la façon de percevoir l'idée démocratique a évolué, peut-il en mesurer les avantages comme les inconvénients. D'un côté, la démocratie présente les avantages qui sont propres à ce système de pouvoir : elle fournit l'occasion d'un progrès en offrant à tous les citoyens la possibilité d'accéder à des fonctions publiques ou de désigner ceux qui les exerceront, et par là même de développer leurs facultés de jugement ainsi que leur sens civique ; à titre de contre-exemple, l'on peut se demander quel degré de développement peuvent atteindre les facultés intellectuelles

---

91 *Considérations sur le gouvernement représentatif*, trad. P. Savidan. Paris : Gallimard, 2009, p. 57.

92 *De la liberté*, p. 76.

93 *Ibid.*

94 *Considérations*, p. 113.

et morales de ceux qui, dans une monarchie despotique, sont tenus à l'écart des affaires publiques et sont dépourvus du stimulant qu'elles offrent à l'action. Pour J.-S. Mill, la possibilité qu'a un peuple de veiller à la défense de ses droits et intérêts et de prendre sa destinée en mains dépend de la qualité de la machine politique et, de ce point de vue, les meilleurs résultats sont obtenus dans le cadre d'une constitution démocratique. Il est vrai que sa crainte majeure est toujours que le pouvoir qu'elle octroie au nombre ne soit utilisé contre certains des individus qui le composent. Ajoutons qu'à ce sujet, une démocratie égalitaire peut être l'occasion d'injustices qui tiennent à l'illusion entretenue par ses défenseurs que le pouvoir démocratique est à l'abri des distorsions des autres pouvoirs et à la facilité que celles-ci, n'étant pas identifiées comme telles, ont à se glisser dans son exercice quitte à provoquer la surprise ou la vertueuse indignation de ses défenseurs lorsqu'elles sont découvertes.

Ainsi, la démocratie n'est pas exempte des dangers que comporte le pouvoir. J.-S. Mill, contrairement à la géométrie politique de Hobbes qui fait du souverain un être rationnel guidé par le sens de ses intérêts supérieurs et au raisonnement de Hume qui fait dépendre l'intérêt immédiat du gouvernement de l'exécution impartiale de la justice; constate que le pouvoir est corrupteur et, faussant la vision de la personne ou de la classe qui le détient, a tendance à être recherché et exercé avec excès. Dans une démocratie, il revêt une forme particulière, étant partagé par le nombre et exercé par la majorité numérique.

Dans ce cas, qu'est-ce qui empêchera celle-ci de s'arroger tout le pouvoir et de contraindre la minorité au silence ? Peut-elle offrir une expression ou, selon J.-S. Mill, un «*point d'appui*»[95] aux opinions divergentes et aux intérêts menacés au sein même du peuple ? Le problème est celui de la résistance au pouvoir dominant, quel qu'il soit, et il est posé ici dans sa triple dimension économique, politique et morale par un auteur qui est en train de vivre ou de prévoir les transformations de la société anglaise (et européenne) sous l'effet des nouvelles avancées de la science et de la technique et de leurs conséquences sociales. Or, la visée de ces transformations redouble les craintes de J.-S. Mill relativement aux menaces qui pèsent sur la liberté.

Une monarchie ou une aristocratie, en raison de leur attachement à la tradition d'où elles tirent leur maintien, ont du mal à répondre équitablement aux problèmes sociaux posés par l'ajustement au progrès. Mais ces régimes ne sont pas les seuls dans ce cas. Oubliant au passage la

[95] *Ibid*, p. 136. En français dans le texte.

partialité du regard porté par les classes bourgeoises sur une société dont elles prétendent être les principales actrices et la tendance générale à leur reconnaître ce rôle, J.-S. Mill saute directement aux dangers que présente l'ascendance des classes populaires dans une démocratie sous la forme d'une « législation de classe »[96], d'un « gouvernement de classe »[98]favorisant des « intérêts de classe »[97] affectant la race, la religion, la nationalité et la situation matérielle de la généralité des hommes.

Cette dernière circonstance est en effet le plus à redouter dans une société industrielle où une majorité pourvue d'un faible degré d'instruction peut prendre, sous l'excuse d'une justice égalitaire, des mesures tendant à substituer la domination des pauvres à celle des riches avec pour conséquences une taxation excessive de la propriété et des revenus et, parmi la classe ouvrière, une égalité de salaires entre travailleurs qualifiés et travailleurs non qualifiés décourageante pour les plus entreprenants. Devant cette situation, le réflexe libéral de J.-S. Mill reprend le dessus sur le plan socio-économique mais aussi culturel : l'auteur s'élève contre le risque de « confier le pouvoir principal à des classes qui se situent toujours davantage sous le niveau d'éducation le plus haut dans la communauté »[98] et de donner une prime à l'ignorance. Une solution permettant à la minorité cultivée de se faire entendre face au poids numérique de la classe la moins éduquée serait bien d'accorder à ses membres plusieurs votes, mais elle se heurte à la difficulté pratiquement insurmontable de décider en fonction de quels critères les accorder[99]. Dans ce cas, la seule possibilité est de laisser les représentants de la nation s'exprimer et agir en supposant que leur degré d'instruction tout comme leur moralité leur permettra de le faire dans l'intérêt supérieur de la nation sans céder aux demandes pressantes d'un électorat aux vues étroites dont ils seraient les simples « porte-voix » ou « délégués »[100].

Le risque est de voir une masse jalouse de son pouvoir exercer une forme de contrôle non seulement sur ses représentants mais sur les faits et gestes de chaque citoyen qui tourne à l'oppression : « Lorsque la masse en vient à opprimer l'individu, ses moyens de tyranniser ne se limitent pas aux actes qu'elle impose aux fonctionnaires politiques ; elle pratique

---

[96] *Ibid.*, p. 118, p.155.

[98] *Ibid.*, p. 147.

[97] *Ibid.*, p. 112. (138).

[98] *Ibid.*, p. 133.

[99] *Ibid.*, p. 158. J.-S. Mill, au contact de la réalité des faits sociaux, revient sur son acceptation théorique de la formule numérique du bonheur proposée par Bentham.

[100] *Ibid.*, p. 200, sq.

une tyrannie sociale d'une ampleur nouvelle - différente des formes d'oppression politique qui s'imposent à coups de sanctions pénales - tyrannie qui va se glisser dans les plus petits détails de la vie, asservissant ainsi l'âme elle-même. »[101]

Par ailleurs, le danger de voir les représentants du peuple prendre des décisions contraires à son intérêt est d'autant plus présent que des divisions apparaissent parmi eux. En fait, la démocratie fondée sur le pouvoir du nombre n'est pas une et indivisible. Le radicalisme développé par Bentham et James Mill poussait ces derniers à refuser d'envisager qu'une communauté disposant du pouvoir le retournât contre elle-même. Ce n'est pas ce que croit J.-S. Mill qui voit émerger dans une démocratie achevée des dissensions politiques et constate que « les gens du peuple qui exercent le pouvoir ne sont pas toujours les mêmes que ceux sur qui il s'exerce [et] sont tentés d'opprimer une partie des leurs »[102]. La division peut même affecter les rangs de la majorité. En fin de compte, certains éléments parmi le peuple ne sont pas représentés et sont même réduits au silence, injustice aggravée par le fait que le pouvoir peut être celui d'une « majorité au sein de la majorité »[103] ou d'une coterie qui finit par s'imposer par la force ou la démagogie dans une démocratie dont « nous n'avons rien que le spectacle trompeur »[104].

La question a trait aux conditions qui garantissent la vérité de toute conviction et de toute croyance et exigent qu'elles soient soumises à contradiction. J.-S. Mill montre qu'une minorité doit pouvoir s'exprimer quand elle a raison et même quand elle a tort, car rien n'est plus utile à une opinion que de devoir combattre une opinion contraire en exposant ses propres raisons. Au moins reste-t-elle en éveil. Rien n'est plus dangereux que le « despotisme de l'opinion »[105] qui paraît exister en puissance dans les projets démocratiques, à la fois pour les opinions adverses et pour cette opinion même qui risque de se scléroser à force de tourner dans le vide. Pour éviter cela, il convient que règne une entière liberté de discussion et que toutes les voix, en particulier les plus informées, soient écoutées, notamment grâce à la presse. D'un autre côté, la minorité ne doit pas être une minorité de blocage : elle doit simplement se faire entendre, et ses avis, lorsqu'ils émanent de personnes compétentes, doivent être pris en compte. Le gouvernement lui-même

[101] *De la liberté*, p. 66.
[102] *Ibid.*, p. 65.
[103] *Considérations*, p. 123.
[104] *Ibid.*, p. 126.
[105] *De la liberté*, p. 67.

tire profit de l'existence d'une opposition sans laquelle il peut être condamné à décliner ou à dépérir.

En ce qui concerne la façon dont s'exerce le pouvoir politique, J.-S. Mill, après Hume, prend la mesure de l'importance de l'opinion aux côtés de la loi : « Ce furent les préférences et les aversions de la société - ou celles de sa classe la plus puissante - qui, grâce à la sanction de la loi et de l'opinion, déterminèrent dans la pratique les règles à observer par tous. »[106] L'opinion est une force morale qui tend à s'exprimer concrètement et reste active dans ses effets bons ou mauvais. C'est à ces derniers que J.-S. Mill fait référence lorsqu'il s'élève, dans la démocratie, contre le « tribunal de l'opinion »[107] et y voit un risque de tyrannie. Mais il n'est pas opposé à l'existence d'une opinion éclairée ou « bien fondée »[108] et se félicite de voir qu'il a eu dans l'histoire des hommes dont les idées et les convictions se sont répandues dans la société et ont forcé les opinions pour le bien dont elles étaient porteuses. Certes, l'on ne peut ignorer l'influence que peuvent exercer quelques habiles discoureurs sur l'opinion publique. Il est certain que la liberté d'expression propre à la démocratie peut conduire à la démagogie, l'autre danger étant qu'elle favorise un foisonnement d'opinions qui peuvent se neutraliser les unes les autres. Malgré cela, au nom du principe d'utilité, il convient, en accord avec la recherche de la vérité, de permettre à l'ensemble des voix de se faire entendre si l'on veut que les voix les plus autorisées soient reconnues et pèsent sur la politique du pays.

Faudra-t-il, pour répondre aux exigences de ce principe, que le système représentatif soit accompagné des dispositifs techniques appropriés ? J.-S. Mill envisage la possibilité d'un vote en deux étapes pour l'élection des représentants de la nation. Les avantages de cette procédure seraient d'éviter les débordements populaires en confiant la responsabilité de leur élection à une portion éclairée de la population choisie par les « électeurs primaires ». Le danger est que ces électeurs risquent de choisir ceux qui éliront les membres du Parlement en fonction de leurs sympathies personnelles et non pour de véritables raisons politiques. De plus, ce système n'est pas fait pour développer l'esprit public et, s'il y en a qui en font preuve, l'on ne voit pas pourquoi ils ne pourraient le manifester directement en élisant eux-mêmes leurs représentants. J.-S. Mill précise qu'il est possible d'éviter le mode indirect d'élection si l'électeur primaire demande en privé à la personne à qui il

---

106 *Ibid.*, p. 70.

107 *Essay on Government*, p. 16.

108 « Tocqueville on Democracy in America (vol. II), Edinburgh Review, oct. 1840, *in* : *Essays on Politics and Culture*, rééd., Gloucester, Mass. : Smith, p. 264.

fait confiance pour quel candidat voter. Mais dans la mesure où un électeur se sent capable de désigner lui-même son candidat, et ne peut le faire légalement que par l'intermédiaire d'un électeur « secondaire », il choisira celui qui est le partisan déclaré du candidat qu'il préfère ou qui s'engage à voter pour lui. Ainsi se déroule l'élection à la Présidence des Etats- Unis. En somme, tous les bénéfices qui sont atteints théoriquement par une élection indirecte peuvent l'être par une élection directe, et aucun de ceux qui sont procurés par une élection directe ne peuvent l'être par une élection indirecte qui, par ailleurs, est plus difficile à mettre en place. Une autre circonstance à prendre en compte est que lien qui existe entre l'électeur et son représentant est plus étroit dans le cas d'une élection directe. En définitive, s'il existe parmi le peuple des hommes suffisamment cultivés pour exprimer à la place des autres des choix politiques rationnels, l'on peut non seulement souhaiter qu'ils participent à l'élection des membres du Parlement mais qu'ils se portent eux-mêmes candidats.

Alors que les hommes ne peuvent atteindre le bonheur s'ils ne participent pas activement à sa poursuite, J.-S. Mill revient au mal que peut causer le despotisme exercé, dans quelque système politique que ce soit, par un gouvernement qui le leur interdit et, tout particulièrement dans une démocratie, par un Parlement composé d'une seule Chambre dominée en permanence par une majorité assurée de la victoire.

Pour l'éviter, il faut respecter la règle que le principe d'utilité, s'appuyant sur les heureux effets de la division du travail, recommande, à savoir que le pouvoir de l'assemblée représentative reste un pouvoir de contrôle, et que celle-ci ne cherche pas à conduire toutes les affaires et se mêler de tout ce qui concerne le pays. De manière générale, un seul individu en charge du gouvernement est plus apte à l'action qu'une assemblée dont la fonction doit être avant tout de délibérer. En matière administrative, cette assemblée ne peut davantage dicter leur conduite à ses membres dont le travail est un travail qualifié réclamant une expérience, des connaissances et des qualités de jugement que ne possèdent pas ceux qui n'y ont pas été préparés. De même, pour éviter les influences partisanes dans le processus de nomination, il est préférable que ceux qui sont appelés aux emplois publics ne soient pas nommés par l'assemblée elle-même mais sélectionnés par voie de concours. En dernier lieu, il s'avère qu'une assemblée nombreuse n'est pas faite pour assurer le travail de législation dans les meilleures conditions par suite du temps passé d'une session à l'autre pour examiner, réexaminer, modifier les projets de loi de façon à satisfaire les exigences ou les caprices de ses membres avant de les voter. Il est préférable de confier ce travail à des commissions spécialisées dont les membres ne participeront pas au vote. Le devoir d'une assemblée représentative consiste donc, non à produire les lois, mais à les sanctionner ou les rejeter à la suite d'un débat auquel peuvent participer tous ses membres et, ainsi qu'il est apparu, non à gouverner elle-même, mais à exercer son autorité sur les opérations du gouvernement. L'intérêt de la nation, la liberté qui le rejoint supposent l'existence de lois ; les raisons tenant à leur élaboration font que le véritable pouvoir ne peut être qu'un pouvoir de contrôle destiné à juger de leur compatibilité avec le bien du peuple. Tel est le principe du pouvoir démocratique qu'exercent les assemblées politiques modernes et dont J.-S. Mill est l'un des initiateurs.

Toutes les questions ne sont pas résolues. Si le Parlement dispose d'un pouvoir de contrôle, il reste à savoir « qui contrôlera le Parlement »[109]. Ce que J.-S. Mill entend est que, d'une législature à l'autre, ses membres courent très peu le risque d'être démis de leurs fonctions. S'ils sont élus, il leur suffit d'être fidèles à leurs engagements. Mais alors on retombe sur la question de la responsabilité des électeurs et de la liberté de choix qui a précédé le vote. Cette liberté, qui présuppose l'existence d'une opposition, est capitale parmi les électeurs comme elle l'est sur les bancs du Parlement car elle est la seule sauvegarde face à l'emprise d'une école de pensée sur une autre, ce qui amène J.-S. Mill à s'interroger sur les avantages de l'existence de deux chambres. En réalité, il est important que le pouvoir législatif d'une assemblée qui n'a qu'elle-même à consulter ne devienne pas absolu, qu'il existe un centre de résistance à ses possibles aberrations et qu'il soit équilibré par une autre autorité constituée de telle façon que les décisions prises témoignent de l'esprit de conciliation et de compromis propre à de libres institutions. Cela dit, l'efficacité politique de l'autre Chambre reste liée à l'assise sociale qu'elle trouve dans le pays : celle de la Chambre des Communes était inopérante dans le système aristocratique dominé par le pouvoir des Barons ; il en serait de même de celle de Chambre des Lords dans un système démocratique. Ce qui serait souhaitable est que la seconde Chambre soit composée d'éléments exempts de tout préjugé de classe et ayant acquis une expérience politique suffisante pour corriger les erreurs de la Chambre populaire dues entre autres à la précipitation et même être un pouvoir moteur. Mais, selon J.-S. Mill, ce doit être une assemblée bien mal constituée dans laquelle la conduite des affaires n'implique pas plus de deux délibérations et où n'existe pas en son sein une minorité active

---

[109] *Ibid.*, p. 108.

capable de peser sur les décisions. Finalement, au vu de la possible satisfaction de ces conditions par un gouvernement représentatif, la question de l'existence d'une seconde Chambre apparaît comme secondaire.

Malgré les critiques qu'il lui adresse, la démocratie reste le type de régime que l'héritier politique de Bentham souhaiterait pour son pays tout en s'accommodant du gouvernement mixte traditionnel dans lequel un système de contrepoids permet à chacune de ses composantes, la Couronne, l'aristocratie et les Communes de faire barrage aux autres. C'est parce qu'il permettait d'éviter la domination sans partage de l'une de ces composantes que ce système avait été loué par Locke et par Hume. Il est vrai que Bentham dénoncera le pouvoir abusif dont dispose le monarque sur un plan personnel ou à travers les classes qui lui sont dévouées, mais ni lui ni encore moins J.-S. Mill n'envisageront sa suppression. Pour ce dernier, les maximes non écrites de la Constitution et la moralité politique du pays laissent le pouvoir dominant à la Chambre des Communes et n'entourent celui-ci des deux autres pouvoirs non élus qu'à titre de précaution. Par ailleurs, l'auteur de *Representative Government* considère que les Anglais dans leur majorité ne sont pas des chasseurs de places en politique, mais ne montrent pour autant aucune obséquiosité envers ceux qui les détiennent car ils sont toujours prêts à résister à leurs empiètements, préférant la voie de la réussite dans les affaires ou dans une profession.

Le chef de l'exécutif sera nommé par le corps représentatif dans une République en fonction des compétences qui lui sont reconnues et non par une élection populaire qui porterait au pouvoir un homme qui pourrait avoir gagné sa réputation dans quelque autre champ que la politique. Le philosophe soucieux de bonheur général ne cesse néanmoins de redouter les menaces que fait peser, dans tout gouvernement représentatif, la prééminence de l'esprit de parti sur les intérêts véritables de la nation et souhaite qu'en cas de conflit, l'assemblée puisse être dissoute et une autre appelée, tout en espérant, grâce à la persistance d'un esprit de liberté et de responsabilité, que chaque camp en tirera les conséquences sans recourir à un coup d'Etat.

VII. CONCLUSION

Alors que la démocratie apparaît comme étant le régime politique le plus compatible avec la morale utilitariste, J.-S. Mill attire l'attention sur les dérives possibles d'un régime consistant à porter au pouvoir une majorité qui non seulement prétend diriger les affaires du pays mais imposer sa façon de penser et de se comporter à tout citoyen quel qu'il soit au mépris de son indépendance de jugement et de sa liberté privée. Ce nouveau danger tient à ce que le pouvoir démocratique est fondé sur une réunion d'hommes qui, après s'être opposés au pouvoir monarchique et aristocratique, restent opposés à toute forme d'inégalité, y compris dans leurs rangs. Or, c'est précisément la crainte de ce qui pourrait porter préjudice à l'unité du groupe qui peut conduire à une forme d'oppression.

Le problème est que l'idée de démocratie est, chez J.-S. Mill, aux prises avec son attachement irréductible à la liberté individuelle sur les plans politique, moral et économique. Sur ce dernier plan, qui semble surplomber les deux autres, la revalorisation du rôle de l'individu a permis une production dont il a été soutenu par les libéraux depuis Locke que les fruits se répandent sur l'ensemble de la communauté. Et le bien-être matériel reste une condition majeure du bonheur, en lui-même et à travers les poursuites culturelles qu'il permet d'entreprendre.

Mais des obstacles se dressent. Le développement excessif de la population constitue une menace pour son bonheur en limitant la part de richesse dont chacun peut bénéficier. A cet égard, J.-S. Mill oscille entre la crainte malthusienne d'une augmentation incontrôlée de la population jointe à une raréfaction des ressources terrestres que ne pourrait combler le développement de la production malgré la mise en œuvre de moyens scientifiques et techniques toujours plus perfectionnés, et une confiance mesurée dans les hommes. La question à régler, pour éviter qu'avec la croissance démographique ne se creusent de nouvelles inégalités, est celui de l'éducation de la partie la plus défavorisée de la population. A cet égard, les écoles doivent enseigner un minimum de connaissances pour faire comprendre à leurs élèves qu'ils peuvent accéder au bonheur par leurs propres efforts et sans bousculer l'ordre social de façon violente. Le bonheur, pour les utilitaristes, a toutefois une dimension sociale qui explique l'évolution des plus tardifs d'entre eux comme Bentham et J.-S Mill vers la démocratie. Or, le règlement du problème social dépend de celui du problème politique et surtout économique. Effectivement, à l'image d'un courant de pensée qui verra certains de ses représentants se tourner résolument vers les problèmes économiques comme Adam Smih et Ricardo, J.-S. Mill semble réserver dans la poursuite de tous les éléments qui peuvent contribuer au bonheur, sociaux, moraux, politiques et même culturels, une place privilégiée aux moyens économiques tant au niveau collectif qu'individuel. Mais cette tendance commune parmi les utilitaristes n'est sans doute pas le fruit du hasard : ces moyens ne sont-ils pas ceux dont l'utilisation offre le plus grand degré de certitude et la richesse matérielle, selon Malthus, auteur d'un traité d'économie, celle qui peut le plus aisément être créée et distribuée ?

CONCLUSION GENERALE

Le problème du bonheur, soulevé depuis l'Antiquité, a rebondi avec les progrès scientifiques et techniques des derniers siècles. Au vu de la contribution apportée à son règlement par la pensée morale et économique anglaise qui s'inspire de ces progrès, nous nous sommes intéressé à l'histoire de cette pensée et avons fait toute sa place à ce qui peut apparaître comme son courant majeur, l'utilitarisme, dont les fondateurs ont, pour les premiers d'entre eux, essayé de le combiner à leurs croyances religieuses et, pour les plus tardifs, de l'en délivrer pour n'en retenir que la valeur scientifique. Cependant la science ne devait pas rester une simple conquête intellectuelle mais encadrer la recherche du bonheur en se situant finalement sur le plan politico-économique et en posant sur ce plan le problème des rapports entre individu et société.

Si, à l'origine, leurs constructions s'appuient sur l'individu et y retournent, comme en témoignent les scrupules de J.-S. Mill face à la menace de disparition de la liberté individuelle sous la pression de la masse, les utilitaristes ont fait leur choix : le bonheur qu'ils privilégient est le bonheur général, auquel nous ramène l'« addition » proposée par Bentham. Mais comme Hume l'avait noté, ce bonheur repose, plus que sur la passion de la connaissance réservée au petit nombre, sur un désir de satisfactions matérielles universellement répandu parmi les hommes. Ce sont en priorité ces satisfactions, illustrées par la référence constante aux « commodités de la vie », que semblent retenir les avocats d'une doctrine qui a fini par confondre bonheur et bien-être et évoluer vers une économie du bonheur que l'on peut repérer jusque chez leurs successeurs contemporains[110].

---

110 Nous avons arrêté notre bilan historique de l'utilitarisme à J.-S. Mill parce que notre propos était de montrer comment ce courant s'était constitué et était parvenu avec lui à son image la plus achevée. Mais, bien entendu, sa fécondité a fait qu'il s'est prolongé jusqu'à l'époque contemporaine, avec notamment, après J.-S. Mill, H. Sidgwick. Parmi les successeurs contemporains des classiques, il est vrai de plus en plus éloignés des fondements philosophiques de la doctrine et donc de ce qui constitue notre intérêt dans ce travail, A. C. Pigou préconise une économie de bien-être supposant un certain degré d'interventionnisme (*Economics of Welfare*, 1920) ; L. Robbins met l'accent sur les moyens en s'interdisant tout regard sur les fins et les résultats (*Essay on the Nature and Signification of Economic Science*, 1932) ; J. R. Hicks est le partisan d'un état de concurrence si parfait que chaque individu puisse trouver un maximum de « satisfactions » (*Value and Capital*,

A cet égard, nous avons attiré l'attention sur la difficulté de réaliser le bonheur général dans une société divisée socialement et économiquement. Cette difficulté ne peut être résolue, bien au contraire, prend tout son sens dans la mesure où les idées qui guident la production et la distribution de la richesse s'opposent. Le problème est de concilier la liberté individuelle nécessaire à la production de la richesse, source d'inégalité, et l'égalité de sa distribution. Or, au cours de l'histoire, la liberté individuelle en matière économique, sociale et politique, et l'égalité ont souvent été l'objet d'un combat séparé et, à l'époque de Bentham et de J.-S. Mill, leur union, qui est l'enjeu de leur philosophie morale et politique, bute toujours sur les différences observées dans la répartition des moyens de production qui émergent du progrès scientifique et technique.

Mais comme nous le laissions entendre dans notre introduction, le problème majeur que pose l'utilitarisme est que l'accent mis sur les moyens juridiques, politiques et surtout économiques censés permettre à la plupart des hommes d'atteindre le bonheur, de même que sur la morale qui en encadre la poursuite, fait que ceux-ci risquent d'en oublier la fin. S'il est entendu que la seule fin est le bonheur général et qu'en dehors de toute considération métaphysique, tout le reste n'a trait qu'aux moyens d'y parvenir, l'utilitarisme, en s'appuyant sur une science d'origine empirique, a lié la venue de ce bonheur aux contours au demeurant imprécis à l'utilisation de moyens envisagés avec tant d'insistance que ceux-ci vont devenir des fins en eux-mêmes.

Pour J.-S. Mill, les instruments du bonheur sont même une partie de celui-ci[111]; le danger est que ces instruments soient recherchés dans le cadre d'une compétition acharnée et jamais achevée d'où émerge un nombre d'hommes toujours croissant mais toujours limité. Ainsi la

---

1933) ; N. Kaldor, l'apôtre du New Welfare State, considère comme bon ce qui est apparu comme un reproche à l'encontre de la formule du plus grand bonheur du plus grand nombre, à savoir qu'une politique économique contribue au bien-être de la communauté lorsque les bénéficiaires gagnent plus que les perdants ne perdent tout en étant capables de de les indemniser (« Welfare Propositions », *Economic Journal*, 1939). Ce dernier mouvement à été relayé par un mouvement social tendant à diminuer l'inégalité des richesses (O. Lange (« The Foundations of Welfare Economics », *Econometrica*, 1942) dont M. Allais a tenté de définir la portée optimum (*Economie pure et rendement social*, 1945) et par un mouvement keynesien (A. P. Lerner, *Economics of Control*, 1944). L'idée de « bien-être économique » a surtout été l'objet des critiques de J.-A. Hobson, qui lui oppose celle de « bien-être humain » en accusant à la fois la production et la consommation de le négliger (*Economics and Ethics*, 1930 ; F. Vito, *Mélanges*, 1949, *Economica Politica*, 1947-1950).

111 *L'utilitarisme*, p. 89.

richesse, moyen privilégié pour les utilitaristes, ainsi, dans un cadre social et politique pacifié, l'activité économique et son signe distinctif, le travail, source de richesse et, de manière générale, de cette certitude dans les résultats que les utilitaristes, à l'image de Hume[112], recherchent par-dessus tout.

112 « Introduction », *Traité*, p. 62.

BIBLIOGRAPHIE

SOURCES

Œuvres principales

FRANCIS BACON

Essays, 1597-1625. Trad. M. Castelain, *Essais*, Paris : Aubier-Montaigne, 1978.

Valerius terminus ou *De l'interprétation de la nature*, trad. F. Vert, Paris : Méridiens-Klingsieck, 1986.

The Advancement of Learning, 1605 and *New Atlantis*, 1627, rééd. Oxford : Clarendon Press, 1974. Trad. M. le Doeuff & M. Llasera, *La nouvelle Atlantide*. Paris : Payot, 1983.

Novum Organum, 1620. Trad. M. Malherbe & J.-M. Pousseur, Paris : P.U.F., 2001.

Récusation des doctrines philosophiques et autres opuscules, 1653-1734. Textes traduits du latin par G. Rombi & D. Deleule, Paris : P.U.F., 1987.

Du progrès et de la promotion des savoirs. Trad. M. le Doeuff, Paris : Gallimard, 1991.

THOMAS HOBBES

A Short Tract on First Principles, 1630, trad. J. Bernardt, *Court traité des premiers principes*, éd. bilingue, Paris : P. U. F., , 1988.

De Cive, texte écrit en latin. Trad. franç, S. Sorbière, *Le citoyen*, Paris, 1642. Rééd. Paris : Sirey, 1981 ; Flammarion, 1982. Trad. angl. revue par Hobbes, *Philosophical Rudiments concerning Government and Society*, Londres, 1651, rééd. , *The Citizen*, Humanities Press / Harvester press, 1978 ; Oxford : Clarendon Press, 1983.

The Elements of Law, comprenant *Human Nature* et *De Corpore Politico*, publiés séparément en 1650 et réunis par F. Tönnies sous le titre *Elements of Law*, en 1889, rééd. Londres : Cass, 1969. Trad. françaises, baron d'Holbach, *De la nature humaine*, 1772, rééd. Paris : Vrin, 1971 ; S. Sorbière, *Le corps politique*, rééd. Saint-Etienne : Centre universitaire, 1973.

Trad. des deux œuvres, L. Roux, *Eléments du droit naturel et politique*, Lyon : l'Hermès, 1977.
Leviathan, Londres, 1651. Trad. latine, 1668. Plusieurs éditions chez Blackwell. Trad. franç. F. Tricaud., *Léviathan,* Paris : Sirey, 1971.
Of Liberty and Necessity, Londres, 1654. Trad. F. Lessay, *De la liberté et de la nécessité*, vol. 11/1 de l'édition des œuvres de Hobbes entreprise par Vrin sous la dir. de Y.-Ch. Zarka, Paris, 1993.
Questions concerning Liberty, Necessity and Chance, Londres, 1656. Trad. L. Foisneau & F. Perronin, *Questions concernant la liberté, la nécessité et le hasard. Œuvres*, vol. 11/2, Paris : Vrin, 1999.
De Corpore, écrit en latin, Londres, 1655. Trad. anglaise revue par Hobbes, 1656.
De Homine, Londres, 1658. Trad. P. M. Maurin, *Traité de l'homme*, Paris : Blanchard, 1974.
Hérésie et histoire, recueil de textes écrits en 1660 et traduits par F. Lessay *in* : *Œuvres*, vol. 12/1, Paris, 1993.
Behemoth or the Long Parliament, 1679, rééd. Londres : Cass, 1969. Trad. L. Borot, *Behemoth ou le Long Parlement. Oeuvres*, vol. 9, Paris : Vrin, 1990.
A Dialogue between a Philosopher and a Student of the Common Laws of England, Londres, 1681, rééd. The University of Chicago Press, 1971. Trad. L. & P. Carrive, *Dialogue entre un philosophe et un étudiant des Common Laws d'Angleterre*, Paris : Vrin, 1990.
The Clarendon Edition of the Philosophical Works of Thomas Hobbes, Oxford, 1983.
The English Works of Thomas Hobbes of Malmesbury, Londres : Routledge / Thoemmes Press, 1992, 12 vol.

JOHN LOCKE

Two Tracts on Government, Cambridge University Press, [1660-] 1967.
Essays on the Law of Nature, éd. bilingue latin-anglais, Oxford University Press, [1664-] 1954. Trad. H. Guinneret, *Essais sur la loi de nature*, Caen, 1986.
Essay on Toleration, 1667. Trad. J. le Clerc, *Essai sur la tolérance*, suivie de la trad. de *A Letter concerning Toleration*, 1689, *Lettre sur la tolérance*, Paris : Flammarion, 1992.
Fundamental Constitution of Carolina, 1669. Trad. B. Gilson, *Constitution fondamentale de la Caroline*, Paris : Vrin, 1967.
Drafts for the Essay concerning Human Understanding, 1671. *Drafts A and B*, rééd. Oxford, 1990. *Draft A*, trad. M. Delbourg-Delphis, *Première esquisse de l'essai philosophique concernant l'entendement humain*, Paris : Vrin, 1974.

An Essay concerning Human Understanding, 1690, rééd. Londres : Dent (coll. « Everyman's »), 1967 ; Oxford, 1975. Trad. P. Coste, *Essai philosophique concernant l'entendement humain*, Amsterdam, 1700 , rééd. Paris : Vrin, 1983.
Two Treatises of Governement, 1690, Cambridge University Press, 2000 ; Londres : Dent, (coll. « Everyman's »), 1966. Trad. B. Gilson, *Deux traités du gouvernement*, 1997 ; F. Lessay, *Premier traité*, *in* : *Le débat Locke-Filmer*, Paris : P.U. F., 1988 ; D. Mazel, *Second traité*, Paris : GF-Flammarion, 1992 ; J.-F. Spitz, *Le second traité du gouvernement*, Paris : P.U. F., 1994.
Some Considerations of the Consequences of the Lowering of Interest and the Raising of the Value of Money, Londres : Churchill, 1692.
Some Thoughts concerning Education, Londres : Churchill, 1673, rééd. ss le titre *The Educational Writings of John Locke*, Cambridge, 1968. Trad. P. Coste, *De l'éducation des enfants*, Amsterdam, 1695 ; G. Compayré *Quelques pensées sutr l'éducation*, Paris : Vrin, 1966.
Further Considerations concerning the Raising of the Value of Money, Londres : Churchill, 1695.
The Reasonableness of Christianity, Londres : Churchill, 1695. Trad. P. Coste, *Que la religion chrétienne est très raisonnable*, Amsterdam, 1698.
Of the Conduct of the Understanding, 1701. Trad. Y. Michaud, *De la conduite de l'entendement*, Paris : Vrin, 1975.
The Life of John Locke (comprenant des extraits de son journal), P. King, Londres, 1830.
The Works of John Locke, réimp. [1ère éd. 1723, 10 vol.], Darmstadt : Scientia Verlag Aalen, 1963.

DAVID HUME

A Treatise of Human Nature, Londres, 1739-1740, rééd. : Penguin Books, 1969 ; Oxford : Clarendon Press, 1978. Trad. A. Leroy, *Traité de la nature humaine*, Paris : Aubier, 1983 ; P. Baranger & P. Saltel, livre I, *L'entendement*, Paris : GF-Flammarion, 1995 ; J.-P. Cléro, livre II, *Les passions*, Paris : GF -Flammarion, 1991 ; P. Saltel, livre III, *La morale*. Paris : Flammarion, 1993.
An Abstract of a Book lately published, entitled A Treatise of Human Nature. Londres, 1740, rééd. Cambridge, 1938. Trad. D. Deleule, *Abrégé du traité de la nature humaine*, éd. bilingue, Paris : Aubier, 1971.
Essays Moral and Political. Edimbourg, 1741-1742. Réunis en 1758 sous le titre *Essays and Treatises on Several Subjects* aux *Discours politiques*, 1752, éds. angl. récentes, *Essays Moral, Political and Literary*, Oxford University Press, 1966 ; *Political Essays*, Cambridge University Press, 1994.

Trad. françaises. M. Malherbe, *Essais et traités sur plusieurs sujets*, 1ère partie, *Essais moraux, politiques et littéraires*, Paris : Vrin 1999 ; J.-P. Jackson, *Essais moraux, politiques et littéraires*, éd. bilingue, Paris : éds Alive, 1999 ; trad. anonyme du XVIIe siècle, *Essais politiques*, Paris : Vrin, 1972 ; R. Bouveresse, *Essais esthétiques*, Paris : Vrin, 1973-1974 ; F. Grandjean, *Discours politiques*, éd. bilingue, Mauvezin, Trans-Europe -Repress, 1993 ; Abbé Le Blanc, rev. par J.-P. Cléro, *Quatre discours politiques*, Caen : Centre de philosophie politique et juridique, 1993 ; G. Robel, *Essais moraux, politiques et littéraires*, Paris : P.U.F., 2001. .

A Letter from a Gentleman to his Friend in Edinburgh, Edimbourg, 1745. Trad. D. Deleule, éd. bilingue, Paris : Les belles lettres, 1977.

Enquiries concerning Human Understanding, 1748 *and concerning the Principles of Morals*, 1751, réimp. Oxford : Clarendon Press, 1970. Trad. G. Tanesse & M. David rev. et corr. par D. Deleule, Paris : « Le livre de poche », [1912-] 1999 ; A. Leroy rev. par M. Beyssade, Paris : Flammarion, [1947-] 1983, *Enquête sur l'entendement humain*. Trad. : Ph. Baranger & Ph. Saltel, *Enquête sur les principes de la morale*, Paris : Flammarion, 1991.

The History of England. Londres : 1754-1762. Trad. M. Campenon, Paris : Rolland (ed.), 1830.

A Concise and Genuine Account of the Controversy between Mr Hume and Mr Rousseau, Londres : 1776. Trad. Suard & d'Alembert, *Exposé succinct de la contestation qui s'est élevée entre M. Hume et M. Rousseau*, Paris : 1776, rééd. Paris : éds Alive, 1998.

My own Life. Londres : 1777, reprod. *in* : *The Cambridge Companion to Hume*, D. F. Norton (ed.), 1995. Trad. M. Malherbe, *Ma vie*, *in* : *Essais et traités* ; F. Granjean *in* : *Discours politiques*.

Dialogues concerning Natural Religion. Londres, 1779, rééd. Oxford : Clarendon Press, 1976. Trad. M. David, *Dialogues sur la religion naturelle*. Paris : Vrin, 1973 ; M. Malherbe, Paris : Vrin, 1987.

The Letters of David Hume, Oxford University Press, 1969.

The Philosophical Works of David Hume, T. H. Green & T. H. Grose (eds), 1882, 4 vol., rééimp. Darmstadt : Scientia Verlag Aalen, 1964.

JEREMY BENTHAM

A Comment on the Commentaries, [écrit en 1775, publié en 1928], *and a Fragment on Government* [1776], rééd. Londres : The Athlone Press, 1977. Trad. LGDJ, *Fragment sur le gouvernement, suivi du Manuel de sophismes politiques*, Paris, 1996.

A View of the Hard Labour Bill, Londres : Th. Payne, 1778.

An Introduction to the Principles of Morals and Legislation, Londres : The Athlone Press [1785-] 1970 ; Oxford University Press, 1996. Trad. Centre Bentham, Université Paris-Nanterre, *Introduction aux principes de morale et de législation*, Paris : Vrin, 2011.
Of Laws in General (suite du chap. XVII de l'*Introduction*). éd. posth. Londres : The Athlone Press, 1970.
Defence of Usury, Londres : Th. Payne, 1787. Trad. *Apologie de l'usure*, Paris : Lejay, 1790 ; *Lettres sur la liberté du taux d'intérêt de l'argent*, trad. E. Delessert, Paris : Grégoire, 1790.
Panopticon, Londres : Th. Payne, 1791. Trad. M. Perrot, *Panoptique*, Paris : Belfond, 1977 ; C. Laval. Paris : Mille et une nuits, 2002.
Essay on Political Tactics, Londres : Th. Payne, 1791. Trad. E. Dumont, *Tactique des assemblées législatives*, suivi du *Traité des sophismes politiques*. Genève, 1816.
Traités de législation civile et pénale, E. Dumont (ed.), Paris : Bossange, 1802.
Théorie des peines et des récompenses comportant notamment le *Manuel d'économie politique*, E. Dumont (ed.), Londres , 1811.
A Table of the Springs of Action, Londres : Taylor, 1815.
Chrestomathia, Oxford : Clarendon Press, [1815-] 1993. Trad. J.-P. Cléro, *Chrestomathie*, Paris : Cahiers de L'Unebévue, 2004.
The Book of Fallacies, 1824, rééd. ss le titre *A Handbook of Political Fallacies*, New York : Crowell, 1952.
Traité des preuves judiciaires, E. Dumont (ed.), Paris : Bossange, 1823. Trad. angl. *A Treatise on Judicial Evidence*, Londres : Baldwin, 1825.
The Rationale of Reward, Londres : Hunt, 1825.
De l'organisation judiciaire et de la codification, Et. Dumont (ed.), Paris : Bossange, 1828.
The Rationale of Punishment, Londres : Heward, 1830.
Theory of Fictions, élaboré en 1822, C.K. Ogden (ed.), Londres : Kegan Paul, 1832. Trad. Association internationale de psychanalyse, *Théorie des fictions*, Paris, 1996.
Deontology [1834] *together with a Table of the Springs of Action*, rééd. Oxford : Clarendon Press, 1983.
Of Ontology, éd. posth. 1841. Trad. J.-P. Cléro & Ch. Laval, *De l'ontologie*, Paris : Seuil, 1997.
Constitutional Code, Londres : Heward, 1816-1841, rééd. Oxford : Clarendon Press, 1983.
Œuvres de Jeremie Bentham, E. Dumont (ed.), Bruxelles : L. Hauman, 1829, 3 vol.
The Works of Jeremy Bentham, J. Bowring (ed.), 1843. Réimp. Bristol : Thoemmes Press, 1995, 11 vol.

JOHN-STUART MILL

Et James Mill, *On Education. Supplément à l'Encyclopédie britannique*, 1818. Réimp. Wesport, Conn. : Greenwood, 1979.
The Spirit of the Age, articles parus dans *The Examiner*, janv.-mai 1831, réunis par F. A. Hayek, Chicago, 1942.
A System of Logic, 1843. Trad. L. Peisse, *Système de logique*, Liège / Bruxelles, [1866-] 1988, 2 vol.
Essay on Bentham, 1838, *in* : *Dissertations and Discussions*, rééd. Londres : Fontana, 1986. Trad. C. Audiard & P. Thierry, *Essai sur Bentham*, Paris : P.U.F., 1998.
Autobiography, Londres : Oxford University Press [1873-] 1963. Trad. G. Villeneuve, *Autobiographie*, Paris : Aubier, 1993.
On Liberty. Trad. Dupont-White rev. par L. Lenglet, *De la liberté*, Paris : Gallimard [1859-] 1990.
Auguste Compte and Positivism, 1865. Trad. G. Clémenceau, *Auguste Comte et le positivisme*, Paris : L'Harmattan, [1868-] 1999.
Considerations on Representative Government. Trad. Ch. Dupont-White, *Le gouvernement représentatif*, Paris : Guillaumin, [1861-] 1877 ; P. Savidan, *Considérations sur le gouvernement représentatif*, Paris : Gallimard, 2009.
Utilitarianism, Londres, 1863, réédit. avec *On Liberty* et *Representative Governement*, Londres : Dent (coll. « Everyman's »), 1968. Trad. C. Audiard & P. Thierry, *L'utilitarisme*, Paris : P.U.F., 1998.
Essays on some Unsettled Questions of Political Economy, 1844. Trad. par Ch. Leblond du dernier essai, *Sur la définition de l'économie politique ; et sur la méthode d'investigation qui lui est propre*, Paris : Michel Houdiart, 2003.
Principles of Political Economy, 1848. Trad. H. Dussard & Courcelles-Seneuil, *Principes d'économie politique*, Paris : Guillaumin, 1873.
Collected Works of J.-S. Mill, J. O' Grady & J. M. Robson (eds), Londres : Routledge, 1996, 23 vol.

Autres ouvrages

BODIN, *Les six livres de la république*, éd. de 1583, réimp. Darmstadt : Scientia Verlag Aalen, 1977 ; éd. de 1593, réimp. Paris : Fayard, 1986.
MONTCHRETIEN A., *Traité d'économie politique*, Funk-Brentano (eds), [1615-] 1899.
BAXTER R., *A Christian Directory in* : *The Practical Works of Richard Baxter*, Londres : Soli Deo Gloria Publications, [1661-] 1990, 4 vol.

HARRINGTON J., *Oceana,* Londres, 1656, réimp. *in* : *Works*, Darmstadt : Scientia Verlag Aalen, 1963.
MUN, T., *England's Treasure by Forraign Trade*, Londres, Blackwell [1664-] 1967.
FILMER R., *Patriarcha* [1642] *and other Political Works*, P. Laslett (ed.), Oxford : Blackwell, 1949 ; Cambridge University Press, 1991. Trad. P. Thierry, Paris : L'Harmattan, 1991 ; F. Lessay : *Le débat Locke-Filmer* (*cf. infra*).
PETTY W., *A Treatise of Taxes and Contributions* ; 1662 ; *Political Arithmetic*, 1690, réimp. *in*: *Economic Writings*, New York : Kelley, 1986.
NORTH D.,*Discourses upon Trade*, John Hopkins [1697-] 1907.
SUAREZ F., *Opera Omnia*, M. André (ed.), Paris, 1878, 28 vol.
GROTIUS H., *De jure belli ac pacis*, 1625. Trad. J. Barbeyrac, *Le droit de la guerre et de la paix*, 1727, réimp. Caen : Centre de philosophie politique et juridique, 1984, 2 vol.
PUFENDORF S., *De Jure Nature et Gentium*. Trad. J. Barbeyrac, *Le droit de la nature et des* gens, réimp. Caen : Centre de philosophie politique et juridique, 1987, 2 vol.
MELON, *Essai sur le commerce*, 1734.
MANDEVILLE B., *The Fable of the Bees*, 1ère partie, 1714, trad. L. Carrive, Paris : Vrin, 1990 ; 2e partie, 1729, trad. L. Carrive, Paris : Vrin, 1991.
QUESNAY F., *Tableau économique des physiocrates*, Paris : Calmann-Lévy, [1718-] 1961.
WALLACE R., *Various Prospects of Mankind, Nature and Providence*, 1761.
SMITH A., *The Wealth of Nations*, 1776, rééd. Londres : Dent (coll. « Everyman's »), 1964. Trad. G. Garnier, *La richesse des nations*, Paris : GF-Flammarion, [1802-] 1991 ; G. Mairet, Paris : Gallimard, 1976.
SAY J.-B., *Traité d'économie politique*, Paris : Calmann Lévy, [1803-] 1973.
TURGOT A.R.J., *Textes choisis*, Paris : Dalloz, 1947.
MORELLET Abbé, *Lettres de l'Abbé Morellet à Lord Shelburne*, Paris : Plon, 1898.
TUCKER J., *Collected Works*, Londres : Routledge / Thoemmes Press [1775-] 1993.
ROUSSEAU J.-J., *Discours sur l'origine et les fondements de l'inégalité parmi les hommes*, Paris : Eds sociales [1755-] 1971.
- *Du contrat social*, Paris : Seuil, [1762-] 1977.
CONDORCET, *Esquisse d'un tableau des progrès humains*, Paris : 1794.
TOWNSHEND J., *Dissertation on the Poor Law*, Londres, 1786.
MALTHUS Th.-R., *Essay on the Principle of* Population. Trad. 5e éd. P. & G. Prévost, *Essai sur le principe de population*, Paris : GF- Flammarion, 1992.

- *Principles of Political Economy*, 1820. Trad. *Principes d'économie politique*, Paris : Calmann-Lévy, [1846-] 1969.
BURKE E., *Reflections on the Revolution in France.* Londres : « Penguin Books » [1790-] 1969; *Works*, Georg Holm, 1975.
RICARDO D., *The Works and Correspondence*, P. Straffa (ed.), Cambridge University Press, 1951.
- *The Principles of Political Economy and Taxation.* Londres : Dent (coll. « Everyman's »), [1817-] 1969. Trad. *Principes de l'économie politique et de l'impôt*, Paris : Calmann-Lévy, 1970 ; P. Constancia & A. Fonteyraud, Flammarion, 1977.
PAINE Th., *The Rights of Man*, Londres : Dent (coll. « Everyman's »), [1791-] 1969.
GODWIN W., *Enquiry concerning Political Justice*, Oxford : Clarendon Press [1793-] 1971.
OWEN R., *A New View of Society*, Londres : Dent (coll. « Everyman's »), [1813-] 1972. .
GALT J. *Annals of the Parish*, Oxford University Press [1813-] 1967.
TOCQUEVILLE A., *De la démocratie en Amérique*, Paris : Gallimard, [1835-] 1986.
CARLYLE Th. *Sartor Resortus*, Londres : Dent (coll. « Everyman's »), [1836-] 1967.
- *Essays*, Londres : Dent (coll. « Everyman's ») [1838-] 1967.
-*Past and Present*, Londres, Dent (coll. « Everyman's »), [1843-] 1966.
MILL James, *Essays on Government, Jurisprudence, the Liberty of the Press and the Law of Nations*, réimp. New York : Kelley [1825-] 1937.
- *Elements of Political Economy*, réimp. New York : Kelley [1844-] 1963.
- et J.-S. Mill, *On Education. Cf. supra.*
COMTE A., *Cours de philosophie positive*, 2e éd. Paris, [1826-1842-] 1864.
- *Discours sur l'esprit positif.* Paris : 1844.
- *Discours sur l'ensemble du positivisme.* Paris : 1848.
SIDGWICK H., *The Scope and Method of Economic Science*, New York : Kraus [1885-] 1968.
- *The Principles of Political Economy*, New York : Kraus [1901-] 1969.
SMILES S., *Self-Help*, Londres : Murray, [1859-] 1958.

ETUDES CRITIQUES ET HISTORIQUES

AARON R.I., *John Locke*, Oxford University Press [1937-] 1971.

AUDARD C. (ed.), *Une anthologie historique et critique de l'utilitarisme*, Paris : P.U.F., 1995.

ASHLEY W.H., *An Introduction to English Economic History and Theory*, réimp. New York : Kelley [1919-] 1966, 2 vol.

AUBREY (biographe de Hobbes), *Brief Lives of Contemporaries*, rééd. Oxford, 1898, vol. I, pp. 321-403.

YOLTON (ed.) *John Locke : Problems and Perspectives*, Cambridge University Press, 1989.

ALEXANDER P *Mill and Carlyle*, réimp. Bristol : Thoemmes Press [1866-] 1990.

AMYARTA S., WILLIAMS B., *Utilitarianism and beyond*, Cambridge University Press, 1973.

ANGOULVENT A.-L., *Hobbes ou la crise de l'Etat baroque*, Paris : P.U.F., 1992.

- *Hobbes et la morale politique*, Paris : P.U.F. (coll. « Que sais-je ? »), 1994.

ANSCHUTZ R.P., *The Philosophy of J.-S. Mill*, Oxford University Press, 1953.

ARDAL D., S. *Passion and Value in Hume's Treatise*, Edinburg University Press, 1966.

ASHCRAFT R., *Revolutionary Politics and Locke's two Treatises of Governement*, Princeton University Press, 1986. Trad. J.-F. Baillon, *La politique révolutionnaire et les deux traités du gouvernement de John Locke*, Paris : P.U.F., 1995.

AYER M. R., Locke, Londres : Routledge & Kegan Paul, 1991.

BAIER A., *A Progress of Sentiments. Reflections on Hume's Treatise*, Harvard University Press, 1981 ; Cambridge, Mass., 1991.

BAILLIE J., *Hume on Morality*, Londres : Routledge, 2009.

BARRET-KRIEGEL B., « Les droits du citoyen chez Thomas Hobbes », *Revue européenne des sciences sociales*, 49, 1980, pp.184-206.

BASTIDE C., *John Locke, ses théories politiques et leur influence en Angleterre*, Genève : Slatkine [1912-] 1970.

BAUMGARDT D., *Bentham and the Ethics of Today*, New York : Octagon Books [1952-] 1966.

BAYLES M. D. (ed.), *Contemporary Utilitarianism*, New York, 1968.

BECK L. W., *Essays on Kant and Hume*, Newhaven, Conn. : Yale University Press, 1978.

BENNETT J., *Locke, Berkeley, Hume : Central Themes*, Oxford : Clarendon Press, 1971.

BERGER F., *Happiness, Justice and Freedom : The Moral and Political Philosophy of J.-S. Mill*, University of California Press, 1984.
BERLIN I., *John-Stuart Mill and the Ends of Life*, Londres : 1960.
BERNARDT J., *Hobbes*, Paris : P.U. F. (coll. « Que sais-je ? »), 1989.
- (co-ed.) *Thomas Hobbes Philosophie première, Théorie de la Science et de la politique*, Colloque pour le 400e anniversaire de la naissance de Hobbes, Paris : P.U.F., 1990.
BERTMAN M., (co-ed.) *Thomas Hobbes de la métaphysique à la politique* ; Actes du colloque franco-américain de Nantes, Paris : Vrin, 1989.
BOONIN-VAIL D., *Thomas Hobbes and the Science of Moral Virtue*, Cambridge University Press, 1994.
BOSS G., *John-Stuart Mill, induction et utilité*, Paris : P.U.F. 1990.
BOURNE H. R. Fox,. *The Life of John* Locke, Londres, 1876.
BOUVERESSE-QUILLOT R., *L'empirisme anglais : Locke, Berkeley, Hume*, Paris : P.U.F. (coll. « Que sais-je ? »), 1997.
BOWLE J., *Hobbes and his* Critics, Londres : Cass [1952-] 1969.
BRINTON C., *English Political Thought in the 19th Century*, Harvard University Press, 1933.
BRITTON K., *John-Stuart Mill*, New York : Dover Publications, 1969.
BUCKLE S., *Natural Law and the Theory of Property : Grotius to Hume*, Oxford : Clarendon Press, 1991.
BURTON J. H., *Life and Correspondence of David Hume*, Edinburg, 1846.
CANNAN E., *A Review of Economic Theory*, Londres : Cass, 1964.
CANTO-SPERBER M. (ed.), *La philosophie morale britannique*, Paris : P.U.F., 1994.
CAPITANT R., « Hobbes et l'Etat totalitaire », *Archives de philosophie du droit et de sociologie juridique*, 1-2, 1938, pp. 46-75.
CARRIVE P. *Bernard Mandeville, passions, vices, vertus*, Paris : Vrin, 1980.
- *La pensée politique anglaise de Hooker à Hume*, Paris : P.U.F., 1994.
CHAPPELL V. (ed.), *Hume : Collection of Critical Essays*, Londres : Macmillan, 1968.
- (ed.) *John Locke, Political Philosophy*, New York : Garland, 1992.
- (ed.) *The Cambridge Companion to Locke*, Cambridge University Press, 1997.
CHAVANAT G., ROUX L., « Le concept d'Etat chez Hobbes et Hegel » *in* : *Der* Staat, Berlin : Dunker & Humboldt, 1978.
CHEVALLIER J.-J. (et al.), *Variations autour de l'idée d'intérêt général*, Paris : P.U.F., 1956.
CHIRPAZ H., *Hume et le procès de la métaphysique*, Paris : Beauchêne, 1989.
CLERO J.-P., « Tolérance et politique chez John Locke » *in* : *Cahiers de philosophie politique juridique*, Caen, 1984.

- *La philosophie des passions chez Hume*, Paris : Klincksieck, 1985.
- *Hume, une philosophie des contradictions*, Paris : Vrin, 1998.
- et BINOCHE B., *Bentham contre les droits de l'homme*, Paris : P.U.F., 2001.
- et LAVAL C., *Le vocabulaire de Bentham*, Paris : Ellipses, 2002.

COLMAN J., *Locke's Moral Philosophy*, Edinburg University Press, 1960.

COX R.H. *Locke on War and Peace*, Oxford University Press, 1960.

COWLING M., *Mill and Liberalism*, Cambridge University Press, 1963.

CRANSTON M., « The Leviathan », *History To-day* », no 10, 1951.
- *John-Stuart Mill*, "Penguin Books", 1958.
- et PETERS, *Hobbes and Rousseau*, New York, 1972.

CRESSON A., *Hume, sa vie, son œuvre, avec un exposé de sa philosophie*, Paris : P.U.F., 1952.

DAVIDSON W., L. *Political Thought in England : The Utilitarians from Bentham to J.-S. Mill*, 1915.

DAY J. P., « Locke on Property », *Philosophical Quarterly*, 16, 1966, pp. 207-220.

DELEULE D., *Hume et la naissance du libéralisme*, Paris : Aubier-Montaigne, 1979.

DELEUZE G., *Empirisme et subjectivité*, Paris : P.U.F. , 1953.

DEVAUX P., *L'utilitarisme*, Bruxelles, 1955.

DEYON F., *Le mercantilisme*, Paris : Flammarion, 1969.

DICKINSON H.T. *Liberty and Property : Political Ideology in 18th Century Britain*, Londres : Weidenfeld & Nicholson, 1977.

DINWIDDY J. *Bentham*, Oxford University Press, 1989.

DROZ (ed.), *Regards sur Bentham et l'utilitarisme, Recherches et rencontres.* Genève, 1993.

DUCHESNEAU F., *L'empirisme de Locke*, La Haye : Nijhoff, 1973.

DUMONT N., *Essais sur l'individualisme*, Paris : Seuil, 1970.
- *Homo aequalis. Genèse et épanouissement de l'idéologie économique*, Paris : Gallimard, 1977.

DUNN J., *The Political Thought of John Locke*, Cambridge University Press, 1967. Trad. J.-F. Baillon, *La pensée politique de Locke*, Paris : P.U.F., 1991.

ECCLESHALL R., *Order and Reason in Politics Theories of Absolute and Limited Monarchy in Early Modern England*, Oxford University Press, 1971.

FARRINGTON B. F., *Bacon, Philosopher of Industrial Science*, New York, 1949.
- *The Philosophy of Francis Bacon*, Liverpool University Press, 1964.

FLEW A., *Hume's Philosophy of Belief, A Study of the First Enquiry*, Londres : Routledge & Kegan Paul, 1961.
- *David Hume, Philosopher of Modern Science*, Oxford : Blackwell, 1986.

FOGELIN R. J. *Skepticism in the Treatise of Human Nature*, Londres : Routledge & Kegan Paul, 1985.
FOISNEAU M. (ed.), *La philosophie politique de Bodin, Grotius et Hobbes entre droit et théologie*, Paris : Kimé, 1997.
FORBES D. *Hume's Philosophical Politics*, Cambridge University Press, 1975.
FRANKLIN J. H., *Locke and the Theory of Sovereignty*, Cambridge University Press, 1978.
FREUND J. « Le thème de la peur chez Hobbes », *Revue Européenne des sciences sociales*, 49, 1980, pp. 15-32.
FREY R. G. (ed.), *Utility and Rights*, Minneapolis, 1984.
GAUTHIER D. P., *The Logic of Leviathan, the Moral and Political Theory of Thomas Hobbes*, Oxford : Clarendon Press, 1969.
GIERKE O., *Natural Law and the Theory of Society 1500 to 1800*, Cambridge University Press, 1958.
GOLDSCHMIDT V., *Anthropologie et politique, les principes du système de Rousseau*, Paris : Vrin, 1974.
GOLDSMITH M. M., *Hobbes's Science of Politics*, New York : University of Columbia Press, 1966.
GOUGH J W., *John Locke's Political Philosophy*, Oxford : Clarendon Press [1950-] 1973.
GOYARD-FABRE S. *Le droit et la loi dans la philosophie de Hobbes*, Paris : Klincksiek, 1975.
- *John Locke et la raison raisonnable*, Paris : Vrin, 1986.
- *Philosophie politique XVIe-XXe siècle*, Paris : P.U.F., 1987.
GRANT R. W., *John Locke's Liberalism*, University of Chicago Press, 1987.
GRAY J., *Mill on Liberty : A Defence*. Londres : Routledge, 1983.
GREGG P., *A Social and Economic History of Britain*, Londres : Harrap, 1965.
GREEN, T. H., *Hume and Locke*, New York : T. Y. Crowell, 1968.
GREENLEAF W. H. *Order, Empiricism and Politics : Two Traditions of English Political Thought*, Oxford University Press, 1964.
GRIFFIN J., *Well-Being*, Oxford University Press, 1986.
GUNN J. A. W., *Politics and the Public Interest in the 17th Century*. Londres : Routledge, 1969.
HAAKONSSEN K., *The Science of a Legislator, the Natural Jurisprudence of Hume and Adam Smith*, Cambridge University Press, 1981.
HALEVY E., *La formation du radicalisme philosophique*, Paris : P.U.F. [1901-] 1995. Trad. angl. M. Morris, *The Growth of Philosophical Radicalism*, Londres : Faber, 1972.

HAMPTON J., *Hobbes and the Social Contract Tradition*, Cambridge University Press, 1988.
HARRIS I., *The Mind of John Locke*, Cambridge University Press, 1994.
HARRISON J. R., *Hume's Moral Epistemology*, Oxford : Clarendon Press, 1976.
- *Hume's Theory of Justice*, Oxford : Clarendon Press, 1981.
- *Bentham*, Londres : Routledge & Kegan Paul, 1983.
HART H. L. A., *Essays on Bentham*, Oxford University Press, 1982.
HENDEL C. V., *Studies in the Philosophy of David Hume*, Indianapolis : Bobbs-Merrill, 1963.
HICKS J., R. *Value and Capital*, 1933.
HIRSCHMAN A. O., *The Passions and the Interests*, University of Princeton Press, 1977. Trad. P. Andler, *Les passions et les intérêts*, Paris : P.U.F., 1980.
HOBSBAWM E., *Industry and Empire. The Pelican History of Britain*, vol. 3, "Penguin Books", 1969.
HOBSON J.-A., *Economics and Ethics*, 1930.
HODGSON D. H., *Consequences of Utilitarianism*, Oxford University Press, 1967.
HOLLANDER S., *The Economics of J.-S. Mill*, Oxford : Blackwell, 1985.
HURLBUTT R. H., *Hume, Newton and the Design Argument*, University of Nebraska Press, 1985.
JACQUET Ch. (ed.), *L'héritage baconien au XVIIe et au XVIIIe siècles*, ouvrage coll., Paris : Editions Kimé, 2000.
JARDINE L., *Francis Bacon, Discovery and the Art of Discourse*, Cambridge University Press, 1974.
JAUME L., *Hobbes et l'Etat représentatif moderne*, Paris : P.U.F., 1986.
JOHNSTON D., *The Rhetoric of Leviathan*, University of Princeton Press, 1986.
KALDOR N., « Welfare Propositions », *Economic Journal*, 1939.
KAVKA G.; *Hobbesian Moral and Political Theory*, University of Princeton Press, 1986.
KELLY P., *Utilitarianism and Distributive Justice. J. Bentham and the Civil Law*, Oxford : Clarendon Press, 1990.
- *Locke on* Money, Oxford University Press, 1991.
KEMP SMITH N., *Hume's Dialogues concerning Natural Religion*, Oxford University Press, 1935.
- *The Philosophy of David Hume, A Critical Study of its Origins and Central Doctrines*, Londres : Macmillan, 1966.
KENDALL W., *John Locke and the Doctrine of Majority Rule*, University of Illinois Press, 1965.

KING P., *The Life of John Locke, with Extracts of his Correspondence, Journals and Common-place Books*, Londres : Bohn, 1829, réimp. Bristol : Thoemmes Press, 1951.
KRAUSS J. S., *The Limits of Hobbesian Contractarianism*, Cambridge University Press, 1983.
KROLLR., ASHCRAFT P., ZAGORINP. (eds), *Philosophy, Science and Religion in England 1640-1700*, Cambridge University Press, 1992.
LAING B. M. *David Hume*, Bristol : Thoemes Press [1932-] 1990.
LAIRD J., *Hume's Philosophy of Human Nature*, New York : Garland [1932-] 1983.
LAMPRECHT S., *The Moral and Political Philosophy of John Locke*, New York, [1918-] 1962.
LANGE O. « The Foundations of Welfare Economics », *Econometrica*, 1942.
LAPORTE J. « Le scepticisme de Hume », *Revue philosophique*, 1934, 1, p. 221 sq.
LARKIN H., *Property in the 18th Century, with Special Reference to England and Locke*, New York, 1969.
LASKIH. J., *Political Thought in England from Locke to Bentham*, Westport, Conn. : Greenwood Press, [1920-] 1973.
- *The Rise of European Liberalism*. Trad. S. Martin-Chauffier & S. Fournier, *Le libéralisme européen du Moyen Age à nos jours*, Paris : éds Emile Paul, 1950.
LAVAL L., *Jeremy Bentham : le pouvoir des fictions*, Paris : P.U.F., 1994.
LE JALLE E., *Hume et la régulation de la morale*, Paris : P.U.F., 1999.
LEROY A., *Critique et religion chez David Hume*, Paris : Alcan, 1929.
- *David Hume*. Paris : P.U.F., 1953.
LESSAY F., *Souveraineté et légitimité chez Hobbes*, Paris : P.U.F. , 1988.
- *Le débat Locke-Filmer*, Paris : P.U.F., 1998.
LETWIN W., *The Origins of Scientific Economics*, Londres : Methuen, 1963.
LIPSON E., *English Economic History*, Londres : Black, [1931-] 1971. 3 vol.
LIVINGSTONE D. H., *Hume's Philosophy of Common Life*, University of Chicago Press, 1984.
LLOYD S. A., *Ideas and Interests in Hobbes's Leviathan;* Cambridge University Press, 1991.
LYONS D. *Forms and Limits of Utilitarianism*, Oxford : Clarendon Press, 1970.
- *In the Interest of the Governed, A Study on Bentham's philosophy of Utility and Law*, Oxford University Press, 1973.
MACKIE J. L., *Problems from Locke*, Oxford : Clarendon Press, 1976.

MACNABB D. G. C., *David Hume : His Theory of Knowledge and Morality*, Hamden, Conn. : Archon Books, 1966.
MACPHERSON C. B., *The Political Theory of Possessive Individualism : Hobbes to Locke*, Oxford University Press, 1964. Trad. M. Fuchs, *La théorie politique de l'individualisme possessif de Hobbes à Locke*, Paris : Gallimard, 1971.
MALHERBE M., *Kant ou Hume, ou la raison et le sensible*, Paris : Vrin, 1980.
- *La philosophie empiriste de David Hume*, Paris : Vrin, 1984.
- *Thomas Hobbes ou l'œuvre de la raison*, Paris : Vrin, 1984.
- et J.-P. Pousseur (eds.), *Bacon, Science et Méthode*, Paris : Vrin, 1985.
MANENT P., *Naissance de la politique moderne* : Machiavel, Hobbes, Rousseau, Paris : Payot, 1977.
MANTOUX P., *La révolution industrielle au XVIIIe siècle*, Paris : Génin, 1959.
MARSHALL J., *John Locke : Resistance, Religion and Responsibility*, Cambridge University Press, 1994.
MARTINICH A. P., *The Two Gods Of Leviathan*, Cambridge University Press, 1992.
- *A Hobbes Dictionary*, Oxford : Blackwell, 1995.
MERCER P., *Sympathy and Ethics*, Oxford : Clarendon Press, 1972.
MEEK R. L., *Studies in the Labour Theory of Value*, Londres : Lawrence & Wishart, 1973.
MICHAUD Y., *Hume et la fin de la philosophie*, Paris : P.U.F., 1983.
MILHAU E., « L'économétrie », R.E.P., janv.-févr. 1938.
MILLER D., *Philosophy and Ideology in Hume's Political Thought*, Oxford : Clarendon Press, 1981.
MINTZ S.I,. *The Hunting of Leviathan*, Cambridge University Press, 1970.
MOREAU P. F., *Hobbes, philosophie, science et religion*, Paris : P.U.F., 1989.
MOSSNER E. C., *The Life of David Hume*, Oxford University Press [1954-] 1970.
- *The Forgotten Hume : le bon David*, réimp. Bristol : Thoemmes Press, 1990.
NARVESON J., *Morality and Utility*, Baltimore : John Hopkins University Press, 1967.
NAERT E., *Locke ou la raisonnabilité*, Paris : Seghers, 1972.
NEF J. U., *La naissance de la civilisation industrielle et le monde contemporain*, Paris : Colin, 1954.
NORTON D.F., *David Hume, Common-sense Moralist, Sceptical Metaphysician*, University of Princeton Press, 1984.
- (ed.), *The Cambridge Companion to Hume*, Cambridge University Press, 1995.

NOXON J., Hume's *Philosophical Development*, Oxford : Clarendon Press, 1973.
O'CONNOR D., J. *John Locke*, Penguin Books, 1962.
PAREKH B., *Bentham's Political Thought*, Londres : Croom Helm, 1973.
PASSMORE J., *Hume's Intentions,* Londres : Duckworth [1952-] 1980.
PENELHUM T., *Hume*, Londres : Macmillan, 1975.
PHILIPSON N. *Hume*, Londres : Weidenfeld & Nicholson, 1989.
PIGOU A.C., *Economics of Welfare*, 1920.
PLAMENATZ J., *The English Utilitarians*, Londres : Blackwell, 1966.
POLIN R., *Politique et philosophie chez Thomas Hobbes*, Paris : P.U.F. [1953-] 1977.
- *La politique morale de John Locke*, Paris : P.U.F., 1960.
- *Hobbes, Dieu et les hommes*, Paris : P.U.F. , 1981.
POSTEMA G.J., *Bentham and the Common Law Tradition*, Oxford University Press, 1986.
PRICE J. V., *The Ironic Hume*, réimp. Bristol : Thoemmes Press [1965-] 1992.
RANGEON F., *Hobbes, Etat et droit*, Paris : Albin Michel, 1982.
Revue Internationale de philosophie :
- *David Hume*, 115-116, 1976.
- *Hobbes*, 129, 1979.
- *Locke*, 265, 1988.
RICHETTI J., *Philosophical Writings : Locke, Berkeley, Hume*, Harvard University Press, 1983.
ROBBINS L. *Essay on the Nature and Signification of Economic Science*, 1932.
ROGERS G. A. J. (ed.), *Locke's Philosophy : Content and Context*, Oxford University Press, 1994.
ROSEN F., *Bentham and Representative Democracy*, Oxford University Press, 1986.
ROSTOW W.W., *The Stages of Economic Growth*, 1960. Trad. M. J. Rouret, *Les étapes de la croissance économique*, Paris : Seuil, 1981.
ROUX L., *Thomas Hobbes, penseur entre deux mondes*, Publications de l'Université de Saint-Etienne, 1981.
RYAN A., *John-Stuart Mill*, New York : Pantheon Books, 1970.
- *Property and Philosophical Theory*, Oxford : Blackwell, 1988.
SCHATZ A., *L'œuvre économique de Hume*, Paris : Rousseau, 1902.
SCHOCHET G.J., *Life, liberty and Property : Essays on Locke's Political Ideas.* Belmont, Calif. : Wadsworth, 1971.
SEN A. & WILLIAMS B. (eds), *Utilitarianism and Beyond*, Cambridge University Press, 1982.
SKORUPSKI J., *John-Stuart Mill*, Londres : Routledge, 1989.

SMART J. J. C. & WILLIAMS B., *Utilitarianism : For and Against*, Cambridge University Press, 1973.
SMITH K., *The Malthusian Controversy*, Londres : Routledge, 1951.
SORELL T. (ed.), *The Cambridge Companion to Hobbes*, Cambridge University Press, 1998.
SPITZ J.-F., « L'empirisme et la science de la nature humaine », *Philosophie*, 5, 1985, pp. 45-61.
- « Le concept de souveraineté et politique dans le *Second traité du gouvernement civil* de Locke », *Philosophie*, 27, 1993.
- « Imperium et dominium chez Locke », *Droits*, 22, 1995, pp. 27-38.
SPRAGENS T. A., *The Politics of Motion. The World of Thomas Hobbes*, Londres : Croom Helm, 1973.
SQUADRITO K.M., *John Locke*, Boston : Twayne, 1970.
STEPHEN L., *English Thought in the 18th Century*, réimp. Bristol : Thoemmes Press, [1876-] 1991. 2 vol.
- *The English Utilitarians*, réimp. New York : Kelley, [1900-] 1968. 3 vol.
- *Hobbes*, réimp. University of Michigan Press, [1904-] 1961.
STEWART J. B., *Opinion and Reform in Hume's Political Philosophy*, University of Princeton, 1992.
STRAUSS L., *The Political Philosophy of Hobbes*, University of Chicago Press, [1936-] 1963. Trad. *La philosophie politique de Hobbes*. Paris : Belin, 1963.
- *Natural Right and History*, University of Chicago Press, 1953. Trad. M. Nathan & E Dampierre, *Droit naturel et histoire*, Paris : Plon, 1954.
STROUD B., *Hume*, Londres : Routledge & Kegan Paul, 1977.
TARCOV N., *Locke's Education for Liberty*, University of Chicago Press, 1984.
TAWNEY R. H., *Religion and the Rise of Capitalism*, "Penguin Books », [1926-] 1969. Trad. O. Merlat, *La religion et l'essor du capitalisme*, Paris : M. Rivière, 1951.
TEN C.L., *Mill on Liberty*, Oxford : Clarendon Press, 1980.
TERREL J., *Hobbes, matérialisme et politique*, Paris : Vrin, 1994.
TIPTON I. C. (ed.), *Locke on Human Understanding*, Oxford University Press, 1977.
TÖNNIES F., *Thomas Hobbes, Leben und Lehre*, Stuttgart : Fromman, 1971.
TORT P., *Physique de l'Etat. Examen du corps politique de Hobbes*, Paris : Vrin, 1978.
TOULMIN S., *An Examination of the Place of Reason in Ethics*, Cambridge University Press, 1950.

TULLY J., A *Discourse on Property*, Cambridge University Press, 1982. Trad. C. Hutner, *Locke, droit naturel et propriété*, Paris : P.U.F., 1992.
- *An Approach to Political Economy : Locke in Context*, Cambridge University Press, 1993.
TWEYMAN S., *Reason and Conduct in Hume and his Predecessors*, La Haye : Nijhoff, 1974.
URMSON J. O., « The interpretation of the Philosophy of John-Stuart Mill », *Philosophical Quarterly*, 3, 1953, pp. 33-39.
VAUGHN K. I,. *John Locke : Economist and Social Scientist*, University of Chicago Press, 1982.
- « John Locke and the Labour Theory of Value », *Journal of Libertarian Studies*, hiver 1978.
VERGEZ, A. *Hume*, Paris : P.U.F., 1969.
VIALATOUX J., *La Cité de Hobbes, théorie de l'Etat totalitaire*, Lyon : Lecoffre, 1952.
VITOF. *Mélanges*, 1949.
- *Economica Politica*, 1947-1950.
WALLAS G., *The Life of Francis Place*, Londres : Longman & Green, 1898.
WALZER M., *The Revolution of the Saints*, University of Princeton Press, 1965. Trad. M. Vincent, *La révolution des saints*. Paris : Belin, 1989.
WARRENDER H., *The Political Philosophy of Hobbes. : His Theory of Obligation*, Oxford : Clarendon Press, 1957.
WATKINS J. *Hobbes's System of Ideas*. Londres : Hutchinson University Library, 1965.
WEBER M., *L'éthique protestante et l'esprit du capitalisme*. Trad. de l'allemand par J. Chavy. Paris : Plon, [1920-] 1964.
WEST H. W., *An Introduction to Mill's Utilitarian Ethics*, Cambridge University Press, 2004.
WHELAN F. G., *Order and Artifice in Hume's Political Philosophy*, University of Princeton Press, 1985.
WILBANKS J., *Hume's Theory of Imagination*, La Haye : Nijhoff, 1968.
WILLIAMS G.L. (ed.), *John-Stuart Mill on Politics and Society*, Londres : Fontana Books, 1976.
WOLF J., *John-Stuart Mill's Utilitarismus*, Freiburgh : Alber, 1992.
WOLF R. P., « Hume's Theory of Mental Activity » *in* : *Philosophical Studies*, 1960.
WOLTERSTORFF N., *John Locke and the Ethics of Belief*, Cambridge University Press, 1996.
WOOLHOUSE R.S., *Locke's Philosophy of Science and Knowledge*, Oxford : Blackwell, 1971.

- *The Empiricists*, Oxford University Press, 1983.
WRIGHT J., *The Sceptical Realism of David Hume*, Manchester University Press, 1983.
YOLTON J. W., *John Locke and the Way of Ideas*, Oxford University Press, 1956.
- (ed.), *John Locke : Problems and Perspectives*, Cambridge University Press, 1969.
- *Locke : An Introduction*, Oxford : Blackwell, 1985.
ZAGORIN P., *A History of Political Thought in the Industrial Revolution*, Londres : Routledge & Kegan Paul, 1954.
ZARKA Y. Ch., *La décision métaphysique chez Hobbes. Conditions de la politique*, Paris : Vrin, 1987.
- et BERNARDT, J. (eds) *Cf. supra.*
- (dir.) *Hobbes et son vocabulaire*, Paris : Vrin, 1992.
- (dir.) *Raison et déraison d'Etat aux XVe et XVIIe siècles*, Paris : P.U.F., 1994.
- *Hobbes et la pensée politique moderne*, Paris : P.U.F., 1995.
- *Philosophie et politique à l'âge classique*, Paris : P.U.F., 1998.

TEXTES CLASSIQUES

ARISTOTE, *Ethique de Nicomaque*, trad. J. Voilquin. Paris : Garnier-Flammarion, 1965 ; J. Tricot, *Ethique à Nicomaque*, Paris : Vrin, 1967.
CALVIN J., *Institution de la religion chrétienne*, Paris : Les Belles Lettres, [1541-] 1961, 3 vol.
FREUD S., *Malaise dans la civilisation*, 1929. Trad. de l'allemand par C. & J. Odier. Paris : P.U.F., 1971.
KANT E., *Fondements de la métaphysique des mœurs*. Trad. de l'allemand par V. Delbos, Paris : Delagrave, [1785-] 1978.
MARX K., *Théories sur la plus-value*, 1905-1910. Paris : Editions sociales 1974. 3 vol.
- *Œuvres*, Paris : Gallimard (bibl. de « La Pléiade »), 1974.
- *Collected Works*, Londres : Lawrence & Wishart, 1976.
NIETSCHE F., *Par delà le bien et le mal*. Trad. de l'allemand. par G. Blanquis, Paris : Aubier-Montaigne, 1951.
- *Le gai savoir*, 1886. Traduit de l'allemand par A. Vialatte, Paris : Gallimard, 1950.
PLATON, *Œuvres complètes*, Paris : Gallimard (bibl. de « La Pléiade »), 1951, 2 vol.

ROUSSEAU J.-J., *Discours sur l'origine et les fondements de l'inégalité parmi les hommes*, Paris : Editions sociales [1755-] 1971.
- *Du contrat social.* Paris : Seuil [1762-] 1977.

TABLE DES MATIERES

Économie et Entreprise aux éditions L'Harmattan

Dernières parutions

REGARDS CROISÉS SUR LE CODESIGN
L'expérience du codesign dans trois écoles d'ingénieurs de Lille
Sous la direction de Roche Claude
Le codesign est une pratique de conception collaborative apparue récemment dans l'univers de l'innovation. Il promeut une approche transdisciplinaire de la conception, permettant notamment de confronter les expertises pointues à la vision des simples usagers. Cet ouvrage répond à plusieurs interrogations : comment concevons-nous le codesign et son animation, comment les étudiants ont-ils vécu cette expérience, quels en sont les effets sur la formation et au-delà leur impact prévisible en entreprise ?
(31.00 euros, 308 p.)
ISBN : 978-2-343-03761-5, ISBN EBOOK : 978-2-336-35142-1

POUR UNE POLITIQUE DU RISQUE
Comprendre et agir
Sous la direction de Bernard Guillon
Les contributions ici réunies portent attention à de nouveaux secteurs comme à des initiatives proactives dans l'univers particulier du risque. Que l'on ait à faire à des entreprises privées, à des groupes liant les sociétés aux structures publiques ou encore à des collectivités territoriales, ces travaux montrent la nécessité d'adopter une vision managériale des problèmes ouvrant la voie à de réelles opportunités.
(Coll. Recherches en Gestion, 37.00 euros, 360 p.)
ISBN : 978-2-343-03780-6, ISBN EBOOK : 978-2-336-35267-1

GÉOSTRATÉGIE DES ENTREPRISES
Propositions pour la zone OHADA
Garrier Claude - Préface Mamadou Koulibaly
L'auteur montre aux entrepreneurs africains que l'étatisme français est préjudiciable à la croissance de leur activité. Les propositions pour la zone OHADA sont aussi nécessaires pour les PME d'Europe souvent plus grosses que leurs cousines africaines et d'autant plus en mesure de «monter à l'assaut» commercial de la planète. L'ouvrage expose les modes de raisonnement du géo-stratège et présente divers outils juridiques.
(Coll. Le droit en marche, 38.00 euros, 378 p.)
ISBN : 978-2-343-03376-1, ISBN EBOOK : 978-2-336-35230-5

DIRIGEANT (LE) DE SOCIÉTÉS COMMERCIALES (Tome 1)
Le dirigeant sociétal officiel
Ayangma Ayangma Joseph - Préface de Jean Gatsi
Le véritable dirigeant n'est pas nécessairement celui qui trône au sommet de la pyramide sociétale. Le dirigeant connu, dont il est question dans ce premier tome, est simplement un manager officiellement consacré et, par voie de corollaire, hissé au sommet de la pyramide sociétale. Il est légalement et solennellement le gestionnaire sociétal et engage éventuellement, en cette qualité, sa responsabilité.
(Coll. Harmattan Cameroun, 33.00 euros, 328 p.)
ISBN : 978-2-343-02509-4, ISBN EBOOK : 978-2-336-35205-3

DIRIGEANT (LE) DE SOCIÉTÉS COMMERCIALES (Tome 2)
Le dirigeant sociétal effectif
Ayangma Ayangma Joseph
Préface de Jean Gatsi
Le véritable dirigeant de la société commerciale, c'est-à-dire celui qui détient le pouvoir et l'exerce directement ou indirectement dans la société commerciale, serait le dirigeant le dirigeant effectif ou «en veilleuse». Il décide et fait prévaloir sa rationalité au dirigeant officiel, qui se charge de l'appliquer. Celui-ci devient une sorte d'agent d'exécution, à défaut d'être spectateur de l'exercice du pouvoir managerial. Pourtant, le dirigeant en veilleuse n'a pas toujours recours à un pouvoir de fait pour s'imposer dans la gestion.
(Coll. Harmattan Cameroun, 37.50 euros, 372 p.)
ISBN : 978-2-336-30128-0, ISBN EBOOK : 978-2-336-35206-0

COMMENT (RE)FAIRE DE LA FRANCE UN PAYS ENTREPRENANT ?
Daniel Laurent, Lirzin Franck - Préface de Claude Bébéar ;
avec la collaboration de Hubert Lévy-Lambert
Comment relancer l'économie française et en exploiter le formidable potentiel ? Le pays a déjà été confronté à des situations semblables à la fin du XIXe siècle ou après 1945, et chaque fois il a su se réinventer. Après Friedman et Keynes, voici venu le temps de Schumpeter et de la «destruction-créatrice». Loin du déclinisme actuel, ce livre montre au travers d'exemples précis que les initiatives se multiplient pour créer un nouveau «modèle français», original et performant.
(19.00 euros, 184 p.)
ISBN : 978-2-343-00992-6, ISBN EBOOK : 978-2-296-53749-1

FILIÈRE (LA) PORCINE EN FRANCE
Le porc français a-t-il un avenir ?
Marzio Antoine
Consommerons-nous encore du porc français dans dix ans ? Et de quelle qualité ? Après une visite détaillée de la filière, ce livre analyse la question environnementale, du bien-être animal, des surconsommations vétérinaires, de l'hyperconcentration des élevages en Bretagne, et propose des solutions axées sur le redéploiement géographique, la diversification des races de porcs et des techniques d'élevage et la montée en gamme.
(23.00 euros, 232 p.)
ISBN : 978-2-343-00634-5, ISBN EBOOK : 978-2-296-53791-0

ÉCONOMIE (L') SOCIALE ET SOLIDAIRE ET LE TRAVAIL
Sous la direction de Patrice Braconnier et Gilles Caire
Dans un contexte où l'accès à l'emploi se fait toujours plus difficile et où les conditions de travail se durcissent, l'économie sociale et solidaire est-elle en mesure de proposer des façons de «travailler autrement» ? Existe-t-il une spécificité de l'emploi et de l'organisation du travail dans le champ de l'ESS ? Entre travail et bénévolat, entre salariat et entrepreneuriat, entre employeurs et employés, les frontières au sein de l'ESS sont floues. Mais peut-elle encore proposer de nouvelles utopies en matière de travail ?
(Coll. L'esprit économique, série L'économie formelle, 26.00 euros, 252 p.)
ISBN : 978-2-343-00563-8, ISBN EBOOK : 978-2-296-53764-4

ART (L') DE LA CRISE
Prévenir, contenir et sortir d'une situation sensible
Fusalba Thierry
L'objectif de cet ouvrage est de proposer aux organisations prises dans le maelström des événements une méthode fiable et performante qui leur permette d'avoir des points de repères solides afin d'élaborer une stratégie de sortie de crise efficace. L'auteur propose une réflexion sur la stratégie, sur l'organisation et l'entraînement des cellules de crises, sur l'exploitation des enseignements ainsi que sur le management et la communication de crise.
(34.00 euros, 332 p.)
ISBN : 978-2-343-00042-8, ISBN EBOOK : 978-2-296-53717-0

CONTRÔLE (LE) DES CONCENTRATIONS TRANSNATIONALES
Burnier Da Silveira Paulo
Préface de Bruno Lasserre ; avant-propos de Vinicius Carvalho
Les concentrations transnationales augmentent et les systèmes de contrôle des concentrations se multiplient. Alors que les enjeux économiques revêtent désormais une dimension internationale, les mécanismes juridiques de régulation demeurent cantonnés à une échelle nationale ou régionale. Le risque : être confronté à des décisions contradictoires ou incohérentes rendues par différentes autorités de la concurrence... Des mécanismes de régulation s'imposent, ainsi que l'adoption par l'OMC de règles contraignantes.
(39.00 euros, 406 p.)
ISBN : 978-2-336-29198-7, ISBN EBOOK : 978-2-296-53776-7

DES HOMMES ET DES RISQUES
Le rôle des assurances dans la construction des sociétés humaines
Nabeth Marc
Préface de Jean-Hervé Lorenzi - Postface de François-Xavier Albouy
Il est difficile d'imaginer un monde sans assurance ni protection sociale de nos jours. Pourtant, pour plus de 80% de la population des pays en développement, l'absence d'assurance est une réalité tangible. Les témoignages que ces personnes nous livrent sur leur perception des risques et leur créativité pour y faire face démentent de nombreux préjugés religieux, sociaux et culturels. L'enjeu est stratégique : il révèle le rôle essentiel de l'assurance dans la construction des sociétés humaines.
(Coll. Affaires stratégiques, 20.00 euros, 194 p.)
ISBN : 978-2-343-00120-3, ISBN EBOOK : 978-2-296-53744-6

INTELLIGENCE STRATÉGIQUE ET ÉNERGIE : UN TANDEM INDISSOCIABLE AU SERVICE D'UNE NOUVELLE GÉOPOLITIQUE
Du Castel Viviane
Voici un éclairage sur les enjeux énergétiques de demain, à travers la grille de lecture que propose l'intelligence économique et stratégique. Celle-ci permet, grâce à ses capacités d'analyse et d'investigation, de se projeter dans l'avenir, d'anticiper les évolutions et de se positionner en leader sur le marché international de l'énergie.
(Coll. Intelligence stratégique et géostratégie, 28.00 euros, 276 p.)
ISBN : 978-2-336-00726-7, ISBN EBOOK : 978-2-296-53876-4

DES MARCHÉS SANS FOI NI LOI
Bensebaa Faouzi, Boudier Fabienne
Tout est vendable, tout est échangeable, tel est le credo des « drôles de marchés ». Parmi eux, les « marchés sans foi ni loi ». Jetant aux orties le sacré, contournant la règle ou profitant de ses imperfections, ils sont peu visibles du grand public. Pourtant, les pratiques que l'on y découvre sont inédites et permettent souvent à des acteurs situés à la marge du système de se rencontrer. Ces « marchés sans foi ni loi » peuvent tout aussi bien être facteurs de désordre et de transgression que sources de créativité.
(Coll. Drôles de Marchés, 14.00 euros, 132 p.)
ISBN : 978-2-343-00469-3, ISBN EBOOK : 978-2-296-53537-4

PROJETS ET ENTREPRENEURIAT AU SEIN DES PAYS ÉMERGENTS
Coordonné par Robert Paturel
Voici les dernières investigations réalisées dans des pays émergents. Le rôle de trois institutions de formation dans le développement de l'entrepreneuriat est exposé, puis des particularités de trois autres contrées permettant de voir la façon dont leur entrepreneuriat est stimulé sont relevées. Enfin, ce livre étudie l'entrepreneuriat féminin : objet d'un projet d'envergure au Maroc, il est analysé différemment à Madagascar et en Turquie.
(CEDIMES, Coll. Mouvements Économiques et Sociaux, 31.00 euros, 316 p.)
ISBN : 978-2-343-00345-0, ISBN EBOOK : 978-2-296-53631-9

RAPPORTS (LES) ENTRE AUTORITÉS DE RÉGULATION EN MATIÈRE DE CONCURRENCE
Medjnah Mourad
Parce que le droit suit le mouvement du marché et compte tenu de la réalité économique des secteurs régulés, la quête d'une réelle efficacité des autorités de régulation et d'une meilleure protection de la sécurité juridique des acteurs de marché (entreprises et consommateurs) commande d'adopter une nouvelle conception de régulation, selon laquelle des rapports équilibrés entre les deux types de régulateur doivent progressivement laisser place à un processus d'intégration des régulateurs sectoriels au sein du régulateur commun de la concurrence.
(79.00 euros, 892 p.)
ISBN : 978-2-336-29750-7, ISBN EBOOK : 978-2-296-53649-4

TAUX D'INTÉRÊT ET MARCHÉS FINANCIERS
Daniel Laurent, Ruimy Michel
Les taux d'intérêt ont récemment acquis une place centrale au sein des marchés de capitaux. Cet ouvrage vise à mieux cerner le «prix de l'argent» à travers trois axes : l'évolution de la place des taux d'intérêt dans l'économie, les impacts des fluctuations sur le comportement des ménages, des entreprises et de l'État ; et enfin le marché monétaire et la courbe des taux pour décrypter les dernières évolutions de la politique monétaire. Un ouvrage didactique, illustré par de nombreux exemples.
(Coll. L'esprit économique, série Cours Principaux, 22.00 euros, 226 p.)
ISBN : 978-2-343-00362-7, ISBN EBOOK : 978-2-296-53423-0

QUOTIDIEN (LE) DES BÂTISSEURS OU L'HISTOIRE HUMAINE D'UNE CONSTRUCTION
Revon Jacques - Préface de François Rebsamen
La philosophie dégagée à travers ce témoignage photographique se veut avant tout humaniste : un vrai patrimoine à transmettre et à faire découvrir. Les images (photos toutes réalisées par l'auteur) témoignent du travail et de l'engagement d'ouvriers, de compagnons, de cadres, tous en action, au rythme des saisons en toutes circonstances. Chaque chapitre aborde une étape de la vie d'un chantier : une phase de construction, un métier, une méthode, un événement de chantier, une cérémonie... (Nombreuses illustrations en couleur.)
(35.00 euros, 264 p.)
ISBN : 978-2-343-00100-5, ISBN EBOOK : 978-2-296-53419-3

INDUSTRIE (L') EN CALE SÈCHE – Matière premières : de la gestion des flux aux rapports de forces
Charles Thierry
À force d'abnégation les gueules noires des siècles passés ont permis le développement industriel de notre pays. «Il faut rappeler aux nations croissantes qu'il n'y a point d'arbre dans la nature qui, placé dans les meilleures conditions (...) puisse grandir et s'élargir indéfiniment» (Paul Valery, 1931) Pour l'avenir de l'industrie, la crise des matières premières et de l'énergie est mère de toutes les batailles. Quant aux choix qui s'offrent à nous, ils doivent désormais être considérés comme des choix de civilisation.
(21.00 euros, 206 p.)
ISBN : 978-2-336-00868-4, ISBN EBOOK : 978-2-296-53416-2

ART (L') DE DIRIGER ?
Lajous Olivier
L'art de diriger conduit à conjuguer de nombreux paramètres humains, techniques et financiers en vue de faire aboutir un projet dont les valeurs partagées assurent la cohésion de l'équipe qui le porte. Il suppose de la part des dirigeants la maîtrise de la savante alchimie entre savoir, savoir être, savoir-faire et faire savoir. L'autorité, le bonheur, l'esprit d'innovation, la gestion du temps et du sens sont autant d'ingrédients de cette alchimie qui fait les grands capitaines d'entreprise.
(Coll. Diplomatie et stratégie, 16.50 euros, 164 p.)
ISBN : 978-2-343-00175-3, ISBN EBOOK : 978-2-296-53352-3

L'HARMATTAN ITALIA
Via Degli Artisti 15; 10124 Torino

L'HARMATTAN HONGRIE
Könyvesbolt ; Kossuth L. u. 14-16
1053 Budapest

L'HARMATTAN KINSHASA
185, avenue Nyangwe
Commune de Lingwala
Kinshasa, R.D. Congo
(00243) 998697603 ou (00243) 999229662

L'HARMATTAN CONGO
67, av. E. P. Lumumba
Bât. – Congo Pharmacie (Bib. Nat.)
BP2874 Brazzaville
harmattan.congo@yahoo.fr

L'HARMATTAN GUINÉE
Almamya Rue KA 028, en face du restaurant Le Cèdre
OKB agency BP 3470 Conakry
(00224) 60 20 85 08
harmattanguinee@yahoo.fr

L'HARMATTAN CAMEROUN
BP 11486
Face à la SNI, immeuble Don Bosco
Yaoundé
(00237) 99 76 61 66
harmattancam@yahoo.fr

L'HARMATTAN CÔTE D'IVOIRE
Résidence Karl / cité des arts
Abidjan-Cocody 03 BP 1588 Abidjan 03
(00225) 05 77 87 31
etien_nda@yahoo.fr

L'HARMATTAN MAURITANIE
Espace El Kettab du livre francophone
N° 472 avenue du Palais des Congrès
BP 316 Nouakchott
(00222) 63 25 980

L'HARMATTAN SÉNÉGAL
10 VDN en face Mermoz, après le pont de Fann
BP 45034 Dakar Fann
33 825 98 58 / 33 860 9858
senharmattan@gmail.com / senlibraire@gmail.com
www.harmattansenegal.com

L'HARMATTAN BÉNIN
ISOR-BENIN
01 BP 359 COTONOU-RP
Quartier Gbèdjromèdé,
Rue Agbélenco, Lot 1247 I
Tél : 00 229 21 32 53 79
christian_dablaka123@yahoo.fr

Achevé d'imprimer par Corlet Numérique - 14110 Condé-sur-Noireau
N° d'Imprimeur : 112895 - Dépôt légal : novembre 2014 - *Imprimé en France*

www.ingramcontent.com/pod-product-compliance
Lightning Source LLC
LaVergne TN
LVHW011444061026
849535LV00004BA/941
* 9 7 8 2 3 4 3 0 4 7 0 0 3 *